高等学校电子信息类精品教材

大学怎么读

——以电子信息类专业为例

张有光　顾慧毅　王梦醒　编著

電子工業出版社
Publishing House of Electronics Industry
北京 · BEIJING

内容简介

教育必须面向未来，移动通信、互联网、大数据、人工智能的发展，正在重构工程教育内涵。本书首先尝试从智能手机入手解读专业内涵，以人物故事诠释能力素质，于趣味中理解培养目标。其次，追溯大学教育理念的演化历史，为理解当今工程教育的内涵奠定基础。而关于“大学怎么读”这个问题，本书以北航正在进行的新工科教育改革为例，探讨书院与通识教育、“研究型”课程教学、综合实验、科技实践及创新创业等教育途径。最后选取“学习、选择、规划、定位”4个方面，针对困扰学生的12个共性问题，提供一种思考分析框架。

本书定位为电子信息类专业的大学指导性读物，可以作为“电子信息工程导论”课程的配套教材，也可以作为了解大学及其教育途径的自学教材。对于家长来说，本书是帮助了解孩子大学生活和心理的有效途径。而本书探讨的大学教育理念、实践则适合所有对大学教育感兴趣的同仁来一起思考、讨论。

图书在版编目（CIP）数据

大学怎么读：以电子信息类专业为例 / 张有光等编著. —北京：电子工业出版社，2021.2
ISBN 978-7-121-40541-9

Ⅰ. ①大…　Ⅱ. ①张…　Ⅲ. ①高等教育－基本知识　Ⅳ. ①G64

中国版本图书馆CIP数据核字（2021）第025851号

责任编辑：竺南直
印　　刷：北京七彩京通数码快印有限公司
装　　订：北京七彩京通数码快印有限公司
出版发行：电子工业出版社
　　　　　北京市海淀区万寿路173信箱　邮编：100036
开　　本：787×1 092　1/16　印张：18　字数：461千字
版　　次：2021年2月第1版
印　　次：2025年8月第9次印刷
定　　价：55.00元

凡所购买电子工业出版社图书有缺损问题，请向购买书店调换。若书店售缺，请与本社发行部联系，联系及邮购电话：（010）88254888，88258888。

质量投诉请发邮件至zlts@phei.com.cn，盗版侵权举报请发邮件至dbqq@phei.com.cn。

本书咨询联系方式：davidzhu@phei.com.cn。

前言

本书是2013年出版的《电子信息类专业导论》后三章内容的补充扩展，是作者通过7年的时间，进一步观察、分析学生特点，总结、提炼教学实践经验而成。同时，本书也是教育部特色专业、卓越工程师教育培养计划、一流专业建设与国家级实验教学示范中心建设教学成果之一。

大学是学校教育的最后一个环节，也是学生踏入社会之前的最后一个环节，其重要性毋庸置疑。随着时代的快速发展，社会环境不一样了，大众认知不一样了，学生状态也不一样了，这些都对大学教育改革提出了挑战。本书共10章，每章对大学教育的一个方面进行简要的探讨，希望对关注大学教育的学生、老师、家长有所启发。

第1章，未来工程的社会背景，立足于当前时代特征，分析社会变化带来的新机遇和新挑战。工程技术的变革引入了更多领域的知识，交叉合作的重要性日益凸显。人工智能的浪潮席卷而来，冲击之下蕴含着无数崭新的机遇。在技术之上，经济全球化的步伐进一步加快，给可持续发展、老龄化、道德伦理等社会生存问题带来了新的挑战。社会背景与工程发展紧密相连，若能从社会现象理解到社会本质，进而理解工程技术发展的目标，学生便具备了适应未来工程环境的能力。

第2章，未来工程师的能力素质，进一步探讨怎样的人才能够在未来时代中站稳脚跟，展现出独特的风采。在诸如鲁冠球、包起帆、王选、乔布斯等优秀的企业家、科学家身上，学生能深入看到不断突破的勇气、终身为学的习惯、躬身实践的态度等传统品质的可贵。在华为、微软等大公司的风雨起伏中，学生能感受到团队合作、创新创造等能力在当今时代的必要性。还有微信产品中体现的人性之道，公益事业中体现的温暖大爱，都值得学生去细细品味，思考自己将来要成为的人。

第3章，西方大学教育发展简史，简要展现了从古希腊时期至今，西方教育理念的产生、演变与发展。按照时间的脉络，学生会看到古希腊三哲的教育理念历久弥新。洪堡、纽曼、弗莱克斯纳、雅斯贝尔斯等大师的教育理念让西方教育蓬勃发展。强调通识教育的哈佛大学、以创业教育为特色的斯坦福大学、回归工程教育的麻省理工学院，以及探索新工程教育的欧林工学院等都有着值得借鉴的教育风格。

第4章，中国大学教育发展简史，从中国古代儒家、道家、佛家、纵横家思想谈起，回顾从五帝到明清的古代大学演变脉络，尤其谈了谈朱熹、王阳明的治学理念，品鉴书院制独有的历史韵味。移步中国近代，高等教育更是涌现出了蔡元培、梅贻琦等大师级人物，给中国高校带来了新的思想和模式。通过这一章短短的回顾，学生可领略到中华教育文明的璀璨成果和中国教育的独特魅力，更懂得珍惜中华民族的宝贵财富。

第 5 章，润物无声的通识教育，阐述了通识课程的设置以及书院的五彩生活。通识课程的设置，是为了提升人才培养的完整性，在知识层面上拓展学生的专业涉猎，在品格层面上深化学生的内在素养。经典研读、人文素养、社会科学、科技文明等不同板块的设置让学生拥有更多的选择。近些年，书院制在国内很多高校开始实行，书院营造的社区生活让学生感觉到自由和新奇。在与书院导师的研讨中提升未来规划能力，在与不同专业同学的合作中激发多样灵感，在参与书院各类文娱活动中结识同道好友。通识教育潜移默化地丰富了学生的内在，提升了学生的综合素质。

第 6 章，研究型课程教学，在“新生研讨课—专业基础课—专业研讨课”的教学体系基础上，选取了电子信息类专业的 6 门典型课程作为案例，生动形象地描绘教学细节。研究型课程教学赋予传统课堂全新的活力，通过设计“翻转课堂”“情景教学”等教学模式，提升学生面对课堂的主人翁意识。综合性课题的环节有效地提升了学生与老师的交流深度，更锻炼了学生在团队合作、语言表达、创新思维等多方面的能力。研究型课程实现了教学相长，是建设一流课程的有效途径。

第 7 章，综合实验教学，探讨了培养解决复杂工程问题能力的途径。北航电子信息工程学院的“课程实验—零基础实验—综合创新实验”实验体系，为学生搭建了由浅入深、由体验到创造的实验教学环境。课程实验加深了学生对专业课程的理解，零基础实验和综合创新实验则作为独立的实验方案，弥补了课程实验教学的不足。“电子设计基础训练”作为基础，实现科技入门的扫盲；“单片机基础训练”帮助学生打造电子信息类专业的基本功，也是后续实验的敲门砖；“模拟通信”“数字通信”“综合设计”3 个综合创新实验覆盖了电子信息类所有专业，实验以课题的形式发布，更高的自由度带来了更大的创造力，成果展示往往超出老师的预期。实验教学的改革有效激发了学生动手实践的热情。

第 8 章，科技实践的魅力，大学生爱恨交织的一环。以 SRTP 为代表的科研训练是开启学生科技实践的试金石。从选题、申报、中期到最后结题，每个环节都比对真实的科研项目，开启了学生的科研体验之旅。科技竞赛种类繁多，学生参与度高，成果丰富，能孵化出很多创新创业的金点子。在此基础上，学生可以选择继续加快自己成长的节奏，申请进入实验室，进而登上国际学术会议的舞台，向世界发声。可以说，一旦学生顺利克服对科技实践的恐惧感，他们将会被科技实践那变幻无穷的魅力牢牢吸引住。

第 9 章，创业教育，高校教育改革的新方向。适逢大众创业的热潮，高等学校关于创业教育的方案引人注目。如何培养学生的创业意识，树立正确的创业理念，熟悉基本的创业知识，了解必要的创业工具，种种问题都需要深入调研。“ERP 沙盘模拟”等创新课堂的引入点燃了学生的创业热情，让学生在走出校园之前，就具备一定的企业运营能力。感谢高校和各类创新创业孵化园区的支持，近些年有大批学生创业团队涌现，给市场注入了一股全新的力量。可以预见，创业教育在未来会影响甚至改变更多人的生活轨迹。

第 10 章，那些未解答的谜，尝试归纳一些大学生的共性问题。基础与创新由来已久的地位之争、有用无用的历史难题、毕业升学的纠结选择，还有自我发展、人际交往、家庭关系等问题都会涉及，抛砖引玉，期待读者给予更好的回应。

本人担任了 13 年本科教学院长、3 年士谔书院学业总导师，这些工作经验在本书中得以体现。在多年的教学实践中，本人一直聚焦于探索大学教育改革，并从书院与通识教育、研究型课程教学、综合实验、科技实践、创新创业等大学教育具体环节探索电子信息类专业教什么，学什么，怎么教，怎么学。

本书的内容汇聚了学校、学院的教学改革经验，得到了长期合作的领导、同事、同行及辅导员的支持与帮助。顾慧毅作为本书的主要执笔人，负责全书内容的撰写和思想的表达，而她本人作为学生和辅导员的双重身份属性，能够有效帮助她同时理解教育的目标和学生的诉求，为本书带来了年轻人的想法和活力。王梦醒在攻读硕士学位期间参与撰写了《电子信息类专业导论》第 1 版的相关内容，是本书的基础。本人近年来多次受邀在教学会议上交流过关于导论课程和大学教育的建设经验，得到了同行的支持和鼓励，也收获了许多宝贵意见。“电子信息工程导论”课程曾获北京市、北航重点教改、双百资源课、课程思政、MOOC、一流课程建设等项目的资助，为持续开展课程内容与教学方法的改革提供了经费保障，在此表示衷心感谢。

虽然本书基于多年的教学实践，内容与文字也做过多次修改，但是大学教育本就没有唯一正确的理解，因此无论内容选择还是文字表达都有待进一步完善。希望读者多提宝贵意见！意见和建议请发至邮箱 zyg@buaa.edu.cn。

张有光

2020 年 12 月

目 录

第 1 章

未来工程的社会背景

拼图的精髓在于刚刚好，只有找到匹配的那一块，才能拼成完整的图形。探讨未来工程的社会背景就如同在玩一个拼图游戏，第一步，思考影响社会背景的因素有哪些；第二步，将所有的想法进行归纳整合，找到关键的碎片；第三步，沿着边缘纹理，拼接完整个图形。

对于未来工程，时代的影响，技术的发展，环境的变化都是重要的因素，而以异军突起的人工智能为代表的颠覆性社会热点浪潮则成了最后那块关键碎片。

社会正在以不可估量的速度向前发展，曾几何时只能在科幻电影里见到的场景，一点一滴地出现在日常生活中。数字化浪潮给社会带来了无限机遇，人工智能推进了行业的智能化发展，可以预见，二三十年后的社会，与现在相比又可能是天翻地覆的区别。

机遇就意味着挑战，随着社会治理模式、产业以及商业体系框架的变革，传统的工程问题迫切需要新的视角和解决方案，未来工程的社会背景决定了未来优质人才的培养模式，而从当今社会发展的趋势判断未来工程的走向，前瞻性地调整、设计人才培养模式，是现代教育的重中之重。

未来，不可预测中潜藏着巨大的发展空间，正确认识、提前预判是抓住机遇的重要手段。本章将从未来工程的社会背景出发，带你去感受未来工程的美丽与哀愁。

1.1 工程技术日新月异

工程技术的发展环境是工程师们最为关注的方面。近年来，工程技术采用了科技与产业结合的方式，两方面相辅相成，推动着社会经济的长足进步。工程教育领跑科技创新，技术实践改变产业布局。工程技术发展所带来的巨大机遇，为社会创造着巨大的价值。

1.1.1 工程教育改革

教育部高等教育司司长吴岩认为在中国高等教育体系中，工程教育“三分天下有其一”，其地位举足轻重。作为技术发展的奠基，工程教育在复杂多变的社会形势下，更需要与时俱进，不断更新自己的“知识库”，踏着时代发展的浪潮，全力向前。以时代为引，厘清新工科建设的边界条件，研究工程教育在不同背景下的历史演变，探究工程教育在新时代下的蓬勃发展，具有重要意义。

1.1.1.1 工业革命时代的工程教育

图 1.1 物理学家尼古拉• 特斯拉

培养机器操作工是工业革命时代工科类大学的主要目标。

第一次和第二次工业革命最大的变化就是出现了众多的重要工程发明，从蒸汽时代到电气时代，各种新技术新发明层出不穷，蒸汽机、蒸汽轮船、电灯、电话、发电机，这些耳熟能详的发明影响了整个世界的进程。电动汽车品牌特斯拉大家应该都不陌生，它就是为纪念物理学家尼古拉 • 特斯拉（Nikola Tesla，1856—1943年，见图 1.1）而命名的。作为电力商业化的关键人物，他曾入职于爱迪生的公司，并设计出第一台感应电机模型。在成功地把电力以无线能量传输的形式送到了目标用电器后，他设计出了现代交流电系统。

资本主义经济的发展带动了自然科学的研究，更促进了大学教育的工程化培养。1902年，麻省理工学院（Massachusetts Institute of Technology，MIT）物理系拆分出了电机系，著名的西点军校也主要以培养武器（另类机器）的操作工为主。社会的直接需求带动了学校的教学改革，而学校的模式转变吸引了更多的学生投入到科学研究和工业发展领域，推动着整体工业工程的进步。

可以说，在工业革命时代，机器操作工的出现对于之前依靠人力、水力、风力等自然条件的社会来说都是全新的，其高效能的结果让人们看到了工程技术对于社会的必要性，社会需求也随之增加。而社会需求的增加则进一步促进了工程技术的创新，知识的重要性在这个过程中得到提升，文明的进步也随之而来。

1.1.1.2 科学时代的工程教育

随着社会生产架构的逐渐完整，数理基础对于研究发明型人才的重要性日益凸显。大学也开始逐步改变面向社会直接输出工程人员的粗犷型教育模式，以科学训练为切入口，提升学生思维的严谨性和科学性。

MIT第一次工程教育改革和第二次改革之间，社会的工程技术人员缺口已经得到了很大程度的补充，社会经济的稳定度得到了保障，而国防等军事政治领域的人才缺口开始凸显，对于人才的专业知识储备和创新能力有了更高的要求。1930年，物理学家卡尔·泰勒·康普顿（Karl Taylor Compton，1887—1954年）教授担任MIT校长，物理学等基础教育研究开始被重视，工学院的学生在懂得工程技术以外，也需要对工程技术的本质原理有相应了解。1932年，万尼瓦尔·布什（Vannevar Bush，1890—1974年）教授担任MIT副校长兼工学院院长，在与数学系教授合作研制模拟计算机的过程中，他感受到数理基础在工程研究中的不可或缺，缺少了基础知识的工程研究，就如同缺乏地基的高楼大厦，随时有崩塌的危险。美国国防科技研究委员会（NDRC）也开始强调利用科学原理来研制新产品、新技术，以支撑美国的军事力量发展，其著名项目包括曼哈顿原子弹工程和在MIT设立的雷达研究实验室（MIT Radiation Lab）等。在这样的培养模式下，美国诞生了一批在各自领域非常有建树的科学家，如信息论创始人克劳德·艾尔伍德·香农（Claude Elwood Shannon，1916—2001年，见图1.2）和被誉为“硅谷之父”的斯坦福大学副校长弗雷德·特曼（Frederick Emmons Terman，1900—1982年）等。

图1.2 信息论创始人香农

另有一个有趣的现象是，MIT伺服机构实验室的创始人戈登·布朗教授（Gordon Brown，1907—1996年）注意到哈佛大学物理和数学专业毕业的学生远比MIT工科毕业的学生表现突出。在观察分析后，他认为，虽然哈佛大学数理专业学生的课程中没有工程训练，动手能力开始时并不突出，但在参加工作后，动手能力在锻炼中被逐渐培养出来，而他们扎实的理论基础则帮助他们在工作模式、技术研究中区别于他人，在工作的后期脱颖而出。从工业革命时代过渡到科学时代，强调基础理论的科学训练方案在人才培养中取得了显著成果。披上理论的盔甲，才能从容应对各种突发情况。

或许科学家和工程师的发展道路不尽相同，科学家深究原理，探索世界的未知；工程师强调应用，以满足社会需求和提升生产力为导向。但无论哪一条路，若想要达到一定的高度，在自己的领域掌握发言权，那么对基础知识的融会贯通和联想创新就是必不可少的。将科学训练列入每一位学生的培养方案中，可以牢固根基，破除天花板的桎梏。

1.1.1.3 智能时代的新工程教育

教育部在 2017 年发布了《关于开展新工科研究与实践的通知》，从国家战略高度肯定了深化工程教育改革的意义，围绕工程教育改革的新理念、新结构、新模式、新质量、新体系，提出了期望和要求，“新工科”应运而生。全国各高校积极响应，尝试从面向未来的角度探索 10 年、20 年乃至更长时间中，教育方式和学生培养的实践优化。无论是技术壁垒的打破还是思维隔阂的消除，对于人们突破传统工科认知，提升创造力都大有裨益。

“新工科”是智能时代的产物，而“智能”是现在和未来的时代特征。“人工智能”是这个时代离不开、躲不掉的词汇。互联网的 10 年浪潮，芯片行业的快速发展，带动了信息时代知识和技术的不断涌现和快速发展。不可避免地，传统工科教育受到了比较大的冲击，互联网的知识无法快速在学校教育中更新，传统课程又无法直接与时代缔结联系或得到快速应用。这样的困境如何解决，教育工作者在持续进行深度思考。

事实上，世界上的任何一所大学都面临着这样的问题。对于工科学生而言，刚上大学的新生往往会质疑为什么要花那么大力气去学数学分析，去学离散数学，反而他们更想要学习 C、C++、Java、Python 等各类语言，去亲自跑一跑久仰大名的神经网络，去写一个自己的小程序、小应用。日新月异的信息加剧了学生的焦虑感，他们看不到经典知识的应用市场，又担忧万一错过时代发展而带来的就业风险。技术变革和产业创新都因为人工智能浪潮而进入了一个飞速发展的拐点期，世上的每一个人都或多或少享受着智能技术所带来的便利。机器人和人工智能开始重构人类的生产、学习和生活，智能教育与人才培育已然成为新时代的课题，它给人类带来的影响，甚至可能超过互联网曾给世界带来的巨大变化（见图 1.3）。

当然，教育工作者已经在行动中，他们正在根据时代特征，不断尝试去做出一些改变。卡内基·梅隆大学（Carnegie Mellon University）的第三次工程教育改革把 40 门课减少至 32 门，增加了实践类和开放类课程，不断将新的课程和知识点引入已有的课程体系中，并且保留新课程的灵活度，留给老师和学生更多的空间。2018 年 10 月 31 日，习近平总书记在主持中共中央政治局第九次集体学习时强调，“加快发展新一代人工智能是事关我国能否抓住新一轮科技革命和产业变革机遇的战略问题”。智能科学与技术，不但是工科门下新的一级学科，而且会向工科的所有学科和专业渗透，以润物无声的方式慢慢改变工科的内涵，无声的柔软成为催生和推动“新工科”建设的核心驱动力。

图 1.3　人工智能 AlphaGo 在围棋赛中战胜人类

在国家层面，美国、欧盟各国、英国、日本、俄罗斯等纷纷制订人工智能国家发展计划，我国也先后发布《“互联网+”人工智能三年行动实施方案》《新一代人工智能发展规划》和《关于促进人工智能和实体经济深度融合的指导意见》等相关政策。加速发展智能产业、抢占国际产业的制高点，已成为世界各国的共识与行动。智能时代，工程教育与时代潮流更加密不可分。

1.1.2　技术融合与实践创新

让我们重新回到最开始以培养机器操作工为目标的工程教育时代，不难发现，工科的最初模样是各门类彼此分开的。一提到机械工程，就是在特定的力学原理框架内的各种运动及动力的传递；一提到土木工程，就是各种改造地球和围绕克服地球引力的理论和行动，与造桥修路、建房筑坝相提并论。这种“分工”的方式使得每一个技术工种更加专业和精准，而且便于“学徒式”的技术传承和延续，于是便有了不同类别的技术表现形式、工程技术人员的培养体系，以及支撑这些体系的理论和技术基础。还有一种有别于特定工种的分类，就是“行业”背景催生的工科思维模式和人才培养体系。这在我国现阶段的高等教育培养体系中占据了半壁江山，纺织、交通、食品、电力等都出现了相对独立的学科分类，我国的高等教育也在此分类框架下进行了技术探究和人才培养。

这种范式化的认知几乎从诞生起就延续至今，不过近年来正在悄然改变。如登月工程、海洋工程等大科学工程概念的提出，使得人们更加难以界定工科某一门类的技术归属。于是如何打破技术的壁垒，寻求跨学科、跨工种的合作创新，破除人们对于工科的习惯性思维，找到全新的发展空间，是摆在眼前的大事。

1.1.2.1 交叉学科蓬勃发展

华人图灵奖得主姚期智在2008年诺贝尔奖获得者北京论坛上曾经提出，多学科交叉融合是信息技术发展的关键：当不同的学科、理论相互交叉结合，同时一种新技术达到成熟的时候，往往就会出现理论上的突破和技术上的创新。他曾因在通信的复杂性、伪随机数生成以及量子计算在内的计算机理论方面做出卓越贡献而获得图灵奖，他的研究领域正好印证了他上述的话。

图1.4 中国第一台电子计算机103机

交叉学科的蓬勃兴起有着时代的契机。信息技术曾经颠覆了我们的生活，手机、计算机（见图1.4）都是科技带来的奇迹。当时，人们依靠信息学科就能够实现产品的研发。慢慢地，信息技术开始面临着许多重大的问题，例如信息安全问题、大数据存储管理问题、与医疗生物等多领域结合的问题……这些问题的解决若单纯依靠某一学科的知识是完全做不到的。传统的密码理论无法解决通信带来的信息泄露，但借由图灵的理论就能保障所有涉及数字计算的问题安全；传统的医疗技术无法深入病人的血液深处找寻问题，但医疗机器人却可以携带最精密的摄像头走进病人体内提前“确诊”。这些在学科的边缘或者交叉点上发展出来的新技术，不仅推动了学科本身的发展，也带动着科学向更新层次扩展，去创造还没有的世界。

不妨来看看一些有趣的技术，理解人类大脑，是21世纪科学家在追求的课题。欧盟的“人脑计划”于2013年入选了欧盟的未来旗舰技术项目，这个计划认为，信息通信技术和生物学的融合已经到达了一个奇点——它可以将我们一直梦寐以求的掌握人类大脑变为现实。未来有一天，当人类掌握了大脑的全部构成，理解了大脑的运行原理，那么任何的疾病都能第一时间找到发病原理，任何的人类行为都能找到内在机理，人类可以利用这丰富的信息去完善已有的科学体系，建立一套革命性的信息技术。从另外一种层面上来看，大脑的信息就是大量的碎片数据，想对大脑进行深入研究，研究者们就需要将大数据处理的方法迁移到人脑上，来找到研究样本中蕴含的人类秘密。因此，若想要深入研究这个课题，研究者必须得有丰富的生物学知识、神经认知学知识、信息学知识……。

当今神经认知学领域的研究极富成效但缺乏系统性。研究者迫切需要将这些数据进行整合，以更好地展示各部分如何组合并形成统一、多层次的研究体系。生物学和信息技术的不断融合给了人类实现这个伟大目标的机会。新的基因测序和成像技术、新的显微镜观测技术（见图1.5）使观测大脑的方式发生了彻底的改变。借助互联网和云计算，人们可以轻易地将分布在世界各

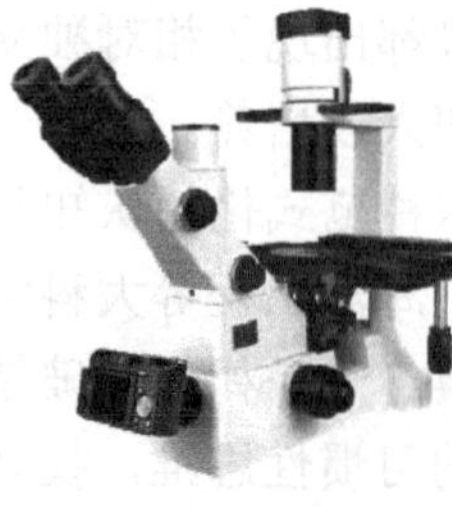

图1.5 XD-202倒置生物显微镜

地的医疗机构的数据进行高效整合。神经信息学为人类提供了更先进的数据分析方法，帮助构建无比详尽的大脑图谱并进行共享，鉴定不同人各自的知识缺陷和盲点，并在实验数据缺失时通过技术手段对参数值进行预测。而对于大脑庞大且复杂的生理细节，超级计算机的出现也使得建立和模拟各种大脑模型成为可能。这些技术将加速人类对大脑的理解，也让最初的目标有了实现的可能。

学科交叉的意义就像是学科之间的团队交流，你来我往，孕育新的生机。它的出现并非偶然，而是全球经济转型和产业组织变化的必然。学科交叉解决了传统认知下的分类知识无法对新兴事物进行解释的问题，也解决了无法创造出与时俱进的新兴技术的问题。如果传统学科是红绿蓝三原色，那么学科交叉就是五彩斑斓的世界，只要你敢于做颜色搭配，任何一种奇妙的色彩都能在你手中呈现。当前学科交叉还稍显稚嫩，就电子领域而言，柔性电子技术、智能电子载体、智能芯片等方面都还有巨大的研究空间，产品和技术的开发也多基于不同团队的合作研究，放眼未来，当“合作”的概念淡化，“协作”的概念被接受，学科交叉的黄金时代将会到来。

2017 年起，以北京大学、清华大学为代表的一些高校开始了大类招生的模式，招生专业除了文理工农等大方向外，不再细致到有院系或者学科的区别。这种合并学科门类的方式，让考生从传统专业点的选择扩大成了专业群。学生在大一学年会经历完整的基础学科培养，在充分了解各专业区别之后，再根据自己的兴趣和特长选择心仪的专业。这种方式最大的好处就是学生有充分的时间完成所有专业相通的基础知识学习，无形中打破了“分类”模式造成的专业屏障，也为日后实现专业联合奠定了基础。技术的融合和创新悄然发生着。

1.1.2.2　文理工互联操盘全局

学科交叉的概念颇为广泛，有前面提出的技术学科之间融合渗透出的新兴学科，也可以是技术学科与人文社会类学科的相辅相成，以完善某一方面的整体理论。为了追赶科学技术前进的步伐，工程项目规模日益壮大，复杂程度也与日俱增。这意味着，工程实践亟须补充系统化运行的必备知识。若科学技术与道德、法律、社会、政治和文化等领域精诚合作、集思广益，则能够有效解决此类困境。当技术学科遇上人文社科类学科，就如同人被打通了全身经络，每个环节都畅通无阻，每个部分都逻辑清晰。

阿里巴巴集团目前在商业上，尤其是电子消费领域有着举足轻重的地位，超过 4000 亿美元的市值让创始人马云成为了名副其实的商业传奇。可能大部分人对于阿里巴巴的认识还停留在淘宝网和支付宝两个行业巨头上，它们一个抓住了网络消费的风向，另一个提供了相对安全的支付环境。但倘若掰着手指头数一数阿里巴巴旗下的产业，我们会发现马云的商业帝国早已开疆拓土，广袤无边了。淘宝、天猫、聚划算、蚂蚁金服、阿里云、菜鸟网络……多项业务同时经营，规模庞大却有条不紊。如果说阿里巴巴以批发贸易起家，那么今天它早就形成了一个集“零售、金融、计算、生活”于一身的智能商业生态系统，以数据及流量共享的方式，提升用户黏性，打造一体化服务平台。而它的大生态，就是以跨学科为基础的，技术学科与人文社会类学科的融合更是它成功的亮点。当数字计算碰上了经济学与法学，支付宝与蚂蚁金服走在了时代的前沿；当大数据碰上了医学，阿里健康带给人最精准的服务；当信息技术碰上了消费心理学，盒马鲜生异军突起。单一学科的局限性被完全打破，“1+1>2”的效果在此处得到了最大的发挥，而当所有的技术相互汇聚、融合、孵化、创造，这个可靠而全面的生态系统就获得了人们全部的信赖。有一天，当你面临就业，你会发现无论你是什么专业毕业的，都可以在阿里巴巴集团找到对口的工作。这就是阿里巴巴“文理工互联”无与伦比的优势。

如果说阿里巴巴的例子太过独特，涉及体系太过庞大而无法精准传达技术学科与人文社会类学科交叉的优势，那么将眼光转向苹果公司的 Apple Pencil，会更值得品味。初代 Apple Pencil 在 2015 年就面向了市场，但市场占有率并不是特别高，不太好看的充电方式和略长的延时，让这支“笔”的用户体验并不完美。直到 2018 年 Apple Pencil 2（见图 1.6）的面世和 2019 年系统的更新，让苹果的这支“笔”获得了新生。相比于初代，Apple Pencil 2 在性能和技术上并没有做太大的改进，而是在人类需求、用户心理等方面下足了功夫。9 毫秒的延迟、哑光质感的笔身、一体化的设计、与 iPad Pro 的完美相融，它终于将用户从打字型的电子产品中彻底解放了出来。笔尖划过纸张，留下思维的印迹，也留下了人们对于文字最原始的尊重。这一切，目前在电子世界中有了最贴近想象的实现。Apple Pencil 2 赢在哪儿？赢在精准抓住了用户需求，击中了用户的软肋。从创造的角度去看，未来工程师也是设计师。苹果公司设计总监伊夫认为，造就一位伟大的设计师，想象力、好奇心和不怕犯错都非常重要。

图 1.6　Apple Pencil 2

看了公司和产品的例子，我们再来看一下跨学科思维对于个人职业的促进作用。以售前工程师为例，这个职业需要同时具备销售能力和专业技术能力。作为客户与技术员沟通对接的桥梁，售前工程师既得是活跃在研发部门的销售人员，也得是销售部门与客户眼中的技术专家。想要成为一名合格的售前工程师，不仅需要懂项目技术方案的制订，也需要了解商业计划书的起草；不仅需要掌握客户心理、挖掘客户的需求点，也需要知道如何与研发部门沟通理解技术精髓。专业知识与市场营销合二为一，塑造了一名优秀的能够沟通技术与非技术领域的使者。当然你可能心存疑惑，传统模式下，销售人员对接客户，技术部门解决专业问题的配合模式为何不能持续？为何需要销售人员也成为技术专家？这时候，你可以回想一下你自己在进行产品购买咨询的时候，如果销售人员对你提出的产品技术细节性问题也能对答如流，是不是能大幅提升你对产品和公司的信任感？

这三个案例作为“知识经济”时代技术市场的一个切片，足以让我们洞悉“文理工互联”举足轻重的地位。它们的相同点在于科学技术走出了自己专业的桎梏，思考与产品运营、销售等各个条线的合作，技术不再单打独斗，所有领域携手共同打天下，自然事半功倍。而在未来的社会背景下，对于拥有跨学科背景的人才需求只会有增无减，知识经济最终将投射到以科学技术、管理及行为科学为核心的人力资本上——工程师需要纳入人与社会维度，使用综合思维解决复杂问题。

1.2　人工智能风云涌动

智能化时代的特色主要体现在 3 个方面，5G 作为沟通平台，为数据的通信提供了强大的支持；大数据作为内容支撑，为技术的发展提供了底层资源；在此基础上，人工智能作为智能化处理的解决方案，近些年来异军突起，深刻改变着世界的生产模式。

我们尝试从不同的视角探讨这个新兴事物的“性格特征”，以期帮助你更为宏观地看待这场“人工智能热”。

1.2.1　移动通信变迁

移动通信技术发展至今，经历了 5 代变迁，往前追溯一下它的发展历程，能让你更强烈地感知现代生活的快速变化。

1.2.1.1　1G/2G 移动通信技术

第一代模拟移动通信技术的诞生得感谢摩托罗拉，它在 20 世纪 70 年代左右研发出了名为“蜂窝”的移动通信系统（见图 1.7）。这种通过基站进行中继的移动通信网络，因每个基站所覆盖的区域是一个正六边形，相邻基站覆盖的区域组合起来看上去就像蜂窝结构，所以被称为蜂窝移动通信系统。到了 20 世纪 90 年代初期，以 AMPS 和 TACS 为代表的蜂窝移动通信系统的普及，标志着第一代模拟移动通信网络（1G 系统）的成熟。

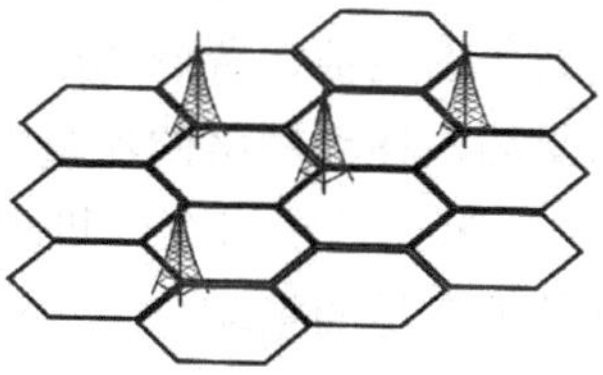

图 1.7　蜂窝结构

1G 系统存在一些明显的弊端，例如通道容量有限，需要预留保护频段，复用的效率不高等。20 世纪 80 年代，数字信号处理技术快速发展带动了第二代数字移动通信系统的产生。人们开始思考“如果用数字信号来代替模拟信号，那么是否就能有效解决不能长途漫游、稳定性差等问题了？”1991 年，第一个基于数字的移动通信网络——GSM 网络在芬兰投入商用。GSM 增加了时分多址技术（Time Division Multiple Access，TDMA），与频分多址结合，大大提升了用户容量，而且优势明显，保密性、抗干扰性大幅增强。2000 年又推出了通用无线分组技术（General Packet Radio Service，GPRS）。发送和接收电子邮件及图片开始被应用，数据流量的概念开始成型。还记得曾经手机左上角那个 E 的符号吗？哪怕它后来变成了 3G、4G、5G 甚至即将变成 6G，但 E 是多样化数据可以在用户间传输的开始。第二代数字移动通信系统（2G 系统）真可谓是长江后浪推前浪。

1.2.1.2 3G/4G 移动通信技术

第三代和第四代数字移动通信的发展伴随着互联网的兴起和蓬勃，数字化时代全面来临，数据传输业务爆炸性增长，移动通信业务的重心也慢慢从话音业务向数据业务转移。第三代数字蜂窝移动通信技术可算是移动通信业务的分水岭。从第三代移动通信技术开始，通信标准的制定成了各家公司的必争之地，掌握了通信标准则掌握了行业的主导权。最终，由大唐电信主导的新一代移动通信系统 TD-SCDMA 脱颖而出，2000 年 5 月成为国际电信联盟（ITU）正式公布的第三代移动通信标准。我国自主研制的 LTE-TDD 第四代标准，在 2013 年年底实现了商用，在 4G 的路上，中国赶在了领跑的队伍中。有了 3G 和 4G 网络，很多梦就可以走入现实。

1. 关于交流的梦：重新定义手机

看到“重新定义手机”这六个字时，脑海中有没有立刻就浮现第一代 iPhone 的样子：没有键盘只有一整块屏幕，几个软件图标工工整整排列其中，就这样悄然颠覆了手机。

智能手机搭载 3G 的方式，让 3G 的速度优势完全发挥了出来，也让手机脱离了只能打电话、发短信、看网页的呆板印象，成了集通信、社交、娱乐等为一体的移动终端，计算机能做的事，手机同样能做而且更为方便。换了“新装”的手机更像是人们感官的延伸，游戏、影音、社交、导航等各类应用软件的引入使得移动数据业务飙升，根据美国电信运营商 2009 年的统计显示，从 2007 年到 2009 年，受智能手机普及因素的驱动，移动网络的流量增长了 50 倍。“移动通信”与“互联网”融合的模式大获成功，带来了前所未有的机会市场。而这种从未有过的爆炸性增长更让 3G 向 4G 的演进得到了充足的推动力。

2. 关于效率的梦：重新定义速度

4G 的速度能有多快？上行速率达到 50Mb/s，下行速率达到 100Mb/s 是一个怎样的概念呢？除了与 3G 相同的应用场景外，男生会发现，用数据流量可以直接打手机游戏了，甚至某些地方比 Wi-Fi 的稳定度都高；女生会发现，用数据流量可以直接在线看视频了，高清模式下也几乎没有卡顿……而若是和 3G 手机同场较量，前者可能还在转着圈加载 GIF 动图，4G 手机已经翻过了好几张高清大图。

1.2.1.3 5G 移动通信技术

2019 年 6 月 6 日，工业和信息化部正式发放 5G 商用牌照，这标志着中国将正式进入 5G 商用元年。5G 时代，已经到来。

如果你对 5G 没有直观的体验，那么不妨回想一下中华人民共和国国庆 70 周年阅兵和联欢会的盛典。新中国 70 华诞，59 个方队、1.5 万人、160 余架飞机编队、580 台（套）装备，用精确到秒的完美表现，骄傲地接受全世界的检阅；7 路视角灵活切换，俯仰平远近景记录独家阅兵记忆；焰火晚会震撼人心，有线电话网传递燃放控制信号保障“人民万岁”绽放于天空，毫秒不差（见图 1.8）……这一切的背后，是 5G 技术在保驾护航。

图 1.8　“人民万岁”字样烟花

整个阅兵应用了 5G+4K 高清直播、北斗卫星阅兵训练考核系统、5G 回传方案、5G 背包等全新的通信技术，为观众呈现出与以往不一样的国庆——更精准、更多样、更便捷。1G 到 4G 是主要面向人的通信，虽然 2G 开始逐渐应用于人与机器、机器与机器通信，但是 2G 到 4G 的通信系统设计还是针对人的通信。5G，则与此不同，从设计之初，5G 技术就因为其特性（见图 1.9）能够适应更多的场景，如物联网、工业自动化、无人驾驶等。

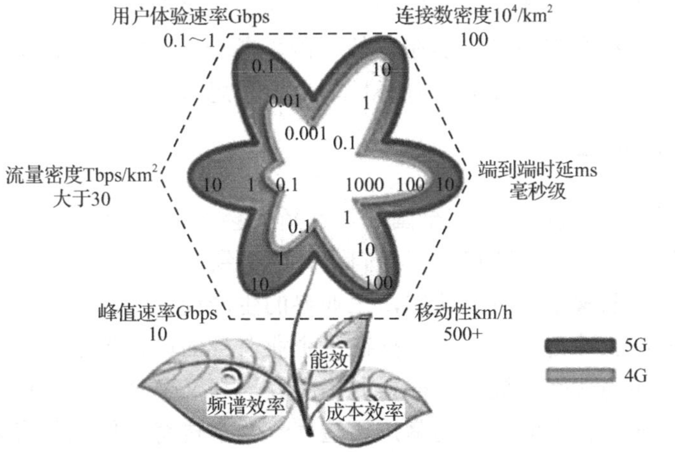

图 1.9　5G 性能之花

变化远不止于此，5G 的普及会进一步带动云计算的发展，在未来万物可云。未来你可以和小伙伴一起玩云游戏，游戏资源在云端服务器，你只需操控云主机就可以享受到实时回传的画面；你可以云控制，那时自动控制刹车会与人的刹车反应时间差不多，自动驾驶的安全稳定性全面提升；你还可以云办公，无论是在路上、酒店房间还是公园，只要有 5G 信号，就可以实现实时协作、共享和传输大型文件，进行无缝视频会议等。5G 在 4G 基础上，对于移动通信提出了更高的要求，它不仅在速度而且还在功耗、时延等多个方面性能有了全新的提升。由此 5G 业务会有巨大提升，互联网的发展也将从移动互联网进入智能互联网时代。

在 5G 时代，以智能算法为切入点的各类技术解决方案正在向各类复杂场景进军，或许在将来，每个人都能拥有一个像钢铁侠的管家 Jarvis 一般的超级智能管家，帮助主人操控和管理所有设备，智能处理各种事项。

远不止如此，5G 的铺设还没有完全，6G 的研究就已经在路上了。2019 年 11 月，科技部会同国家发展改革委、教育部、工业和信息化部、中科院、自然科学基金委在北京组织召开了 6G 技术研发工作启动会。会议宣布成立国家 6G 技术研发推进工作组和总体专家组，进一步推动 6G 技术研发工作的实施。6G 的研发和成熟还需十数年，每个人都有机会参与其中，给世界表演一场华丽的魔术秀。

1.2.2 冲击中的机遇

让机器人拥有人类的思维，从而为人类的生产生活服务，是一个很早就在被研究的课题。但它的大规模爆发主要归功于近十年算力的提升。人工智能对于社会带来的冲击是历史性的。在如今，任何一个行业不带上人工智能，不谈点人工智能，好像就与时代脱了轨。求新求变求快，年轻人对于新兴事物有满分的好奇和充足的动力，快速推动着人工智能在各个领域的发展应用。但我们必须明白，任何的改变都会是双刃剑，人工智能很大程度上改变了人们的生活方式和社会的运营模式，带来了便利与效率，但同时它也给社会带来了实实在在的冲击与考验。能不能扛住这股压力，或者化压力为动力，需要人们对整体环境有理性的分析和思考。

1.2.2.1 产业冲击

2016 年，华为总裁任正非在全国科技创新大会上说，“未来二三十年人类社会将演变成一个智能社会，其深度和广度我们还想象不到。”事实上，仅仅时隔几年，社会的变化和发展已经颠覆了已有的认知，工业界的生产模式遭到了强大的冲击。

这个时代的产业冲击，第一个浪打在了企业自身的可持续发展上。

感受最为明显的就是一批又一批企业华丽登场却又黯然落幕，他们各自用自己的技术与创意，在充满机遇的时代闯荡，缔造着一个个传奇，但能传奇多久，谁也给不了答复。

1.2.1 节在谈论移动通信技术的发展中，就有着许多企业诞生和落幕的故事。摩托罗拉在第一代移动通信时独领风骚，然而随着第二代移动通信的发展，摩托罗拉因坚守模拟移动通信技术而失去了后续发展潜力，诺基亚却搭上了 GSM 的顺风车，孤注一掷将所有重心放在数字移动通信领域，结果一跃成了手机领域的霸主。时代演进，诺基亚在智能化浪潮中没能有最敏锐的感知，搭载 Windows 的决策让它离开了智能手机的第一梯队。苹果、华为、小米等智能手机品牌却如雨后春笋般冒出，有的企业性能为王，有的企业注重服务，有的企业主打性价比，凭借各自的优势占据着各自的市场，在竞争中共同进步。而如今，智能手机的天花板似乎隐约可见，华为的手机销量超过了智能手机创始企业苹果，而在智能平板、智能家电等其他领域，新老企业又在不断研究，期待新的突破。

当我们想要选择一款产品时，这个时代给消费者的可选性被极大地丰富了。没有任何一家企业的产品能够占山为王，占据技术的最高点。移动支付领域有微信和支付宝，视频媒体有爱奇艺和腾讯，人工智能芯片有地平线和寒武纪，电商平台有阿里巴巴和京东……“如何能够从市场竞争中脱颖而出，获得用户的青睐”成了企业生存每时每刻都需要思考的问题。

这个时代的产业冲击，第二个浪打在了对传统行业的挤压上。

最为直观的感受就是互联网企业的蓬勃发展（见图 1.10），它没有实业支撑，却能够吸引大批的资金和最顶尖的人才，字节跳动依靠数据搜索推荐和短视频异军突起，三年多便实现了盈亏平衡，创始人张一鸣敏锐地感觉到了平台型产品的生长潜力，并能够抓住年轻人的兴趣点，无形的创意创造了无穷的价值。然而传统的材料、航空航天、电子等行业却出现了大面积的人才短缺，发展受限。2018 年“中国天眼”开出 10 万年薪招不到驻地科研人才，同年字节跳动却给招聘者发邮件说算法工程师岗位已远超需求。这背后固然有着更为深层的原因，但足以窥见传统行业面临的困境。资金与人才，两样支撑企业发展的核心力量，都被日新月异的互联网企业占了先，传统行业如何打破僵局，是寻求转型还是寻求产学研联合等新模式，都需要时间来探索。

图 1.10　互联网企业（BAT+TMD）

不过正如任正非所言，越是前途不确定，越需要努力创造，华为面对通信领域的“无人区”，没有畏惧与退缩，而是炸开金字塔尖，吸取宇宙能量，怀抱着攻坚克难的勇气与信心，寻路、探路、引航。面对冲击，所有人扛起责任与重压，迎难而上，是唯一的应对方法。

1.2.2.2 职业冲击

百度董事长李彦宏先生在央视 2019 年特别节目中预言："2019 年是人工智能全面进入家庭的一年"。智能机器出现的应用场景越来越多，这也意味着，机器能代替人完成的工作越来越多，那么，对人的需求是否就会减少呢？

职业危机愈演愈烈。人工智能时代的职业冲击是不可避免的（见图 1.11），送餐机器人的出现解放了餐厅服务员，扫地机器人解放了家政人员，自助付款机解放了超市收银员，甚至无人超市的出现解放了全部工作人员……2013 年牛津大学发表的研究报告《未来职业：工作有多容易被机器取代？》中提出：在未来 20 年内，英国现存的工作种类中，有 35%会完全被机器取代。在美国将有 47%的工作被人工智能所取代。波士顿的专家认为：2025 年之前，全世界至少会有 1/4 的岗位因为人工智能的发展而彻底消失。未来可能有数十万乃至上百万人会因为受到直接冲击而失业。

图 1.11 日本 Pepper 机器人能完成迎宾、咨询等多种工作

当前，人工智能包揽了大量重复性、枯燥性的工作，提升了生活的效率和用户的幸福度，但原本在相应岗位的劳动者就面临失业的风险。未来，当人工智能无所不能、无所不在，可以做饭、可以教书、可以写代码，甚至可以提出创意（人工智能技术已经可以作画写诗了不是吗？）时，人类的优势和能力该如何体现？

面对岗位冲击，与其坐以待毙不如主动破局。目前，人工智能的主要支撑技术可以大致归为三类：语音和文字处理类，图像和视觉类，大数据分析和预测类，这些研究类别在医疗、法律、工业生产等几乎每个行业都能应用，也影响着每个行业的岗位组成。有人总结了最可能被人工智能替代的工作的三个特点：结构化的数据和良好的数据积累，清晰明确的任务，可接受的回报周期和高利润率。那么与之相对的，我们就可以通过研究这些特点，用人类独有的意识来寻找新的岗位契机。

让我们厘清思路理性分析。人工智能的本质并不复杂，只是将传统的机械性思维转向了大数据思维，从确定的因果关系转向强相关性来建立事务之间的联系。就好比我们现在有 100 个学生的成绩，传统思维是通过明确的已知函数找到学生成绩和学生学习习惯对应的方式，如果找不到就认为彼此没有关系；而大数据增加了数据的宽容性，它允许偏差，有晨读习惯的学生并不一定成绩好，但大部分都还不错，找到强相关的联系后，再用更多的数据去验证，去给人们的学习方式提供指导性意见。这种情况下，虽然目前人工智能没有完善的理论，但却着实加快了认知世界的速度，带动了生产效率的大踏步前进。

在此之上，我们需要寻找并发挥人类的优势。人类相比于人工智能，最大的差别就在于人类的意识！机器没有意识，没有主观感受，尽管最新的人工智能技术可以实现作诗作曲，但作品往往缺少灵魂而更像符合某种要求的排列组合。正是这种情感上的理解能力，人类在理解用户需求，创造针对性服务方面的能力是人工智能不可比拟的。因此，一来，我们可以将注意力放在需要强沟通或者社交的领域，发挥人性的魅力，提升服务的温度，打造服务的质量。二来，对于专业技术领域，也一定永远有着人类的位置。人工智能对于数据经验的依赖性十分强，神经网络的训练需要大批量被标注的数据，就算是能让机器自学习的强化学习，依旧需要依赖人类的经验来设计反馈函数和定义观测状态。但人类相对而言就“聪明”得多，我们有时候不需要数据就能找到规律，不需要训练就能得出结论，不需要论证就能抽象出背后机理，更能“举一隅以三隅反”，从 A 领域的问题直接联想到 C 领域。不仅如此，人工智能现在仅仅能够做到“术业专攻”，给神经网络喂“医学图片”来训练，它能标记鉴别新的医学图片，但若想让它把医学的理论与心理学相关联，创造新的理论，几乎没有可能！但人类却可以！还有技术迭代，人工智能的发展不就是由人类来迭代推动的吗？这些能力都是计算机所不具备的，是无法被替代的。我们要对人类，对自己有充分的信心。

人工智能给一些行业带来了威胁，但同时它也带来了新的就业机会，就像在工业时代初期，很多人反对纺织机，认为纺织机抢走了他们的工作，现在回看历史，机器的出现并不会造成全社会的就业问题，反而制造了更多的就业岗位。用发展的眼光看问题，用更优秀的自己适应社会，岗位冲击打破了生活的舒适圈，但恰是成就更好的自己的绝佳机会。你只要热爱学习，接受新的科学技术，就不会被淘汰。

1.2.2.3 教育冲击

这一次，是高校在追赶时代。

人工智能对于高校的冲击，可以说是始料不及的。高校如何针对学生成群涌向人工智能领域的现状，调整教育教学策略，使得既能完成既定教学目标，达到人才的多维度培养，又能贴合社会进展，摆脱“高校和社会脱节”的刻板印象，让学生感觉到在高校学习的意义，是各大高校面临的首要问题。

不仅仅是高等教育，人工智能的热度已经蔓延到了高中、初中乃至小学。“学会编程，赢在起跑线”“编程大赛，培养孩子的又一途径”……教育机构和培训班将人

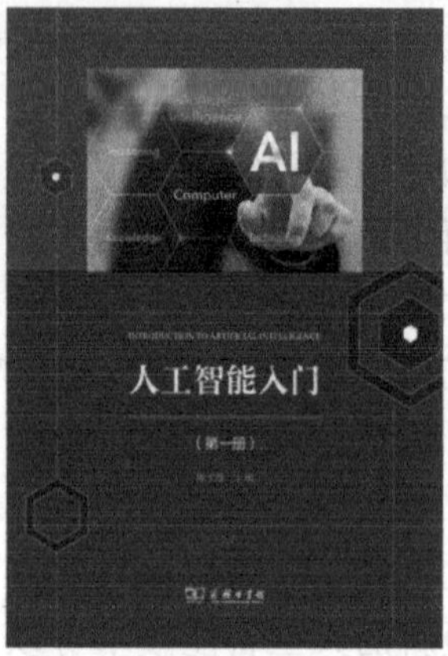

图 1.12　商汤科技出版人工智能入门（初中版）

工智能的效果宣传成了万能，撩动着家长们的心（见图 1.12）。这一领域的热度超出了所有人的想象，以至于家长们担心，我的孩子如果对这方面不了解，会不会就被社会淘汰。经营了那么多年的差异化、个性化教育，在这个当口，又隐隐有向趋同化教育后退的迹象。孩子似乎变得更“聪明”了，幼儿园就能玩电子百拼，小学就能参加编程竞赛，初中高中就能编写应用程序甚至拿产品创业，但这真的是好事吗？或者说人工智能只能以这样快速扩张的方式迅速侵入到教育领域中吗？

若要尝试理解并寻求现状的解决方案，我们需要对教育有一个客观的认知。教育是一种“慢变量”的生产活动，具有一定的滞后性。我们习惯性把高中之前的教育归为基础教育，它的主要功能是传承教育，传承人类社会的文明成果和国家共有的价值观；把大学及研究生的教育归为高等教育，并期望它具有超前、创新教育的功能。高等教育如果没有新的教育理念，新的内容，新的标准，新的方法，那么按照教育的惯性，就很容易培养出落后时代发展的人。人工智能的飞速发展也是给了高等教育一个警醒和一次机会。创新是高等教育的本质特征，是存在和发展的生命线。

随着人类社会从信息化向智能化发展，人工智能领域的增长是持续且长期性的，它不会是昙花一现的事物，只不过教育者需要构思合理的人才培养方案。有一些动作已经被采取，国内众多大学在 2019 年起增加了人工智能专业，围绕人工智能需求，设计实用性高、操作性强的培养方案，并兼顾传统教育希望达到的素质培养要求。高校用包容开放的心态迎接人工智能的到来，并借此机会探索更适合当代学生的培养方案。除了设置专门的学科之外，传统专业和课堂方式也可以与时俱进，进行优化和调整。人工智能是一项全球化事件，高校可以从国际化入手，帮助学生构建全面的国际视角，真正地从前沿发展的领域中去认识人工智能，避免局限于社会的热度。2019 年 6 月，教育部高教司司长吴岩在高等学校专业设置与教学指导委员会第一次全体会议上，向全体教指委表明了中国在高等教育领域想要发起质量改革的决心。他尤其提到，面对专业结构优化调整的问题，三个导向必须坚持，一为需求导向，高校自我发展的“小逻辑”需要服从经济社会发展的“大逻辑”，这是首要准则；二为标准导向，建立专业标准，形成质量参考；三为特色导向，坚持“以学生发展为中心”，形成学校扎实基础。把教育的模式从就业模式改成创新创业模式，是高校教育正在努力的发展方向。

相信在不久的未来，高校和社会，能够磨合出培养学生的契合度。

1.3　息息相关的社会生存环境

工程发展的最终目的始终是为人民服务，因此工程的发展离不开社会生存环境，社会的变化也必然会影响工程的变动。美国工程院将悬而未决的工程问题分为四类，其中最受关注的三类是能源和环境类、健康类及安全类。而这些问题都与社会大背景密切相关，密歇根大学名誉校长杜德施塔特（James Duderstadt）研究并归纳了将会对世界和工程界构成重大影响的社会变化，知识经济、全球化与人口统计特征等成了主要影响因素。由此看来，未来工程实践与当前和未来的社会生存环境息息相关。

1.3.1　经济全球化

经济全球化趋势如今正愈演愈烈，自 1950 年以来，世界贸易量增加了 20 倍，从 1997 年到 1999 年，外国投资流量从 4680 亿美元增加到 8270 亿美元，几乎翻了一番。中欧班列连通亚欧大陆 11 个国家 28 座城市，成为国际物流运输的骨干力量，贸易全球化越发便捷；跨国企业数量增长，国际资金流动加快金融全球化；美国研发中国制造欧洲销售，国际合作促进生产全球化……每个人都在享受着全球化带来的福利。

坚持“引进来”和“走出去”的举措，让中国经济实力在 20 多年间飞速发展，同时与世界各国建立了友好邦交。2020 年新型冠状病毒性肺炎疫情初期，全球多个国家向我国提供了技术、物资的大力支持，投我以木桃，报之以琼瑶，中国也在后期向多个国家施以援手，共同抗击疫情。中国的 GDP 总量快速跃居世界第二，成了进出口的贸易大国。对于普通人来说，经济全球化的最直观感受应该是产品生产销售的全球化。长城汽车是第一批走出国门的中国汽车企业之一，而如今，借着“一带一路”的东风，长城汽车全力推进“研、产、销”全价值链布局。目前，长城汽车已在日本、美国、德国、印度、奥地利和韩国设立海外研发中心；在马来西亚、伊朗、突尼斯、厄瓜多尔和保加利亚建有 5 个组装工厂；在俄罗斯、南非、澳大利亚、中南美洲、南亚地区、中东地区和非洲地区拥有 400 余家销售网点，重点市场还设有海外配送中心库。你在国内买了一辆长城汽车，它的研发、配件、组装却可能来自全球各地。

全球化的好处是毋庸置疑的。全球化可以减少由于地域物质条件或技术条件限制而产生的全球社会劳动力浪费；可以调整优化本国经济结构，实现资源的最优化配置；可以增加各国文化沟通，推进全球局势的稳定；可以增加消费者的多样化选择，增加生活幸福感……

全球化的负面作用却也不容小觑。中美贸易争端不仅伤害了中美两国，全球各国的经济都受到了一定程度的影响，经济互通却反而造成了牵一发而动全身的后果。同时全球化就意味着各国之间依赖关系的全面增强，发展中国家在大局之下往往处于弱势只能服从，本国的民族工业发展只能被一再抑制……

经济发展是国民大事，生产生活的任何一个领域都与经济发展密切相关。工程技术的发展需要经济作背后支撑，反之，工程技术更会促进经济的发展和变化。若能根据形势变化不断思考修正两者协同的方案，国家的未来定值得期待。

1.3.2 可持续发展

工程技术发展曾经在一段时间内对生态环境造成了严重的影响，20 世纪以来科学技术迅猛发展，然而双刃剑伤敌也伤己，重金属污染给人类生活带来了很大的危害，水质污染引发人类疾病，土壤污染影响作物生长，空气污染导致生物病变，而大部分的污染都是不可逆的，若长期如此发展，环境的承受力很快就会到达尽头。计算机带来电磁辐射，氟利昂引起温室效应，转基因食品可能导致人体突变、过敏或者部分组织器官病变……

人民群众对于社会环境的需求与物质需求是并行的，可通过提供更多优质生态产品，不断满足人民群众日益增长的各类需要，但万不可顾此失彼，失去了平衡。当年限塑令的通知也引起了群众一段时间内的不理解与不方便，但是当人们开始习惯出门随手带一个购物袋，习惯多使用可降解材料后，生活并没有不方便，反而更安全、更环保了。据统计，2013 年，商场的塑料袋使用量减少了 2/3 以上，累计减少 670 亿个，这是怎样的概念呢？相当于节约了石油 600 万吨，可供 280 万辆汽车行驶一年。尽管随着快递业务的兴起，塑料袋的污染浪费又变得严重，但这只是意味着我们需要与时俱进商量更好的对策，这条路并没有走错，而是非常正确的！

对于工程实践而言，可持续发展的社会生态是非常有利的发展保障。它首先提供了一个稳定的外围环境，保证了工程技术能够在心无旁骛的情况下进行创新。饥荒不再，人们才能开始追求精神生活；动荡不再，人们才能开始追求安家立业；污染不再，人们才能专心技术研发与进步。其次，这样的生态也给技术发展提供了新的思路和空间。将“可持续”的要求纳入工程设计的考虑要素，给生产生活带来了新的惊喜。新能源汽车近些年来已经逐步走入了普通大众的生活中，而随着新一轮科技革命和产业变革的加速，除了减少环境污染以外，新能源汽车还被赋予了更多的可能。技术人员聚焦汽车与能源、交通、信息等多领域联动，导入自动驾驶和智能网联技术，让新能源汽车也“智能化”起来，出现了“汽车+物联网+云计算+大数据+人工智能+……”等多样化的跨界创新，在这些功能的加持下，新能源汽车的应用场景更为广泛，用户黏度也不断提升。

当然，生态环境不是一家之事，小到个人大到全球各国，都需要投入足够的关注。2019 年 7 月 1 日，上海市正式开始实行《上海市生活垃圾管理条例》，这个被称为“史上最严”的垃圾分类措施不仅分类要求明确而且处罚措施强硬，1 日当天，上海执法部门开出 623 张整改单，沪上垃圾分类迈入“硬约束”时代。这一开始可难坏了上海市民，但随着对分类标准的深入理解，市民的垃圾分类意识已经内化于心，在垃圾产生时就会主动分类归置，上海市垃圾处理的效率和回收利用率都得到了极大的提升。这一措施已经陆续推广到全国各地，每个人都能在这场垃圾分类的措施中看到自己对生态环境健康化的重要性。

在日本举行的二十国集团领导人第十四次峰会中共讨论了八项主题，其中“环境与能源”“可持续发展”“全民健康”赫然占据了三个席位，可见生态环境的重要性。各国利用峰会的契机相互探讨彼此借鉴，有了合作共赢的全球分工模式，这颗蔚蓝色的星球才能更加持久地为人们提供生存的保障。

1.3.3　老龄化愈演愈烈

“银发浪潮”在中国已经是一个非常严峻的社会问题了，预计到 2025 年，我国 60 岁以上人口将达到 3 亿，成为超老型国家。尽管生育政策已经放开，国家鼓励二胎，但这并没能有效缓解老龄化的趋势，步入老龄化社会是既定事实。不仅仅是中国，据调查，全世界 60 岁以上老年人口总数已达 6 亿，人口老龄化已经成了世界的问题。当然，老龄化的出现首先是对人类进步的一种肯定，本质上而言，这意味着国家的医疗、教育、经济等各方面有了长足的进步，人类不会再像以前一样轻易陷入饥饿、疾病的折磨，生活质量得到了大幅提升。然而，万物相生相克，老龄化社会带来的问题同样层出不穷，食品、健康、医疗、居住、贫穷、就业等一系列问题防不胜防。对于未来工程实践而言，老龄化引发的人口问题也是重要的约束条件之一。

2017 年 12 月，人社部的社保报告显示，2016 年黑龙江养老保险收不抵支 320 亿元，扣除 2015 年结余的 88 亿元，总欠账也达到了 232 亿元，成为全国首个养老金结余被花光的省份。事实上，养老金收不抵支的情况并不只黑龙江一个省份。我们或许不用深究老龄化出现的起因经过，但由老龄化引发的社会问题真实地威胁着社会的稳定。

老年人口数量增多的第一需求就是社会服务资源的增加，这对政府规划养老的能力是不小的考验。老年人不仅需要大量的医疗资源来保障基本的生存条件，更需要大量的社会服务资源来帮助他们融入社会。他们常常会因为跟不上社会的节奏而感到颓丧，会因为拖累了子女而感到自责，会因为缺少倾诉和倾听而觉得孤独，会因为学不会新的知识技能而觉得自己一无是处，会因为衰老而觉得悲伤……对于老年人，物质的保障只是第一顺位，他们心中的缺口同样需要社会从内而外，多方面来填补。

目前智能化发展还没能完全满足各类人性化需求，但若能够用信息技术辅助，例如提供智能化医疗设施（见图 1.13），打造智能养老社区等，不仅能降低社会养老的运营成本，解放重复性非必要人力，也能有效谅解老年人与社会的隔阂，提升生活的质量。2015 年，我国首次提出智能养老产业蓝皮书，大力推进养老社区智能化建设。从问题和困难入手，点对点攻关，线对线解决，从产品到配套服务，开发完整的养老生态体系，让老年人真正“老有所依”。

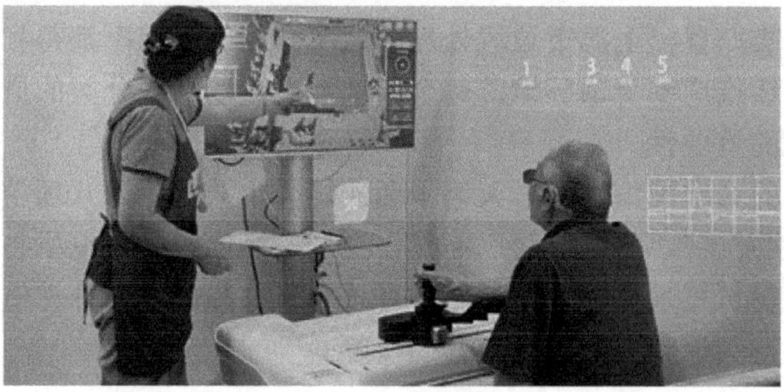

图 1.13　为老人提供智能化健康监测手段

想象一下，当未来你老了，你不用担心自己会无所依靠，就算子女无法在身边时时陪伴，你也能获得一个高品质生活。那个时候，你的家就是一个智能养老社区，有完备的医疗检测系统，有快速的通信网络，有贴心的线上线下管家和社群服务，也许那个时候，你还会有一个智能机器人作为你的专属“子女”，陪你聊天，听你讲故事，给你讲故事，让你的心充满被关怀的温暖与满足。未来的人工智能，相信会加上更多“人性”的考虑因素，让整个体系更具有温度。

1.3.4　人性的考验

在小学的科学课本上，每个人都学到过关于多利羊的故事。作为第一个克隆羊（见图 1.14），多利的诞生对世界的意义是独一无二的，它证明了克隆技术的可实现性，而围绕多利的争议，也从来没有停止过。人们无法判断这是一场生物史上的重大突破，还是世界史上的巨大灾难。

图 1.14　克隆羊多利

六年半之后，多利因为严重的肺病死去了，科学家至今没能完全解释多利过早死去的原因，克隆技术也因此没有进行广泛的应用。但围绕克隆技术的伦理道德辩论从来都没有停止过。时间流逝，当人们开始慢慢忘记技术对伦理的冲击时，中国科学工作者贺建奎带着一对进行过基因编辑的双胞胎出现在了全球的视野中。她们的一个基因被修改，这使得她们出生后能天然抵抗艾滋病病毒 HIV。消息一出，世界震惊。尽管国家立即对事件进行了查处，对贺建奎私自组织人员进行非法科研活动，蓄意逃避监管的行为依法依规处理，并表明以生殖为目的的人类胚胎基因编辑活动是国家明令禁止的，但是露露和娜娜已经诞生，高速发展的科学技术最终还是与人们心中的伦理道德底线正面相对。

“人性困境”是科学研究进展到后期不得不面临的问题。科学技术的负面影响不仅仅是在生物医学领域，多个领域都出现了法律无法界定的问题。2018 年 3 月，Uber 的无人自动驾驶汽车在亚利桑那州坦佩市的公共道路上撞了一名行人，并导致了这名行人死亡。那么是开发者还是驾驶公司来承担责任呢？谁能为就此失去的生命担责呢？又或者，当一辆载满乘客的无人驾驶汽车遭遇幼小的孩童横穿马路，紧急刹车可能会翻车伤及乘客，但不紧急刹车可能会撞到小孩，这样的情况下算法应该怎么预先设定呢？这些问题让无数专家头疼不已，但没有人能给出答案。

确实，人类从新发现中得到的好处总比坏处多，核武器杀人不眨眼但核电站却带来了取之不尽的新能源。不过科技总难免挣脱“求真至善”的缰绳，也不排除其制造者信马由缰的可能。核能源发现至今，“制造核武器还是建立核电站”一类问题总是摆在眼前亟待定夺。科技用好了是核电站减少能源消耗，减轻环境污染，用坏了就是当年“小男孩”与“胖子”两颗原子弹于日本广岛市区与长崎工业区从天而降，暴露出嗜血如命的邪恶本性——10 万名居民瞬间丧生，城市满目疮痍，核辐射病、心理问题与环境污染等梦魇至今犹在（见图 1.15）。因此，作为答好这类生死攸关的问题的一杆标尺，人性成为未来工程实践最重要的度量因素，没有“之一”。

图 1.15 “小男孩”爆炸后形成的蘑菇云

如火如荼的人工智能，其潜在危害远远高于传统科学技术，若有一天机器人掌握自主意识成了真正的“人类”，世界属于谁可能都无法再判定。所以人工智能技术的规范和法律约束必须先于技术的成熟，未雨绸缪。20 世纪 50 年代美国科幻小说家阿西莫夫推出过机器人三大定律：一、机器人不得伤害人，也不得见人受到伤害而袖手旁观；二、机器人应服从人的一切命令，但不得违反第一定律；三、机器人应保护自身的安全，但不得违反第一、第二定律。这意味着有一部分人已经很早就在思考科技发展对于人性的冲击和解决方案，人类作为智能行为的总开关，应该在发展技术的同时积累控制技术的经验和能力，对于人工智能这类以模仿人类为目标的技术，更应该掌握防止失控的绝对技能。

隐私泄露从未像如今那么容易过。大数据集成了大量的用户数据，却并没有明确的法律监管，若这些数据若被用于高利贷、毒品等黑灰色产业将产生无穷的隐患；网络环境也从未像如今那么岌岌可危，躲在网络背后的可能是自动生成的代码回复，蓄意攻击恶意传播都能引起群众恐慌……面对新技术产生的各种风险，及时的风险评估和配套应对措施必须尽快上线。

其实，“人性困境”与其说是一种特殊社会环境，倒不如说是对社会进步的一种鞭策，它要求人们时刻维持对人性的关怀，人性温度常在，世界才能安好。

1.4 更远处思考

在人工智能界，有一个耀眼的名字叫作周志华，作为南京大学人工智能学院第一任院长，他最为人熟知的应该是《机器学习》这本书，2016 年年初出版，首印 5000 册一周内售罄，至 2020 年已经重印 35 次，人工智能初学者几乎人手一本。但若能深入了解一下他的故事，对于“如何在人工智能乃至以后的时代找准人类的定位”这个问题或许会有新的启示。

作为第一任院长，周志华对于南京大学人工智能学院的人才培养目标是：培养在人工智能领域具有源头创新的人才、能为企业解决关键技术难题的人才。这一点很好地呼应了之前我们谈到的人工智能培训班问题。面对人工智能培训班和学院的区别，周院长用建筑业打比方，“一般培训班大多是培训建筑工地上搬砖砌墙的相对低端的人才，这些人才也很重要。但我们学院的目标，起码是要培养建筑设计师、土木工程师，更理想的目标是从这里走出建筑大师。”他强调的是人才的创造性发展，持续性发展，而非眼前短暂的能力提升。学生如果能够拥有终身学习的能力，那么人类相对于人工智能的优势才能继续保持。无论技术发展有多快，人类独一无二的“思维”优势，各不相同又同根同源的能力素养，是我们在人工智能浪潮下占据主动最好的武器。

原华中科技大学校长李培根对于“新工科”是这样解读的：“新工科”不仅仅只对应新兴产业，更重要的是要引领产业对人才的需求，着眼于面向未来的人才应该具备的新素养，培养学生的使命感与价值感、空间感、关联力、形象力、新思维（批判性思维、宏思维）、时空视野和大工程观。本章从新工科出发，从工程技术改革入手，到人工智能的多维冲击，再引向社会生存环境的思考，目的就是希望大家了解到未来工程所涉及的方方面面的影响因素，这些因素关联着人对于自我成长的目标定制，更关联着人类（尤其是工程师类职位）发展的素质能力定位。

思 考 题

1．请你总结 MIT 第二次工程教育改革，为什么如此重视数理基础教育？

2．请你查阅资料，分析 MIT 第三次工程教育改革的原因是什么？有哪些改革措施？

3．智能时代，工程教育有哪些新的特点？

4．如果你想成为蚂蚁金服的工程师，大学期间应该如何规划？

5．你从“Apple Pencil 2”的例子中，对跨学科思维、跨界能力有哪些新的认识？

拓展思考

1．工程教育改革历经工业革命时代、科学时代到如今的智能时代，每个时代改革的核心内容都不相同，你认为是受到哪些因素影响呢？每次改革之间是否有关联性？

2．与 5G 技术相比，你认为 6G 技术的突破口会是什么？6G 技术又可能会给人类生活带来怎样深刻的影响呢？

3．做一个大胆的预测吧，下一个十年、二十年，社会发展的爆发点会是什么呢？阐述一下你这样预测的理由。

4．如果想要在未来时代中保有自身的竞争力，你认为大学时期应该着重培养哪些能力？

5．你认为如今的社会生存环境是在逐渐恶化还是不断改善？个体在社会中承担的角色又该是怎样的呢？

参考文献

[1] [德]弗里德里希·德绍尔．技术的恰当领域[M]．张东林，译．上海：上海交通大学出版社，2008．

[2] 吴爱华，等．加快发展和建设新工科，主动适应和引领新经济[J]．高等工程教育研究，2017，1：1-9．

[3] 张大良．因时而动，返本开新，建设发展新工科——在工科优势高校新工科建设研讨会上的讲话[J]．中国大学教学，2017，4：4-9．

[4] 钟登华．新工科建设的内涵与行动[J]．高等工程教育研究，2017，3：1-6．

[5] 李德毅，等．智能时代新工科——人工智能推动教育改革的实践[J]．高等工程教育研究，2017，5：8-12．

[6] 王义遒．新工科建设的文化视角[J]．高等工程教育研究，2018，1：16-23．

[7] 肖凤翔，等．麻省理工学院新工程教育改革的形成、内容及内在逻辑[M]．高等工程教育研究，2018，2：45-51．

[8] 王义遒．从应用理科到“新工科”[J]．高等工程教育研究，2018，3：5-14．

[9] 吴岩．新工科：高等工程教育的未来——对高等教育未来的战略思考[J]．高等工程教育研究，2018，6：1-3．

[10] 吴岩．勇立潮头，赋能未来——以新工科建设领跑高等教育变革[J]．高等工程教育研究，2020，2：1-5．

[11] 李培根．未来工程教育的几个重要视点[J]．高等工程教育研究，2019，2：1-6．

[12] 李培根．工程教育的“存在”之道[J]．高等工程教育研究，2019，4：1-4．

[13] 黄艳等．面向“电子信息+”新工科人才培养模式改革与实践[J]．中国大学教学，2019，1：44-47．

第 2 章

未来工程师的能力素质

能力素质的培养与社会背景紧密相关，我们用同样的方式尝试在纷繁多样的能力素质中撷取出两者最为相关的拼图碎片。

一位优秀的未来工程师，学习力是通关未来的钥匙，创新能力帮助大幅缩短了与“优秀”的距离，若是能懂得感受人性的温度，那么发展将无可限量，而扎实的专业基础，则成了在风浪之中屹立不倒的那块最后的关键碎片。

当我们讨论了未来工程的社会背景后，一个问题就会被自然而然地引出，即“那么未来的工程师需要具备哪些能力素养，才能应对这飞速变化的社会呢？”

参考工程教育专业认证中对毕业生提出的十二条要求，不仅有传统上对知识掌握的考查，而且有对分析、研究、沟通、表达等方面的要求。不难发现，现代社会正在尝试量化隐性参考指标，细化人才培养要求，改变过去“摸着石头过河”的混沌模式，提炼出人才培养基本诉求，从而精准提升培养质量。而未来，与现在肯定又不尽相同，一定会更复杂、更多维。

那么这一章，可以来一起思考一下，未来工程师的哪些能力素质会在第一时间被提起呢？

2.1 万变不离专业

工程教育专业认证中对毕业生十二条要求中的第一条，就是工程知识。高校毕业生需要将数学、自然科学、工程基础和专业知识用于解决复杂工程问题，这是学校培养的第一条基本线。专业技能在就业市场上好比一个人安身的根本，也是一切发展的根基。对于未来的工程师而言，专业相关的知识和能力始终应该是第一位的。

2.1.1 数理基础

对于工科生而言，数理基础的学习贯穿学生生涯。战国时期的哲学家庄子（约公元前 369—前 286）说道：“水之积也不厚，则其负大舟也无力。”如果没有深厚的水作为基础，船也就无法扬帆起航，更不能够乘风破浪，驶向遥远的宇宙。数理基础就像是水，承托着每个人逐梦远航的重量。这可不只是针对工科学生，无论哪个专业都需要对数理知识有一定的了解，它提供了学生最开始的逻辑思维能力。

大学各个专业为一年级学生所开设的基础课程大同小异，这样学生在日后面临方向选择时，能够有更大的自由度，游走于更多领域。刚刚进入大学的你将会迎来“数学分析”“高等代数”“数据结构”“概率统计”与“大学物理”等基础课程，且听我们逐一道来。

2.1.1.1 数学分析

“数学分析”作为电子信息类专业学生邂逅的首门课程，很可能令你方寸大乱。因为它似乎不太喜欢好好说话，原本在中学时很简单的表述，现在却变成了不明就里的“火星文”，更不必说还要引入闻所未闻的定义与定理了。不过想告诉你的是，其实直到此刻你才算是见识到了原汁原味的数学语言。中学学习的数学只能算是简化版，删去了理论的证明推导和逻辑的复杂验证，用视觉的美感和实用性先收获你的喜爱，而从数学分析开始，你走进的将是数学的整个世界，你会明白数学世界的运行规则，了解这门语言的严谨和优美。“数学分析”涉及的内容难以枚举，包括描述信号使用的函数，通过模拟电路实现的微积分等，但是归根结底，“数学分析”的灵魂源自极限的思想。

极限的思想能为许多棘手的问题找到出路。例如，考虑电荷从系统体积内非匀速地鱼贯而出，其减少率很难直接计算，但是若时间极短则另当别论，因为电荷可被视作匀速运动，最简单的数量除以时间就化繁为简，我们将之称为微分。积分则刚好与微分相反，如果你想知道系统表面的总电流，而电流密度却随着位置发生变化，那么不妨将面积取到无限小，这时候的电流近似均匀分布，是不是简单的密度乘以面积再相加就能够解决问题了呢？回归电荷守恒定律本身——电荷只能以电流形式发生转移，也就是说上述微分与积分的结果相等，大自然又一次完美地演绎了“数”的剧本。更美妙的是，积分可以在二维空间上完成，也可以拓宽到三维空间当中，如曲面（见图 2.1）与体积，由此你可以想象所谓“场”的概念。除此以外，“数学分析”还将阐释“电路分析”用到的傅里叶级数，即把周期函数用一系列正弦函数为基表示出来，而当周期函数被推广至非周期函数时，就导出了“信号与系统”中使用的傅里叶变换。

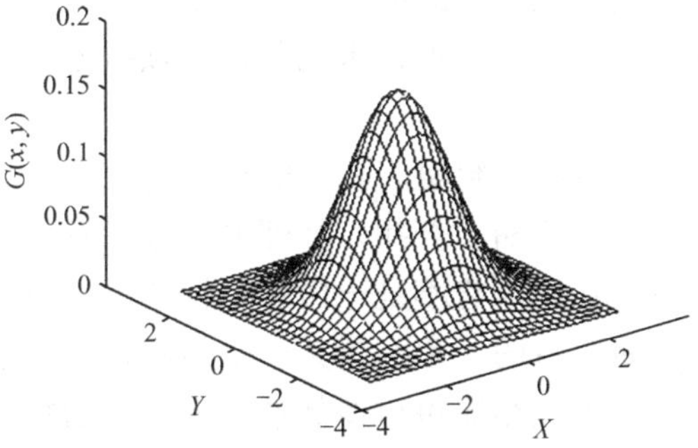

图 2.1　曲面积分——分割面积到无限小

2.1.1.2　高等代数

“高等代数”课程略显抽象，翻开课本，映入眼帘的是一个又一个素昧平生的矩形阵列，你看到了“矩阵”（见图 2.2）二字，却无法将之与现实联系起来。而所谓的“线性空间”更是天方夜谭，如果说把二维与三维空间想象成为 2D 与 3D 电影，那么四维、五维乃至 *n* 维又是怎么回事？“高等代数”与电子信息类专业是莫逆之交，随着后续课程逐步展开，你对这一点将确信无疑，而相关概念的实际意义也会随之明朗起来。仍然以矩阵来说明，依据基尔霍夫电路定律列写线性方程组时，未知量的系数可以排成矩阵，*n* 列微波通过 *n* 端口网络时，出入间一一对应的关系可以排成矩阵，符号被输入有干扰的信道时，正确与错误输出的概率可以排成矩阵……变化多端的矩阵正应验了英国数学家西尔维斯特（James Joseph Sylvester，1814—1897 年）的说法：“我在先前的文章中将矩形排布的序列称为‘Matrix’，是因为从中可以产生各种不同的行列式，就像由同一个母体的子宫里孕育出来一样。”至于线性空间，确实很难从直观上进行解释，但在 DSP 与图像编码等领域中均有涉及。“卡拉比—丘成桐”空间就尝试直观展现六维空间的样子，整个空间看起来就像随手被攥成团扔掉的草稿纸，但却运行着自己一套独特的，欧几里得几何无法描述的几何规则。随着对数学理论认识的加深和世界规则的不断探索，多维空间的秘密在未来的某一天，或许就真的被聪明的人类破解了。

$$\boldsymbol{A}=\begin{pmatrix}0 & 1 & 2\\ 1 & a & 2\\ 2 & 2 & a+b\end{pmatrix}$$

图 2.2　矩阵

2.1.1.3　数据结构

“数据结构”是计算机程序设计的重要理论基础。最早先的时候，“数据结构”是作为计算机专业的必修课存在的，它帮助学生了解计算机存储、组织数据的方式。合适的数据结构可以带来更高的效率，也是高效算法必不可少的组成部分。而如今，“数据结构”已经成了工科类专业的必修课，因为任何一项技术未来的发展都与计算机有紧密联系。

程序设计中常用的数据结构有数组、栈、队列、链表等（见图 2.3），这些结构解决了大量数据在计算机中快速存储、查找、处理的问题，具体的方法就等你课堂上去认真学习了。这门课的特色在于，它不是一门理论性的课，也不是一门只有唯一解的课。既然已经了解了它的研究目的，那么就某一个问题，自己亲手写一段程序，将学到的结构运用其中，同学之间互相比拼可谓是趣味无穷。运算效率、程序的易读性、简洁性都是这门课考查的重要指标！

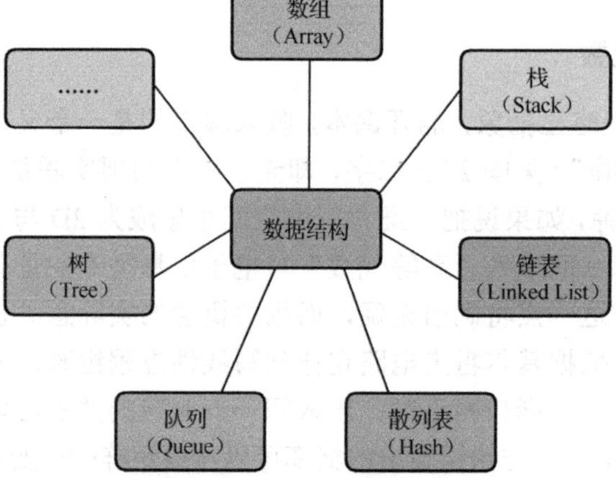

图 2.3　程序设计中常用的数据结构

2.1.1.4　概率统计

“概率统计”课程由“概率论”与“数理统计”两部分组成，前者的结果又为后者的发展奠定了基石，在电子信息类专业中发挥着重要的作用。“概率论”研究随机现象的数量规律，试验在同一环境下会产生不同结果的情况。例如，我们不能确定信号发生器在下一秒钟是否会产生波形，但却可以预测结果将是“有”与“没有”其中之一，甚至能以“数理统计”获悉每种情况出现的可能性多大。对概率论的了解能有效增进人们对“意外”的理解，意外也是一种发生概率，背后有着隐藏规律。大数据就利用了概率论的原理，从看起来毫无联系的数据中找到关联，并服务于社会生活。如果我们希望得到预测的准确度，还可以从均值与方差等角度着手，以确定的实数来表示总体的特征，甚至能计算出“有”与“没有”间的关联，以及两台乃至多台信号发生器间的关联。若在时间维度上对例子进行拓展，比如在早晨八点到下午四点之间，每隔一秒即观察一次信号发生器的工作状况，便获得了一系列的“有”与“没有”，也就将“概率统计”延伸成了多以时间为参数的“随机过程理论”。

2.1.1.5　大学物理

物理研究大自然中所发生的现象及其规则，包括力学、热学、光学、电磁学、相对论与量子力学等，“大学物理”作为中学物理的升级版，有了“数学分析”等工具的加持，与其他学科的联系便更为紧密了。例如，电子信息类专业对电磁学青睐诸多，因为电磁学以普遍情况下的电磁场定律为重点内容，而若放到具体环境中去，就抵达了“电磁场理论”与“微波技术”范畴。另外，我们还需要强调量子力学的重要地位，从光电效应到波粒二象性，从薛定谔的猫到死神的原子弹，从 PN 结、晶体管到自旋电子，从量子通信到量子计算，量子力学无处不在。当然，“大学物理”所涉及的其他分支同样需要你的关注，因为学科间千丝万缕的联系不容忽视，譬如在设计芯片时你不得不正视温度对性能造成的影响，而与课程相匹配的实验也将使你获益良多。

2.1.2　专业基础

数理基础就像战士们的盔甲，基础越牢固，理论掌握得越透彻，关键时刻越能保护自己，让战士在战场上拥有更强的生命力。有了盔甲，还得有武器。专业基础知识就是战士们手中的武器，帮助他们开疆拓土，所向披靡。专业知识不同于数理基础，是对数理基础的具体应用，学科之间区别甚大。对于电子信息类专业的学生来说，踏入这个专业，就意味着你们将与一些专业词汇长久相伴。

《电子信息类专业导论》（第 2 版）的第 9 章中，我们给出了电子信息类专业核心课程体系图（见图 2.4）。你会发现大多数的课程都很陌生，以致看不出与电子信息类专业的关联，即使图中标示出了一些课程之间的联系，箭头的指向代表着知识的关联，但刚刚上手的学生还是容易一脸懵，很难提起学习兴趣。不过不要紧，要是课程的秘密这么轻易被发现，岂不是辱没了大学课程的名头。图中的很多课程，我们将在后续的章节进行更为详细的介绍，例如围绕专业课如何进行研究型教学的第 6 章，围绕实验课程体系如何设计的第 7 章等，在此处，我们将动用“案例型”的方式，尽量以通俗的语言诉说一些核心课的意义。细心的你，在读完下面几个小节后，不知道能否感受到以“信号、电路、电磁场、计算”四个方面为主构成的电子信息类专业的知识构成，能否感受到专业知识与未来生活的密不可分。

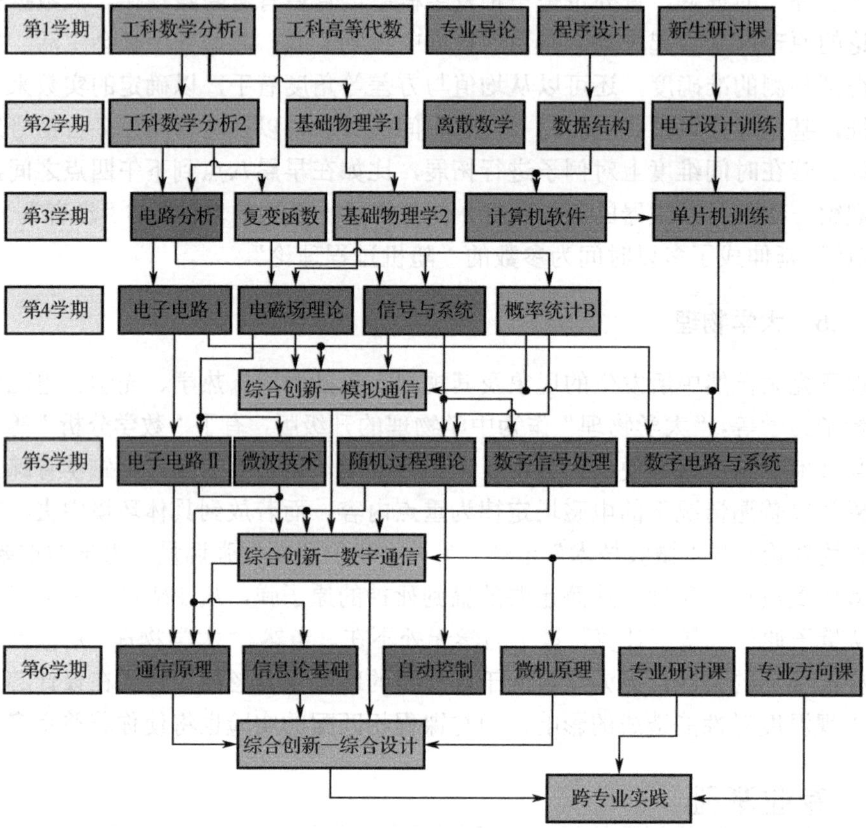

图 2.4　电子信息类专业核心课程体系

2.1.2.1　从手机摄像头讲起

悄悄地，手机背面的摄像头数量好像变多了，以前是一个，现在则出现了“双眼侠”“三眼侠”，甚至是“四眼侠”。多个摄像头带来了手机拍照技术的成熟发展，手机拍摄能够支持夜景模式（见图 2.5）、广角模式、景深模式等多种玩法，逐渐向专业相机靠近。那么，我们就从手机开始，找一找手机的拍摄技术与电子信息类专业之间的渊源。

图 2.5　华为 P30 超级夜景模式效果图

文字、图像等搭载了信息的物理量被称为信号。由于图像相对复杂，因此，在手机摄像头中配有图像传感器，可以将信号转化为电信号，方便后续操作。对于确定的电信号，我们往往会采用包含一个或多个变量的时间函数或序列来描述，这就得到了波形。接下来的工作由处理器芯片接管，信号经过传输、处理、存储、运算、变换与再现等环节，最终以“照片”的形式呈现在屏幕上，这类由相辅相成的事物组合而成的、实现特定功能的整体即为系统。由此，你也许能大致体会“信号与系统”课程的要义。

至于说形成照片的具体过程，则涉及“图像处理”课程当中图像变换、编码、增强与还原等相关知识。需要指出的是，信号的研究与应用早已冲破时域到达频域，而实际上，频域也确实比时域具有优势，因为相对于错综复杂的波形而言，频谱显得较为简单。将信号由时域搬到频域，最基本的方法是傅里叶变换。更进一步，还可以将频率扩展到复数范畴，所用方法叫作拉普拉斯变换，相关课程将告诉你具体的变换方法。

在拍摄夜间照片时，照片中经常会出现很多噪点，干扰画面的整体美观。这些可能由于温度与噪声扰动出现的噪点就是不确定的信号，也即随机信号，我们写不出来，甚至画不出来，只能通过概率函数与统计规律对过程进行预测。有趣的是，虽然我们给不出随机信号任意时刻的精确数值，但其幅度的变化规律却大都服从高斯分布，而且由傅里叶变换得到的功率谱密度是一个常数，依据这一线索，我们可以用图像编辑类的应用软件为照片做美化。针对该类随机信号，“随机过程”课程将会提供一张巨细无遗的说明书，而编写应用软件使用的计算机语言，如 C++与 MATLAB，以及软件设计方法，如面向对象的设计方法、软件工程等，电子信息类专业也开设了相应课程。特别需要指出的是，与拍照功能一样，手机中安装的各种应用软件也由微处理器芯片统筹，那么，究竟芯片是什么，它又是怎样编织一个又一个美梦的呢？

2.1.2.2　走进芯片

芯片又被称为集成电路，通常以半导体单晶硅为材料，归根结底是将电路小型化。而将电路变小以前，你需要先做好一系列的准备工作，“电路分析”课程便是一切开始的地方。承接中学物理，“电路分析”自然还要继续关注电阻、电容与电感等元件，分析电路的输入与输出，譬如接通了正弦交流电源的电路，又如由三相电源供电的电路。更进一步，“电路分析”继续追寻普遍意义上的电路特性，例如，1847 年，德国物理学家基尔霍夫（Gustav Robert Kirchhoff，1822—1887 年）将欧姆定律延伸为基尔霍夫电路定律，指出进入某节点的电流总和等于离开该节点的电流总和，而沿闭合回路所有元件两端的电势差代数和等于零，这可以看作电路的交通法规。又如，为方便分析，我们用相量来表示正弦交流电量，实数域的电阻、电容与电感由此被转化成了复数域的阻抗与导纳。再如，中学阶段，你所接触的电源是理想的直流或正弦交流信号，然而到了大学阶段，电源被换成了更真实的非正弦交流信号，为使问题得以简化，可以用傅里叶级数展开方法将信号拆分开来，写成一系列不同频率的正弦信号之和，而正弦信号正是我们所熟悉的情形，这时只需要将所有结果叠加起来，便合成了非正弦信号的输出。

自从单向导电的“PN 结”被发明以后，晶体管等半导体元器件纷纷应运而生，由此“电路分析”的主干顶端分成“模拟电路”与“数字电路与系统”两枝。具体而言，“模拟电路”喜欢与连续信号做朋友，譬如将电信号放大，或者进行比例、加减与微积分运算；“数字电路与系统”则偏好与逻辑变量为伍，将真值表烂熟于“门”，通过将“门”组合起来实现各种功能。这样一来，只要把半导体元器件与线路构成的电路制作到一小片半导体单晶硅上，再用外壳封装起来，便得到了可实现完整功能的芯片。

由多摄像头手机的诞生不难发现，电子新产品的研发，先产生的往往是迎合用户需求的好构思，接下来再执行相关设计流程将概念转化为产品，芯片设计也不例外。起初，工程师必须明确芯片所要求的功能与性能，包括需要实现什么效用，要做多大与做多好，等等。继而要勾勒出设计框图，依据基本原理将总系统逐层分解为多个子系统，每一个子系统都匹配有各自的功能与算法，譬如由哪部分负责信息调制，采用何种调制方法，等等。在这一步，可以利用上文提到的“C++”与“MATLAB”等计算机语言构建虚拟模型，通过仿真对算法进行验证与优化。千万别小看计算机语言，不论是真实的信道干扰，抑或是无法给出函数表示的“无名氏”，计算机语言只需要用几行代码就能惟妙惟肖地模仿出来。而计算机语言的锻炼，则会在前文说的“数据结构”和“软件技术基础”等一系列课程中实际体验。

接下来轮到对电路进行设计，很久以前，这一环节要经由手工画图、搭建实验电路、制电路板与分析测试等步骤才能完成，这一过程的费时费力你可以在“电子设计基础训练”课程中亲身体验。所幸受时间的推力作用，计算机已开始逐步接替工程师的工作，电子信息类专业有门课程叫作“嵌入式系统”，专门讲授计算机能听懂的“硬件描述语言（Hardware Description Language，HDL）”与相关软件的使用，例如 Verilog HDL 与 Multisim 等。在数字电路的设计当中，一旦读懂你用 HDL 撰写的描述，计算机便能通过 EDA 软件进行功能上的模拟，检验是否存在逻辑漏洞，进而自动规划出“门”的布局与连线关系，并通过电路上的仿真不断改良。在电路设计之前，“微机原理”的课程内容能够帮助你对微型计算机的系统和相关原理有更为深入的理解。

随后可能会用到“现场可编辑逻辑门阵列（Field-Programmable Gate Array，FPGA）”，FPGA 由许多具有基础功能的小单元组成（见图 2.6），依据上一步中的布局与连线关系，相应的小单元被选择并连接起来，从而得到了放大版的芯片。这样一来，你便能从 FPGA 上提取到源自现实的参数，比如导线引入的电阻、电容与延迟等。在先前仿真中加入新信息后重启仿真，如果结果令人满意，即可着手制造真的芯片。FPGA 的相关知识也属于“单片机基础”课程的大纲范围。至于模拟电路的设计还相对落后，大部分的设计工作目前仍需人工完成，而仿真与验证则可以用 Multisim 来实现，这款软件在其仓库中储有应有尽有的元器件、导线与仪表，只要你能调用素材画出电路，计算机就能打造一部“动画片”供你“纸上谈兵”。需要注意的是，设计的每一步都有可能测试出错误的存在，这时需要返回上一步乃至上几步反复调试，有时，一个微乎其微的“Bug”可能使你茶饭不思，而峰回路转的“Debug”又让你欣喜若狂。成长是螺旋上升的曲线，尽管走了弯路，但却爬得更高。

图 2.6　FPGA 示例

2.1.2.3　信息传输

很多人喜欢随时随地将照片经“微信”或“微博”发布出去，与他人分享自己生活的点点滴滴，从专业角度来看，在你指尖轻触“分享”的刹那间，信息传输也随之启动，相应的理论支持首先是“通信原理”课程。要学“通信原理”，往往离不开一张图——通信系统模型（见图 2.7），包括信源、发送设备、信道、接收设备以及信宿，而信道中一般还会有干扰源。有了图像所转化成的电信号，也就是信源提供的模拟信号，有时候并不能直接传输，因为考虑到信道的匹配，还需要先在发送设备中进行调制等一系列处理。所谓“调制”，就是将原来的信号转化为易于传送的形式，让频谱特性搭乘“载波”的交通工具由低频搬移到高频，使远距离的传输成为可能。另一方面，框图中相对称的接收设备与信宿，则负责解调与还原，可被视作上述过程的逆。

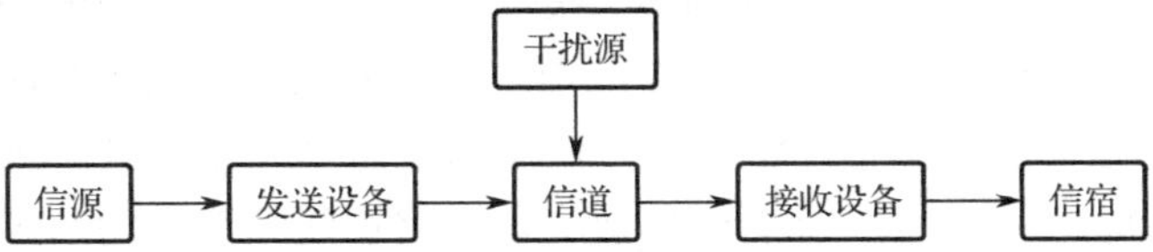

图 2.7　通信系统模型

以上描述的是简单的模拟通信，早在 20 世纪 90 年代，以数字信号作为载体的数字通信逐渐兴起，大面积取代了模拟通信。所谓数字信号，就是用有限的状态来刻画原本连续的模拟信号，而对数字信号的表示与处理则属于“数字信号处理（Digital Signal Processing，DSP）”课程的范畴，包括连续时间信号采样与量化、数字滤波器设计与离散傅里叶变换等内容。DSP 在数字通信中当然也有所体现，其成果被固化在基带芯片中。为了获得数字信号，第一步需要将模拟信号通过滤波器，保留下特定的频率分量，随后由数字模拟转换器负责采样，按照一定时间间隔抽取离散的信号值进行“四舍五入”，并为每个量化结果分配专属的号码牌——数字信号（见图 2.8）。为了提高信息传输的有效性，还需要对数字信号进行压缩编码，将冗余的信息剔除出去，由此便完成了“信源编码”过程，为了安全起见，有时还要进行加密处理，防止信号被其他人截获。接下来是“信道编码”，作用是发现甚至纠正传输中出现的错误，形象地说，信道编码为原本的信号增设防伪标识，而接收设备则可以通过这道印记对其验明正身。关于信源与信道编码的内容，“信息论”与“编码理论”课程中将会有所阐述，除此以外，任何关于信息本质与传输规律的研究都属于“信息论”领域。周游一圈后的数字信号，此时成为基带信号，仍要经过调制方能发送，数字调制与模拟调制在方法上会有所差异，但在思想上是相通的。

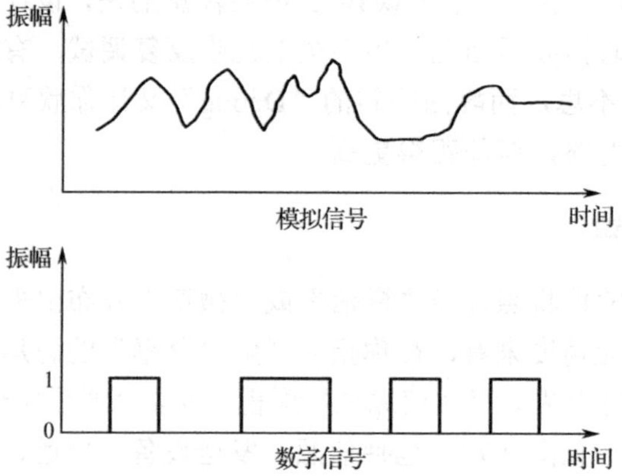

图 2.8　模拟信号的数字化

究竟这张照片的发射、调制、接收与解调等步骤是怎样实现的呢？电子信息类专业设有一门强调高频电路的课程叫作“电子电路 II”，专门讨论发送与接收设备所涉及的信号处理技术与部分典型电路，鉴于与无线通信的关联紧密，也被称为“通信电路原理”。之所以要强调高频，是为了与着眼低频的“模拟电路”与“数字电路与系统”划清界限，因为随着信号频率由低到高，电路的工作原理与分析方法也会发生相应变化。尽管数字电路与 DSP 在通信中也得到了广泛应用，但是为了简单起见，这门课程依然会以模拟电路为例进行讲解，不同的是，你看到的放大电路将在低频形式的基础上有所调整，比如添加电感与电容构成的 LC 滤波器，你也能够学到新的电路，比如能够为相位“上锁”的锁相环路。回到手机中来，与高频有关的电路主要集成在射频芯片上，原始照片在这里被转化成为已调信号，在天线的顶端蓄势待发，等待被更多人接收。

与芯片相比，“身材苗条”的天线时常会遭受冷遇，但实际上，天线并不是“一根线”那么简单。2010 年 6 月，iPhone4 发布会余温尚存，就被卷入了“天线门”，而起因是这款手机将边框设计成天线，虽然没有完全闭合，但预留的缺口一旦被手握住便会造成短路，信号随之变得很差，多么匪夷所思的一件事。如果想进一步了解其中机理，你需要用心地学习两门课程，一门是“电磁场理论”，另一门是“微波技术”。天线是电路与空间的交汇口，振荡的电流与电荷在这里化身为电磁波，脱离开有形的导线束缚，发散到无形的介质中去，电与磁比拟于“鸡与蛋”的相生关系由此可见一斑。承接“大学物理”，“电磁场理论”起先的定位是自由空间，亦即真空环境，因为在此前提下给出的电磁场定律具有普适意义，随后由一般到特殊，研究具体情形下场的性质，例如平面波在不均匀介质中的传播。为摆脱宏观条件的限制，我们借力于由积分到微分的思想，将空间或介质切分成无穷多点，这样一来便只需要顾及某一点的情况，而忽略掉其他点的影响，当不自由的转化成自由的，当不均匀的近似于均匀的，经典理论就能永不失色。在不同长短的电磁波中，微波的频率介于 300MHz 到 3000MHz 之间，与光波有类似特性，这意味着微波具有较强的方向性与分辨率，因此越来越受垂青，手机通信也不例外。从课程之间的关系来看，“微波技术”可以视为“电磁场理论”的一个细分，这门课程依托电磁场的普遍规律，研究微波的传输、器件与应用，为其与众不同之处单独开辟一片天地。

若仔细阅读了上面的文字，细心的你一定能发现电子信息类专业的每一门专业课都有被提及。可见“专业知识”在实际生产中可谓中流砥柱，是产品实现的必备需求，专业知识储备，也是未来工程师必需的能力素养之一。

2.2 一心向上之心强——学习能力

从出生开始，人就开始了自己的学习之旅，孩童时期学习怎么走路吃饭，长大了学习课堂知识，工作了学习职业生涯规划，年老了学习适应新时代。学习这件事，每一个人都会，但能力似乎千差万别。对于未来的工程师们而言，学习能力体现了一个人的发展潜力，拥有高质量学习能力的人，无论身处任何一个新环境，都能快速适应，拥有着强大的职业生命力。

2.2.1 学不在晚，终身为学

“具有自主学习和终身学习的意识”是工程教育专业认证十二条要求中的最后一条，强调了工程师的学习能力在综合能力素养中的地位。

万向集团董事局主席、中国优秀企业家、香港理工大学荣誉博士……在感叹“民企常青树”鲁冠球（1945—2017 年，见图 2.9）头衔数不胜数的时候，他却说道：“我办企业是逼上梁山的。”从米面加工厂到铁匠铺，从宁围公社农机修配厂到资产过千亿元的万向集团，鲁冠球可谓是摸着石头过河，一步一个脚印。在办厂的同时，鲁冠球

图 2.9　鲁冠球登上《新闻周刊》封面

参加浙江大学现代化管理培训班，更不忘加强对员工的“脑袋投入”。在打入国际资本市场之际，鲁冠球认识到了设立海外公司的重要性，他的员工则学会了如何提高服务意识与自身修养。然而，鲁冠球最初不过是个初中毕业的打铁小学徒。

等一等，这里讨论的不是“工程师的学习能力”吗？鲁冠球怎么是位企业家？而且连大学都没有上过？其实，学习作为一种能力，无所谓学什么、怎么学、在哪儿学。鲁冠球在实践中学习、实时学习与终身学习的能力当仁不让可以率先垂范。从一个生产农业机械的小作坊到跨国公司，成为第一个为美国通用汽车公司提供零部件的中国企业，万向集团蒸蒸日上的过程中，鲁冠球也让自己从一个什么都不懂的农民，成了精通商业知识的企业精英。他保持阅读的习惯，从实践中向对手同伴学习，在反思中学习联想，在不断的输入中积累知识和经验。达到一定的积累后，他开始向外输出，主动与乡政府签订厂长个人风险承包合同，开创了浙江企业承包改革的先河；首创浮动工资制，提升员工工作积极性……学习能力帮助他习得了知识，更帮助他将知识融会贯通，创造出了新的财富。

站在工程师的角度上看，在实践中学习是指从工程、团队以及社会的课堂中有所收获，摸索前进。而实时学习是指工程师务必能够即时更新知识储备，快速融入新的领域，灵活适应突飞猛进的科技发展，从而确保不会三振出局。终身学习呼应的是终身教育，美国实用主义哲学家、教育家约翰·杜威（John Dewey，1859—1952 年）曾经说过：“真正的教育来自离开学校之后，而且没有理由显示教育应该在临终之前停止。”更进一步，法国成人教育家、“终身教育之父”保罗·朗格朗（Paul Lengrand，1910—2003 年）说过：“如果目标是要培养工程师使其能够适应明天的技术，那么主要的力量应放在教会学生如何学习，因为学生将不得不活到老学到老。”特别是对电子信息类专业的学生而言，科技发展日新月异，仅凭大学所学的有限知识很难能追赶上它的步伐，“前半生用于受教育，后半生用于劳动”的说法再也站不住脚。因而，终身学习的能力已然成为驶向未来的船票，如何主动学习、持续学习、适应社会、实现自我，成为工程师需要化解的当务之急。以大学所获得的学习方法为基础参与职业教育，或者丰富文化生活，都是终身学习可以借鉴的途径。

当大学生走出校园开始择业的时候，最理想的情况一定是专业匹配，所学即未来所用。然而据统计，刚毕业的本科生中 40%不会从事专业相关工作，排除主观因素，还有一部分是因为社会结构改变或者行业需求变动而无法找到理想工作。即便找到了工作，未来人们还会面临失业、跳槽等各项风险，面对快速变化的社会，没有人能一劳永逸。这个时候，知识是死的，当前的认知只能帮你应对当前的状态，唯有学习能力是活的，通过学习能力获取新的知识才能帮你应对未来所有可能的风险，即使是全新的领域也能如鱼得水。学习是终身的大事。

2.2.2 勤钻研，善创造

除了保持输入、提升内在知识储备外，有没有其他提升一个人科学研究水平的方法？

图 2.10 包起帆

不知道大家是否认识包起帆（见图 2.10），他研发了新型抓斗及工艺系统，推进了港口装卸机械化，被誉为“抓斗大王”。在他的身上，标签可不止于此：全国优秀共产党员、劳动模范、道德模范、人大代表……以及索引：国家发明奖 3 项、科技进步奖 3 项、国际发明博览会金奖 4 项、RFID 货运标签系统国际标准中国落户……此外，这位始终以“初中二年级文化水平”自居、由码头装卸工“小包”蜕变成为教授级高级工程师“老包”的传奇英雄，始终只将自己视为一个有出息的蓝领工人。

坐在汗牛充栋的书籍中，包起帆回忆起自己业余学习的种种：“通过在职的文化课学习，上了一些专升本、工学硕士的课程，同时在工作中注意向同事学习，并通过各种展览会、技术座谈会来接触新事物、学习新知识。”谈起研制抓斗制服“木老虎”的初衷时，他亦没有豪言壮语：“从我 1968 年进港工作到 1981 年这短短十几年里，码头上死于木材装卸的职工就有 11 名，轻伤重伤的职工竟然达 546 人次之多，是码头的安全问题逼得我开始研究。”说到持续创新与 RFID 货运标签系统的灵感之源——聚焦科技前沿的国际视野以及寄给儿子的月饼如何追踪，包起帆强调：“除了要对自己所从事的事业具有深厚的感情，更重要的是要有非常敏锐和专业的洞察力。”面对大大小小的成就，他总结“不结硕果绝不罢休”作为获取成功的传家之宝，提倡“老实做人，踏实做事”。他以“酒泉”这剂良药治愈了“科技成果好搞，奖金难分”的通病，凝聚起协同作战、其利断金的科研团队，更是三十年如一日将绝大部分奖金分给团队、伤残职工和困难职工，从而“吸引更多的人来种创新之树”。除此之外，“平和的心态”也是包起帆人生哲学里的关键词汇之一。

在包起帆的身上，有一些点闪闪发光。他懂得利用身边一切资源进行不同种类的学习，课本教会他基础理论，展览会、座谈会带来新的视角，分析身边小事提升观察的敏锐度。他拓展了学习的方法，让学习贯穿于生活每一个正在进行中的时间点。更棒的是，基于他所了解的这些知识和现象，他能够对其进行加工和自我创造。他的这些创新和发明都是紧紧围绕着码头装卸生产第一线的薄弱环节搞的，哪里不安全，哪里效率低，哪里成本高，他们就在哪里动脑筋、搞创新。“单索生铁抓斗”“异步启闭废钢块料抓斗”“新型液压抓斗”等，就是最好的例证。他的研究能力与现代工具的研发能力，令人深感佩服。

与彼时的“小包”相比，我们已经幸运太多，至少我们享有大学和大学教育这片沃土，至少我们拥有广阔的资源与开放的环境，至少我们能够安心生活，生命不受威胁……现在的“老包”最喜欢做的事情便是走进大学与学生分享自己的人生经历：“你可以没有学历、没有资历、没有背景，现在还从事着平凡的劳动，但只要努力学习、爱岗敬业、用心做事，就能够在创新的道路上取得成功。”看到包起帆与众多前辈现身说法，多元能力素质与多元培养目标的重要性不言而喻，我们需要鼓起勇气并坚定信念，通过恰当的心态与正确的方法，让“天生我材必有用”“行行出状元”不再仅仅是苍白的口号。祝福自己，约定明天。

2.3 纸张突围战——实践能力

“纸上得来终觉浅，绝知此事要躬行。”这句耳熟能详的诗句道出了实践能力的重要性。若回顾工程教育改革的几个时代，就能发现技术操作是最开始就被要求的能力，当然实践能力的内涵远不止动手那么简单，对于专业的工程技术人员来说，若光会“纸上谈兵”，一定会被时代快速淘汰。

2.3.1 分析、判断、解决

图 2.11 王选

“当代毕昇”、国家最高科学技术奖获得者王选（1937—2006 年，见图 2.11）就将“躬身实践”的信念深化为了内在的准则。他于 1975 年开展汉字激光照排技术研究时遭遇瓶颈：传统照排系统设计面向 26 个英文字母，相比之下，中文字形不同并且信息量大，若都用点阵表示则需要千亿字节的存储量。针对这些特点，王选首先从理论上进行分析，中文字的笔画宽度、拐角形状，都蕴含着巨大的复杂度，如何用科学的手段将视觉上的信息量转变成数据量呢？日思夜想，他终于给出用数学方法计算汉字轮廓曲率的解决方案。在提出想法后，王选就开始着手技术攻关，去判断方案的可行性并进行解决方案的设计开发。他带领团队“18 年没有星期日、元旦和春节的休息”，终于赶在英美竞争对手之前将中国印刷技术带离“铅与火”的时代。事情还远没有结束，王选通过开创北大方正集团实现产学研一体化，完成了研究成果的市场转换。1992 年，汉字激光照排系统已经占领 99%与 80%的国内与国外中文电子排版市场。

王选具有的分析、判断、解决问题的能力在“汉字印刷术的第二次发明”过程中，被发挥得淋漓尽致。譬如在对汉字照排刨根问底的时候，王选抓住汉字的具体特点，在掌握前沿照排系统核心思想的前提之下，运用科学知识与数学工具设计出实用产品，并通过明辨机遇、预测风险、估计成本和集聚资源来把握机会。特别是计算汉字轮廓曲率的矢量方法，不仅体现出王选扎实的数学功底与超强的想象能力，也展现了他暂时跳出工程诉诸理论解决问题的科学思维，以及敢于颠覆传统技术并相信问题能够解决的勇气。

同时，他善于运用现代工具，产品的设计基于当时科学技术，直接引发市场技术革命。1991 年，以页面描述语言为基础的远程传版新技术致使中国报纸的质量和发行量大大提高；1992 年开放式彩色桌面出版系统引起一场彩色出版技术革新；1994 年采编流程管理的计算机一体化解决方案实现了纸和笔的告别。在技术的革新中，我们需要看到内在从简单到复杂的变化过程，这些迭代和变化的过程真实地展现了一个人、一项技术、一个产业的成长过程。任何一项事物都无法一蹴而就，当我们能详细走入这些变化时，方能察觉到知识从学习到内化到产出的神奇魔力，方能充满对于“摩天大厦”的建造热情与建造自信。放眼未来，工程师将面临更加复杂而激烈的挑战，他们不仅需要拨开复杂系统中的重重迷雾，通过定性分析估算、预测、想象不确定情况，通过定量分析建模、计算、实验，判断问题、化解问题，同时还需借助信息技术站得更高。

“军事科学领域最好的教师未必是战场上最好的指挥官。”《哈佛大学通识教育红皮书》指出，“抽象的原则本身是无意义的，除非它们与经验具有某种联系。”工程师离开校园之前，将主要精力集中于理解各种思想及其关联上，然而，只有通过“实例、实践和习惯”将思想应用于实际事务，其价值才能得以展现。

2.3.2　顶层设计，全局把控

从点面的观点来看，拥有解决问题的能力是实践能力的第一直观解释，能够解决一个问题，就拥有了独立承担项目的能力；那么同时解决多个不同种类的问题，就代表掌握项目管理经验，拥有全局观的综合实力了。

乔布斯（见图 2.12）就与能“同时解决多个问题”的人物形象完美匹配。

图 2.12　史蒂夫·保罗·乔布斯

首先要对乔布斯的推陈出新大加赞赏，每一件产品都逃脱不了各自的生命周期——诞生后，被引入市场，成长成熟乃至走向衰亡，旧的产品必须及时用新的产品来替代，而新的产品也需要依据阶段特点见机行事。不妨让我们展开丰富的想象，如果从始至终都只有第一代 iPod，如果今天刚开始售卖 iPhone，明天就又推出了 iPad，如果不为新的产品开发布会做广告，苹果是否还能硕果累累？生命周期虽然不能算作实打实的电子信息类专业知识，却决定了专业知识是否能够派上用场。可见，突破单一问题后，现实情况下，问题之间都有着千头万绪的关联，需要运用专业技能、管理学等多方面知识，站在宏观角度协同解决。直至目前，苹果每年春季秋季两次产品发布会，总能早早撩动人们的心弦，吸引人们去猜测“这次又会放出什么样的惊艳产品呢？”。

在此想提出一下工科学生可能很少会关注到的“经济管理”类知识，产品如果需要走向市场，那么这门课程就会带你走进市场，了解经济，教给你企业的经营之道，以及如何计划与控制项目等内容。更进一步，全球化也是“经济管理”关注的一大命题，例如通过全球化的市场营销，苹果的产品在美国以外的其他国家被热烈地接受，而你有可能会坐在寿司店里，用 iPad 观看一部英国电视剧，身上的 T 恤则是“Made in India”，可见培养并能运用全球化的思维何其重要。“经济管理”不仅灌输给你原理与方法，更培养你的视角与谋略，从而确保电子信息类专业转化来的成果具有竞争力、适应力，在最大限度上绽放价值。

其次，乔布斯能够在各公司技术均衡的情况下，独辟蹊径，在产品包装上抢占市场亮点，在用户交互上独树一帜，这都是他顶层设计能力突出的代表。“简洁、优美”这些词被用来形容产品，是他的首创。乔布斯将键盘从有形化为无形，他甚至取缔了开关，因为滑动解锁比按动开关更优美。如此一来，科技与人文在交互设计中被紧密结合起来，人体工程学、认知心理学、艺术设计与平面设计等开始受到关注，这类知识在专业课程中或许极少提及，但是在通识课程中可以学到。关于通识课的具体内容可以在第 5 章有进一步感知。这些基于“至繁归于至简”理念的设计，帮助乔布斯快速占领了市场。

不想当将军的士兵不是好士兵，而将军与士兵最大的不同就在于思考问题的全面性。士兵只需要服从命令听指挥，将军让去哪儿就义无反顾冲锋陷阵，而将军平时需要考虑军营管理，战时需要考虑排兵布阵，是军营的大家长。能把一件事做好，会是一个优秀的执行者；能把很多事安排好，才是一个优秀的管理者。两者之间的差距需要不断用知识、经验和实践来填补。对于工程师而言，不想当项目管理者的工程师不是好工程师。普通的工程师只能接触工程的冰山一角，像一枚螺丝钉却不知自己被安装在了哪个重要装置上，唯有借助以项目管理者为目标的动力，才有机会真正了解工程的全貌，去实现工程师的价值，哪怕失败了，那也是一枚有理想的螺丝钉。

需要指出的是，没有人是天生的领导者，即使是在领导能力当中占据一席之地的人格魅力也并非与生俱来，只有经过学习与实践历练而成的“浩然之气”，才能让工程师作为领导人才脱颖而出。不过请相信，这不是什么高不可攀的能力，只需要给思维多一次“转弯”，多一点“变化的空间”。

2.3.3　众人拾柴火焰高

中国古代有很多的诗词和谚语，描述的是同一个内容：独木不成林；人心齐，泰山移；三个臭皮匠，顶个诸葛亮；岂曰无衣，与子同袍……单打独斗固然英勇，团队作战却往往事半功倍，借团队的巧劲，也是提升实践能力的好方式。

为什么要讲团队呢？工程教育十二条中把个人和团队放在了第九条的位置，指出了毕业生需要在团队中承担个体、团队成员及负责人的角色。静下心来想一想，哪一个成功的人是完全独立依靠自己而成功的呢？“拍银河，拍子弹，拍花开花落，拍遍世间美好”，华为 Mate30 系列的手机一经上市，就得到了市场的巨大反响。“爬最难山路、做最好手机”，华为手机产品线副总裁李小龙在讲述手机背后研发故事时，我们得以窥见华为手机能够在近些年冲出重围的原因。

“双 4000 万像素双主摄设计，开启电影级影像新势力”“超低功耗源自麒麟 990，5G 芯片 7nm+ EUV 工艺加持”“SA/NSA 5G 双模组网，畅爽体验 5G 网络”……这些令人拍案叫绝的技术背后，有这样一系列数字同样值得关注：华为 Mate 30 投入了共计 3000 多研发人员、用 3 年时间、花费 3 亿美元打造。Mate 30 系列投入的研发人员超过许多国内手机厂商研发人员总和，且在花费 3 亿美元后还在持续投入软件升级，提供新增特性和拍摄优化等。尽管站在聚光灯下向用户展示产品的只有李小龙，但是如果团队只有李小龙呢？哪怕是 3000 个李小龙能够完成 Mate 30 的研发吗？不！不能！团队才是成功的关键。

长久以来，学生的学习一直是围绕个人能力提升。学习语数外掌握基础知识，学习舞蹈钢琴足球表现个人特长，学习专业内外知识打造全能人才，这些都能够帮助一个人变得很强，强到任何一个职位他都可以胜任，任何一份工作他都能做到最好。尤其对于工科学生而言，外界的评论大部分围绕“踏实靠谱、肯吃苦、执行力强”等形容词，但“有思想、会带团队、懂得用人”这些词却很少出现。团队的必要性在于哪儿？第一，在于时间！一个人再强，一天也只有 24 小时，无论分成多少个分身，也都是在 24 小时内进行拆分，但团队，就是 $n\times24$ 的效果。也许你会说“我的 24 小时等于别人的 72 小时！”，那也不打紧，4 个人一天的成果还是可以高于你，所以优秀的人，一定会花时间研究怎么带团队，怎么让他人的价值最大化。第二，在于互补！一个产品团队，需要技术大咖，需要宣传美工，需要产品运营，他们既独立负责产品的技术、外观和用户服务，又需要相互合作，共同将产品打磨到臻于完美。也许技术人员认为很棒的功能，从产品经理的视角出发并不适合用户，这时候就需要技术人员和产品经理相互沟通，寻找更好的解决方案。若整个团队只有一个李小龙，或者说 3000 个李小龙，那么决策就无法尽善尽美。

一个人可以很强，但一个团队可以走得很远。在未来，团队合作将是大趋势，模式也在不断创新，线上办公、跨文化合作等词汇随着新技术的产生慢慢变成了现实。依靠发达的计算机网络，线下固定的办公地点被取消，沟通、分工等都与以往出现了很大的不同。面对这些变化，若能够快速适应，那么不仅可以节约大量的时间成本、生活成本，还能够发挥新模式的优势，与全球的优秀人才一起头脑风暴；而若适应不了，可能就会遭遇被后浪拍打在沙滩上的尴尬。所以赶紧想一想，怎么提高自己和他人合作的能力吧。

2.4　大胆假设——创造能力

第 9 章会详细谈到创新创业能力在当今时代的不可或缺性。在此处，我们只希望你能够去思考一个问题：芸芸众生之中，你依靠什么能力去做到自己的不可替代？

2.4.1 创新的勇气

图 2.13 比尔·盖茨

“微软离破产永远只有 18 个月。”比尔·盖茨（Bill Gates，见图 2.13）对他的员工总这么说。

因为摩尔定律，比尔·盖茨将企业的生存周期定在了 18 个月，他要求企业在 18 个月内必须保证软件的更新或者新产品的研发。这种战战兢兢、如履薄冰的危机感促使微软的产品不断保持创新，不断保持更新，企业始终充满活力与生机。

于是我们看到了微软从小打小闹出生到成长为全球软件企业巨头的旅程：比尔·盖茨与他的伙伴保罗·艾伦（Paul Allen，1953—2018 年）在 1976 年注册 Microsoft，依靠与 IBM 在 PC 操作系统上达成的合作，奠定了微软作为全球领先软件公司的地位。从操作系统入手，它开创并称霸了 PC 软件市场，然后他们敏锐地察觉到了字处理软件的市场，1981 年 Microsoft Word 诞生，至今稳坐办公软件的霸主地位，1985 年零售版 Windows 操作系统正式推出，之后 Excel 开始进行多次反复的迭代更新，1989 年 Office 正式发布，1995 年 IE 浏览器……微软一直保持自己在操作系统和办公软件领域的领先地位，Window 98/XP 成了一代人心中对计算机操作系统的永恒记忆。

过程肯定不是一帆风顺的，微软进入搜索引擎市场的时间比竞争对手落后了 5 年，Bing 的推出相较于 Google 没有任何优势；错误预估 Android 系统的用户黏性和市场占有率，Windows Phone 黯然收场；对用户的错误估计和对自身的过分自信，让 Windows 8/10 操作系统甚至影响了微软在操作系统领域的根基……这些起起伏伏的岁月验证了一个道理：创新能力不是天马行空。微软的成功，源于他们的勇于创新，面向未知领域，他们能够找到突破点并强力攻关，随后稳定更新保持领先地位，第一个吃蛋糕的人最容易变成分蛋糕的人，Office 便是最好的例证。然而微软的失败，却来源于他们的盲目创新，对于微软自身来说，Bing 等产品是他们突破公司的创新，但对于市场来说却不是。创新不是一拍脑门的创造，前期的调研、思考和分析一步不能少，否则就容易囿于狭隘的眼光，颇有坐井观天之感。

比尔·盖茨辞职后的生活依然精彩。2008 年，他辞去了微软首席执行官的工作，但却开始了现代史上最伟大的职业生涯第二幕。在纪录片《Inside Bill's Brain》中，比尔·盖茨用大量的时间为世界上一些最复杂的问题寻求解决方案。设计全新的污水处理系统以消除痢疾，设计接种方案消灭脊髓灰质，研究安全的核能使用方案……他并没有真正意义上彻底解决这些问题，但是他坚持看见问题，思考创新解决方案，并通过一切途径去尝试解决，给问题的彻底解决提供了可行方案。他的解决方式因地制宜，充分考虑资源、金钱、生活的权衡，让大量的人看见了生活新的可能。在纪录片的第一集中，比尔·盖茨说，“只有基于创新的工作，我才比较擅长。”

从微软和比尔·盖茨本人的案例中，不知道你是否有一些思考。首先，我们一定鼓励你去培养自己的创新创造能力，创造力是推动社会向前的主要动力。“新”意味着未知，意味着当前没有，意味着突破，如果没有了“新”，那么社会面对的就永远是“已知”，是循环枯燥式的重复和已有工艺的修缮。其次，我们也希望你思考创造的本质，创造能力不仅包括创新或发明的能力，也囊括好奇心、想象力、直觉思维与批判性思维。新的理论、新的方法以及新的技术，都隶属创造范畴。当各个学科的知识与经验交织碰撞，当所有元素按照系统工程观念科学整合，创造能力大放异彩的时刻便不再遥远。它应该是很多能力的集合演变，作为锦上添花的能力加注在一个人的身上。

面向未来，创新创造能力的竞争优势只会越发明显。

2.4.2　适变能力观

在 2.4.1 节描述微软的例子中，我们简单提到了微软在创新中的一些失败案例，失败的原因主要在于微软没有能够看准时代的变化，在市场已经出现竞品以及市场老大的情况下，毅然决然用自己不够完备的产品去进行同质化的竞争。这里面蕴含了培养创造能力必须关注的一个要素：懂得适应且变化。

微信开发出“发红包”功能是微信发展史上的里程碑事件，这个功能可谓一举奠定了微信在线上支付的绝对地位。2014 年春节，利用人们传统发红包送祝福的习惯，微信红包一炮而红。大量用户因为发红包的需求将银行卡与微信账号绑定，轻松铺平了微信线上支付的发展道路。之后，微信开始与央视等各个平台合作推广，同时丰富红包种类，“拜年红包”“520 红包”，等等，用微信发红包已经成了一种习以为常的用户习惯。2019 年 2 月 10 日，微信官方发布 2019 年春节数据报告，除夕到初五，8.23 亿人次收发微信红包。这个数字几乎意味着全国只要有智能手机的人，就使用过微信发红包的功能。没有高额的广告费，没有铺天盖地的营销，微信仅抓住了人们内心需求的一个点，就做到了成功。这里还有一个有趣的背景小故事，据说发红包的灵感来源于腾讯公司内部，腾讯一直有开工发红包的习惯，在上班的第一天，每个人都需要包一些数额不等的红包，带到公司发给同事，领导发大红包，职员发小红包，以寓意开工大吉，新年好兆头。于是这一天，员工们的心思都集中在了同事所带的红包上，一旦有人进入公司大楼，员工们就会一哄而上，抢夺有限的红包，甚至出现了把人扑倒的壮观场景。微信的开发团队就灵机一动，将这一“实际场景”转换成了“线上功能”，“拼手气红包”应运而生，结果切中用户需求，吹起了互联网的一阵风。

这个例子与适变能力有何关联呢？我们来回忆一下当时的网络环境，2014 年，中国 4G 商用进程全面启动，网速较 3G 有了质的飞跃，正好能够承载起更大容量的网络信息传输，诸如京东、阿里巴巴等各大互联网企业赴美上市，互联网应用与发展模式快速创新，比特币、互联网理财、网络购物等一度成为社会性事件，这些宣传报道极大地拓宽了非网民认知、了解、接触互联网的渠道，挖掘出了很大一批潜在用户。微信正是看准了时代的风向标，抓住了网民拓展的关键时期，破开了微信社交软件的狭隘定位，使用极其巧妙的方法，摘到了最大的桃子。试想一下，如果微信受限于 3G 时代带宽只能承载有限的容量的瓶颈，那么它或许会立足于社交软件永远和 QQ 竞争；如果微信没有从 4G 的发展中看出网民消费能力的空间，那么它之后或许只能在支付宝下面抢一杯羹……基于时代的创新，自然需要深刻地了解时代的过去，预判时代的未来，让想法具有时代的适应性，能够根据当前形势进行改变和优化，这样才能创造出价值。

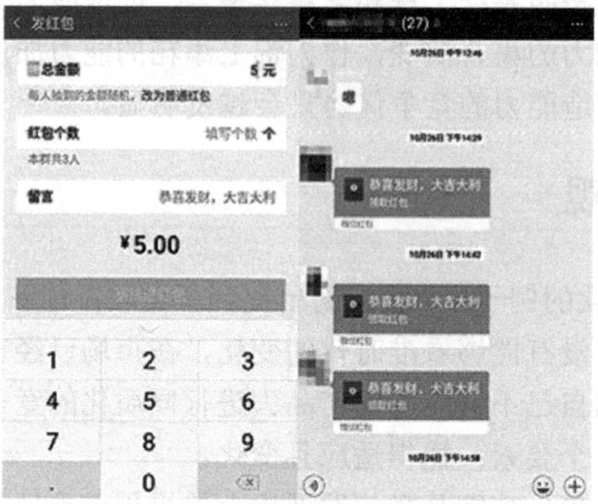

图 2.14　微信发红包功能

而若适变能力跟不上时代的变化，离被淘汰或许就很近了。柯达是一个颇为典型的案例。它是胶卷时代相机领域的龙头企业，曾经占据了 2/3 的市场份额，是感光界当之无愧的霸主。世界上第 1 台数码相机也是柯达研发的。然而，胶卷的巨大利润让柯达始终无法下决心发展数码业务，最终被时代抛弃走向了破产。柯达不是没有预感到数码时代的到来，只是前期的不甘心到最后变成被市场拖着转型，被动型防御永远不是一个好的应对措施。

适变能力的另一方面体现，是人类的多元智能，多元化能力便能适应多元化的环境。譬如任正非，毕业于重庆大学城市建设与环境工程学院，而如今最广为人知的身份是商人，是“华为技术有限公司总裁”；柳传志，其母校是西安电子科技大学，也就是当时的西北电讯工程学院，却在 2001 年被美国《时代周刊》选入“全球 25 位最有影响力的商界领袖”。最初学习工程专业，从事一段时间技术研发，最后通过自主创业或者其他方式华丽转身进军商界，类似成功案例其实数见不鲜。你或许认为这些案例遥不可及，因而缺乏说服力与参考价值，那么，就让我们摘录一则身边的招聘信息作为例证：

职位类别：S 通信研究院人事实习生

工作内容：分析项目招聘需求，筛选简历，组织技术面试

学历要求：人力资源，社会学，通信与计算机相关

……

看到这里，不知道你会否感到错愕：人事工作与人力资源、社会学挂钩无可非议，怎会偏偏多出看似格格不入的通信与计算机？别急，重新审视一下你会发现：虽是人事工作，却是“S 通信研究院”的人事工作，这意味着招聘分析、简历筛选以及面试安排统统针对通信领域的研发工程师。而具有相同专业背景的人事实习生相当于多掌握了一门业内语言，在理解招聘需求与简历描述时具有优势，可以作为沟通人员游走于人事部门、技术部门以及面试者之间。也就是说，学习工程专业可以成为一名工程师，也可以成为挑选工程师的人。如此一来，从特殊至一般的例证让我们有理由相信，工程专业的毕业生具有工程与非工程的多元职业选择。当然，“跨界”的过程并非一蹴而就那么轻松，不仅需要补充学习欠缺的专业知识，也需要在实践当中不断积累经验并提高素养，后者往往在参与大学社团或者其他活动时就已经悄无声息地开始了。工程专业具有多元培养目标，这里的多元培养目标耦合于加德纳的多元智能理论：“每个成年人只有一种智能可以达到辉煌的境界。但事实上无论具有任何程度的文化背景的人，都需要运用多种智能的组合来解决问题……正是通过这些智能的不同组合，创造出了人类能力的多样性。”退一步讲，即使没有发现自己某种智能超乎寻常也不必担心，因为各项均衡的能力素质也是一种能力素质，说不定何时就会锋芒毕露。

关于多元培养可以与第 1 章的跨学科发展联想，这个时代的变化太过快速，对于能力的诉求也不停产生着动态的变化。既然当前时代特征是产业演进速度快，创新程度高，需要学生在未来形成应对复杂工程问题的综合能力和创新能力，那么人才培养方式就需要根据这样的产业需求进行调整，以适应这种快速变化的环境。面对将来和未知，适变能力就是时间跨越中最好的融合剂。

2.4.3　批判性思维

毫无疑问，王坚（见图 2.15）是阿里巴巴最早看到云计算前景的人。2009 年 9 月 10 日，在阿里巴巴十周年庆典之际成立，王坚担任阿里云计算公司总裁，带着 400 多人的团队开启了中国最早研发云计算的路程。不过，云计算并非王坚加盟阿里的初衷。2008 年 9 月入职前，王坚的职务是微软亚洲研究院副院长，主管研究用户体验和大数据。马云给他的职位是阿里首席架构师，负责研究整个集团的技术架构。研究了近一年，王坚和云计算不期而遇。他认定这是未来互联网的发展方向，并称云计算将取代传统 IT 设备，成为互联网世界的底层设施。

图 2.15　王坚

很长一段时间里，阿里内部对于王坚是先知还是骗子，争论不休。一来，王坚是心理学博士毕业，同事对于他是否具有专业技能始终保持怀疑；二来，他坚定提出云计算的想法，与当时阿里的主营业务完全无关，还需要耗费巨大的资金和人力。十年前，没有人知道云计算到底是什么，2010 年，李彦宏说，“云计算，不客气一点地讲是新瓶装旧酒，没有新东西。未来会有越来越多的基于云计算的这种互联网应用出来，但想用云计算方式多赚点钱会比较累。”只有王坚，他义无反顾地一头栽进当时完全没有人尝试过的云计算，他对马云说“如果阿里还不掌握技术，未来将不会有它的身影”。最终的结果是这样的，2013 年，王坚完成了云计算平台的开发，一个拨开云层见曙光的时代来临。借助云计算平台，不仅使得天猫“双十一”购物狂欢节交易额突飞猛进，而且阿里云依靠网络存储，使得成本省了一大半，在王坚研发成功发布之后的一年里，阿里云就赚回了超过 6.5 亿元。除此之外，它还帮助阿里巴巴在全球拿下超过 140 万个客户，他们遍布电子商务、数字娱乐、金融服务、医疗、气象、政府管理等领域。阿里云因此牢牢占据了世界云计算前三的位置，仅次于 Google Cloud 和微软 Azure。

王坚的选择和坚持，展现出了批判性思维的魅力。当人们对当前状态形成认知习惯后，社会的演进就会在已知中发展，这是一件比较可怕的事情。例如现代社会的创新多集中在应用的创新，但这个创新，就像是在人家花园里种一点花草，安卓和苹果已经将花园的大小和风格定好了，种点花草没问题，但想要自己做出点有生命力的东西，去培养一棵树，你必须跑到大森林里。

批判性思维在这个时候就会起作用，王坚笃信，移动互联网的创新，是可以超越 App 范畴的创新，在中国做生态的话，必须要做有革命性的东西。尝试追问下去，多问几个为什么，多提几种可能性，这个答案对于现今的问题是否仍然适用？可不可以提出新的解释？综合比较所有命题，哪个更好？这些问题的提出便是批判性思维的结果，也是创造的开始。与欧美国家相比，中国的父母与老师倾向于教育孩子“乖乖听话”，回答问题需要遵循“标准答案”，因此，若想在创造能力的培养当中力挽狂澜，必须给予批判性思维更多重视。

云计算之后，王坚开始致力于城市大脑的探索，又是很多人不理解，觉得目前的算力和数据还达不到要求，但是他又一次选择了坚持，因为他看到了城市可持续发展的困难，看到了数据被浪费的遗憾，世界上最遥远的距离不是从南极到北极，而是从红绿灯到交通摄像头，它们在同一根杆上，但从来没有通过数据被连接过，摄像头看到的东西永远不会变成红绿灯的行动。数据不通，则交通不畅，这既浪费了城市的数据资源，也加大了城市运营发展的成本。中国依靠发达的互联网基础设施拥有了在智能数据领域独特的竞争性，我们城市的数据资源的积累将比世界任何一个国家都快，这给了中国一个重要的机会，用比发达国家更先进的办法解决城市发展问题，在即将到来的全球智能时代拥有先发优势。

想得越多，看得越远，成就越大。批判性思维帮助一个人更有力地去创造。

2.5 一枝一叶总关情——人文关怀能力

在第 1 章中，我们看到了工程技术的应用越来越强调跨学科的联动，文理工互相搭配能够产生更为优质的产品。同样地，对于工程师而言，不能只配备“专业基础”与“数理基础”等硬件，还必须安装“人文社科”等软件，具备多元化情感沟通能力，方能不显得“愣头愣脑”，真正改变“工程师”的传统刻板印象。

2.5.1　把握人性，经营之道

“说老实话，做了这么多年工作以后，我感觉对人性的把握是最重要的……”腾讯高级副总裁，微信创始人张小龙（见图 2.16），将自己工作多年的成功之道总结在了对人性的把握上。他认为让互联网产品有生命力的方式就是把用户体验做到极致。在中国，用户有自己的文化背景和使用习惯，同时也有独特的市场环境，这些都是产品设计人员需要去思考的方面。这位创造了 Foxmail、QQ 邮箱的传奇人物，将自己多年总结的用户心理，在微信的产品设计上，淋漓尽致地展现了出来。

图 2.16　张小龙

对于微信，他提出了几个设计原则，每一个原则中，都蕴涵了他看待人性的方式。

2.5.1.1　产品规则越简单越好

张小龙认为，产品是为了去满足用户的欲望，了解他们的贪嗔痴，从中去完善用户体验，提升用户黏性。腾讯产品中有各种钻，QQ 音乐的绿钻、QQ 空间的黄钻等，这些钻的设计功能明晰，简单易懂，核心是抓住了人性的几个弱点：他要升级；会跟人比较，说你的钻比我的等级高；会觉得我一定要把所有的钻给收齐。因此这些钻对用户产生了很大的吸引力，迅速得到人们的追捧。

而如果产品规则设计得复杂会怎样呢？也许会很精美，功能很齐全，但用户体验却不一定能好。如果谁给出产品计划的逻辑，用户要花一个小时才能看懂，这看起来就像是在嘲弄用户，彰显自己的优越感，那一定无法得到用户的共鸣。只有简单的规则才可以演化出一个非常复杂的事件出来。一开始给用户“1”，然后“0.5”“0.5”地迭代演进，让用户在体验中学习，会比一下子给用户“10”，感受好得多。在做一个产品的时候，人们在研究人性，而不是在研究一个产品的逻辑。

2.5.1.2　如何做产品定位和个性化？

产品经理给人的印象是设计产品功能的，其实并不全是，有时候做一个产品的定位比做产品功能要来的更重要。功能是做需求，定位是做一种心理诉求，也就是说定位是更底层的一些心理供给。

假设一个场景，我们在设计一个网页的版本更新，我们是选择尽可能把一些技术指标罗列在上面，告诉用户这个性能又增强了，格式又多了，下载的速度又从每秒钟多少字节提升到多少字节了？还是选择尽可能不要把技术指标暴露给用户，将每秒钟多少字节的这些数字和“下载”字样隐藏，但是大幅提升流畅度，着重改善用户体验感？

后者的考虑就想进了用户的心里，做的就是产品定位。用户要的不是了解你的参数、特性、技术指标这些，用户要的是你给他提供了什么新的体验。把用户当作技术专家、机器人看待，这种想法是不正确的。感同身受的要求是我们把自己当用户，而不是把我们的想法附加在用户的身上。

2.5.1.3 任何规划都跟不上变化

跟随和模仿是产品前期的一种方式，但绝对不是产品生存的方式。张小龙说他从来不会做超过一个版本的规划。一个很重要的原因是他看到了用户和市场的快速变化。任何的规划在如今都是跟不上这种变化的，做产品不能去预期用户的喜好走向，而是需要根据用户和市场的实时反馈去学习用户的喜好。微信有好几个功能点都起到了转折性的作用，但这个转折性功能点都是在发布之前一个星期左右的时间才想出来的。有了这样的基本认知，这个团队就会是一个充满危机感的团队，团队必须实时分析用户规律，思考如何做好服务，动态改进，用持续的输入去爆发一点的输出，这样的效果通常会令人惊艳。

互联网发展的背景下，微信简化也丰富了手持设备用户之间的沟通方式，让人和人之间的关系变得更富有弹性——可以是实时的、也可以是异步的沟通；和熟人保持联络，同时也欢迎新朋友。微信的胜利，是一场人性的胜利。

人性的把握当然不止于此，这是一个大话题。面向用户是企业对外的态度，面向员工是企业对内的态度。如何培养企业文化，如何构建企业内部流畅的管理体系和沟通方式，都是值得深究的话题。而随着人机交互的发展，人性的把握维度也开始拓宽，不仅要考虑用户的直接体验，也需要考虑产品的人性感受。工程师给人的印象总是冷冰冰、愣头愣脑的，但若将来，“温暖懂人性”能够成为工程师们的属性之一，这个职业的发展空间定能拓宽很多。

2.5.2 可持续发展，安身立命之本

“我唯一的害怕，是你们已经不相信了——不相信规则能战胜潜规则，不相信学场有别于官场，不相信学术不等于权术，不相信风骨远胜于媚骨。你们或许不相信了，因为追求级别的越来越多，追求真理的越来越少；讲待遇的越来越多，讲理想的越来越少；大官越来越多，大师越来越少。”

以上这段话是北大中文系 2012 毕业典礼上，原人民日报副总编辑、现任中央政府驻港联络办副主任卢新宁女士的致辞，题目是《在怀疑的时代依然需要信仰》。她点出了人在能力素质培养过程中不可缺少的一个能力：可持续发展的能力。

之前所有提到的能力素养都可以帮助人获得更高的职位，获得更好的生活，获得更大的成功。但只有“可持续发展”这个能力，能够决定一个人的生命价值。作为一

个人的能力，可持续发展是什么？是具备伦理道德责任，是尊重社会价值，是把自己和社会始终放在一起去考虑。

在 2020 年新型冠状病毒性肺炎疫情发生期间，有这样一个人物得到了全国人民的一致好评，给阴霾下的社会带去了温暖和希望，她就是韩红。她没有做什么惊天动地的大事，只是在疫情开始的第一时刻，就快速组织韩红爱心基金会筹集善款、购买物资、然后火速送往武汉医院的医务人员手中。但这就是一件惊天动地的事，因为这是武汉医院收到的第一批明星物资，快过了所有的公益组织和慈善机构，而且所有的捐款，每一笔款项来源数量，购买用途、物资去向、结余都实时在网上公布，人人可见，人人可查。“其实连一包方便面都是可以公示的。”这种高效、透明、公开，军人一般的管理和作风给所有慈善单位做了当之无愧的表率。这不是韩红第一次做公益，事实上，从 2002 年起韩红就开始致力于公益慈善事业。2008 年汶川地震，韩红组织成立了“韩红爱心救援行动”，亲自带着物资走到一线；2011 年韩红发起“百人医疗援助系列”，带领百人团队为藏区及西部偏远地区提供医疗援助，目前累计为社会捐赠超 1.42 亿元；2012 年韩红成立“韩红爱心慈善基金会”，致力于帮助西部少数民族地区医疗卫生事业……一位在中国享有盛誉的女明星，坚持做公益十多年，几乎捐空了自己的家底。是奶奶把韩红从小养到大，给了她缺失的父爱母爱，奶奶一直教育她，人不能忘本！奶奶离世后，韩红谨遵奶奶的嘱托，感恩回报着社会给予她的一切。“既然没有人爱我了，那我就爱别人好了，我就去帮助那些和我一样需要被爱的人。”韩红身体力行，诠释着社会责任和大爱无疆。

我们必须承认，人类有着向利益趋同的现象。对于优秀的大学生而言，在毕业选择工作的时候，还有多少人是奔着心中理想坚定不移呢？更多的，还是会在众多 offer 中权衡利弊，选一个相对待遇丰厚和发展机遇更好的。努力学习是为了寻找更好的工作，企业做产品更新是为了市场，这还仅仅是最浅层的用能力获得金钱的方法，当毒奶粉、地沟油、微商中出现假货，人们赚钱的手段已经不断跌破底线，难以想象了。当利益成为唯一的价值，很多人把信仰、理想、道德都当成交易的筹码，这个社会该有多可怕，如若这个社会这样持续下去，又会接着影响多少未来的少年。幸好这个社会依然还有着韩红这样投身公益不求回报的人，还有袁隆平这样九十多岁奋战在科研一线的人，还有陶勇这样为了医疗事业奉献一切的人。也许黑暗不停在吞噬光明，但有了这些指路明灯，我们一定能找到通往光明的路。

所以，如果是你，你一定要守住道德的底线，一定不能私自去做基因修改的研究，一定不要在技术还存在风险的情况下，就把产品推向市场，一定不要想着偷取用户隐私去做违心买卖，更一定不能有任何小偷小摸的想法，去赚昧良心的钱……相反地，接受过高等教育的你，更应该去做污浊中的清流，不断完善自我，追寻梦想，做一个正直的人，做一个于社会有益的人。

梁漱溟先生写过一本书《这个世界会好吗？》。

卢新宁女士说，“事在人为，未来中国的分量和质量，就在各位的手上。”

2.6 发现未知的自己

我们提到了专业能力、学习能力、实践能力、创新能力、人文关怀能力等，这些能力若不经咀嚼，只能是宏观概念，但若经过自己的体验和思考，则能化成实实在在的微小光点，显露在一个人的气质中。本章中你与形形色色的人物有了交谈，这些人物的一种或几种突出能力被我们拿到显微镜下放大、观察、剖析，希望能对你有所启发和借鉴。更进一步，经过以上探讨我们知道，每个人物还同时蕴含着其他素质，只不过文中没有给出笔墨，需要你自己体会、思考、总结。

你想通过努力拥有哪些能力素质呢？未知的自己，也是未来的自己。

思 考 题

1．通过本章的阅读，请你谈谈大学数学对电子信息类专业的重要性。

2．请你举例说明大学物理对电子信息类专业的重要性，进一步讨论数学与物理的关系。

3．在未来工程师的能力素养中，你认为目前自己还欠缺哪些，是否有方法来提高呢？

4．面对专业基础课程，你是否曾觉得其枯燥乏味？那么像本章第1节一样，去找找生活中蕴涵着专业知识的产品吧，认真思考一下知识到应用的奇妙过程。

5．仔细分析电子信息专业核心课程体系，你有什么看法与建议？

6．通过阅读本章的“学习能力”，你对学习有哪些新的理解？

7．从包起帆的发展历程中，你认为他成功的最重要因素是什么？

8．你是如何理解“军事科学领域最好的教师未必是战场上最好的指挥官”这句话的？

拓 展 思 考

1．任意挑选一位本章提到的优秀人物，查阅他更多的事迹，看看从他身上能总结出多少种你觉得值得学习的能力。

2．你是如何理解“顶层设计，全局把控”的？

3．你如何理解创造力？请举例说明你的观点。

4．你如何理解批判性思维？如何跳出自己的经验限制？

5．如何理解“人文关怀能力”？有哪些产品的设计需要有“人文关怀能力”？

6．如果在你眼前有这样一个产品，具有广阔的市场前景和很高的经济效益，但是对环境可能产生隐性的伤害，你会选择生产吗？

7．你是如何看待“能力越大，责任越大”这句话的？

参考文献

[1] NAE, NSF. The Engineer of 2020: Visions of Engineering in the New Century. Washington DC: The National Academies Press, 2004.

[2] [美]霍华德·加德纳. 重构多元智能[M]. 沈致襄，译. 北京：中国人民大学出版社，2008.

[3] [美]霍华德·加德纳. 多元智能新视野[M]. 沈致隆，译. 北京：中国人民大学出版社，2008.

[4] [美]托马斯·弗里德曼. 世界是平的：21 世纪简史(3.0)[M]. 何帆，等译. 长沙：湖南科学技术出版社，2008.

[5] [美]哈佛委员会. 哈佛通识教育红皮书[M]. 李曼丽，译. 北京：北京大学出版社，2010.

[6] [美]卡迈恩. 加洛. 乔布斯的魔力演讲[M]. 葛志福，译. 北京：中信出版社，2010.

[7] [美]托尼·瓦格纳. 教育大未来[M]. 余燕，译. 海口：南海出版社，2013.

[8] 潘云鹤. 大力培育创新型工程科技人才[J]. 求是，2009，10：50-52.

[9] 曾明彬. 创新领军人才须具备领导力[N]. 人民日报，2013-02-04.

[10] 卢新宁. 在怀疑的时代依然需要信仰（代序）. 国家人文历史，2014，4：2-3.

[11] 张有光，等. 电子信息人才培养方案修订基础与改革思路[J]. 工业和信息化教育，2016，7：1-5.

[12] 姜晓坤，等. 面向新工业革命的新工科人才素质结构及培养[J]. 中国大学教学，2017，12：13-17.

[13] 纪阳，等. 适变能力、工程认知与敏捷教改[J]. 高等工程教育研究，2018，6：139-144.

第3章 西方大学教育发展简史

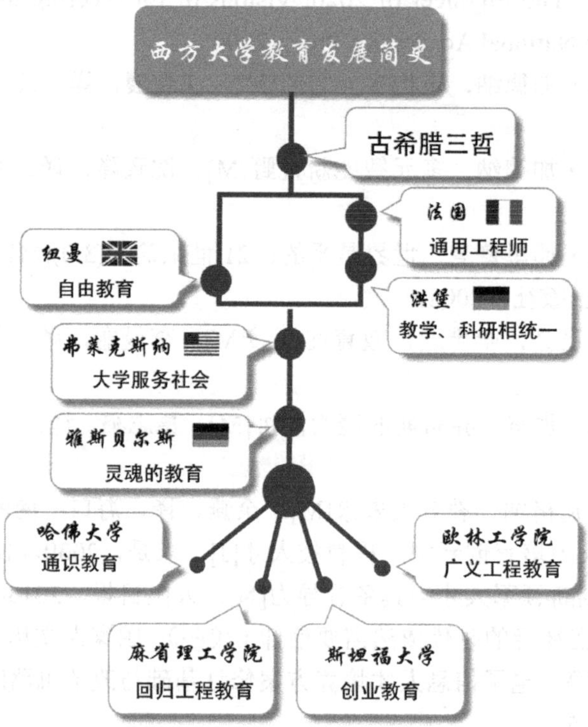

西方大学的教育发展绵延千年，每个时期都闪耀着思想的光芒。在清晰的时间脉络下，教育理念的起源、发展和演变似乎都有迹可循。古希腊三哲启蒙了西方教育思想，欧洲中世纪孵化出了大学的雏形，接力棒传递至今，教育的内涵被大大丰富，“自由教育”在不同大学得到了不同的彰显。

那么下一棒，会继续传到哪儿呢？

培根曾说“读史使人明智”，古语也有云“以史为镜，可以知兴替”。在我们深入探讨大学教育未来的发展之前，不妨先窥探一番中西方大学教育的发展历程。历史难免冗长乏味，但它记录了大学自诞生以来的一言一行，是了解大学以及大学教育的最佳途径。

在遥远的古希腊时期，苏格拉底、柏拉图与亚里士多德三位先哲手捧智慧之光，照亮高等教育漫漫旅程。一眼千年，时至欧洲中世纪，作为现代意义上大学的雏形，法国的“精英教育”在宗教机构与经济发展的双重催生下创建；而后洪堡筹办柏林大学，将教学与科研合二为一；19世纪，英国传统教育遭到市场实用主义教育的巨大冲击，纽曼对大学的性质、目的、职能等进行深入探讨，演奏出了自由教育的新乐章；弗莱克斯纳则改进威斯康星大学校长范·海斯“大学服务社会”的理念，强调以理性和研究为主来提供最为合适的社会服务；雅斯贝尔斯对大学的理念进行了总结、反思与升华。如今，现代大学生机勃勃、硕果累累，强调通识教育的哈佛大学、以创业教育为特色的斯坦福大学、回归工程教育的麻省理工学院，以及探索新工程教育的欧林工学院等，正向社会源源不断地输送着大批优秀人才。

下面，就让我们按图索骥（见章首图），对西方大学理念的沿袭与发展探个究竟。

3.1 启蒙——“古希腊三哲”

其实，大学正式发轫以前，高等教育就已经存在千年之久，四大文明古国的后裔如今依稀可见遗传自祖先的教育特征，古希腊、罗马、拜占庭也是建立了相对完善的高等教育体制。现代西方大学理念的萌发主要受古希腊哲学家的影响，其中又以苏格拉底、柏拉图与亚里士多德为代表，他们被并称为“古希腊三哲”。

3.1.1 苏格拉底

公元前469年，适逢伯里克利当政的黄金时期，雅典城内民主昌盛，智者云集，一砖一瓦、一草一木都闪耀着自由与文化的璀璨光芒。这时，在雅典附近阿洛佩凯村一个由雕刻师与助产婆组成的平民家庭中，苏格拉底（见图3.1）呱呱坠地。少年时期，苏格拉底不仅跟随父亲学习雕刻，还通晓《荷马史诗》等一系列名著，并与普罗泰格拉、普罗第柯等智者探讨过社会与哲学问题。这些成长经历在使苏格拉底对技艺推崇备至的同时，汲取了渊博的学识，形成了高尚的道德。因此，苏格拉底虽然身材矮小、相貌丑陋，但他质朴的语言却是字字珠玑，蕴含着深邃而迷人的伟大思想。

图3.1 苏格拉底

目睹雅典日渐衰微、世风日下，而立之年的苏格拉底说：“我要追随母亲，但我是精神上的助产婆，负责帮助他人产生思想。”于是，苏格拉底走上街头，融入人群，担任起社会道德教师的角色。他与人们探讨各式问题，政治、道德、战争、友谊等，尤所不及。譬如，什么是真善美？神或正义是否存在？你是政治家吗？如果是，你对政治了解多少？你是教师吗？如果是，你又如何先征服自己的无知？通过反复诘问，苏格拉底使对方陷入矛盾与无知，进而协助他们思考并判断自己的信念。这便是日后受众多教育者推崇的苏格拉底教学法的雏形，是古代辩证法的早期形式。这种方法致力于让学生自己发现答案，即使学生在对话中陷入窘境，苏格拉底也不正面纠正，而是给出更多问题，引导学生剥茧抽丝解开谜团。因此，学生获得的将是解决问题的普遍方法，这意味着他们可以独立应对新的问题。另外，由于“灌输”与“强迫”被明令禁止，苏格拉底教学法保证了师生间的平等关系，形式也灵活多变，这对学习而言无疑是有益的。

于是人们将苏格拉底这种对于道德教育的方法通俗地称为“助产术”。苏格拉底在施行“助产术”时所采用的方式是诘问法，即通过发问与回答的形式，运用比喻、启发等手段，使对方对所讨论问题的认识从具体到抽象，从特殊到普遍，一步步逐渐深入，最后得出正确的结论。这种方法作为一种学生和教师共同讨论、共同寻求正确答案的方法，有助于激发和推动学生思考问题的积极性和主动性。

不追求结果，而是尊重人的认知规律并循序渐进是苏格拉底教育方法中很是独到的地方。这一点对他之后教育理念的发展有着深远的影响。苏格拉底的哲学，虽往往被称为“实践哲学”，但是，那种“实践”并不是现实的生产实践，而是抽象的道德实践。苏格拉底在破除了对方的成见后，就正面进行诱导，接着就指出什么样的知识对人来说最为重要的，这就是“认识你自己”。

和刻在阿波罗神庙门柱上的“认识你自己”一样，“美德即知识”同样是苏格拉底传于后世的经典名言，也是其道德教育思想的核心所在。在苏格拉底的眼中，美德的本性是知识，因而“美德是可教的”。若将正义、勇敢与友爱等美德作为知识授予人们，人们便绝不会愿意去做邪恶之事。因此，帮助人们认识社会并“认识自己”，在学会相处与趋善避恶的基础上形成美德，是教育的首要任务。苏格拉底的教育思想也在政治上得以体现，他认为政治家只有德才兼备、智周万物，才能获得认可、治国齐家。除此以外，苏格拉底认为，战争、竞赛抑或其他事业都需要良好的体魄作为保障，因此体育锻炼必不可少，且与智育、德育密切关联。

40 岁时，苏格拉底已经声名远扬，他与各方智者进行辩论，被称为“最有智慧的人”。在此处，不得不提一下关于“苏格拉底之死”的故事。苏格拉底在伯罗奔尼撒战争中 3 次出征，他身姿矫健、骁勇善战，甚至挽救了同伴的性命。然而最终战争以失败而告终，为消除羞耻感并稳定局面，雅典法庭将战败归咎于不敬神之人。苏格拉底对审判的质疑与对统治者的批判授人以柄，被判死刑。尽管他认为审判是不公正的，但为表达对雅典法律的信仰，对国家利益的维护，苏格拉底放弃了逃跑的机会，他坚信法律的公正性，呼吁公民都要遵守法律、服从法律，这是每一个公民的义务和责任。

饮下毒酒，从容赴死，这幅悲壮的画面将苏格拉底忠实捍卫国家利益的战士形象镌刻在了每一位读者的心中。

苏格拉底从未立校，传道授业时也是分文不取。他一生清贫，为人善良，懂得包容。即使在争执中被妻子赞西佩泼冷水，苏格拉底也只是幽默地回应："雷鸣之后，通常都会下雨。"这就是伟大的苏格拉底，古希腊时期的哲学家、思想家、教育家，西方哲学的奠基人。

3.1.2 柏拉图

苏格拉底一生从未著书立说，我们对他的了解多是来自他人记录，其中一人便是他的学生——柏拉图（见图3.2）。

图3.2 柏拉图

柏拉图大约出生于公元前427年，他是雅典名门之后，自幼接受良好的贵族式教育，曾向克拉底等人学习哲学，20岁开始追随苏格拉底。柏拉图的学习能力出类拔萃，身形矫健，涓涓细流般的口才被赞誉是孩童时代蜜蜂落于唇的结果，更被冠以"阿波罗之子"的美誉。28岁的柏拉图受到"苏格拉底之死"打击，于是，他奔赴了知识之旅，足迹遍布意大利、西西里、埃及、印度等地。40岁时，柏拉图重返雅典并创立了欧洲历史上第一所有完整组织的高等学府——柏拉图学园（Plato Academy），它是近代大学的前身。柏拉图学园的地址原为希腊传奇英雄阿卡德米（Academus）住所，因而又名"阿卡德米学园"，现今的"Academy（学院）"一词便是由此演变而来。受到毕达哥拉斯学派的影响，柏拉图开设了包括算术、几何、天文学与声学等课程，而哲学为最高。教学方法则传承自苏格拉底，注重诘问与思辨，一切学习与研究都围绕"善"这一主题展开。柏拉图学园沿袭了900多年之久，公元529年因战乱被关闭。

道德教育思想方面，柏拉图全盘接受了苏格拉底的"美德即知识"，他认为只有哲学家才能掌握美德，进而才能教授美德。更进一步，以苏格拉底的政治观为基础，柏拉图在其著作《理想国》中提出了"哲学王"的思想，"哲学王"思想与我国儒家、道家所推崇的"内圣外王"有着相似之处，"内圣"要求人有德性，"外王"则指齐家、治国、平天下，体现了道德与政治的直接统一。而要做到这点，需要通过长期的培养来帮助未来的统治者实现"灵魂转向"——使其目光由现象世界转向理念世界。因此，柏拉图学园将培养哲学家作为目标，希望帮助贵族子弟实现政治理想。除此之外，柏拉图提出教育由国家控制，还依据学生的心理特点划分年龄阶段，在每阶段授以不同教育，学生只有通过严格筛选才能进入下一阶段的学习，由此构成了金字塔形的教育体系。其中，学前教育最受重视，也是首次被提出来。

在柏拉图的教育思想之中，唯心主义占据很大篇幅。譬如"学习就是回忆"的认识论，知识被视作与生俱来的天赋，所谓学习不过是在回忆这些固有记忆罢了。至于其他方面，柏拉图还提出了“向上引导”，主张遵循从个别到一般、从具体到抽象这一认识过程。后来，柏拉图在认识论上发生转变，他把心灵比作蜡板与鸟笼，而把知识喻为印痕与小鸟。如此说来，蜡板上原没有印痕，鸟笼中原没有小鸟，知识必须通过后天学习才能得到，因而可以传授。这些认识论构成了柏拉图学园的基石，也是古希腊教育思想体系化的里程碑。

在柏拉图的著作《理想国》里，我们可以很明显地感觉到柏拉图对话体的鲜明特色。他善于用朴实生动、简洁易懂的对话来阐述教育思想、呈现着研究成果、表达着对教育的理解。这种以平实、生动的对话为体裁写成的作品，是教育历史上的瑰宝，永远洋溢着生命的活力。而诸如《辩诉篇》《曼诺篇》《智者篇》《法律篇》等作品也经常被后人引用。对话体简洁朴素、明白易懂，语句简短流畅、通俗明了、诙谐机智，有肯定句也有反问句。在谈话中对话体有一问一答式、一问多答式、抑或是多人谈论式，语气有同辈之间平等的对话、有师生或上下级询问。在平和的对话或是在激烈的辩论中，诸多有关教育的问题被讨论着，教育的规律被探寻着，教育的真谛被揭示着，教育的理解被阐发着，留给后人的是先哲们的教育智慧，这些智慧帮助我们将今天的教育走向辉煌。字里行间，慢慢品味，蕴含在简单对话背后的哲理好像就这么一点一点被自己所“发现”了呢。

3.1.3 亚里士多德

柏拉图学园注重开放性研讨和数学研究，在学园门楣上更是铭刻了“不习几何者不得入内”这一警句。而在柏拉图学园培养的众多优秀学徒中，亚里士多德无疑是最杰出的一位。

图 3.3 亚里士多德

公元前 384 年，亚里士多德（见图 3.3）出生在色雷斯马其顿殖民地的一个贵族家庭，父亲是马其顿王的御医。18 岁至 38 岁期间，亚里士多德来到雅典柏拉图学园学习哲学，因表现优异而被柏拉图誉为“学园之灵”。他建立了自己的图书室，广集资料，潜心研读，虽然逐渐与柏拉图产生歧见，但始终对老师满怀敬意。柏拉图去世后，亚里士多德离开雅典，几经辗转回到了故乡马其顿，担任 13 岁的亚历山大大帝的老师。在此期间，亚里士多德以道德、政治与哲学对这位未来的世界领袖进行塑造，而科学与知识也始终在亚历山大的心目中占据崇高地位。公元前 335 年，亚历山大即将继位，亚里士多德重返雅典并创办了吕克昂学园。这所学园受到亚历山大与马其顿官僚慷慨相助，拥有一流的图书馆和动植物园，其学术地位堪比柏拉图学园。亚里士多德喜欢与学生边讨论问题边漫步庭院，因而被形象地称为“逍遥学派”。他写下了大量对话录和论文，内容涵盖物理、形而上学、诗歌、音乐和政治等，如同百科全书，又如汩汩流淌的“金河”。当然，伟人也会犯错，除了后来被伽利略纠正的物体下落问题外，也有类似“雄性动物比雌性动物牙齿更多”等不攻自破的小问题。但是，没有什么能够妨碍这些著作成为亚里士多德哲学思想的代表，书中蕴含的哲学体系在如今依旧是最完整且最具影响力的哲学系统之一，由于当中很多内容取材自课堂笔记，它们又往往被视为最早的教科书。

作为“古希腊三哲”的最后一位，亚里士多德扬弃了苏格拉底与柏拉图的政治教育思想，仍将普遍知识作为统治者的终极追求。在他的“理想国”之中，亚里士多德引入了城邦教育思想，主张阶级平等，统治者与被统治者之分将不再是一成不变。另外，他提出将教育立法，而城邦中的个体不仅要研读美德，更要实践美德，衡量美德的标准是幸福，而只有去做不同于植物与动物的事情——使用理性能力，人类才能感到幸福。适应这一准则，亚里士多德提出“和谐教育”的理念，即体育、德育与智育结合，而且体育先于智育。亚里士多德也倡导美育，尤其是音乐教育，因为音乐模仿了灵魂的状态，并通过被演奏、歌唱或聆听传达给人们，这是一种看不见的教育。此外，亚里士多德依据年龄划分教育阶段，依次为 0 至 7 岁的幼儿教育、7 至 14 岁的少年儿童教育以及 14 至 21 岁的青年教育，三个阶段分别以体育、德育和智育为主。

其实，亚里士多德推崇备至的音乐教育折射出其自由教育思想——“应有一种教育，既不立足实用，亦不立足必需，而是为了自由而高尚的情操。”在他的理念中，自由教育是帮助人们享受闲暇的教育，只有把那些令人疲于奔波、烦躁不安的“贱业”留给奴隶，人们才能恢复身心自由，成为从事高尚活动的自由人。

大学的“自由教育”思想由此发端。

为“古希腊三哲”总结时，我们感到一时词穷，他们所做出的贡献，特别是对教育的探索与尝试，岂是一个漂亮的词语、一个美丽的句子可以概括？或许，我们能做到的仅是引用伟大的作品来描绘伟大的人：

“我看见了熟习各种技艺的人们，
在哲学家的圈子里，
带着我的钦佩和崇敬，
我看见了柏拉图，也看见了苏格拉底，
他[1]就站在离柏拉图旁边最近的位置。”

——《神曲》　但丁

3.2　探索——西方教育革新

走过西方教育的萌芽阶段，“大学”作为教育承担机构开始大规模出现。而在时代变迁中，见证大学教育理念的演变，甚至是观点冲突，是一件极为有趣的事情。法国、

[1]：“他”指亚里士多德。

英国、德国、美国，各个国家都开始了对于大学教育本质的摸索。

3.2.1 工程师的精英教育

法国拥有世界上独一无二的工程教育体制，在世界上形成了独树一帜的鲜明特点。而真要详细研究，我们可能得把历史的书页翻回 19 世纪。

法国大革命后关闭和取消了部分中世纪大学，设置了新的专门学院，19 世纪，两次著名的战争，对法德两国的高等教育产生了无法替代的影响。一次是耶拿战争，法国与德国交战直接催生了德国教育和科学发展史上具有里程碑意义的柏林大学；另一次则是普法战争，法国战败，引起法国对国家集权体制下高等教育发展模式的反思。还记得中学课本上的《最后一课》吗？普鲁士占领阿尔萨斯-洛林后禁止学校教授法语，必须改教德语。爱国的法国师生在教室内上了最后一堂法语课，黑板上的那句“法兰西万岁”，成了法国人最后的倔强。而这其中的背景，便是普法战争的失败。

上述两次战争后，法国与德国形成了两种截然不同的教育模式。关于德国大学的教育，我们将在下一节中讨论。本节，我们重点来关注法国是如何逐渐形成世界上无法替代的工程师教育模式的。

法国选择了以国家需求为导向的教育方式，由政府集中管理、集中办学，并根据特定背景设置专业课程和培养方案，为国家储备关键人才。法兰西第一帝国缔造者拿破仑提出并强化了“大学校（Grande école）”的概念，用绝对服从于政权的统一、精干、实用的教育机制，为法国综合大学与“大学校”并行的双轨制打下了基础，创办的圣西尔军事专科学校（圣西尔军校，见图 3.4）是世界上“四大军校”之一，也是西点军校在创办初期学习的榜样。我们先不去深究这种强制军事化管理的弊端，在这样的模式下，大量技术性人才被培养，总工程师的数量和学术领袖的数量相较于之前有了质的提升。圣西尔军校为法国陆军培养了近 6 万名优秀的军官，几乎陆军所有高级将领都出身其中。拿破仑时期是历史上科学成就最为富饶的时代之一，拿破仑懂得科学的价值，尊重并认可科技的力量。据说拿破仑远征埃及时，带了成百箱的书籍和研究设备及一个由 175 名专家组成的随军科学艺术工作团，包括 21 名数学家、3 名天文学家、17 名民用工程师、13 名博物学家和矿业工程师、13 名地理学家、3 名火药师等。行军中，拿破仑曾下达过一条著名的指令：“让驴子和学者走在队伍中间。”以确保科学家的绝对安全。而正是这些对科学的重点保障也让拿破仑时期成为法国教育真正的改革和发展时期。

图 3.4　圣西尔军事专科学校学生在游行

当然，“大学校”在后期的发展中也慢慢从为帝国政权服务的体制中解放了出来，其对应的“精英教育”则让法国工程师教育在世界舞台上始终占据着重要的地位。

第 2 章中提到的傅里叶级数就是由法国数学家傅里叶（Baron Jean Baptiste Joseph Fourier，1768—1830 年）始创的，他可是电子信息类专业学生的老朋友了。这位名字被刻在埃菲尔铁塔上的人物是法国精英教育的优秀成果。他在著作《热的解析理论》中创立了一套完整的数学理论，历史性地提出了任一函数都可以表示为三角函数的无穷级数，化繁为简。这套理论在后续信号处理等多个领域得到了重要的应用。设计埃菲尔铁塔的埃菲尔（Alexandre Gustave Eiffel，1832—1923 年），也是法国教育中的佼佼者。让我们用一组数据来见证一下：埃菲尔铁塔高 320 米，四个塔墩最大误差小于 2.5 英寸，12000 个金属部件、700 万个钻孔、250 万个铆钉，严格编号，装配没有出现一丝一毫的问题和改动。设计之合理，计算之精确让人咋舌。“双人型叠加”标志的雪铁龙汽车创始人安德烈 • 雪铁龙（A.Citroen，1878—1935 年），因埃菲尔铁塔而产生了对科技的兴趣，依靠人字形齿轮的专利和流水线生产的创意，他成功让汽车在法国乃至全世界千家万户的生活中普及。还有柯西、菲涅耳、泊松、拉格朗日等耳熟能详的名字，法国工程教育在科学、工程、政治、工业等各个领域都培养出了卓越的人才。

这种优秀人才的选拔离不开法国精英教育的严苛和独特。同届高中毕业生中只有 10%能够通过选拔考试进入到工程师院校学习，在学习过程中还会有 15%的淘汰率，真可谓是百里挑一。其中最为人称道的应该是法国教育对“以解决问题为中心”的坚持。知识的学习服务于实验，提倡边学边实践，数理科学的学习甚至拆分贯穿于 4 年的学习过程中，从而保证学生所学的知识能够得到及时的应用，同时学到的也是为解决当前问题最需要的知识，并行学习的方法让法国工程师的技能受到广泛认可。对“明天需要怎样的工程师”这个问题的持续探索，让法国工程教育着眼于学生工位岗位的迅速上手和逻辑推理能力等各项综合能力的培养。从上面所有的叙述中都可以看到，法国对于工程师有一种近乎崇拜的认同感，能够踏入工程师学校，那就意味着工作找你，而不是你找工作了。

当然，“大学校”这种自成一体的工程教育体系有着不可忽视的短板，毕业生人数少容易被边缘化，学校规模小无法与其他知名品牌大学抗衡……1990 年，由巴黎中央理工学校、里昂中央理工学校、南特中央理工学校、里尔中央理工学校、马赛中央理工学校五所学校联合而成的法国中央理工大学集团，在时代的背景下应运而生。这种大学联盟式的教育实现了资源的共享和跨越式增长。

北京航空航天大学把法国工程教育模式“搬”到了中国，借鉴法国“以解决问题为中心”的教育内核，致力于探索研究通用工程师的培养，在 2004 年与法国中央理工大学集团签署了共同创建北航中法工程师学院（简称 ECPK，见图 3.5）的协议。法国中央理工大学集团在工程教育方面具有丰富的经验，在世界上享有极高的声誉，培养出来的学生以适应性强、综合能力高、潜力大著称，不仅在科研领域，而且在管理、开发或者金融领域都可以大显身手。2009 年 12 月 22 日，法国前总理菲永访问北航时，专门参观了北航中法工程师学院。

图 3.5　北航中法工程师学院

在工程师培养的道路上，法国始终用独有的精英教育理念领先于世界。

3.2.2　教学与科研相统一

法德两国在耶拿战争之后，采取了几乎完全不同的两条教育发展道路，法国采用国家主导的模式，而德国秉承理性思维和学术自由的理念，走上了非功利的发展道路，重点凸显“知识为主”。威廉·冯·洪堡（Wilhelm von Humboldt，1767—1835 年）在其中发挥了至关重要的作用。

1809 年，威廉·冯·洪堡赴任普鲁士内政部文化与公共教育司司长，接掌德国高等教育。此前，普鲁士经历了普法战争失败以及割地赔款之耻，普鲁士最重要的两所大学——耶拿以及哈勒大学，也被拿破仑关闭了，而彼时的洪堡在意大利担任普鲁士驻罗马教宗代表，这使他为自己的无所作为而深感惭愧。于是，洪堡上任不久，便向国王申请建立柏林大学。而后，在担任司长的 16 个月里，他致力于开展教育改革，志在以大学为手段培养新生力量实现民族振兴，使普鲁士重新赢得世界尊重。另一方面，耶拿大学教授约翰·戈特利布·费希特（Johann Gottlieb Fichte，1762—1814 年）也已经于 1807 年返回柏林，他发表了数篇著名的《对德意志民族的演讲》，呼吁推动文化与教育实现民族独立，同时提议创立柏林大学。

洪堡与费希特不谋而合。1810 年，柏林大学（见图 3.6）在洪堡的精心筹备之下正式开学。次年，费希特正式当选为校长。费希特认为：大学的任务是培养人的自我决定能力，教育要唤醒学生的力量，在无法预料未来局势中自我做出有意义的选择。因此，教育应包含智育、体育，有助于培养不为物欲所染的自由意志。不过，意志自由并不等于可以为所欲为，而是与义务结合着的。当人作为有限自我，其意向同绝对自我的动向趋于一致时，意志最自由，同时对使命和义务的认识也最明确。

由此，“德意志现代文明的摇篮”“现代大学之母”的传奇正式展开。

洪堡认为，大学兼有双重任务：一是科学研究，二是个性培养与道德修养。

科学探究方面，洪堡在法国专业教育制度的影响下，提出了“教学与科研相统一”的主张。这里的“科学”是指“纯粹的科学”，即“三哲”苦苦寻觅的哲学。洪堡认为，在大学中，学生是“受指导的研究者”，他们朝气蓬勃、思维活跃而又勇于探索；而教师是“独立的研究者”，他们只有从科研中取得创造性的成果，才能在教学中有所传授，同时他们也有能力妥善协调教学与科研之间的关系。大学需要将科学研究摆在第一位，因为如果没有科学探究，就不会有科学发展。这一理念无疑具有颠覆性，引用克拉克·科尔（Clark Kerr，1911—2003 年）在其著作《大学的功用》中的话来说：“1852 年，正当纽曼写作《大学的理念》之时，德国大学正在成为新的模式，科学开始取代道德哲学的位置，科研开始取代教学的位置。”

图 3.6 柏林大学（1900 年）及其图书馆

柏林大学成立之初，在院系设置上毫无新意可言，仍然由传统的法学院、医学院、哲学院及神学院构成。为了实现“教学与科研相统一”，柏林大学将哲学院由边缘地带拉回到核心位置，并创造出了“习明纳”（seminar），也就是讨论班等一系列教学形式。19 世纪 20 年代，德国化学家李比希在吉森大学组建实验室，邀请学生共同完成实验项目。摆脱了单枪匹马的境地，李比希在科技前沿迅速占领一席之地，学生的能力与兴趣也在科研当中得以显著提升。吉森实验室（见图 3.7）造就了数量惊人的化学家，1960 年以前的 60 名诺贝尔化学奖获得者，有 44 名与吉森实验室有着密切的关系，迄今为止，其诺贝尔化学奖获得者数量仍然高居榜首。不仅如此，法国大革命后创建的近代教育科学引入了自由探索的科学精神，一度让法国处于世界科学的最前列，但吉森实验室通过实验教学的引入，让全新的化学教育运动改变了德国古典主义与浪漫主义的传统教育环境，德国取代法国一跃成了世界化学的中心，因而被光荣地誉为“近代化学教育的圣地”。由此，柏林大学便将实验室纳入了学生培养方案之中。实验室这种通过师生共同探究的方式，让学生从教师的教诲中学习研究事物的态度，潜移默化地影响了学生一生的科学思维方式和感性经验积累。

个性培养与道德修养方面，洪堡认为，修养是个性全面发展的结果，是人之为社会人所必须具备的品质，而与专业技能无关。大学教育应该以人为本，经由“通识教育”将学生培养成“完人”后，再以“专业教育”传授哲学外的实用技能，学生学习起来便会更容易。那么，究竟“完人”是什么样子的呢？洪堡以希腊人为原型给出了 6 条标准：充分的自由性，适度的规律性，生动的想象力，高超的思辨能力，独特的个性，完整的民族性。6 条标准对应着 3 对“矛盾”，即：自由与规律（自由与约束）、想象力与思辨力（抽象与具体）、个人与民族（个体与集体）。这样的矛盾本质又是辩证统一的，自由给予了人类充分发展的空间，脱离了世俗的要求和约束，人往往能够创造出意想不到的惊喜，挖掘出无限的潜力，但自由并不意味着绝对的自由，脱离了必要的底线标准，则有可能会出现无法遏制的方向性错误，造成对于社会他人无法挽回的伤害；运用天马行空的想象力进行创作，构思可能性，但同时也缺少不了理性的逻辑推演、分析判断，两者的叠加能让艺术灵感与严密冷静兼具，而不偏颇于某个极端；个人与民族的双重属性是身为社会人无法逃避的问题，如何保持独立自我，同时也能让理想信念与家国天下相得益彰是永远值得思考的问题。虽然分开来看，每条标准都很简单，但只有达成全部标准并使之和谐统一，才能称之为完美。

图 3.7　李比希和吉森实验室

为了培养“完人”，大学便要和“寂寞与自由”为伍。

洪堡认为，大学应该甘于“寂寞”，不受控于国家，也不去迎合某项具体的社会需要。究其原因，在大学的发展潜力方面，政府匮乏想象力，做不出高瞻远瞩的安排。而大学一旦获得独立自主的发展空间，在完成其“真正的使命”的同时，自然会实现政府的近期目标，并且还能将这一目标升华到新的高度。有了“寂寞”才有“自由”。在保证大学生具有自我负责观念和批判精神，教师能坚持传播科学真理的前提下，洪堡在“学术自由”上投入极大关注，主要包括两个方面：一是教学自由，教师能够自由选择教学内容与研究课题；二是学习自由，学生可以自由选择教师与课程。除此以外，柏林大学实行高度自治，通过各个学部自行组建的教授会、全校范围的评议会裁判学校各种事务，例如是否启用教师、延聘教授，是否对学生进行罚款、禁闭或退学处分，等等。

在洪堡的指引下，柏林大学逐渐呈现出一派繁荣的景象，共产主义创始人马克思与恩格斯、物理学家爱因斯坦、赫兹，等等，均在校园里留下了学习思考的足迹。1949年，为了纪念学校的创始人，柏林大学重新命名为柏林洪堡大学。此外，洪堡的爱国梦想也终成现实，德国大学的快速发展带动了普鲁士的崛起，灿烂的德意志文明由此绽放。美国与欧洲的其他大学在羡慕之余也纷纷效仿。美国的高等教育起源于1636年创建的哈佛学院，初创时只有一个教授、几个学生。哈佛学院之后到美国独立前的一百多年中，又有耶鲁等 8 所高等院校相继按照英国大学的模式建立起来。那时美国的大学比较弱小，同起源于中世纪的、经历了几百年发展的欧洲大学相差甚远。就在那个时候，美国学者开始了长达七十多年的留学德国的浪潮，带回了柏林大学的精神，结合学校特色总结凝练，逐渐完成了向现代大学的过渡，并为美国大学后来跨越式发展，甚至超过欧洲大学奠定了基础。值得一提的是，我国教育家蔡元培在留学德国期间，身临其境地体验到了洪堡的大学理念，回国后他在北京大学实践一系列改革，提倡“学术自由，兼容并包”。这些，都是洪堡慷慨馈赠予世人的不灭精神与宝贵资源。

3.2.3 自由教育

1167 年起，牛津大学迅速发展、成型，1209 年，剑桥大学成立。作为英国最古老的高等学府，这两所大学的教育活动由天主教教会全权把控，只对贵族与僧侣开放。此时，自由教育沦为神学知识的阶下囚，日夜为培养神职人员与广大信徒疲于奔命，早已忘记自己姓甚名谁。而后，文艺复兴与启蒙运动将自由教育解救出了围城，拉斐尔 • 桑蒂（Raffaello Santi，1483—1520 年）创作的《雅典学院》（见图 3.8）追忆历史上自由思想的黄金时代，那时百家争鸣的氛围彰显了对于智慧和真理永恒的追求。英国的哲学家约翰 • 洛克（John Locke，1632—1704 年）为自由教育诵读《教育漫谈》，而法国哲学家、教育家卢梭（Rousseau，1712—1778 年）则以《爱弥儿》之名吟唱“自然主义”之歌，自由教育由此重生，但内涵也起了变化。

图 3.8　拉斐尔 • 桑蒂创作壁画《雅典学院》

让我们走进《雅典学院》这幅经典的画作来感受当时的盛况。画作以柏拉图所建的雅典学院为题，以古代 7 种自由艺术——语法、修辞、逻辑、数学、几何、音乐、天文为基础，表彰人类对智慧和真理的追求。拉斐尔以回忆历史上“黄金时代”的形式，寄托其对美好未来的向往。作品的主题思想，就是崇拜希腊精神，追求最高的生活理想，这正是人文主义艺术家自己的夙愿。

画中心的层层拱门直通遥远的天际，这是一个极其神圣的环境，学者们被对称地、自然而富有节奏地配置台阶两侧，上层台阶的人物排成一行，中心是两位伟大学者——柏拉图与亚里士多德，他们似乎边进行着激烈的争论，边向观众方向走来。亚里士多德伸出右手，手掌向下，好像在说明：现实世界才是他的研究课题；柏拉图则右手手指向上，表示一切均源于神灵的启示。余者犹如众星托月，聆听着两种不同的教育观点，兼容并包，彰显着教育的自由。

正当自由教育在不断深化革新之时，19 世纪，随着资产阶级革命的兴起和世俗社会的形成，带有浓厚神权社会性质的“中古大学”模式逐渐式微。到了 19 世纪 30 年代，在以斯宾塞和赫胥黎为主的功利主义和科学主义倡导者的激烈攻击下，牛津和剑桥这种保守的古典大学模式和传统教育理念遭受到普遍质疑。与此同时，声势浩大的“新大学运动”风起云涌，那些新兴的新式大学抛弃了古典大学的人文主义教育传统，完全以市场为主导，排斥宗教教育，专门培养实用性的技术人才。“是坚守象牙塔，还是迎合社会需求？”——这一选择成为英国教育体制（也是社会体制）转型期的关键问题，也是后世教育改革者共同面对的两难问题。1833 年，英国议会拨款两万英镑发展教育事业，正式宣告政府对教育的介入。这一切都不断地冲击着自由教育的主导地位。

图 3.9　纽曼

所幸，自由教育没有被打败，仿佛冥冥之中自有天意，1801 年，雾都伦敦的一个新教圣公会家庭里迎来了新的生命，取名约翰·亨利·纽曼（John Henry Newman，1801—1890 年，见图 3.9）。纽曼 16 岁进入牛津大学三一学院学习，而后破格成为奥列尔学院的特别研究员，23 岁被英国圣公会授予圣职。

同样在 1833 年，牛津运动兴起，纽曼通过发行《时代书册》予以配合，共同倡导复兴罗马天主教教义与仪式，从而使国教会回归独立于政府的最初状态。运动后期，纽曼正式改宗为罗马天主教，并于 1851 年欣然应邀出任都柏林天主教大学校长一职。而后，纽曼发表一系列演讲与论文，对大学的性质、目的、职能、原则与学科等进行探讨，进而在 1873 年出版论述合集——《大学的理念》。20 世纪美国教育学家约翰·布鲁贝克（John Seiler Brubacher，1898—1988 年）不吝言辞地赞美道：“在高等教育哲学领域的所有著作当中，影响最持久的当推纽曼的《大学的理念》。”

既然书名叫作《大学的理念》，那么当然需要回答“大学是什么”这一问题。纽曼景仰雅典文明，称雅典人是“天生的教师”，更将亚里士多德视为自己的精神导师。因此，通过继承与扬弃古希腊教育思想，纽曼指出“大学是一个传授普遍知识的地方”，学者、教师与学生在这里共同展开对真理的追求。在他看来，所谓“普遍知识”，不应该是对具体事实的获得或实际操作技能的发展，而是一种状态或心灵的训练，大学的教育应该是以文理科知识为主（他特别强调他眼中代表真理本身的神学知识）的“自由教育”和“博雅教育”。这是纽曼的“普遍知识”中最本真的含义，通过掌握知识，学生将学会思考、辨析与判断，形成理性并发展智力，进而能够自由从事任何职业。大学教育不具功利色彩，知识本身就是目的，因此，大学提供的不应该是学以致用的职业教育，而是更广阔的自由教育。纽曼认为，大学应该教授普遍而完整的知识，包括科学、历史、艺术与哲学等，“没有任何一类知识因太大或太小，太遥远、太具体或太细微而不值得被给予关注”，神学也不例外。更进一步，知识本身是一个有机的整体，将其分门别类只是为了方便学习，而专业之间的相互联系不容磨灭。学生限于特定专业，犹如在知识之网上开了天窗，使学习的整体效果大打折扣，与真理的失之交臂在所难免。

接下来的问题是，大学要做什么？纽曼认为，大学的职能明确而单纯——教学。究其原因，首先，大学与科学机构存在不同的智力分工，前者以传播与推广知识为目的，后者才是探索并扩充知识的场所。其次，探索与教学是迥然有异的天赋，就如同鱼与熊掌不可兼得。当教师将全部心思倾注于传授知识时，便无暇去探究新的领域；而那些心无旁骛的探索者又往往离群索居，不愿抛头露面从事教学工作。再次，纵观历史，重大的发现或发明很少出自校园，因此大学也就更加不必揽入研究职能。

那么，大学究竟应该培养什么样的人才？“如果一定要为大学课程设定一个实际目的，那么这个目的就是培养社会良好成员，即纽曼强调的“通才”或者“绅士”。除了圆顶礼帽、衬衫西装和领结手杖这些外在元素外，绅士还需具备哪些品质？纽曼认为，以掌握普遍知识为前提，绅士“情趣高雅、判断力强、视野开阔”，他们能以智力与能力“从容、优雅、成功地从事任何一种科学或行业”，也可以很好地适应社会。值得注意的是，这一目标的提出也正是纽曼与甚嚣尘上的专业教育的对峙。最后，纽曼主张大学保持“对教会的臣服、敬意或者附属”，并将“教会子民的宗教影响与利益”作为大学所追求的终极目标。由此可见，对于纽曼而言，宗教仍然是大学的最终归宿，这也解释了他强调神学是普遍知识的初衷。

在培养人才的道路上，大学教育任重道远。首先，大学需要传授普遍知识，每一类知识、每一种学生都应该受到平等对待。其次，大学应该致力于学生的智力开发，使其通过掌握知识形成理性，从而能够主动思考新的知识。这意味着，大学需要引导学生探究知识的整体性与关联性，在构建起知识体系的基础上做到触类旁通。另外，在《大学的理念》当中，“Communication”一词反复出现，纽曼对师生互动与学生交流的重视度可见一斑。他认为对学生而言，导师并不仅是学术的指导者，还是道德与宗教的守护者，心灵的引路人。因此，纽曼对导师制推崇备至，导师制在大学中长盛不衰的命运由此注定。纽曼认为：“年轻人敏锐、心胸开阔、有同情心、善于观察，他们在自由密切交往时，即使没人教育他们，他们必定也能互相学习；所有人的谈话，对每个人来说就是一系列的讲课，他们可以从中学到簇新的概念和观点，以及判断事物与决定行动的各种不同原则。”大学应为学生自主学习留出余地，使其在积极主动、自由发展的本能的驱使下获得发展，这一理念是学院制与书院制的“亲友团”。耶鲁大学历史教授雅罗斯拉夫·帕利坎（Jaroslav Pelikan，1923—2006 年）以数学公式诠释纽曼大学的理念——1/3+1/3+1/3=1，每个 1/3 依次表示教师对学生的教育、学生对学生的影响以及学生独自学习所占比例，只有三者达到和谐统一，才能造就完整而健康的大学教育。

3.2.4 大学服务社会

早在1862年，美国颁布的《莫里尔法案》就提出了“大学服务社会”的观点。而在19世纪与20世纪交替之际，“山姆大叔”已经跨过“南北战争”的分水岭，风驰电掣在工业化与城市化进程的跑道上。这时候的美国，实用主义大行其道，大学同样未能幸免。1904年，威斯康星大学校长范·海斯（Charles Richard Van Hise，1857—1918年）在其就职典礼演说《为州服务》中说到“大学的教学、科研和服务都应考虑到社会的实际需要”。由此，威斯康星大学带头开启了“大学服务社会”的功能。虽然将大学与社会融为一体适应了美国的发展需要，然而大学质量的显著下降却昭示着：相比于纽曼和洪堡的教育理念，范·海斯显然难以逃脱矫枉过正的嫌疑。

图 3.10 弗莱克斯纳

正当大学站在“寂寞与自由”和“大学服务社会”的岔道口举棋不定时，亚伯拉罕·弗莱克斯纳（Abraham Flexner，1866—1959年，见图3.10）出现在了人们的视野中。弗莱克斯纳是美国著名的高等教育批评家和改革者，他先后在约翰·霍普金斯大学、哈佛大学以及柏林大学学习，而后对欧美大学进行了深入考察。1930年，弗莱克斯纳的著作《现代大学论——美、英、德大学研究》问世，同年，他还创办了普林斯顿高级研究院。

凭借亲身体验与潜心研究，弗莱克斯纳成了大学的指路人。在他看来，“大学像教会、政府、慈善机构等人类组织一样，处于特定时代总的社会结构之中而非之外”，然而“大学也不是风向标，不能什么流行就追随什么”。也就是说，弗莱克斯纳鼓励大学从理性出发满足社会需要，而不是毫无原则地有求必应。当时的美国，科技日新月异，经济水涨船高，但环境恶化、食品安全等诸多问题也随之而来。因此，“山姆大叔”必须及时更新知识储备以解燃眉之急，避免有朝一日陷入被动。那么，哪里能为社会提供研究上的服务？相较于喧嚣的世界，清静的校园无疑被列为上上之选。需要指出的是，弗莱克斯纳的“大学服务社会”具有一定尺度，大学仅仅研究社会现象或者给出解决方案，而实施层面的事务则应交付相关部门予以解决。大学承担的是引领社会的功能，从研究的先进性上，从技术的革新上，从人类精神世界的培养上，不应该过分承担评价社会的功能。同时，在他的著名演讲《无用知识的有用性》中，他大力提倡基础研究和自由探索，认为智力与精神生活表面看上去无用，但这种追求却往往能得到意想不到的有用收获。鼓励人们不要仅仅从物质层面考虑问题，而是扩展原本狭隘的对“有用之物”的定义，培养更为长远的眼光。这一观点也成了普林斯顿研究院的立院标准。

除此之外，弗莱克斯纳重新给出了“大学是什么”的答案：“大学是有意识地致力于追求知识、解决问题、审慎评价成果和培养真正的高层次人才的机构”。换句话说，弗莱克斯纳的“大学服务社会”坐落在了“科学研究”与“人才培养”的地基上，而后者在很大程度上与洪堡的理念相互吻合，譬如“学术自由”。不同的是，弗莱克斯纳对专业教育与职业教育做出了区分，他认为不含学问的专业便不能被称为“专业”，而只能看作是“职业”，专业拥有普遍的基础、高深的学术以及崇高的目标。因此，大学应该立足于人文、科学与哲学开展专业教育，而只有医学、法学与教育有资格被划入专业范畴。此外，弗莱克斯纳还主张精英教育，他指出不管大学中有多少人碌碌无为，只要有“伟人”在孜孜不倦地追求真理，他们提供的支点或许就已经可以撬动地球。

弗莱克斯纳的《现代大学论》对高等教育产生了不可估量的影响。当美国教育在两个极端之间徘徊不前时，他以“现代”二字暗示了英、德大学的“保守”，又直言不讳地指出了美国大学的“激进”，摆正了“大学服务社会”的位置。这些要求或许略显严苛，又或许那个时代的烙印过于明显，但我们至今仍然能够从中汲取到有价值的新鲜营养。

3.2.5 灵魂的教育

生于德国的卡尔·雅斯贝尔斯（Karl Jaspers，1883—1969 年，见图 3.11）是教育家、精神病理学家、存在主义哲学大师。第二次世界大战尾声，希特勒独裁统治走到尽头，战败的德国从城市到心灵都成了残砖碎瓦，很多大学教师与学生或是为种族主义所蒙蔽，或是缄默不语。这个时候，雅斯贝尔斯挺身而出，撰写著作《大学之理念》并于 1946 年出版，书中强调“大学是致力于寻求真理的共同体”，他希望以此找回德国大学的灵魂。雅斯贝尔斯的《什么是教育》一书则更为全面而深入地诠释了其“存在主义”教育思想，并在此基础上重述了大学的理念：“大学是研究和传授科学的殿堂，是教育新人成长的世界，是个体之间富有生命的交往，是学术勃发的世界。”

图 3.11 雅斯贝尔斯

在德国最著名的宗教哲学家马丁·布伯的《我与你》中，对生命的交往也有较为深刻的理解，他向沉溺于自我的现代人振聋发聩地提出警示，社会属性是人类无法拒绝的。人类需要通过关系的联结，通过交往来形成对于自我的构建。也就是说，没有关系就没有“我”的存在。而在这个关系里面，精神成为人穿梭其中的中介。亚里士多德对于存在主义也有类似的观点，他认为谁若不需要社会（即没有人际交往或脱离任何关系），谁就只是兽或神，而不是人。

依据上述雅斯贝尔斯的理念，大学的任务可被归纳为：第一，教学与科研；第二，培养“全人”；第三，生命的精神交往；第四，学术。4 项任务相互依存，缺一不可。其中第 1、4 项任务十分重要，上文已经有所阐释，下面接着讨论另外两项任务。

大学之所以被称作“University”，是因为大学像宇宙“Universe”一样，无边无际却又自成整体，所以，大学培养出的人才也应包罗万象、完整无缺，称为“全人”。这意味着，学生不能只满足于某一种知识或技能，甚至不能满足于知识与技能，还必须不断进行精神上的完善与超越。这一过程永无止境，因为大学之大亦是无穷无尽。相对于洪堡的“完人”而言，培养“全人”这一目标显然更为宏大。

“生命的精神交往”触及教育的本质，是实现教育的方法，是培养“全人”的方法。什么是教育呢？雅斯贝尔斯返回“轴心时代”——公元前800年至公元前200年间人类文明的突破期，通过与苏格拉底和孔子对话给出答案：“教育活动关注的是如何最大限度地调动并实现人的潜力，以及如何充分生成人的内部灵性与可能性。也就是说，教育是人的灵魂的教育，而非理智知识和认识的堆集。”通俗地讲，教育不仅包括知识的传授，还涉及生命体验的交换以及内在自我的唤醒，帮助受教育者搭建起自己的灵魂。中国工程院院士李培根教授在总结当今大学教育时，也颇为默契地指出，“大学教育的最高境界不是知识的抵达，而是心灵的抵达。”人的灵魂，始终是这个世界最难以揣测但又极具诱惑力的课题，如果只是把眼光放在培养出一个拥有技能、适应社会的人身上，那真是过于狭隘了。

因此，“大学任务的完成还要依靠交往的工作——学者之间、研究者之间、师生之间、学生之间以及在个别情况下学校之间”。而师生之间的交往作为重点，包括平等、自由与爱3个前提。雅斯贝尔斯首推善用“助产术”的苏格拉底与爱问“尔何如”的孔子作为典范，他们收起了教师的权威，不试图塑造或者改造学生，而是与其在相互接纳、彼此开放的基础上平等交流、共同求索，这种方式保存了学生的个性，更有利于培养“全人”。除此之外，交往还存在于任何的辩难与讨论中、各个思想流派之间以及不同学科与世界观的交汇之处，大学渴望交往，也需要交往，“它渴望交往的愿望是如此强烈，以至于会寻求与那些拒绝交流的人交往”，并且包容他们，接纳他们。

我们可以将从教者分为3种境界：教者、教育者和教育家，分别对应教学的3个层次：知识传授、共同思考和内心指引。学生如果能有幸依次领略到教育的3个过程，便能够对教育有一个相对全面的理解。受老子不言之教的影响，1952年，著名心理学家卡尔•罗杰斯（Carl Ransom Rogers，1902—1987年）在哈佛大学教育学院举办了一次主题为“课堂教学如何影响人的行为”的学术研讨会，会上首次提出“以学生为中心”的观点，引起了学术界和教育界的强烈反响。在这其中，他尤其强调了教师的“非指导性”教学理念和策略。教师要尊重学生、珍视学生，在情感上和思想上与学生产生共鸣。施教方与受教方若能够在思想上产生共鸣，首先带来的好处是知识的传递破开了情感态度的屏障，学生信任教师，自然不会有无厘头的质疑和故意的破坏；其次双方的角色不再固定单一，教师有机会能够获得学生对教育与学习的看法，双方角色互换，教师也得到了“新思维”的提升。这种理念固然对教者提出了更高的要求，但也为教者如何成为优秀的教育家提供了一条稍加清晰的路线。

雅斯贝尔斯大学的理念带领教育达到了一个新的高度——“灵魂的教育”，并将大学教育的权杖交到了“交往”手中，为久旱的德国之心播洒甘霖。即使到了今天，他的理念仍然发人深省，值得借鉴。

3.3 升华——美国现代教育理念

在当今世界，提到高等学府，脑海中一定不会少了美国的大学，无论是耳熟能详的 8 所常春藤名校，还是梦想中的殿堂麻省理工、斯坦福……都会让人在听到它们名字时燃起无限敬仰的心情。那么，究竟是怎样先进的理念，让原本并不强大的美国大学教育，具有如今在教育领域难以撼动的地位呢？

3.3.1 领航素质教育改革——哈佛大学与通识教育

问及世界上最为卓越的高等学府，就不得不提到哈佛大学。

我们已经知道，牛津与剑桥是自由教育的先行者，是现代大学的曙光。17 世纪初，首批英国移民到达北美大陆，一同到来的还有高等教育的黎明。1636 年，移民中的清教徒们依傍查尔斯河畔创办了“剑桥学院”，希冀子孙后代同样可以享受到自由教育的雨露恩泽。1639 年，为了纪念创办者与捐赠者之一——剑桥大学文学硕士约翰·哈佛（John Harvard，1607—1638 年），这所学校正式更名为“哈佛大学”（见图 3.12）。

图 3.12 哈佛大学校园

建校以来，哈佛大学共推行过 5 次重大改革。

1869 年，艾略特（Charles Eliot，1834—1926 年）出任校长，建立了自由选修制，以新知识打破了古典学科在大学中的垄断地位；1909 年，洛厄尔（Lawrence Lowell，1856—1943 年）接掌校长大印，他推行集中与分配制来限制此前选课上的绝对自由，并引入了本科生导师制与住宿学院制。

图 3.13 科南特登上《时代周刊》

1929 年，美国金融在“黑色星期四”这天彻底崩溃，4 年的大萧条随之而来，人们为每天的衣食住行苦苦挣扎，辍学、失业、自杀屡见不鲜。1933 年，罗斯福（Franklin Delano Roosevelt，1882—1945 年）当选美国总统，即刻着手推行新政以缓解失业与复苏经济。同年，科南特（James Bryant Conant，1893—1978 年，见图 3.13）代替洛厄尔接管哈佛大学，他采取了一系列措施，如全力发展科研与研究生教育，旨在让学校与国家共度难关。1939 年，第二次世界大战爆发，哈佛大学用科学研究的成果为美军提供支援，例如雷达、声呐以及人造血浆，但却致使专业之风盛行，教学地位也被忽视了。二战接近尾声之际，其他问题纷至沓来，包括中学扩张与退伍军人导致的生源增加、战后的恐慌与迷茫，以及社会主义崛起引发的社会制度动摇，等等。

于是，1943 年，哈佛大学 12 位来自众多学科领域的著名教授组成委员会，他们在科南特的带领下对“自由社会中的通识教育目标”展开研究，并于 1945 年发表工作报告——《自由社会中的通识教育》，亦即闻名遐迩的《红皮书》。《红皮书》指明了通识教育目标，即培养学生有效思考、交流思想、做出恰当判断、辨别价值的能力。这些能力不能单独作用，也不可被割裂开来分别培养。同时，书中明确了教育的目的：培养“全人”“好的公民”“有用的人”。在《红皮书》的指导下，哈佛大学通识教育改革逐步开展起来。这次改革的重要变化是指定了 3 门通识课程必修课，包括“文学名著”“西方思想与制度”与一门物理学或生物学课程。除此之外，学生还必须从人文学科、自然科学和社会科学当中各选一门全年课程。通过课程设置的改革推进学生能力的提升，同时紧扣通识教育目标，知识面的扩展培养学生对于不同观点的有效思考，从而促进了知识之间的融会贯通；课堂模式的变化让小组交流的机会大大提升，在头脑风暴中促进了创意的爆发；专业与通识的区别培养学生多元价值观，从而在问题的判断中拥有更深刻的思维，也学会用非功利的角度辨别价值的意义。通过这样的方式，学生在踏入社会之前能够拥有更为成熟的心智，不会再因走出象牙塔而感到手足无措。

其实最初提出通识教育理念的是芝加哥大学校长赫钦斯（Robert Maynard Hutchins，1899—1977 年），他强调大学首先是“文明传承之所”，其次才是“创新之所”，始于 1929 年的“芝加哥运动”与“名著教育计划”是通识教育的摇篮。

有了《红皮书》，通识教育在哈佛大学的地位得以巩固。然而，通识课程在设置上仍然存在不足，其中一个体现就是，由于缺乏选课指导，学生选出来的课程就像一颗颗独立的珠子，难以串联成为一条美丽而完整的项链。1975 年，德里克 • 博克（Derek Bok，1930— ）校长发起第四次改革，倡议建立本科教育核心课程，范围涵盖外国文化、历史研究、文学艺术、道德推理、自然科学、社会分析与定量推理。核心课程为学生选课带来了一定限制，却也不失其灵活性，为学生达成培养目标提供了保障。至此，本科生的培养方案由 3 部分组成，分别是核心课程、专业课程与选修课程，这一模式对其他国家的大学也产生了深远影响。本书的第 5 章和第 6 章对此有更深入的阐述。

如今，哈佛大学刚刚经历了第五次改革，这次改革始于 2002 年，由文理学院启动。除了不同往昔的时代背景以及逐年升温的校际竞争外，这次改革的另一促成因子是核心课程暴露出的种种问题，例如，教学内容脱离实际，核心课程与专业课程在划分上纠葛不清。2007 年，《通识教育特别工作组报告》在万众瞩目中问世，旨在粉碎“哈佛教育危机论”——“学生在学识与成长为国家所需要的优秀领导者方面的竞争力大不如前”。

这次改革设定的目标是将学生在校所学、校外生活与未来生活联系起来，具体包括：第一，培养“世界公民”；第二，教会学生理解自己既是传统艺术、观念和价值的产物，也是参与者；第三，使学生能批判性地、建设性地适应变化；第四，帮助学生从道德层面上理解自身言行。为此，旧的核心课程被新的通识课程所替代，包括美学与阐释理解、文化与信仰、实证与数学推理、道德推理、生命系统科学、物理宇宙科学、世界中的社会、世界中的美国共8个方面。这里以“物理宇宙科学”与“世界中的社会”为例做进一步说明。“物理宇宙科学”不仅涉及对现象、概念与理论的介绍以及相关实验，对历史、哲学与制度的讨论，还包括对新发现、新发明以及观念的探究，如核武器的扩散、气候变化以及信息技术中的个人隐私。如此一来，课程与实际之间、学科与学科之间便被联系起来，其整体性得到保障。至于“世界中的社会”，学生则可以学到与美国不同的价值观念、风俗习惯与社会制度，在理解社会多样性的基础上将视线由美国转向全球，进而获得成为“世界公民”的通行证。

如果你经历过或者正在经历几百人一起上课的大班教学模式的话，脑海中一定少不了“昏昏欲睡”“无聊烦闷”等词语。而在哈佛，你将很难见到这样的场景。因为这个学校太想让学生承担起课堂的责任了，大型讲座式的教学手段虽然也可能有效，但通识教育本身，就是为了突破传统，去打造一种师生、生生关系的新型互动模式。小班教学、小组讨论，三五个人去研读一份材料，完成一项课题。知识的掌握从填鸭式灌输转换成甘露式汲取，反而掌握得更加牢固。甚至是社团活动、学生会、实验室科研、艺术表演等一些难以量化的形式，都有专门的“活动教学法”来建立相关机制，推进课外活动与课堂教学的相互联系，毕竟，“为学生生活做准备”始终是哈佛大学通识教育的目的之一。

除此之外，出于对学生写作与交流能力的重视，哈佛大学开设了写作与演讲类课程，同时以“习明纳”的形式讨论“美国演讲形式演化”“什么才是21世纪好的演讲”等相关问题。另外，哈佛大学鼓励学生参与国际交流，因为体验不同文化对于成长为世界的公民而言具有宝贵价值。二至四年级的学生可以到国外的大学进行学习，并可以获得资助和学分，这些有关事宜由国际项目办公室负责。

美国《时代周刊》曾经批注：“改变一个课程体系比搬迁一座坟墓还要困难。”而懂得居安思危、虚怀若谷的哈佛大学自诞生之日起，便已经成功推进了5次改革。正是出于这个原因，哈佛大学始终稳坐在教育王国的宝座之上。“先有哈佛，后有美国”这一赞誉并非浪得虚名。目前，新的通识教育已经在哈佛大学安家落户，成效如何，就让我们拭目以待。

3.3.2　回归育人本质——麻省理工学院与新工程教育转型

麻省理工学院（下称MIT）堪称世界上理工科学生心目中最神圣的学术殿堂。秉承“手脑并用”的校训，它的工程教育享誉全球，工程技术类专业多年蝉联世界第一，培养了不计其数的尖端人才。梳理MIT的发展脉络，我们依稀可以窥见“卓越”是如何在一次次的工程改革中被建造出来的。

MIT的工程教育至今共经历了4个时期。第一个时期是从1861年至1939年，倡导的是工程人才培养从经验范式向技术范式的转变。因第二次工业革命带来了工程技术人员行业的巨大缺口，需求拉动供应，培养满足经济增长的技术应用型人才成为了MIT的主要目标。对于应用和实践的重视，确实在短时间内培养出了一批优秀的工程师。第二个时期是从1940年至20世纪80年代，倡导的是向强调基础科学知识的研究范式转变。随着“二战”的爆发，国家人才缺口从经济技术转向政治、军事战略的需要，这就对于人才本身的基础科学知识储备提出了极高的要求，MIT第一次工程教育改革的弊端在此时显示了出来。于是顺应发展，第二次改革体现出了非常明显的学术性质，在基础科学和学术研究中投入了大量的精力，一定程度上也奠定了MIT在科研领域的领头羊地位。第三个时期开始于20世纪90年代，倡导的是回归工程教育本质，从工程科学范式向工程实践范式转变。冷战结束后，国家经费投入的急剧缩小让MIT不得不重新把眼光放回与工业界的联系，而第二次工程教育改革的过度学术化造成了MIT学生大批量出现拥有前沿理论却缺乏实践经验，面对工业生产实际问题束手无策的尴尬场面。于是，培养具备较强工程实践能力的人才成为首要目标。MIT和瑞典皇家工学院等多所高校联合创立的“CDIO”工程教育模式（见图3.14），成了MIT第三次工程教育改革里程碑式的成果。

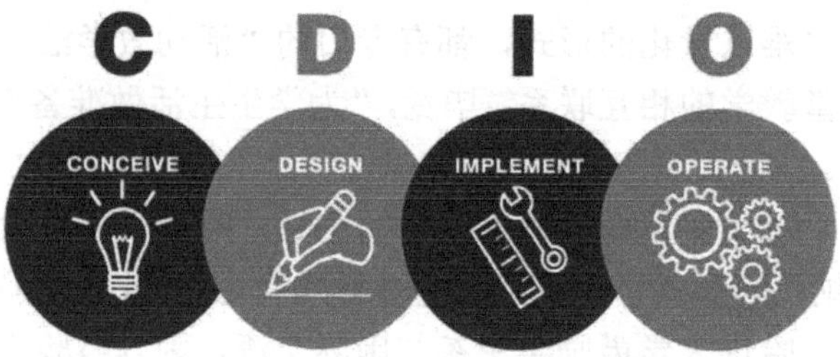

图3.14 “CDIO”工程教育模式

随着智能化时代的快速到来，“新”工程体系开始出现，“大数据”“智慧城市”“人工智能”等新鲜的词汇昭示着新的契机和挑战。行业之间的联系开始变得复杂而有趣，行业间的界限却越发模糊，想象力能够想到的，只要有着技术支撑，都变成了可实现的理想。新的机遇下，2017年8月，MIT启动了第四次工程教育改革“新工程教育转型”（New Engineering Education Transformation，NEET）计划，将目标转向培养能够引领未来产业发展的领导型工科人才。从回归工程教育转向回归育人本质。系统性反思工程教育的目标，回归学生学习的本质目标，贯穿“以学生为中心”的教育思想，从而在已有基础上，去挖掘学生面向未来的领航能力。

MIT的第四次工程教育改革提出要将改革重点集中在学生的学习方式及学习内容上。在人工智能的背景下，着重关注生物体与机械体的创新变化，探究生物技术与信息技术结合的未来潜在空间，以面向未来的新机器与新工程体系为切入口，回归教育的本质思考。MIT看到了“时代特点”在学生教育培养中的重要作用：如今，对汽车感兴趣的机械工程师需要掌握更多计算机科学的相关知识，以便对自动驾驶汽车进行编程；想要开发用于疾病检测和预防的生物学工程师应该能够建模和构建肠道微生物芯片组设备；任何对气候变化感兴趣的人都必须努力解决低碳能源产生和分配的技术，以及衍生带来的经济和社会问题……

于是“面向未来”成为这次改革攻坚的目标，如果人才培养一直停留在现实这种单向度的培养习惯当中，学生只具备肯定现实的思想与行为模式，那么他即使能迎合工程产品和社会需要，也无法面对未来世界的变幻莫测，无法去引领社会的发展方向。唯有让学生也具有否定、批判、超越现实并能够想象和创造未来的向度，才能让学生不仅能适应未来社会，更能从当下社会中找到自己和世界持续进步的方式。MIT 通过开展跨学科的教育教学活动、设立差异性课堂目标、提出个性化学习要求等不同方式，力图达到这一目标。此次新工科改革是对工程教育的一次系统性反思。

当前，NEET 计划设置了自主机器（Autonomous Machine）、数字城市（Digital Cities）等不同主题的线程（Threads），招收大二及以上本科生进行培养。线程式的课程方式为学生提供了前所未有的机会，但同时也保留了传统的基于专业的学习方式，使学生能够沉浸于跨学科的项目中，同时获得所选专业的学位。NEET 计划致力于跨部门，以项目为中心的综合学习，它培养了学生必要的技能、知识和素质，以应对 21 世纪带来的严峻挑战。在 NEET 计划网站中（见图 3.15），我们看到的是不同国度的学生在一起讨论交流和实践，脸上的微笑和眼中的光芒都令人心向往之。

图 3.15　NEET 计划网站首页

MIT 的第四次工程教育改革还在进行当中，它的成果或将慢慢衍生，帮助着世界一起来思考，学生未来的培养应该走向何方？

3.3.3　让自由之风劲吹——斯坦福大学与创业教育

1891 年，劲吹的自由之风拂过硅谷与旧金山之间，一座座红瓦屋顶、砂岩墙壁以及半圆拱门迎风而起，构成斯坦福大学“传教复苏”风格的建筑群落（见图 3.16）。经过一个世纪的日月风霜，如今，斯坦福大学已经成长为美国综合实力第四、占地面积第二的研究型大学，每年吸引着众多学生从世界各地慕名而来。

图 3.16　斯坦福大学校园

在罗列冗长乏味的教育理念之前，不妨让我们品尝一个真实的故事作为开胃点心。

1995 年，小布与小佩在斯坦福大学不期而遇，逐渐成为“在智力上惺惺相惜”的默契拍档。

一天，小布兴致勃勃地谈起了自己的想法：“现在的搜索引擎不够聪明，怎么可以用关键字在网页中的出现频率来衡量搜索结果的重要程度呢？”“嘿，可不是嘛，我想可能还是网站的链接能力更能说明问题吧。”小佩表示赞同。于是，这两个“宅男”窝在寝室里，使用廉价电脑疯狂地编写出一个基于网站关系分析的大规模搜索引擎，并依托校园网络展开测试。不久，这个搜索引擎风靡全校，得到了师生与管理层认可。随后，小布与小佩在斯坦福大学技术授权办公室的帮助下获得专利许可，将这项先进的科研项目迅速转化为果实。

1998 年，感受到成功的脚步越来越近，小布选择暂停学业、专心创业。校园募集而来的服务器、借来的地下车库，以及斯坦福校友、太阳微系统创始人安迪·贝克托斯海姆（Andy Bechtolsheim，1955—　）赞助的十万美金，是他和小佩的全部家当。虽然简陋，但是没有任何困难能够阻挡公司的创立与发展。如今，这家公司已经成长为全球市值前五的互联网公司，每天为人们提供数以亿计的海量搜索信息，同时带来线上软件服务等系列产品。

图 3.17　布林（右）和佩奇（左）

或许你已经猜到，小布和小佩原名谢尔盖·布林（Sergey Brin，1973—　）和拉里·佩奇（Larry Page，1973—　）（见图 3.17），他们所创建的便是神奇的 Google 公司。

不难发现，除了主人公天才年少、执着创新之外，斯坦福大学与其创业教育的理念在故事当中发挥了穿针引线的作用。首先，斯坦福大学营造了自由、创新的校园文化，如鼓励学生发展兴趣与体验新鲜事物，使创业在潜移默化中成为大众梦想。其次，学校提供了宽松的创业途径，不仅设立专门机构负责合同签署与专业申请事宜，如上述技术授权办公室，保证大学内部成果转化呈现高效率、高回报的态势，而且允许学生暂停学业，心无旁骛地兼职或创业。

再次，学校拥有极丰富的创业资源，除了上文提到的校友与孵化资金以外，毗邻硅谷的地理优势、权威的创业中心以及利于交流的创业网站等，都为斯坦福大学的创业教育锦上添花。

在斯坦福，还有一个非常神秘而又高大上的学院——D-School，事实上，它都不能被称之为学院，因为它不颁发学历证书。不过这个学院在设计界却是大名鼎鼎，从这里培养出的人才被所有的科技公司争相招聘，供不应求。它的教学宗旨是以设计思维的广度来加深各专业学位教育的深度。走入这个学院，随处可见的便是大大小小的公共空间，学生老师在此讨论交流，头脑风暴，不同专业的学生在此共同完成课题，为一个目标贡献力量。D-School 就像是一个孵化器，给予充分自由的空间，伴随独特的教学理念，孵化着各种各样的奇思妙想。在这样的环境下，还有什么是不可能的呢？

当然，大学万变不离其宗的职能之一仍然是“教学”。斯坦福大学针对创业教育设计了与之匹配的课程体系：在跨学科课程的开设方面，斯坦福大学致力于文、理、工综合并济，从而将政治、经济、文化、法律等知识融会贯通；在创业课程的设置方面，斯坦福的主要学院均有参与，其中，以将领导力、创业精神、全球视野与社会责任心培养作为目标的商学院最具特色。在教学方式方面，斯坦福主张案例教学与实践教学，并邀请创业者、企业家开设讲座，为学生答疑解惑。

斯坦福大学“使所学知识对学生生活直接有用，帮助他们取得成功。因此，它以整个人类文明进步作为最终利益，积极发挥大学作用，促进社会福祉，教导学生遵纪守法，尽享自由为人们带来的快乐”。由此，创业的自由之风不仅吹动硅谷的美元叮当作响，也吹到了世界上的每个角落。

3.3.4　设计与制造——欧林工学院与广义工程教育

有一所学校，2018 年时成立不到 20 年、只有 3 个专业，但它已经吸引了全球 55 个国家 800 多所高校来考察，其毕业生创业成功率更是远高于 MIT、斯坦福等著名高校。

有一个人，是美国国家工程院院士、发明家科学院院士，也是人文与科学院院士，更凭借工程教育领域的卓越贡献获得第 27 届布鲁克国际教育奖。这所学校叫欧林工学院，这个人叫理查德• 米勒（Richard Miller），是欧林工学院的创校校长。被誉为“美国高等教育界近几十年来最大胆的试验”，这所如此年轻的工学院究竟有何过人之处？就让我们追随欧林工学院本科生的脚步进入校园，感受其“前所未有”的工程教育。

回想一下你大一的时候，如果老师第一堂课上就给你布置了一个任务：5 周之内和团队成员独立设计一台“脉搏血氧仪”。这是啥？不知道。需要哪些知识？或许是生物医学、物理、化学、机械、电工、计算机……这个挑战你能完成吗？但是欧林工学院的第一届学生们，在没有任何知识储备的情况下，依靠自己的力量，圆满地完成了这项任务。他们设计的脉搏血氧仪与医院使用的效果一模一样！哪怕这个项目其实涉及了半导体物理学最前沿的晶体管知识，但是他们做到了，他们用事实证明了工学院信奉的理论“工程不是一个知识体。它包含知识，却不是知识体。”若拿螺丝钉来作比，工程更像是螺丝钉上的螺纹，看似一圈一圈地重复，却不断延伸，从未相触。而不同的螺丝钉之间，螺纹更是千差万别，用以实现不同的需求。只有这样迭代延展、循环重构的状态才能让螺丝钉更牢固地镶嵌在物体上，才能让工程更好地与社会生产相结合。工程就是这样一个变化的过程，它应用知识，产生变化，从而产生创造。

学习科学理论知识，能更好地理解工程，但工程始于想象而不是抽象理论。没有最初的概念想法，没有千百次的实验和创新，飞机、电灯等都不可能被发明出来。可见在工程师培养的体系中，知识的习得并不是第一位的，自我表达和创造新事物才是关注的根本。尤其在时代快速变革的关键时期，我们必须改变传统“知识是基石”的想法，改变传统教“书”育人的方法，重新思考“培育一个工程师意味着什么，受过教育意味着什么”。

正是为了回答上述两个问题，欧林基金会投资建造了欧林工学院，而它与美国其他高校最大的不同就在于工程教育模式的改革。平均来说，每个学生在毕业之前要完成从设计到制造的25至35个项目，在校期间他们就开始经营一个公司。“以项目为基础、以设计为中心”，工学院的工程教育最大限度地激发了学生内在的潜力，培育学生自信与创新能力。学习变成了一件极富成就感的事，每一个人，在这所校园里，都有着自己的目标与想要达成的梦想，他们的脸上洋溢着渴望、期待与坚定。

图 3.18　欧林三角

最喜欢的还是工学院对于学生多元智能的培养。欧林工学院以“广义工程教育”作为大学的理念，以“卓越工程师”作为办学的目标。所谓广义工程，是指在狭义工程之上，引申出对商业背景的考虑，深化对社会吸引力的研究。因此，广义工程教育致力于在社会背景之中培养工程创新人才，使其具备 9 种竞争力，分别是定性分析、定量分析、团队合作、交流沟通、终身学习、理解环境、设计、判断力、机会评估与发展。欧林工学院以此为培养目标构建了一套课程哲学——“欧林三角”（见图 3.18）。

在欧林工学院，工程如同音乐与美术一般，被视作“表现艺术”——从经验到理论、先感性后理性。例如，学生遇到的不再是书本上死气沉沉的微分方程，而是机械与电气中活灵活现的微分方程，不同学科间的内在联系被一览无遗。在要求修满的120学分当中，工程学占据48学分，数学和科学不少于30学分，被指定给艺术、人文和社会学科及企业管理类课程的竟达28学分之多。这种跨学科的思想甚至体现在校园选址上：两位邻居——柏布森学院与韦尔斯利女子学院，一所拥有全美第一名的企业管理项目，另一所的文理学院名列前茅。这种特意的选址正是工学院希望他们所教诲的学生，能够改变固化思维，不要简单地给问题贴上“工程问题”或“商业问题”等某一特定种类的标签，而是用综合性思维去尝试解决问题。可千万别忘了，米勒校长还是美国人文与科学院的院士哦！

“欧林三角”的3条边分别是牢固的科学和工程基础、企业管理知识、艺术人文和社会学科。同时，为了消融“欧林三角”边与边之间长久以往的隔阂，欧林工学院创造出学习轴、学习频谱与竞争力频谱的概念。让我们来想一想，假设我们当前的目标是设计销售一款风靡全球的智能手机。在这整个体系中，采用“欧林三角”课程哲学培养出来的工程师和传统工程师区别究竟在哪里呢？毋庸置疑，工程师首先承担了所有的技术难关，从软件到硬件，每一个问题，都需要工程师们通过自己牢固的工程基础去攻克。然后，产品便投入市场开始接受用户检验。“外形是否美观”“操作是否便捷”“是否有吸引人的亮点”这些问题一定先于“质量是否可靠”“技术是否炫酷”被用户最先关注，甚至直接决定了产品的市场。这时候，研习过艺术人文和社会科学类课程的欧林工学院毕业生能够抢先将这些因素放在产品技术实现的环节中，寻找技术和服务的最佳结合点，保障科技含量的同时，又能够从用户角度出发，设计最“美”的产品，大大缩短了产品真正投入市场的时间，抢占制高点。随着产品市场的打开，无论是产品更新方案还是售后服务流程都被提上日常，这时候，辅修过企业管理知识的欧林工学院毕业生能很快明白其他部门的工作内容，从而将不同部门面临的问题尽可能在技术阶段去一劳永逸地解决。哪怕一个企业一定会有专门的设计人员、售后人员，但当一个工程师也拥有相关的素质时，带来的效果一定超出预期。

当哈佛大学、麻省理工学院及斯坦福大学等世界顶尖名校仍从纽曼、洪堡与弗莱克斯纳等前辈处引经据典时，欧林工学院已经打破了传统大学理念的条条框框，成为生源竞争中的一匹黑马。这一切都得益于欧林工学院对于教育改革的坚持。它所定义的广义工程教育是对工程的全新探索，它看准了新时期学生的行为态度对学习成果的影响，寻找新的教育方法培养更具适应性和创造性的人才，去实践“为美国乃至全世界的工程教育发展，持续地做出重大的贡献”的办学使命。

欧林工学院的使命已经完成了第一步自我的进化，接下来，它的工程教育理念将会传播到全世界，让更多的学子领会到它的奥妙。

3.4 西方教育总结

本章帮助大家简单地梳理了一下西方教育的时间线，不同时期不同国家，高等教育的理念在不断丰富演变。古希腊的三位先哲启蒙了西方的高等教育，诸如“美德即知识”等理念至今仍旧包含着处世的大智慧，通识教育的根基被奠定；法国的工程教育打造了精英教育的品牌口碑，德国的科学教育开启了大学将科学研究作为主体职能的新纪元，在这一阶段，科学和工程技术开始展现强大的魅力；随后出现了纽曼的“自由教育”，弗莱克斯纳的“大学服务社会”，雅斯贝尔斯的“灵魂的教育”等，多元化的教育思想逐渐演变，更多教育家参与到高等教育理念探索和实践之中；美国高等教育从20世纪之后快速发展，衍生出了极富美国特色的教育框架，给世界高等教育带来了创新性的启迪……

在一遍遍品味这些教育理念时，你应该能模糊地感受到教育理念创建的不易和其对后世的深远影响。若从学生的视角出发，可能很少会关注教育体系的搭建，很少思考课堂内容与教育之间的关联，更难以理解专业之外经历的重要性。阅读完本章，相信你应该能够感受到，大学最大的宝藏不是课堂上具体的知识点，而是你在经历了一轮完整的高等教育后，拥有的品质。从此刻起，尝试换一种视角去认识老师上课的方法和学校管理的风格吧！

思 考 题

1．如何理解苏格拉底的“知识助产士”以及相应的“诘问法”？

2．请你分析法国的工程教育有哪些特点。

3．洪堡的大学教育理念“教学与科研相统一”，在现代大学教育中为何如此重要？

4．纽曼在《大学的理念》中对大学、大学教育等进行了探讨，这与你期望的大学有哪些区别？

5．一些耳熟能详的传奇企业家，例如乔布斯、比尔·盖茨、扎克伯格等，都是中途辍学创业的，这给一些人形成了“高等教育无用”的印象，你是否有不同看法？

6．你是如何理解雅斯贝尔斯提出的“灵魂的教育”这一概念的？

拓 展 思 考

1．在第3.2节，我们探讨了西方不同国家的教育模式，它们诞生于不同的国家背景，也极大地推动了国家的发展。那么你认为其中哪些经验值得当前中国教育借鉴？

2．从亚里士多德提出的自由教育思想，到洪堡坚持的学术自由，再到纽曼提倡自由教育与博雅教育，你如何理解“自由”一词在教育中的意义呢？

3．哈佛大学进行了多次通识课程教育改革，你认为哈佛的经验有哪些值得我们借鉴？

4．斯坦福大学的创业教育成功的经验是什么？

5．你如何理解欧林工学院倡导的广义工程教育？对你自身的大学教育有哪些启示？

6．你对于西方大学教育的最初印象是怎样的？通过本章的学习有哪些改变？

参 考 文 献

[1] [古希腊]柏拉图[M]．理想国．郭斌和，等，译．北京：商务印书馆，1986．

[2] [德]卡尔·雅斯贝尔斯．教育是什么[M]．邱立波，译．北京：生活·读书·新知三联书店，1991．

[3] [美]亚伯拉罕·弗莱克斯纳．大学的理念[M]．徐辉，陈晓飞，译．杭州：浙江教育出版社，2001．

[4] 陈洪捷．德国古典大学观及其对中国的影响[M]．北京：北京大学出版社，2006．

[5] [德]卡尔·雅斯贝尔斯．大学之理念[M]．邱立波，译．上海：上海世纪出版集团，2007．

[6] [美]雅罗斯拉夫·帕利坎．大学理念重审：与纽曼对话[M]．杨德友，译．北京：中国人民大学出版社，2008．

[7] [英]勒内·萨兰，[德]芭芭拉·奈．求索的心灵·苏格拉底对话教学法的理论与实践[M]．易进，等，译．北京：教育科学出版社，2010．

[8] [英]凯伦·阿姆斯特朗．轴心时代：人类伟大宗教传统的开端[M]．孙艳燕，白彦兵，译．海口：海南出版社，2010．

[9] 苏振兴．古典时代希腊教育思想研究．天津：天津人民出版社，2011．

[10] [英]约翰·亨利·纽曼．大学的理念[M]．杨慧林，等，译．北京：中国人民大学出版社，2012．

[11] 熊璋．法国工程师教育[M]．北京：科学出版社，2013．

[12] 陈家庆，等．法国的高等工程教育及其发展趋势[J]．高等工程教育研究，2008，4：27-32．

[13] 孟安波．法国工程师的教育模式对我国工科专业培养的启示[J]．中国电力教育，2008，13：213-214．

[14] 李曼丽．独辟蹊径的卓越工程师培养之道——欧林工学院的人才教育理念与实践[J]．大学教育科学，2010，2：91-96．

[15] 王孙禺，曾开富．针对理工教育模式的一场改革——美国欧林工学院的建立背景及理论基础[J]．高等工程教育研究，2011，4：18-26．

[16] 卢晓东．乔布斯的启示[N]．中国科学报，2011-10-11．

[17] 莫甲凤，周光礼．能力、整合、国际化：麻省理工学院工程教育的第三次教学改革[J]．现代大学教育，2016，4：47-54．

[18] 于海琴．欧林：打造工程教育的“实验室”（上）[J]．高等工程教育研究，2018，3：45-52．

[19] 于海琴．欧林：打造工程教育的“实验室”（下）[J]．高等工程教育研究，2018，4：40-44．

第4章

中国大学教育发展简史

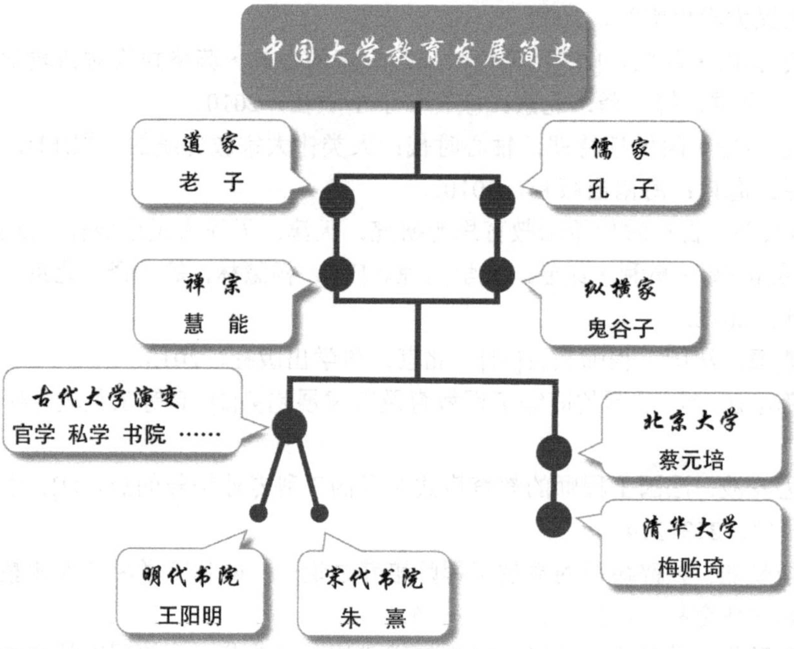

谈起在中国教育史上留名的重要人物，远至孔子、老子，近至蔡元培、梅贻琦，几乎人人称颂。与上一章相同，我们遵循时间的指引，以旁观者的视角来观察思想的魔力。诸子百家创造了灿烂的文化艺术，科举制的浮浮沉沉传递着古代大学形式的演变信号，而近代高等学府的教育改革措施更是为高校树立了学习的典型。

从思想理念到承载形式，中国教育历史绵长，底蕴深厚。

纵观中国大学教育发展历史，有万众师表的大教育家，有历久弥新的经典著作，有熠熠闪光的思想理念。本章把视角从国外拉回国内：古代部分，我们将会邂逅孔子并翻一翻《论语》，与老子聊聊他的《道德经》，在菩提树下冥思后，与喜欢为难学生的鬼谷子谈笑风生；眼光转向教育载体——大学的发展，看一看古代大学的历史演变，体验一下岳麓书院学子自由自在谈古论今的翩翩风度；之后我们去拜访一下宋朝和明朝的两位大师，朱熹与王阳明，品一品分别由“理学”和“心学”的核心思想酿出的琼浆玉液，观摩一下朱张会讲的盛况，品读一下“致良知”的精华；近代部分，蔡元培与梅贻琦两位著名校长将为我们重现北京大学与清华大学的辉煌历史，阐述他们泽被后世的教学理念。

4.1 追根溯源——中国古代教育思想

世界上第一部专门论述教育的著作是我国的《学记》，相传由战国后期思孟学派的乐正克所著，而后被西汉今文经学开创者戴圣收为《礼记》中的一篇。《学记》全文共 20 节，1229 个字，别看其篇幅短小，但字字珠玑，简明地概括了我国先秦时期教育思想的全部理念。“玉不琢，不成器”之喻，“长善救失、臧息相辅”的教学原则，都对世界教育史做出了无法磨灭的贡献。

《学记》的诞生得益于“百家争鸣”，以春秋时期的孔子为先，他创立了儒家学派，是世界上第一位教育家，此外还有道家老子与纵横家鬼谷子等。东汉明帝时代，白马驮着佛经，沿着丝绸之路来到中国，使佛教逐渐融入我国传统文化。儒、道、佛三家于我国教育思想的滥觞与流变可谓功莫大焉，就其各自特征，我国的著名学者南怀瑾（1918—2012 年）打了一个比方：“儒家是粮食店，人人非吃不可。道家是个什么店呢？药店。药店一定要有，生病去买药吃，不生病不需要买。佛家开的什么店？百货店。什么都有，你高兴可以去逛一逛，买不买东西都行。”在云卷云舒与花开花落之中行走千年，《学记》堪称中国古代教育思想的“活化石”。

从《学记》出发，让我们慢慢走进古代知名的儒、道、佛及纵横家的思想世界中。

4.1.1 儒家教育思想

儒家思想的代表人物必定是孔子无疑了，其经典教育思想几乎人人知晓。儒家的粮食店作为一家千年老店，不仅提供了人们必要的精神食粮，而且质量上乘，回味无穷。让我们从治学角度重新审视这一句话：“学而时习之，不亦说乎？有朋自远方来，不亦乐乎？人不知而不愠，不亦君子乎？”

“学而时习之，不亦说乎”在《论语》中被开门见山地提了出来，并在后文中不断被重述为“温故而知新，可以为师矣”，以及“吾日三省吾身”等。如果只将复习看作

“重复学习”，那就错了。通过复习，学生可将不同知识关联起来，使之内化成为自己的一部分，在日后的某一瞬间不经意地流露出来。“习”在此处，更多可以看成实践的一种方式，学生将会主动思考、探索、发现新的知识抑或方法，从消极接受转变为积极创造。更进一步，我们可以无限扩大“学”的内涵，不但从书本中学习，也可以向同学、老师甚至天地学习；学习的不仅是知识，也可以是言谈举止以及仁义道德。而“习”也可以被推广开来，涵盖使人熟能生巧、触类旁通的练习，以及学以致用、锻炼实践能力的实习。除此之外，这句话的重点在于一个“说”字，可理解为“好学”。可见，自孔子的时代，中国教育便已经开始关注学习兴趣与心态问题了。能将学习视为一件乐在其中之事，当然是治学的一种境界。如果你对这句话能够有多维度的深入理解，相信就能更容易地理解本书后面第 7 章、第 8 章等章节想要表达的主题了。

至于“有朋自远方来，不亦乐乎”，则经常被译为“有志同道合的朋友从远方来，不是令人很高兴吗”，但实际上，这个“志同道合”是画蛇添足了。孔子在这里强调交往的重要性，志趣相投的人作为知己，可以与我们开诚布公地相互切磋、彼此激励，为同一理想奋斗不息；那些不同志趣的人，则会用质疑的棍子将我们从闭门造车的美梦中打醒，从而到达一片前所未有的开阔地。至于“远方的朋友”——来自不同国家、不同文化以及不同学科的朋友，则能让我们听到新的声音。例如，13 世纪末，一位远道而来的意大利旅行家为中国人带来了西半球的世界，这位金发碧眼的朋友便是马可·波罗（Marco Polo，1254—1324 年）。国际化视角在全球经济加速一体化的背景下重要性越发突出，因此在可能的情况下，我们鼓励学生多结交朋友，多去参与学校的海外交流、交换生等国际化项目。当然，各抒己见的交往必须不能落得剑拔弩张的境地，因而孔子希望我们是快乐的，只有秉持兼容并包与虚怀若谷的心态，世界才能交融起来。此外，孔子亦曰“三人行，必有我师焉。择其善者而从之，其不善者而改之”，以此告诫我们，交往中的包容不等于无原则地接受，要辩证地去看待问题。

如果学习是喜悦的，交往是快乐的，那么别人不理解你的所作所为又有什么关系？正所谓“人不知而不愠，不亦君子乎”。春秋时期，孔子率众弟子周游列国，他们辗转于鲁、卫、宋、齐等国推行“仁”的政治主张，最终却以“敬而不用”收场。在郑国时，有人告诉子贡：“东门有个老人家在发呆，累得像丧家犬一样。”子贡赶去一瞧，发现是走失的老师。而孔子听了子贡的转述，不但没有愠怒，反而笑道：“丧家犬的比喻倒是十分贴切。”最后，孔子回到鲁国继续当教书匠，实行“仁”的道德教育，倡导“弟子入则孝，出则悌，谨而信，泛爱众，而亲仁”。面对各国诸侯冷遇，孔子不曾怨天尤人，他的信念始终坚如磐石，究其原因，子曰：“知之者不如好之者，好之者不如乐之者。”其实，相较孔子政治生涯“人不知”的悲壮，很多君子都等来了“人尽知”的喜悦，面对暂时的质疑与孤独，他们安之若素、执着追求，最终获得了世人的肯定。大学之中亦是如此，学习成绩、人际关系以及求职就业的“人不知”，经常使人困扰，这时又应该以怎样的心态面对呢？

或许，能够做到看淡他人的评价，追随内心的快乐，虽然难，但确实是最好的答案了。人生短短数十载，若是活在了别人的眼中，岂不辜负造物者赐予自己生命的慷慨。

除了对学习的认识，孔子在教育方面的最大贡献莫过于创办了私学（见图 4.1）。基于“性相近也，习相远也”的人性论，他主张并躬行了“有教无类”的理念，不论门第、籍贯抑或年龄，只要有心学习，愿意接受教育，对于学问保持着尊重和虔诚，便能够获得学习的机会，进一步涤荡心灵。教学方面，“因材施教”自然要提，孔子依据每个学生的特点有的放矢，经常给不同的学生以不同的指点，力求长善救失，因而培养出了分别以德、政、言、文著称的颜渊、冉有、子贡、子夏等优秀弟子。除此之外，我们已经知道孔子爱追问“尔何如”，这便是他“不愤不启，不悱不发”的启发式教学方法。教师在教学中留有余地，可以启发学生独立思考，将其从自己身边赶走以帮助学生回归自我，学生在举一反三之后也会提出新的观点。例如，子夏在问得“绘事后素”的答案后，类比得到“礼后乎”的看法，令孔子不禁感叹道：“起予者商也！”正如《学记》所言，“善问者如攻坚木”，而“善待问者如撞钟”，师生通过相互切磋共同开辟新的思想领域，教学相长，其乐无穷。此外，孔子授学生以文、行、忠、信，修《诗》《书》，定《礼》《乐》，序《周易》，作《春秋》。他主张言传身教，以榜样去影响学生，“天纵之圣”的美名他当之无愧。

图 4.1　孔子杏坛讲学图（明吴彬绘）

与孔子并称“孔孟”的孟子（见图 4.2），一生以学习孔子为志愿，作为儒家中保守的唯心主义学派，首倡“性善论”，认为人的“仁义礼智”等道德属性是人所固有的良知，也是人区别于动物的根本属性。“人皆可以为尧舜”，只需要将这类属性通过教育进行深化和扩充，将萌芽的“善端”不断培育，便能真正发扬人的作用。孟子的思想与下文陆九渊、王阳明的思想串成一线，暗示了心学的发展脉络。

图 4.2　孟子

儒家学者都相信教育的无穷力量，突出道德的至高无上。正是在儒家教育思想的孕育之下，中国教育得以发端，中国人有了“非吃不可”的精神食粮。在此基础上，随着孔子学院走出国门，儒家思想在岁月淘洗中留下了独特的教育思维，美洲、欧洲随处可闻见其极具中国传统魅力的气味。越来越多的人拿起毛笔，在宣纸上领略中华民族的优秀思想，一撇一捺，无国界的教育理念时刻在交流沟通碰撞。

儒家思想，是中国古代教育思想中不可缺少的一环。

4.1.2 道家教育思想

图 4.3 老君岩（老子）

老子的身世可真是扑朔迷离，传说李母怀胎八十一年才生下他，因其长耳大目起名为“耳”，又因白眉白须被唤“老子”（见图 4.3），有人说他是《二十四孝》中“戏彩娱亲”的老莱子，还有人说他是道教中的太上老君，有人说他活了有一百六十岁，也有人说是二百岁。毋庸置疑的是，老子是道家学派创始人，他的著作《道德经》以寥寥五千字道破天机与人事，让中国的思想界紫气东来。在老子的哲学中，天地无须推动也运转得井然有序，万物无人塑造也生活得怡然自得，这些都仰仗于“道”的自然造化，人就不用再多管闲事了。孔子后来也和子贡表达过类似的意思：“四时行焉，百物生焉，天何言哉？”由此可见，“身教重于言教”这一教育理念，还得从老子与他的《道德经》开始追溯。

我们知道，道家强调“道法自然，无为而治”，因此，老子在《道德经》中明确指出“处无为之事，行不言之教”。在他看来，老师应顺从学生的身心发展规律，将学习的主动权交还给学生，让他们像天地万物一样自然发展，从而尽其所长。老师不应将教育停留于语言与书本的字里行间，因为这样就像为学生戴上一件华而不实的饰品，知识与思想流于表面，却没有内化为他们的一部分。同时，老师不应对学生横加干预，抑或滔滔不绝一味灌输，他们应该仿效柳宗元（773—819 年）的《种树郭橐驼传》，只有“能顺木之天，以致其性焉尔”，所种之树才能结出美味的果实。当然，老子并不是要老师隔岸观火，什么都不说，什么都不做，而是希望他们能够“善行无辙迹，善言无暇谪”，让教育遁于无形，自然而然，不留痕迹。具体而言，老师可以把表现的机会留给学生，让他们在观察、体验与感悟中主动学习，通过自我指导构建多样化的生命之诗，体现其与众不同的社会价值，老师只需要发挥适当引导与以身作则的作用。由此可见，相较爱唠叨的孔子，老子甚至不愿去过多追问“尔何如”，而是倾向于将老师的干涉降至最低。老子的“无为而治”之法在高校教育中正逐渐展露光芒，在本书的第 6 章中，我们将看到学生作为学习主体的主动性和创造性。

第 3 章我们提到过美国人本主义心理学家罗杰斯的理论，他在阐述其“以人为中心”的“非指导性治疗”理论时，也情不自禁吟咏起老子的“我无为而民自化，我好静而民自正，我无事而民自富，我无欲而民自朴”。罗杰斯将这一心理疗法引入教育领域，提出“非指导性教学”思想，主张让学生取代老师与课本成为教学的中心，按其本性自然发展。他明确指出老师并不是教学中的权威人士，他的任务仅限于为学生提供可选择的资源，促进学生自己决策如何学习，即“自由学习”。若将这一思想付诸实际，学生便能由成功积攒正能量，而以失败吃一堑长一智，甜苦交错，长长久久，最终蜕变成为充分发展的人。

从“以人为中心”脱胎出来的“以学生为中心”这一思想观点，看似是对于师生关系提出了新的要求，实则却是一种解放。教师回归“引路人”的身份，既给了学生独立学习的自由，也给了教师用心授课的自由。毕竟我们时刻应该谨记，教育的施予者是老师，但接收者是学生，只有学生的反馈才是教育效果的评定结论。清华大学梅贻琦校长受私家讲学形式启发，于 1941 年在《大学一解》一文当中给出的“从游论”的教育思想，便是对师生关系的重新定义。“学校犹水也，师生犹鱼也，其行动犹游泳也，大鱼前导，小鱼尾随，是从游也。从游既久，其濡染观摩之效自不求而至，不为而成。”这一比喻生动形象地诠释了师生之间的理想关系。对于老师，我们有着约定俗成的认可，我们热切地相信每一位愿意走上这个岗位的人都怀揣着培养人才的赤子心。教学活动是一种复杂而特殊的实践，没有固定的套路，需要在教育实践中不断总结凝练方法。加拿大阿尔伯塔大学的马克斯 • 范梅南教授（Max van Manen，1942— ）是现象学教育学的开创者之一。在他的著作《教学机智》中，范梅南教授以教师、父母和学生的生活经历为原材料，从现象学教育学的角度分析，彰显了教育“贵在得法”的特性。让教师在基本框架下享有更多的自由，才有利于激发教师本身的主观能动性，教师才愿意花费时间去想教书之外如何育人，如何培养除掌握知识以外，更懂得做人的学生。“圣人无常心，以百姓心为心”，而一切有着进取心的学生，也能从老师的言行举止中，耳濡目染，获取更多的人格的力量。镜像神经元本身的模仿性就决定了人体本身会慢慢无意识地靠近学习和复现周边，如果模仿对象足够优质，培养的优质学生比例自然便能提高。与当今社会的浮躁喧嚣完全相反，教育是一种慢的艺术，潜移默化是最好的渠道。想一想雅斯贝尔斯提出的“灵魂的教育”，中西方的教育思想是不是也开始融合了起来？

在学习方法这一话题上，老子讲究“为学日益，为道日损”，其中“为学”是探究客观知识的活动，而“为道”则是升华精神境界的活动。在“致虚极，守静笃，万物并作，吾以观复”的过程中，学生海纳百川、日积月累，使知识呈现出“日益”的趋势。但是与此同时，这些知识很可能包含着虚与委蛇的成见与得陇望蜀的欲念，只有经过“损之又损”才能回归自然本真，达成“为道”的目标。大脑的“用进废退”原则告诉我们，必须经历过碎片的整合重构，才能形成相对有效的记忆。简单吸收进来的知识只是最为初级的认知模型，如果忽略初级模型与基本模型进行匹配和升级的环节，拒绝二次加工和知识框架的整合，那么脑海中的知识废料便会越积越多，你以为是持续输入不断自我提升，其实只是胡吃海塞占用大脑资源。这一理论用于实践论，便是经验需要及时上升为理论，只有理论才能对后续行为规范起指导作用。由表及里，由形入神，历经相辅相成的“为学”与“为道”，人的能力终将凝聚起来归于和谐统一，如初生的婴儿一般温和纯真，甚至能够以柔克刚。另外，老子认为教育必须是循序渐进的，因而夯实基础显得至关重要：“合抱之木，生于毫末；九层之台，起于累土；千里之行，始于足下。”

在译成外文传播的世界文化名著之中，《道德经》的发行量仅次于《圣经》。德国著名哲学家尼采（Friedrich Wilhelm Nietzsche，1844—1900 年）说：“《道德经》就像永不枯竭的井泉，满载宝藏，放下汲桶，唾手可得。”

人们常说“老庄哲学”，谈起道家学派，老子之外，必然要提起庄子。庄周梦蝶的故事（见图 4.4）极尽浪漫的笔法，将庄子对于人生真实与虚幻的参悟融入其中。若为蝴蝶，天地任逍遥，若为庄周，凡尘多喧嚣。主张顺从天道，清静无为的庄子，在面对楚王聘相时，不为权钱所动，不愿成为被楚王珍藏在宗庙的枯骨龟甲，而宁愿在泥水中前行保有行动自由。不信鬼神，信奉生老病死的自然规律，即使因妻子去世时鼓盆而歌而被施惠批评，仍然能用一句“是相与为春秋冬夏四时行也”作答，尊重天地万物，四季有常，顺势而为，方能获得内心的愉悦宁静。庄子用无穷的想象力结合自己对于逍遥之境的向往，最终成就一部《逍遥游》。

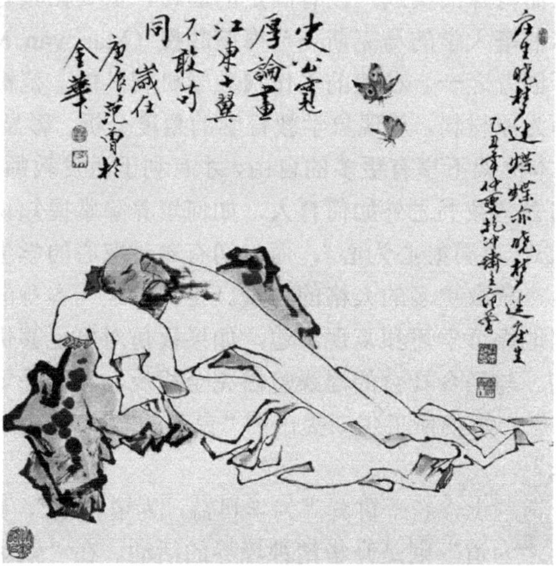

图 4.4 《庄周梦蝶》图（范曾作）

当受红尘俗世纷扰之时，若能够及时断舍离，放下与利益的纠葛，对有用之用的执念，对人情往来的寒暄，“乘天地之正，而御六气之辩，以游无穷者”的自由境界，或许并非是遥不可及的幻想。道家这个药店里的药，专治思想上的疑难杂症，若觉得有需要，它随时随地都乐意给你提供帮助。

4.1.3 佛家教育思想

众所周知，儒家的粮食店与道家的药店是土生土长的“国营”商店，而佛家的百货店则来源于古印度。话说公元前 6 世纪至公元前 5 世纪，古印度已步入封建农奴社会，其传统信仰已然被冲击到了“国破山河在”的位置。彼时，一位释迦族王子在菩提树下顿悟宇宙和生命的真相之后化身佛陀，他便是佛教创始人释迦牟尼，也就是我们口口相传的佛祖。在释迦牟尼及其弟子的不懈努力之下，佛教沿生生不息的恒河流向亚洲，向南途经斯里兰卡、缅甸与泰国等，向北传入中国、朝鲜、日本等国。公历纪元前后，初抵我国的佛教被汉朝视为神仙方术，南北朝时传遍大江南北，隋唐之际呈现出欣欣向荣的鼎盛局面。经过数百年的发展演变，佛教终于融入中国传统文化，成为“好念经的外来和尚”。

既然佛家是百货店，其商品的琳琅满目自然不在话下，这里简要介绍几样镇店之宝与其品牌故事，欢迎你心情好时前来逛逛，不买倒也无妨。

第一件商品是“空杯心态”（见图 4.5）。

一位学者来向南隐禅师问禅。南隐禅师亲自用茶壶为客人斟茶，茶水倾泻而下，很快注满茶杯然后溢了出来，流到茶几上，淌到地上，而南隐禅师却熟视无睹，俨然没有停下来的意思。学者忍不住喊：“已经满了，怎么还倒？”南隐禅师这才放下茶壶，意味深长地反问道：“是啊，既然满了，为何还倒？”

图 4.5　空杯心态

南隐禅师倒的是茶，说的却是禅宗：“你的头脑已经满是自己的想法与观念，如果不先倒空，我又怎么对你说禅？”教育亦是如此，如果学生的大脑中扰扰攘攘，有名为“骄傲”的昨日辉煌，有叫作“偏见”的不实言论，也有以“经验”自居的先入为主，那么学生将会故步自封，任新知识与新思想翘首以待。因此，面对学习，我们必须先将自己彻底放空，以初学者的心态去探寻事物的本质，而不是被表象、成见抑或经验蒙蔽双眼。北京大学的卢晓东教授以“黑天鹅一般”的乔布斯为例诠释佛教“所知障”的概念，对“基础扎实才能创新”的传统命题提出了挑战，他撰文道：“教师所教的知识越多、越发精确，学生学习的知识越多、越发精确，学生就会陷入‘范式陷阱’中难以自拔，这会成为其创新最大的制约。”中国的应试教育习惯就容易走入这个怪圈，为了高考那一套试卷，研究出了大量固定的题型，教师依照题型钻研解题方案，并将研究结果倾囊相授。然而这样的培养模式下，出现了学生因无法适应大学自主学习氛围而出现挂科、退学甚至心理问题。讲得太明白的道理，是嚼得太烂的食物，食之无味便不懂享用。无须二次加工的记忆，也终究只能成为占据脑海一隅的杂物。

中国科学院自动化研究所彭思龙研究员在《科研五色石：彭思龙博文精粹》一书中指出，“过度总结经验让我们步入迷城”，只有跳出课题、主动调整并掌握好自身的节奏才能走出迷城。言而总之，茶杯也好，“所知障”与迷城也罢，说的都是“空杯心态”在教育中的重要意义。

第二件商品是“不立文字”。

依据佛教禅宗典籍《五灯会元》记载，释迦牟尼曾在灵山会上拈花示众，仿佛在打哑谜。当时众人面面相觑，不明个中奥妙，只有其大弟子破颜微笑。于是，释迦牟尼宣布要将奥妙佛法传授于他，但却不是通过经文，而是以心传心，是为“不立文字，教外别传”。这便是“拈花微笑”的典故。

作为我国独立发展出的本土汉传佛教宗派，禅宗的核心思想是“不立文字，教外别传；直指人心，见性成佛”。意思是说，禅宗不依托语言或不施设文字，而是借助言教外的其他途径进行传授，以心传心，最终得以明心见性，回归未出生的原初状态。语言交流始终只是一种表达方式，虽然可以带来沟通，一旦表达出口，便是基于表述者的实践经验，经过了“二道加工”，信息传递不可避免会受到损伤，事实差距或许难以弥补。一定听说过“你划我猜”的游戏吧，当词汇通过动作传递给对方的时候，不仅解释变得麻烦，语言蕴含的内涵在传递中也出现了大范围失真，难以辨认最原始的模样。当然要切记，禅宗的“不立文字”并不是“不准用文字”。它只是表明文字不足以完整地传承禅宗的精神。作为禅宗的佛经，《六祖坛经》以“见性成佛”为中心，认为众生万物都具有成佛的可能性，只需要通过“心”的力量，本自清净，便可“直了成佛”，拥有佛心。这样看来，“不立文字”绝对不是“不用语言”或者“不要逻辑”，而是主张不刻意读经或出家，通过自身修行从世俗生活中感受禅意。正如《金刚经》所言，“应无所住，而生其心。”人只有对于世俗物质不执着、不迷恋，才有可能真正领悟佛法真谛。语言与文字具有局限性，酸甜苦辣与喜怒哀乐等主观感受以及广袤无垠而精微深刻的禅宗义理，怎是苍白无力而又过于绝对的言教所能表述清楚的呢？

聪明的小沙弥需要在云游四海后才能觉悟佛教大义，达摩祖师在少室山面壁九年创办少林，思想的集成发展光靠贫瘠的语言是不够的，需要用更多隐性的能力来促进。拂开粉饰包装后的事物表象，在感悟思考中回到人心最原始的地方，或许才能顿悟。落到教育中去，“不立文字”再次不动声色地抨击了灌输式教育，主张挣脱刻板的教学与生硬的书本，以学生为中心并为其创造身心体验的机会，让他们自己去揣摩、领悟个中真谛，从而最大程度地发挥出个人潜能。现代教育在解决这类“理解”的问题时，也开始采用“回溯”的方式来加深教育认知。第一遍课堂学习营造印象，第二遍考试要求加深记忆，第三遍项目实践灵活应用，一个个新的阶段一个个新的问题，要求学生必须回溯理解知识点，在反复的过程中不断逼近思想最本质的意义。教师可以效仿禅师，以公案与身教等一系列方式点拨学生，注意机缘，在合适的条件下，给予适当的启示，旨在画龙点睛，赋予灵性。学生则可像小和尚坐禅、云游四方那样勤于思考、多去体验，在认识自己的同时体会蕴含在生活与世界中的教育，这途中切记心浮气躁，认识到每一次回溯、每一次体验都有其与众不同的价值，才能慢慢感悟自己真正的成长。

第三件商品是“机锋棒喝”。

一天，云居禅师正在用竹箩筛豌豆，突然听到洞山禅师问他：“你爱色吗？”顿时慌了手脚，豌豆撒了一地，他心里想：“‘色’的问题可非儿戏，不近女色的‘色’，察言观色的‘色’，湖光山色的‘色’，这些可都是‘色’。我爱哪个，又不爱哪个呢？”思来想去，云居禅师谨小慎微地答：“不爱……”洞山禅师又问：“那你怕考验吗？”云居禅师这下有了底气：“当然不怕！”洞山禅师微微一笑，只默默地拾起豌豆放回竹箩。云居禅师心里又是七上八下，又是不明就里，于是他反问道：“轮到你又如何？”

洞山禅师把豌豆交回到他的手中，说道："'色'于我而言不过是外表罢了，爱不爱又有什么关系呢？自己怀有坚定信念，为何要在乎别人怎么想？"

洞山禅师所采用的教学方法正是"机锋棒喝"。《佛学大词典》中给出的解释是："以寄意深刻、无迹象可寻，乃至非逻辑性之言语来表现一己之境界或考验对方"，称作"机锋"；"为杜绝虚妄思维或考验悟境，或用棒打，或大喝一声，以暗示与启悟对方"，谓为"棒喝"。在看似无厘头的机锋下，云居禅师想方设法调动已有知识形成答案，情绪上的慌乱、闪躲乃至迷惘、疑惑简直快要"砰"地汹涌而出。就在这个节骨眼上，洞山禅师于无形中给他来上一棒，将他从思维定势中带了出来，使其迷途知返进而有所顿悟。试想若洞山禅师上来便是一番题为"色即是空，空即是色"的长篇大论，云居禅师只会觉得莫名其妙，难以有所触动。由此说来，禅宗的"机锋棒喝"与儒家的"不愤不启，不悱不发"在教育思想上有相通之处。在此说一句题外话，曾几何时，禅师接待初学者是真的要打，真的要喝，极端者有"道得也三十棒，道不得也三十棒"之说，更有诗词"当机一喝惊天地，直得曹溪水逆流"为证。

回过头来，我们再看"色即是空，空即是色"这一重要佛家思想。佛教讲究"随缘"，认为有形之万物皆因缘和合而生，若是缘随风而逝，万物便一去不复返，因此，世间一切都具有空的本性，而空的本性是万物生成的前提。既然外界事物是一场空，那么世人也就不必受其烦扰，放下一切安享幸福便是。教育也是同样道理，老师抑或学生，如能做到不以成绩优劣或喜或悲，不因竞争压力或者他人误解愁眉不展，摈除频频作怪的功利心，换上包容一切的平常心，便能沐浴在解脱的祥和中享受过程带来的愉悦。同时，既然一切随缘，规则的灵活应变有时便显得格外重要，譬如老师在讲课时不必生搬教条，可以依据学生特点与课堂情况适当地即兴发挥，又如学生无须拘泥于单一的评价体系，而要越过分数去发现并坚守自己的闪光点，等等。

三件商品展示完毕，不论你买或者不买，既然来了这家百货店，最后就奉上佛家的一件礼物，感谢这次有缘的遇见。这件礼物叫"禅宗"。禅宗曾达到了中国文化的一个高峰，是唐宋以来的文化核心精髓。以禅宗为引，细细品味"空杯心态""不立文字""机锋棒喝"中的无穷智慧，为心灵求得一方栖息之所，寻找到回归本真自我的方式，追寻人与万物的内在联系，生命的重量便得以沉淀和累积。可千万别把禅宗看成虚幻缥渺的哲学理论，它孕育了一套有迹可循的学习方法，让任何想要靠近的人，都能够摸索到敲门砖。晚期禅宗采取"禅七"的方式进行集中强化训练，为期七天的集中训练，采用听课、思考、运动等各类方式，来突破思维惯性，释放潜能。类比于现在便是一种科学的集中心理培训。一定意义上，禅的教育目的便是成佛，保持对此的信仰，从心出发，向着"自觉、觉他、觉行圆满"的方向去感受学习，人与人、人与物都尝试相互理解，物我两忘并非难以企及。

当然，这份礼物的赠予更深层地是希望每个人都能找寻到自己的思想支撑，找寻到生命的信仰。信仰是引领追求的向导与庇护心灵的归宿，信仰使我们得以感受存在的意义与奋斗的美好。若以教书育人与上下求索为信仰，教育的力量将取之不尽，用之不竭。

4.1.4 纵横家教育思想

西汉末年，刘向（约公元前 77—前 6 年）以战国时期纵横捭阖之争为题材，编纂成了国别体史书《战国策》，序言有云："苏秦为纵，张仪为横，横则秦帝，纵则楚王，所在国重，所去国轻。"其中叱咤风云的苏秦与张仪正是纵横家鼻祖鬼谷子（见图 4.6）的得意门生。鬼谷子的生卒年月无据可考，我们只知道他是春秋时人，原名王禅，经常入云梦山采药修道，因归隐鬼谷而自诩其名。鬼谷子对谋略、游说、阴阳与教育等无不知晓，除了苏秦与张仪，传说他的弟子还有孙膑、庞涓、范蠡、毛遂等人，他们均是闯出一番名堂的大人物。与孔子"弟子三千，贤人七十二"做个比对，便不难发现鬼谷子施行的是"精英教育"。那么，纵横家的教育思想究竟如何？

图 4.6　纵横家鼻祖鬼谷子

纵横家可以算作中国最早的政治家与外交家，他们翻手为云，覆手为雨，只为以合纵连横等手段获取成功。因此，纵横家的教育思想强调经世致用、灵活变通，方法上也不拘理论、别出心裁。相传，鬼谷子让孙膑与庞涓比试谁能吃到更多的馒头，一共 5 个馒头，每次最多可拿两个，吃完才能再拿。一声令下，庞涓抓起两个馒头大快朵颐起来，孙膑却只取来一个馒头吃完，并赶在庞涓之前将最后两个拿到手里，比试由此见了分晓。后来，孙膑在"田忌赛马"时所献之计也是同样道理。在这一教学过程中，除了启发学生自行去发现运筹学原理，鬼谷子还使两位学生切身体会到什么叫作全局意识。显然，庞涓只顾及眼前利益，而孙膑却高瞻远瞩，他看到了蛰伏在一个馒头背后的巨大潜能。能一开始经受住两个馒头的诱惑，而后取得成功的案例并不在少数。2018 年，英伟达公司发布了当时称为全球最大的 GPU（图形处理器），作为人工智能领域硬件供应商的佼佼者，它用惊艳的底层支撑推动人工智能应用的热潮持续引爆。英伟达公司的 CEO 黄仁勋表示，这一切 10 年前就开始在谋划，这些年来让 GPU 越来越通用是英伟达做得最好的决定之一。没有成功是轻而易举的。

鬼谷子还通过给学生出难题来开展教学，他让庞涓与孙膑上山砍柴并要求"木柴无烟，百担有余"，让他们操练蚂蚁形成"颠倒八门阵"，让他们用三文钱购买能充满房子的货物。他甚至还设定了"把我弄哭"这样另类的考试题目。可见鬼谷子善于采取让几位学生解决同一问题，以结果来说明问题的方式。这样一来，学生在发挥优势的同时也暴露出缺点，有利于因材施教的展开，他们在竞争中积极思考、亲身实践，而化解问题的手段亦是机智巧妙，折射出创新性与想象力。虽然鬼谷子没给学生讲大道理，也没有刻意去点拨什么，但其门下弟子个个都是旷世奇才。尝试揣测一下鬼谷子的做法，设立难题并非意味着想看学生用尽全力解决难题后的成功，而是想看学生面对难题时的态度和激发他们未开启的潜力。对教育而言，过程本身一定比结果重要。

面对难题，激发所有潜能寻找解决方案，发现自我的不足后快速弥补提升，此消彼长之中，难题便被踩在了脚下，人便有资本有底气站在更高的高度追寻更美的远方。想来，这该是一场多么酣畅淋漓的自我成长。

虽然可能因为过于强调实用，又或许是方法独辟蹊径，鬼谷子的教育思想被一些人诟病为没深度的“成功学”。这一看法未免太过绝对，鬼谷子的每道题目都可以用“匠心独运”来形容，这些题目不仅拔高了学生的能力，而且从内容上折射出深刻的内涵，兼顾到心灵的塑造。如果能将重在技巧的纵横家教育思想适度渗透到儒、道、佛三家当中，可能会是一件锦上添花的事情。

在我国古代教育思想的漫长嬗变过程当中，儒、道、佛三家有时会打得不可开交，有时又能握手言和，逐渐形成了以儒家为主、道家与佛家为辅的格局，纵横家虽然有非主流的意味，但也绝不仅是一位过客。在中国，传统文化铭刻骨髓的影响依旧俯仰可见。例如，我国高校正在推广书院制度，虽取材自西方模式，但其具体组织形式却借鉴了中国古代书院，教育思想内涵也从传统书院中取精华，以“三人行”“不言之教”等诸多古代教育思想作为灵魂。

4.2　历史回眸——中国古代大学演变

毫无疑问，中国古代大学是上述教育思想的载体，其演变脉络由图 4.7 便可略知一二。

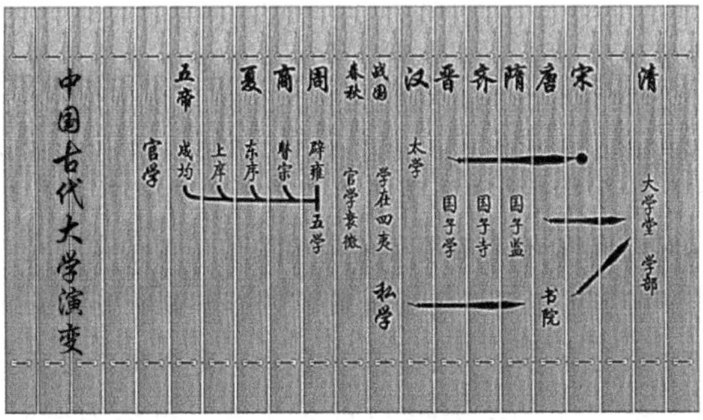

图 4.7　中国古代大学演变

4.2.1　从五帝到明清

西汉哲学家董仲舒（公元前 179—前 104 年）有言：“五帝名大学曰成均，则虞庠近是也。”早在黄帝时代，华夏大地便孕育了最初的学校——“成均”，直至五帝末期，舜帝又设“上庠”，一方面为国家耆老提供休养场所，另一方面由其开展教学工作。而后，夏朝设立“东序”，商朝创立“瞽宗”，周朝增添“辟雍”，形成五学并立而官师合一的大学格局，贵族子弟在这里习六艺，包括礼、乐、射、御、书、数等技能。除此之外，西周时的大学与小学组成国学，与国学相对的还有乡学。

春秋战国时期，诸侯争霸，战事连连，因而官学日渐衰微，私学后来居上，正所谓是“天子失官，学在四夷”。除了孔子办学，还出现了官方主办、私人主持的“稷下学宫”，不仅孟子等人在此讲学，荀子还担任过“祭酒”，也就是古代大学的校长。不景气的官学一直持续到汉代才起死回生，汉武帝时期，董仲舒一句“愿陛下兴太学，置明师，以养天下之士”，使太学作为最高学府应运而生。太学正式施行“罢黜百家，独尊儒术”，以“五经”为基本教材，老师叫作“博士”，他们通晓古今，明达国体，不仅“传道授业解惑”，而且兼具共商国是与任人唯贤之功用。作为学生，“博士弟子”享免除赋役之恩泽，他们中有官宦子弟，也有从民间遴选来的高才生，最初只有 50 人，到东汉中期竟已达到 3 万人之多。至于授课形式，太学开创了多达千人的大班教学，也有高年级学生教授低年级学生。更进一步，博士弟子还可以师从社会名儒学习太学未开设的课程，甚至跟随一位博士专门研究某部经典，譬如专治《公羊春秋》的公羊博士董仲舒，为弟子发放的便是“公羊学位”。此外，太学十分重视自学，鼓励博士弟子把研究与学习结合起来自由研讨，将自己历练成为具有创造能力的通才。至于考核方式，太学选择“射策”，也就是由弟子通过投射抽取策中题目进行解答，到了为朝廷选拔人才的时候，则会采取“对策”，要求弟子对政治或理论问题撰文以对。生活方面，博士弟子可以住在太学内的集体宿舍或单人间中，也允许在校外居住，比较郁闷的是他们当时大概没有食堂，需要自起炉灶，这些情况到了宋代“三舍”改革才得以改善。另外，太学之下还设郡学，与“举孝廉”的选官制度相匹配。

魏晋南北朝时，官学再次沉寂到了谷底，私学仍然风华正茂。但值得一提的是，晋朝为了“殊其士庶，异其贵贱”，开设了“国子学”，这所贵族学校仅限五品以上士族贵胄入学，而将其余生源留给太学。国子学在齐朝更名为“国子寺”，而后于隋朝改为“国子监”，辖有国子学、太学、四门学、书学及算学等官学。由此可见，除去国家最高学府，国子监还挑起了教育管理机关的大梁。

大唐盛世，科举制度粉墨登场（见图 4.8），“敕诸州学士及早有明经及秀才、俊士、进士，明于理体、为乡里所称者，委本县考试，州长重覆，取其合格，每年十月随物入贡”。最初，为确保入选之人的多元性与真才实学，科举考试科目繁多，方法也是多种多样的。例如，进士这一科目便设有帖经、墨义、口试、策问与诗赋 5 个项目，其中又以根据时事政治撰写论文的“策问”为最重。伴随着日渐盛行的科举制度，官学重新浮动到了波峰，并形成了中央集权下完备的教育体系。据《唐六典》记载，中央直属的国子监掌管“六学”，包括国子学、太学、四门学、书学、算学、律学，而旁系学校则涵盖隶属门下省的“弘文馆”等，地方学校更是不胜枚举，譬如京都学、都督府学、州学、县学，等等。彼时，儒学一统天下的局面被打破，儒、道、佛“三教”开始平分秋色，正所谓“尊儒，崇道，不抑佛”，而“儒释道”。此外，专业教育的理念被确立下来，算学、天文学与医学等自然学科在世界上首屈一指，日本、新罗与高丽等国家的众多留学生纷至沓来。与此同时，私学体现为书院与家塾两种形式，其中，书院并不反对科举制度，但也不与国子监和家塾一样对其唯命是从，书院制对后世产生了深远影响。

图 4.8　唐朝科举制度示意

书院制的历史开篇，当是以笔墨写在宣纸上的。大唐安史之乱以后，官学废弛，一些硕学鸿儒避世隐居，而后仿照禅林讲习的形式聚众讲学，中国古代书院形式初见端倪。到了宋朝，书院正式成为具有教学、研究以及修书、编书、藏书职能的组织机构，逐渐走向鼎盛，南宋理学大家吕祖谦（1137—1181 年）提出河南嵩阳书院、湖南岳麓书院、河南睢阳书院及江西白鹿洞书院并称“中国古代四大书院”。萌始于唐，盛于宋，废于清，便是书院制度的一生。

到元、明、清三代，朝廷不再设置太学，科举制度继续和国子监等演绎着爱恨情仇。元代，科举将南宋理学家、教育家朱熹（1130—1200 年）加注的“四书”划入出题范畴，包括《大学》《中庸》《论语》《孟子》。明代科举正式明晰五级考试体系，考生需要通过童试、院试、乡试与会试的严苛选拔，才能来到金銮大殿参加殿试，题目则由皇帝亲自圈定。十年寒窗终于换来了金榜题名，殿试的前三名依次称作状元、榜眼、探花，是为“进士及第”。科举制度可以说成了当时知识分子改变命运的唯一途径，它用客观的制度保障公平性，避免了层级的固化，实现了“以才选贤”的目标，给予了更多寒门子弟实现抱负、为国家挥洒热血青春的机会。大批量优秀的人才从科举走向国家的各个职位，为国家建设出谋划策，为百姓权益尽心竭力。科举制的提出，可谓是给当时萎靡的人才市场打了一针“强心针”。可惜，盛极而衰，在“官本位”思想的教唆下，见招拆招的取巧手段层出不穷。为维持初心，科举只得用重重戒条将考试五花大绑成“八股文”，段落、手法与字数都受到了无以复加的限制。时至此刻，科举再不是当年模样了。这样制度选拔上来的，更多变成了循规蹈矩的封建人才，大批创新之士却极有可能因为无法跨过华丽辞藻与固定形式的严格要求，而败在中途。“应试”的顽疾，在清朝达到了顶峰，却始终没有得到有效解决。

1898 年，戊戌变法的帷幕一角终于被国人掀起，八股文、乡试、会试等仓皇而逃，京师大学堂走上了历史舞台。1905 年，学部成立，历经沧海桑田的国子监寿终正寝。

4.2.2 朱熹“理学”与书院

作为中国传统社会非常独特的办学形式，独独“书院”二字，就有缠绵不尽的笔墨清香。在细究书院为何始终在人们心头萦绕书香气味的原因前，有两个人和他们的故事不得不说道一番。书院在中国历史上能画下浓墨重彩的一笔，多亏了他们的细细研磨。

首先便是南宋理学集大成者朱熹（见图 4.9）和他的书院。

图 4.9 南宋理学家朱熹

4.2.2.1 求学自学凝精神

北宋以前，中国的政治经济文化重心在北方。靖康之难，北宋覆亡，国家的政治经济文化中心开始南移。正是在这一历史契机下，衣冠南渡带来了大批具有高度文明素质的人物，也为思想教育的成熟发展提供了丰厚的土壤。原本形成于北宋的理学，在杨时等人的移植下，传到了南方。南宋时期闽北地区经济发达，人口增长快速，交通通畅，商旅繁荣，加上科举制革新、抑武右文的政策等优势，为浙、赣、闽、湘地区文化的兴盛和相互的交流提供了天然的便利。书院教育兴盛，各类学术流派相互争鸣，诗词歌赋文学发展繁荣，由此，中国文化可谓是获得了一次转机，并抓住这个转机走向了顶峰，汪洋澎湃。朱熹的教育思想体系便在这样的历史背景下得到了充足的养料，成长为中国教育史上的参天巨树。

朱熹少年求学历经多个学派，自幼诵读儒家经典，受武夷三先生影响出入佛老十余年，在屏山先生指引下感悟道家“虚静观复”思想，最后师从其父亲的同学李侗，完成逃禅归儒的思想转变。这种以儒兼融佛老，在儒道之间，喜同而略异的“三道合一”理论，对其日后提出“格物致知”的理念有着深远的影响。

除了对外求学，自学对于朱熹的成长也有着极为重要的意义。“某年十七八岁时，读《中庸》《大学》，每早起须诵十遍”。字里行间都是他坚韧不拔的意志和勤奋好学的品行。沿着《中庸》“博学之、审问之、慎思之、明辨之，笃行之”的为学方法，《大学》三纲八目的培养目标，朱熹从修己做起，勤于思考，百折不挠。在不断学习中，朱熹概括出 6 条读书法：循序渐进、熟读精思、虚心涵泳、切己体察、着紧用力、居敬持志。朴实无华的文字蕴含着几十年的经验道理。如若正在翻阅此书的你，能够做到或励志做到朱熹的层次，你可以直接合上此书，仅凭他学习方式的指引，跳过人生所有的弯路，直达梦想。

4.2.2.2　游学访学修书院

对山水的向往，对自然的渴求造就了朱熹游学的爱好。武夷山中，朱熹讲学论道，泛舟九曲，畅游诸峰，题诗唱和，融自我于天地，好不潇洒；自号紫阳，旅居各地，庐山、衡岳、云谷……携酒一杯，问道世事；广交挚友，“不远数百里，独步往从之”，思想交流，痛快至极。

朱熹一生考察名山大川，游历城乡，考察民间疾苦，并在此过程中不断凝练教育思想，实践教育方法。据考证，他创办的书院 4 所，修复的书院 3 所，读书的书院 6 所，讲学的书院 41 所，总共 67 所。著名史学家方彦寿在其著作《朱熹书院与门人考》一书中明确讲道：“纵观我国古代教育史，能有如此众多的书院与己有关，朱熹可以说是第一人！”他在书院讲学著书长达四十余年，而最知名的，便是他与白鹿洞书院、岳麓书院的深厚渊源。

白鹿洞书院（见图 4.10）前身为庐山国学，朱熹出任知南康军时，重建白鹿洞书院，奏请赐额及御书，并亲自订立《白鹿洞书院揭示》（以下简称《揭示》），可谓是中国最早的“学籍管理制度”。自此之后，大量书院莫不是以白鹿洞书院为样板，形成了区别于科举制，以德性教育为目标的书院教育氛围。《揭示》的思想，或许可以追溯至唐朝中叶，百丈怀海禅师所制定的《百丈清规》。在面临禅宗实际生活与旧戒律发生冲突时，百丈怀海禅师为扫除禅宗发展障碍，博采大小乘戒律中合理部分，结合当时佛教僧团实际而制定出这套全新的僧团管理制度，为禅宗的后续发展提供了制度上的必要保证。朱熹此举，便是在出入佛老十余年中对于佛教思想的领悟应用。《揭示》涉及内容广泛，涵括五教之目、为学之序、修身之要、处事之要、接物之要五处精髓，将朱熹自身“格物致知”等以儒家经典为基础的教育思想浓缩萃取，提倡为己之学，从追名逐利的世俗中正本清源，恢复了书院的办学精神，其影响一直延续到今天。

图 4.10　白鹿洞书院

图 4.11　岳麓书院

岳麓书院（见图 4.11）创立于北宋开宝九年，由官府捐资兴建。绍熙四年，朱熹出任潭州知府，主持大规模修复岳麓书院，颁布“朱子书院教条”，使岳麓书院第一次有了正式的学规。不仅如此，朱熹更是利用晚上从政之暇，亲自到书院讲学授徒。当时书院时谚号称“道林三百众，书院一千徒”，盛况空前。数百年来，岳麓书院人才辈出，经久不衰，影响着湖湘大地乃至整个中华民族。曾国藩、左宗棠、唐才常、程潜、杨昌济等大批英才都是从这里走向历史的舞台，潜移默化地影响着中华民族的整体进程。“惟楚有材，于斯为盛”，书院大门的对联昭示着岳麓书院对于人才培养的成功。

4.2.2.3 “会讲”制度——朱张会讲

各家学派汇聚是南宋理学的特点，朱熹为代表的闽学派，张栻为代表的湖湘学派，吕祖谦为代表的金华学派，等等，彼此之间相互争论，竞争激烈。而对此，朱熹选择摈弃成见，邀请不同学派的人物来书院讲学，或者自己去其他书院讲学，给予思想呈现、展示的空间，认可思想在碰撞中的演变和进步。这便是著名的“会讲”制度。

图 4.12　文津的“朱张渡”

张栻与朱熹就湘学和闽学的讲学故事首开书院会讲先河，堪称书院发展史上里程碑式的杰作，史称“朱张会讲”。1167 年，朱熹应邀赴潭州与张栻进行了长达数月的思想交流。以岳麓书院为中心，往来于善化城南、衡山南轩二书院，岳麓书院与张栻的城南寓所仅一河之隔，二人经常同舟往返于湘江之中，切磋学术，探讨奥妙，文津的“朱张渡”（见图 4.12）因而得名。两人讨论《中庸》之义，以“中和”为主题，对太极、乾坤、心性等理学家共同关注的问题进行辩证讨论。据悉，张栻在本体论上主张“性为未发，心为已发”，在工夫论上主张“先察识后持养”，这与朱熹闽学一派主张“令于静中体认大本未发时”相差较大，所以在会讲过程中两人竟然“三日夜而不能合”。会讲吸引了众多听众前来，一时间人头攒动，盛况空前，有描述云“马饮则池水立竭，舆止则冠冕塞途”，这场景可见一斑。会讲之后，朱熹在岳麓书院留有三组碑文，一组四块“忠孝廉节”大字碑，一块“中庸碑”和一块“朱熹诗碑”。朱张二人还同游南岳，张栻作《送元晦尊兄》诗赠朱熹，朱熹以诗作答，两人结下了深厚的情谊。

朱熹日后回忆起与张栻切磋的岁月，曾有言“去冬走湖湘，讲论之益不少。……敬夫所见，超诣卓然，非所可及”，可见对于这一段记忆的珍视。朱张会讲的故事对湖湘学派产生了极大的影响，使其去短集长，臻于成熟。岳麓书院也正式形成了以朱张之学为主的学术思想。

4.2.2.4 “会讲”制度——鹅湖之会

“会讲”制度的另一经典之作当属铅山鹅湖之会了。1175 年，吕祖谦为调和朱熹“理学”与陆九渊“心学”之间的理论分歧，邀请朱熹与陆九渊、陆九龄在江西鹅湖寺进行公开论辩（见图 4.13）。此番讨论以“为学之方”为主题，以诗歌为载体，阐述双方的观点。会上，陆九龄先作诗一首，以“留情传注翻榛塞，着意精微转陆沉”两句，表达理学阐释注疏的烦琐方法像杂草荆棘一样充塞道路，而心学精致微妙却隐没沉寂。随后，陆九渊补充“易简工夫终久大，支离事业竟浮沉”，表明心学在做的是“易简工夫”，而理学则是“支离事业”。朱熹当然无法接受这样的观点，同样赋诗“旧学商量加邃密，新知培养转深沉”，表明理学的研究方法邃密、深沉。两者就如何治学和修养产生了相当大的矛盾，治学方面，朱熹主张探寻奥秘，细究内涵本质，泛观博览而后归之约，由量变到质变，强调把书读“薄”的过程；陆九渊则不然，他坚持提纲挈领、以纲统目，尊重质变然后进行量的扩张，立足人的本心。修养方面，朱熹主张格物致知，通过日积月累达到对理的认同，陆九渊则认为先要立心，统御身心后方才能尽性穷理。《礼记·中庸》有云：“君子尊德性而道问学”，而朱、陆二人，一个主张道问学，一个主张尊德性，不知道此刻的你，更认同哪一方的观点呢？

图 4.13　鹅湖论辩

双方就此问题争执了三天，虽然最后谁也没能说服对方，但朱熹、陆九渊之间借此机缘培养了惺惺相惜的深厚友谊，到会的门人弟子也能够取不同学派的精华来凝练自己的学术观点。自由、新鲜、包容的氛围，让书院的声望持续提升。值得一提的是，1184 年，朱熹还特意邀请陆九渊来白鹿洞书院讲学，并请他把双方讨论的讲义“笔之于简”，形成有名的《白鹿洞书院讲义》。朱熹与吕祖谦也曾合写《近思录》，全面阐述理学思想的主要内容。

各家学派代表之间的关系让人不免联想到物理史上非常著名的故事——玻尔和爱因斯坦关于量子物理的争论。爱因斯坦以“上帝不会掷骰子”的观点反对海森堡的不确定性原理，而玻尔反驳道，“爱因斯坦，不要指挥上帝怎么做”。但争论并不意味着对立，玻尔接受了爱因斯坦的光量子理论，并依据此得出创造性成就，爱因斯坦也最终认可玻尔模型对于原子光谱的解释。正是在这种持续不断的争论中，两个人共同进步，都达到了自己学术成就的巅峰，量子力学与相对论成了 20 世纪科学史上最耀眼的双子星。两个人的 4 次大论战影响了物理学近百年的发展，而在他们去世之后，依然有大批物理学家乐此不疲地进行着相互的争论，寻找世界的真理。可见，观点不同并不是症结，只要有着宽容开放的心态，思维的交锋反而是促进各自成长的绝妙机遇，让双方都能够得到完善和发展。鹅湖之会为不同思想的共存提供了很好的范例。

4.2.2.5 再谈岳麓书院

上一小节说到，朱张会讲之后，朱熹与岳麓书院结缘。朱熹主持修复的岳麓书院在之后的悠悠岁月中培养了无数的人才。在中华民族最危险的时候，书院培养出了谭嗣同、陈天华、黄兴等人，凭借信念推动社会变革，倡导思想解放；在国家动荡不安分崩离析之际，书院培养出了毛泽东、邓中夏、李达等人，捍卫国家利益，寻找生存之道，成为民族最坚实的脊梁。办学千年，岳麓书院培养了大量品德与能力兼具的优质人才，毫不夸张地说，它甚至影响了中华民族的文化传承。

岳麓书院究竟是凭借什么扎根在了中华民族的发展进程中呢？

教学目标是重要因素之一：作为湖湘学派的基地，岳麓书院始终以道德人格培养作为最高教育目标，儒家的德性教育在书院的办学过程中被一以贯之，学子在书院中先学为人，再学做事。首先实现自我的内在价值，挖掘出人性的潜能，然后“传道济民”，完成外在社会价值的实现。这样内外兼修，“内圣”与“外王”统一，方才能培养出一批又一批具有崇高精神的理想人格。他们或在战场上抛头颅洒热血，保家卫国；或以笔为剑，捍卫良知，但有一点是相同的，他们中的每一个人都依照自己的道德理性做抉择，听从内心的声音，而绝不会沦为名利的奴隶。

1921 年，毛泽东等人于长沙创办湖南自修大学，其《组织大纲》中有云：“本大学鉴于现代制度之缺失，采取中国古代书院与现代学校二者之长，取自动的方法，研究各种学术，以期发明真理，造就人才，使文化普及于平民，学术周流于社会。”中国古代书院思想精髓对我国现代大学教育理念构成了不可磨灭的影响。中共中央党校以毛泽东亲笔题词“实事求是”为校训，它的确立，就是毛泽东年轻时在长沙求学，深受湖湘文化熏陶所致。可见，思想教育的影响是源远流长，不容忽视的。

4.2.3 王阳明“心学”与书院

王阳明（见图 4.14），是讲起书院，讲起明朝心学时，绝对不能避开的大师。

与朱熹相同，王阳明的一生也同样经历了儒、道、佛家等各个学派的思想交汇，并最终回到了儒学的体系。与朱熹不同的是，王阳明终身将“读书成圣”作为第一志向，坚定地追求身心合一。明朝初期，为稳定社会秩序，朱元璋将程朱理学定为治国的思想理论基础。然而在程朱理学倡导的“存天理，灭人欲”的思想观念下，明朝中期，却是国民贫困，政治腐败。当时出现了这样一种现象，人人都学六经，但多数人只在乎文字训诂的细枝末节，鄙陋地以为那些就是六经了，对于六经的实际内容，却鲜有基于自我体验的思考与延伸。人人都似乎掌握了学识，人人却都空有学识，就像守着万贯家财的富家子弟，不懂得如何利用现有财富去创造更大的效益，那么家产终有一天会被坐吃山空。人们虽然能大致掌握朱熹的思想，却无法在行动上落实，从而衍变出一种畸形的社会现象：人们只追求功利主义而缺乏创新思想。王阳明对此痛心疾首，他无法接受世人普遍汲汲于名利而忽视自我内在的需求，提倡身心合一，并依据此，提出了“知行合一”学说。他在自己的人生体验中持续完善思想，最终以“致良知”作为对自己所有思想的总结。

图 4.14　明朝心学家王阳明

4.2.3.1　龙场悟道办书院

王阳明的从政体验并不友好，为官数十载，曾因上疏直谏而冒犯了宦官刘瑾，遭廷杖四十，下诏狱。刘瑾生性专横、睚眦必报，随后便想法儿将王阳明贬至贵州龙场做驿丞。龙场处于贵阳西北万山丛棘之中，蛮烟瘴雾，闭塞荒凉。但恶劣的条件，艰苦的处境并没有让他轻易放弃，反而激发了他对于圣学的进一步钻研。他结合自己历年来的遭遇，日夜反省，终于有一天忽然顿悟，明确了心是感应事物的根本，“始知圣人之道，吾性自足，向之求理于事物者误也”，正式放弃朱熹向外求理的格物致知说，形成自我体系，这便是著名的“龙场悟道”。

随后，王阳明受提学副使席书聘请，主讲于贵阳文明书院，“知行合一”的理念首次被真正提出。据悉，席书曾向王阳明讨教朱熹和陆九渊学问的异同，王阳明避而不谈，反倒是将自己在龙场悟道所得告知于他，这样往返数次，席书顿悟，其实弄明白朱陆的异同并不重要，最重要的是求得本性的自明。

在坚定自己的思想理论后，王阳明在当地建立了龙岗书院，以“立志、勤学、改过、责善”四条作为书院教条，称《教条示龙场诸生》。王阳明认为，不立志就不可能勤学，不勤学志向也就无法达成。为人处世，不可能无过，但应有过必改。你不可能让所有人满意，但你应尽量让更多的人满意。不仅自己向善，还要讲究方法，帮助他人向善。除此之外，王阳明将书院“会讲”制度也进一步做了制度化的延伸。

4.2.3.2　“讲会”制度平民化

王阳明讲学的龙岗书院虽然名为书院，但是与名扬海内外的岳麓书院、白鹿洞书院却相差甚远。由于其坐落在龙场，远离市井的喧嚣与功名，前来问道的学生也大部分是贵阳、龙里的士子，保留着固有的淳朴，知识水平的层次也无法与士大夫群体相提并论。王阳明在深思这些差别之后，根据学生的特点开展了异于朱熹的教学方法，将朱熹的“会讲”制度做了适应龙岗书院的拓展，世人称之“讲会”制度。王阳明对讲会的日期、原则，以及具体操作程序和方法等提出了要求，对于前来听讲的学生，他们百里跋涉而来，数日即离去，弹琴饮酒乃至引来村翁相聚。授课以《教条》为主，《教条》的简洁明了让学子理解起来没有任何难度，质朴的语言直指教育对象的内心。这种面向平民阶层的教育方法在王阳明离开龙场后被进一步延续和发扬，从而建立起了人们“从立志到行动”的全套逻辑，帮助更多人走上了致良知的道路。

在王阳明的影响下，刘邦采、刘晓等后续之人不断完善“讲会”制度，使得讲会林立于东南各地，形成社团书院（讲会式书院），开拓出新的书院讲学形式，后期更是慢慢超出书院的范围，泽被众生。

4.2.3.3 论“良知”

王阳明在龙岗书院发出了他的第一声呐喊，自此，他的思想体系不断完善，木铎洪钟振聋发聩。若要完整地阐述“良知”一词在王阳明思想中的体现，并非易事。

从贵阳文明书院首提的“知行合一”开始，王阳明对于心学本体——“良知”的钻研就从未停止。“知”代表良知，主要指人的道德意识；“行”则代表致良知，主要指人的道德实践。这样的切分将知与行结合，倒是和不立文字的观点有了些许的区别。普通人的身边总是布满了各类诱惑，良知极易被物欲所蒙蔽。在王阳明的思想中，人终其一生都应该为了恢复本心，去除邪念物欲而不断努力，这样的过程便是“致良知”。影响凡人成圣，最大的阻碍就是知与行的分离，心被私欲所蒙蔽，不能依良知而行。“知”离开“行”，便不是“真知”；“行”离开“知”，便是私“行”，两者必须相辅相成，密切配合。这一点与程朱理学“先知后行”的主张有着巨大的差别。从“知行合一”到“良知”再到“致良知”，王阳明一生不断在实践中总结和丰富自己的学说，将思想凝练成体系，让其在复杂变化的社会中游刃有余，以改革为剑，以学说为盾，所向披靡，乘风破浪。

王阳明将自己的学说躬身实践，应用在自己的从政生涯中，取得了不菲的效果。在平定南昌的宁王宸濠之乱时，虽然手中军队数量极少，但是丝毫没有引起他内心的恐惧慌乱。王阳明运筹帷幄，制订方案，通过发出讨贼檄文，指挥地方武装力量，积极备战，调配军粮，修治器械，一举平定宁王之乱，展现出了极强的军事能力。正是这种内心与行动的统一，内心不动安稳如山的气度，帮助他在绝境中也能通过理性思考找到最完美的解决方案。

王阳明在《传习录》中提出，良知存在于每一个人身上，并不会消失。有一则有趣的故事，可以帮我们确认良知其实潜藏在每个人的身上，只不过在这世俗的社会中，乌云遮蔽太阳的情景太过常见。在龙场书院，王阳明曾抓捕一名强盗头目，此人平时杀人越货，无恶不作，面对审讯也是一副要杀要剐悉听尊便的模样，在常人眼中，这个人对社会造成了那么多伤害，却毫无悔过之心，良心早就变成了黑色，不如尽早为民除害。然而王阳明却没有轻易放弃他。在审讯之初，王阳明以天气之由，对强盗头目说：“天气太热，你把外衣脱了，我们随便聊聊。”强盗头目说：“脱外衣还可以松松绑，脱就脱吧。”王阳明又说：“天气实在是热，不如把内衣也脱了吧！”强盗头目也说：“光着膀子也是经常的事，没什么大不了的。”王阳明接着说：“膀子都光了，不如把内裤也脱了，一丝不挂岂不更自在？”强盗头目却马上紧张起来，连连拒绝：“不方便，不方便!”“有啥不方便？你死都不怕，还在乎一条内裤吗？看来你还是有廉耻之心，有道德良知的，你并非一无是处呀！”王阳明的一句话点醒了强盗头目，强盗头目连连点头称是，立刻就把罪行从实交代了。一句句引导，一步步启发，王阳明用循序渐进的方法让强盗头目发现了自己的羞耻之心，找回了自己的良知，拯救了一个即将跌落深渊的人。

在认可良知的基础上，王阳明提出了事上磨炼、启蒙教育、因材施教等各类教育方法，使教育更加符合人的心理特点，帮助众生打破阶层观念，寻求自我最大的可能性。王阳明把人视为向未来敞开、不断超越自我的存在，强调人应该不断寻找新的方式方法来实现对自我的探索和提高。以因材施教为例，王阳明便先后总结出点化法、启发式谈话法、实践法等方式，让受教者能在潜移默化中更好地达到教育吸收的效果。

4.2.3.4　育人“成圣”

在王阳明的理念中，教育是为了教人做人，而做人的楷模便是“圣人”，因此，他提出通过“致良知”，让人本能的道德意识化为自觉的道德意识，唤醒人良知的本性，即使再愚笨之人，都能够成为道德境界很高的“圣人”。学者学为圣人，成圣，是王阳明终其一生的追求。从小开始，他便立志要做圣人，坚持凡人只要愿意学习，便能净化心灵理解天理，成为圣人。“成圣”贯穿于他所有的学说理论之中。

“致良知”论非常强调“变”字在人生命全过程中的作用。王阳明看到了生命这条河流永不停息的特性，并认为在生命的流动中蕴含着任何的可能性。他首先对封建伦理道德的死板框架提出了否定，提倡每个人依据自己的个性选择适合自己的生存方式。例如，社会的阶层并不能决定人灵魂的贵贱，即使社会地位低下的人，依旧可以通过勤奋学习的方式提升思想的高贵，摆脱粗俗的标签，成为圣人，在思维的世界里，大家都能平起平坐。王阳明倡导世人用积极自信的心态面对生活，“人胸中各有个圣人，只自信不及，都自埋倒了。”同时，他希望每个人都能认识到自己的与众不同，不要人云亦云，“人人自有定盘针，万花根源总在心，却笑从前颠倒见，枝枝叶叶外头寻。”每个人“良知”的标准藏在内心深处，需要安下心慢慢找寻。

不同的性格特点和生存背景也许会导致在成圣途径的选择上不尽相同，但核心思想是统一的：下苦功夫成大事。正如王阳明所说“人须在事上磨练，做功夫，乃有益，若只好静，遇事便乱，终无长进。”若对任何事都怀抱“台上一分钟，台下十年功”的心理准备，那么人便可以有效避免因为急于求成、紧张焦虑带来的心理压力，踏踏实实为了自己的目标而奋进。

另有一则有趣的故事，让我们对评价一个人是否“成圣”可以产生全新的理解。正德十年，浙江永康有一个叫周莹的年轻人，曾经跟随王阳明的学生应元忠学习过，后来感到有些问题还弄不清楚，便千里迢迢、历尽艰辛地专程去拜访王阳明，希望能具体学习心学之道。一路上舟车劳顿，冒着酷暑，他和仆人在路途中相继病倒，带的盘缠也所剩无几，尽管仆人多次劝他放弃，可以待明年准备充分再出发，但是周莹坚持求学之路不可半途而废。经历过卖字画谋生，借食粮前行，周莹终于见到了王阳明。令人惊讶的是，王阳明在询问了周莹旅途的辛苦后，第一句话就是"你已学有所成，可以回去了。"弄得周莹丈二和尚摸不着头脑，担心王阳明因自己天资愚钝而不愿意收他为徒。结果王阳明笑着解释说："你有志向要投入我门下，便无须任何人教你来的方法，无畏艰苦最终来到了这里。你有志于圣贤之学，用这种方法，还愁不能达到圣贤的境界吗？还要别人教你什么吗？"周莹方才恍然大悟，连连叩拜，感谢恩师的点拨之恩。

王阳明看似什么道理都没有教给周莹，却让周莹对于"立志为先"的求学途径和"知行合一"的精神实质有了独特的记忆烙印，这一点化，对于周莹来说，胜却千万堂课。六祖慧能在柴房打杂也能达到"菩提本无树，明镜亦非台。本来无一物，何处惹尘埃！"的思想境界，可见生活处处是修行，没有固定的形式，没有固定的方法。周莹跋山涉水是修行，慧能柴房打扫是修行，成年人努力工作是修行，学生劳动教育亦是修行，能够完成人格培养的，都可以是修行的方式。北京航空航天大学"德才兼备、知行合一"的校训，便是取材于此。

王阳明深刻掌握了教无定法的精神实质，根据受教者的特点，利用恰当的教学方法使他们产生真正的蜕变。世事洞明皆学问，教育发生在每时每刻，每一个思想每一个念头，都可能是自我蜕变的时机。我们需要从心底去认可教育广阔的施展舞台，认识到成圣之途，无章法可循，无案例可溯，这种模糊的状态，却正是成长最好的状态。

4.2.4 书院教育特色

每一则故事，每一段历史，都承载着一种精神。从"朱张会讲""鹅湖之会"等经典故事中延展出来的，是一个以儒学为核心，吸收佛、道两家的概念范畴、思辨形式和修养途径的理论体系；是一个始于唐代，历经宋明，无数仁人志士总结出来的中国特色治学理念。书院制作为这个理念的载体，在不同的历史时期彰显了不同的教育成果。

先说书院聚集学子讲学的形式。这种形式与禅宗的"丛林"有着一些渊源，在禅宗文化辉煌时期，禅宗弟子的集结地叫作"丛林"。大批禅宗祖师在丛林中修行参悟，待到时机成熟便可走出去，将思想理念授予同道中人。丛林又叫"十方丛林"，寓意天下学子皆可来之，无论身份阶层、地位高低。中国古代书院从禅宗的聚众讲学中汲取经验，开门办学，不同书院、不同派系的学生都可以问业于此，直言不讳地发表见解，唇枪舌剑地进行辩论。

再说书院的管理制度，前期书院大多由私人创办，不仅设有教学行政组织，定有规章制度，学子从五湖四海前来问道，遵守相应制度，又可以在书院中寻求相较于刻板教学的自由。后期国家逐步重视书院的发展，开始提供经济支持，并逐步提升书院的地位，给予一定权利，制度体系进一步规范严格。

虽然在书院发展过程中，治学理念和展现形式不断变化，但有些思想是共通的，也是书院得以立身的力量。书院的治学特色有以下几个共同点。

（1）自学为主，总结方法。上文反复提及的讲学制度，便是默认学生首先保有自学的主动性和自觉性。俗话说“没有金刚钻，别揽瓷器活。”既然中国古代书院兼有修书、编书与藏书的职能，学生便须时时读书、自行钻研以使能力匹配。与此同时，教师并不直接干预学生学习，而是发挥着提纲挈领、答疑解惑的引导作用，注重因材施教。譬如朱熹授以学生“循序渐进，熟读精思”之法，龙门书院提出“读书有心得，有疑义，按日记于读书册”，以便在每月的规定时间与教师探讨。有时教师也会问难学生进而促其积极思考、主动学习。岳麓书院由院长或其他教师十天半月讲一次课，其他时间留给学生自学，相互讨论，学生把自学的情况每日记在“功课记录簿”上，待院长抽查和进行考核。这些古代书院教学理念以及方法至今仍不失其借鉴价值。尤其对于文科的学习而言，没有题目可以刷，没有固定理论可以应用，对于文史哲的看法，没有标准答案只有见仁见智。教师的启发性引导而非直接喂食才是学生亟须的食粮。思维经过长期独立发展，在面对研究性课题时，才能淡然自若，泰然处之。

（2）尊师重道，德行为先。教师以博学之识掌舵学生的无涯学海，以慈父之心关注学生的学习兴趣，以敦厚之行感染学生的人格品质。学生学而不厌，教师诲人不倦，师生朝夕相处，其乐融融，反过来又使得言传身教欣欣向荣，代代传承。另外，书院还通过楹联等形式营造育人氛围。譬如岳麓书院以其楹联“地接衡湘，大泽深山龙虎气；学宗邹鲁，礼门义路圣贤心”悬于二门门厅，又以“工善其事，必利其器；业精于勤，而荒于嬉；惟楚有材，于斯为盛；沅生芷草，澧育兰花”悬于讲堂。今时今日，我们兴奋地看到此类细节上的教育重出江湖，将绚烂的传统文化与科学的现代理念融为一体。《礼记》上有两句话，“经师易得，人师难求”。放在这里讨论看来颇为合适。无论对于上述哪种教育制度而言，老师都是非常重要的存在。一个老师的言行举止，他传授的内容都会对学生的整体人生观产生潜移默化的影响。如果这个老师只是经师，传授各种各样的实施学问，将教科书中的思想观点照本宣科，如同竹筒倒豆子一般一股脑儿灌给学生的话，那么毫无疑问，教授出来的学生也必然只是一个只能考试的书呆子；而若这个老师是人师，则他会懂得不仅要教知识，更要教学生分辨是非对错。在学生遇上挑战之时，人师会是战友是搭档，帮助学生共同面对。每时每刻，人师都会思考如何将教育这道美食烹饪得更为入味。古语有云，“授人以鱼不如授人以渔”，如果有两位老师，一位能够让你轻松发论文，轻松拿到博士学位赶紧毕业找工作，一位是教你如何独立进行科学研究，如何做人做事从而自信面对社会生活，你的选择又会是怎样呢？

除此之外，书院的治学特色还有很多，这里就不一一列举了。但万变不离其宗的是，书院始终将完善学生道德品格作为首要目的，教书不忘育人，亦即“教训合一”。湖南大学岳麓书院朱汉民教授认为：“书院以传道济世、兼容并蓄、自由讲学为特征，形成了中国古代教育史上一种极具特色的制度。”

光绪年间，随着满清政府一声令下，罢黜书院、兴办学堂之风兴起，古代书院隐姓埋名，一度于历史长河中销声匿迹。幸运的是，岳麓书院历经朝代更迭始终岿然不动，于1926年正式更名为湖南大学。1991年3月16日下午，迎春花盛开，江泽民总书记视察湖南大学，参观岳麓书院时，深情而感慨地说："岳麓书院给我留下了深刻的印象，我感到骄傲的是我们中华民族的文化！"然后他又回转身来，满怀希望地对大家说："问题是要如何继承我们中华民族的优秀文化。"

这个问题，现在依旧值得深思。

4.3 博古通今——中国近代大学形成

重温我国古代大学演变历程，依稀可见当今大学的影子。其实，太学、国子监与书院等，并未随着称谓的没落而消失殆尽，而是被时光雕饰成了另一副模样，渗透到现代大学的方方面面。更为直接的是，虽然受到西方教育理念的影响，但是古代大学直接推动了近代大学的形成。

4.3.1 蔡元培与北京大学

"即使到了金风送爽、霜林尽染的时候，即使到了大雪漫天、一片琼瑶的时候，它也会永留心中，永留园内，它是一个永恒的春天。"

——《春满燕园》 季羡林 1962年于北京大学

学界泰斗季羡林（1911—2009年）先生从来不吝惜对燕园风情的赞美之词，从春色满园到清塘荷韵，从二月兰到幽径藤萝，写不尽的草木芳菲，写不尽的怀清颂雅。

图4.15 北京大学

北京大学（简称北大，见图4.15）的前身"京师大学堂"创办于1898年。北京大学可以将校史上溯到设立太学之时，被视为我国历代最高学府的唯一学脉。20世纪初，面对辛亥革命成果得而复失的动荡局势，新文化运动邀请"德先生（民主）"与"赛先生（科学）"与之抗衡，教育救国迫在眉睫。

早在1912年7月的全国教育会议上，德国莱比锡大学留学归来、临危受命担任教育部部长的蔡元培（1868—1940年，见图4.16），便在《全国临时教育会议开会词》中提出从受教育者本体出发，养成其"健全人格"的教育宗旨。所谓"健全人格"，类似于洪堡定义的"完人"，包括知、情、意的统一，"个性"与"群性"的融洽，德、智、体、美的和谐三个方面，通过"五育并举"可以实现。"五育"之一，军国民教育，包括军事与体育训练，旨在培养学生"狮子样的体力"，从而"执

图 4.16 蔡元培

干戈以卫国家”，成就“健全的思想和事业；之二，实利主义教育，用在传授维持人民生计的知识与技能，改善民不聊生之现状；之三，公民道德教育，此为“五育”之中坚力量，呼唤资产阶级自由、平等与博爱；之四，世界观教育，这是一种培养远见卓识的哲理教育，是教育的终极目标；之五，美育，又称美感教育，蔡元培认为，随着社会的进步、科技的发展与道德的变迁，宗教万能的圣歌终将曲终人散，只余美感的旋律留存人间。

1917 年 10 月，蔡元培开始将维新派的新高等教育观播撒在人杰地灵的北京大学，他在校长就职演说中如是说道：“大学不是养成资格、贩卖文凭的地方，不是做官发财的跳板，而是研究高深学问的地方。”“蔡元培时代”的到来标志着北京大学由腐败的“官僚养成所”到新文化运动中心、五四运动发源地的转变，是中国近代大学的开端。

既是洪堡衣钵相传，蔡元培校长的大学理念中自然映出西方高等教育的倩影，但额前却多了一抹花黄——这位翰林学士对中国古代大学理念与优秀传统文化进行了继承与升华。东西方融合之后辅之以创新的佐料，打造北大的特色课程风格体系。

图 4.17 油画《北大钟声》：北大著名学者同时讲学

首先，他提出“思想自由，兼容并包”的治学方针，打破“罢黜百家，独尊儒术”的封建壁垒。为了将北京大学打造成“囊括大典，网罗众家”的高等学府，在对待学生时，他主张尊重思想自由与个性发展，实行文理沟通与选科制度，帮助学生延拓与健全知识体系；在面对各派学说时，他提倡百家争鸣、海纳百川，任其优胜劣汰、自然发展；在评价教师时，他将学术水平作为权重所在，提倡不干涉主义，使得当时的北京大学，不仅有追求进步的陈独秀、李大钊、鲁迅，也有坚定当下的辜鸿铭、黄侃、刘师培，众多学术精英济济一堂（见图 4.17）、不拘一格；在调整教学方法时，他倡导启发兴趣，不赘述，“不说破”，留给学生自探究竟的余地，而教师与书本，不过是为学生指点迷津的指南针与地图罢了。在蔡元培与广大师生的辛勤耕耘下，燕园迎来了百花齐放、争奇斗妍的春天。

其次，他强调大学“教学与科研并重”的高等教育本质，效仿德国率先创建文、理、法研究所，在鞭策教师进步的同时，为毕业生深造与高年级学生追随导师做实验提供契机与平台。

最后，他同样坚持教育独立、大学自治与教授治校，甚至在教育管理权限方面试行“大学区治”，确保北京大学远离各派政党或教会的影响，承担起引导社会而非追随社会的职责。尽管最后“大学区治”等举措被搁浅，但其影响绵延至今，不曾断绝。

蔡元培是中国近代大学诞生以来对高等教育理论进行系统总结与诠释的第一人，以他为代表的维新教育思想冲破了洋务运动“中学为体，西学为用”的封建桎梏，使得中国教育不再只是被动移植西方教学模式，而是主动迎合中国国情。“读书不忘救国，救国不忘读书”，蔡元培的大学理念对一个民族乃至一个时代构成的巨大影响与开创意义，怎是这寥寥千字了得。

时光流转到21世纪，北京大学于2001年启动元培计划，这是以老校长蔡元培命名的本科教育和教学改革计划，并开办实验班。着眼于未来社会发展对人才质量和人才规格的需求，坚持以人为本，德为先、业于精的教育理念，坚持尊重选择，卓越教学的教学方针，实验班按照新的办学模式和培养方案，造就基础好、能力强、素质高的一流本科毕业生，为他们在完成整个高等教育后成为具有国际竞争力的优秀人才奠定坚实的基础。

元培计划努力贯彻“加强基础、淡化专业、因材施教、分流培养”的办学方针，充分利用北京大学学科齐全的优势和良好的教学资源，实践“本科阶段低年级通识教育和高年级宽口径专业教育相结合”的教育理念，突出基础、能力、素质三要素的全面培养，为研究生教育输送高素质、创新型后备生源，为经济建设和社会发展提供适应能力强的毕业生。

2014年正式发布《北京大学综合改革方案》，大力推行“大班讲授、小班研讨”的课程模式，完善本科生研究型学习流程。充分利用大学本硕博的优质资源，秉承“以学生为中心”的教育理念，将通识教育与专业教育相结合，着眼于学生长远发展。学校开设整合科学实验班，其宗旨在于打破人为造成的传统学科之间的壁垒，目标是将数学、物理、化学和生物等学科相互打通并做内在整合，以培养既有扎实的数理化基础，又对生命科学这一蓬勃发展的新学科有深刻了解的人才。北京大学身为中国大学教育的领航者，坚持探寻教育改革与时代的契合点，扎根第一线，从未停歇。

4.3.2 梅贻琦与清华大学

“月光如流水一般，静静地泻在这一片叶子和花上。薄薄的青雾浮起在荷塘里。叶子荷花仿佛在牛乳中洗过一样；又像笼着轻纱的梦。”

——朱自清 1927年于清华大学

沿着清华大学（简称清华，见图4.18）的荷塘，是错落有致、出淤泥而不染的荷花，是如梦似幻、倾泻而下的月色，是朱自清（1898—1948年），这位中国现代作家、诗人、学者与民主战士，淡淡的喜悦与忧伤。历史上的中国刚刚遭遇了蒋介石“四·一二”反革命政变，第一次国共合作危机四伏，北伐战争面临失败，包括朱自清在内的爱国知识分子陷入现实的泥淖，不满、愤懑、踯躅不前。

1911年成立的清华大学，虽有校训“自强不息，厚德载物”作为鞭策，却也只是一所“留美预备学校”；虽然拥有上乘生源，却由于教育方式高度西化，“校长更迭风波”，五四运动、“三·一八”惨案等事件而一直处于动荡之中。直至1931年12月，梅贻琦（1889—1962 年）就任清华大学校长，这段跌宕起伏的校史才得以改写。事实上，梅贻琦与清华的缘分由来已久，他 20 岁获得第一批清华“庚子赔款奖学金”赴美留学名额，回国后便服务于母校，也曾在 1926 年担任教务长时对清华改革提出设想。他的大学理念有“三个来源”，分别是中国古代儒家大学教育思想和西方古典教育哲学、欧美现代资产阶级民主与法治思想，以及蔡元培兼容并包与学术自由思想。

图 4.18　清华大学荷塘与校徽

1931 年，梅贻琦在校长就职演说中提出：“所谓大学者，非谓有大楼之谓也，有大师之谓也。”他认为“师资为大学第一要素”，因而广纳贤才，罗致冯友兰、闻一多、朱自清等著名学者来清华任教，他们在学术研究与行政管理当中发挥了重要作用。这就是著名的“大师论”。而梅贻琦的“从游论”在此基础上对教师有进一步要求，阐述了教师不仅需要传授知识与学问，而且应该创造和谐的师生关系，为人师表、率先垂范，将澄澈的思想、高尚的品质于举手投足之间自然流淌，以对学生造成潜移默化的熏陶。无独有偶，1958 年，英国物理化学家、哲学家迈克尔·波兰尼（Michael Polanyi，1891—1976 年）在其名著《个人知识》当中提出了“默会知识”的概念，即只可意会不可言传的知识，“一离开产生它的人的头脑，便像鸡蛋一样获得一个坚硬的外壳”，只有将启发、发现与自由三元素融入教学方法，才能帮助学生打破知识的外壳，一探内核的究竟。雅斯贝尔斯所倡导的生命的精神交往也是将知识无形化于人的精神当中，教育是对人的灵魂的教育，而非理智知识的堆积。在学习中，只有被灵魂所接受的东西才会成为精神的瑰宝。他说：“谁要是把自己单纯地局限于学习和认知上，即使他的学习能力非常强，那他的灵魂也是匮乏而不健全的。如果人要从感性生活转入精神生活，那他就必须学习和获知，但就爱智慧和寻找精神之根而言，所有的学习和知识对他来说却是次要的。”教育过程首先是一个精神成长的过程，然后才成为科学获知过程的一部分。如果在知识教育中缺失精神生活，忽略精神价值，教育就将变成训练机器人，而人也变成单功能的计算之人，可能会萎缩而无法看见超越之境。

作为重中之重，梅贻琦还在《大学一解》中阐述了“通才教育”的核心理念。“通才教育”并不仅仅是美国“自由教育”的简单复制，它承受儒家“君子不器”的雨露恩泽，糅合中国实际，自成一体。梅贻琦将“知类通达”作为教育目标，认为教育的重心“应在通而不在专”，因为“社会所需要者，通才为大，而专家次之，以无通才为基础之专家临民，其结果不为新民，而为扰民”。一名卓越的工业组织人才，只有同时理解工程与行业之间、理论与技术之间，甚至物与人之间的关联，才能一叶知秋、不偏不倚，在错综复杂的情景中做出顾全大局的决策。好比意大利画家达·芬奇（Leonardo da Vinci，1452—1519 年）的传世名作《维特鲁威人》，它所体现的不仅是素描，亦是解剖学、几何学，是艺术与科学的有机结合。不仅如此，“通才教育”在一定程度上柔化了人才培养的硬性标尺，保护了学生的多样性，为其在发展当中扬长避短、尽其所能创造了条件。譬如我国改革年代的经济学家、中国社会科学院研究员于光远（1915—2013 年），竟然与核物理学家钱三强（1913—1992 年）是清华大学物理系的同班同学。另外，“教授治校”与“兼涵并容，学术自由”等观点均是对蔡元培的大学理念的传承与发扬，这里不再赘述。

在抗日战争的狂风巨浪中，清华大学几经迁徙。如今，清华大学以自然科学与工程技术领军国内学术前沿，在 2019 年泰晤士高等教育世界大学排行中名列第 22 位。此次公布的排名中，清华大学超越了伦敦政治经济学院和纽约大学，成为全球前 30 名中名次提升最快的高校，并在研究方面超越了美国普林斯顿大学、耶鲁大学和麻省理工学院荣获全球第六。清华师生有三个梦想：“世界大学前 20 名”“下一位诺贝尔奖得主”与“东方的贝尔实验室”，这些梦想正疾驰在通往现实的康庄大道上。

时光没有减缓过它的脚步，教育是一条走不完的路，清华大学如今也在不断进行教学改革。2003 年，清华大学推出承载着研究型教学理念的全新课程——新生研讨课，涉及文、理、工、经济、管理学等领域。课程均由教授、专家、学者为首的团队集体组织授课，大一新生可以不限专业根据自己的兴趣爱好选择修读。没有固定的教材，而是围绕某一专题让学生学会思考、学会查阅文献、学会比较、学会阅读。

2005 年，姚期智辞去普林斯顿大学的终身教职，与微软亚洲研究院合作在清华开始了精英教育实验。这个计算机科学实验班，也被外界称为“姚班”，更被称作天才的摇篮。十多年来，一批批拔尖创新人才真的从这里迈向世界学术舞台。在解放总学分的同时，“姚班”提高了每门课的难度。有时一次课堂作业，学生就需要花二三十个小时，而且还有可能找不到理想答案。大家在意的不再是纯粹的考试和高分，不是当满分的学霸，而是心中怀揣的那个高远的科研梦想——立志要做出世界最顶尖的科研成果。这也正是姚期智创立计算机科学实验班时的初衷。“我希望清华的环境能让大家没有那么多压力，而是能感受到学习、研究过程中的挑战与突破，以及由此带来的幸福感。唯有这样，我们才能培养出世界最顶尖的年轻人，不管他们将来是做学问还是去创业。”姚期智这么说，也这么做了，做到了国内的巅峰。

除了专业教育的拔尖创新，在人文素养方面，清华大学经济管理学院院长钱颖一说：“大学为学生，是要为学生的一生。”担任院长后，他首先从课程设计入手，大力倡导通识教育。充分解决当前学生人文素养不足的问题，尤其是偏理工科的学生，专注于专业技能的发展，却忽视了内心的力量。为了开好通识教育课，钱颖一四处拜访，挖掘最好的老师。他请来清华大学政治学系刘瑜副教授讲授“比较政治转型”课，请哈佛大学历史学教授弗格森讲授“中国与世界：历史视角”课……在经管学院本科生的课表中，通识教育课占了“半壁江山”，这在国内高校中可谓独树一帜。

在课程设立之初，也有低年级学生私下抱怨，通识教育课对找工作能有什么帮助？如果以纯粹功利主义的视角来看，这个问题或许无解，但是当我们发现，参加国际交换生项目的学生普遍反映，幸好学了中国文明和西方文明等课程；加入到工作岗位后的学生开始讨论，在校期间学习人际交往能力的重要性时，这个问题也就不再需要解答了。不妨预留足够的时间来验证通识教育的最终成效，“毕业时间越久的学生，越能体会到通识教育课程的好。”

电影《无问西东》中展现了四个不同时代的清华人，在时代变革和自我成长中一路挣扎，最终找寻到自我的故事。“立德立言，无问西东”，作为清华大学百年校庆的献礼作品，我们可以在电影中感受到清华给予学生的教育不仅受用于学校，更受用于终身。这些年，从清华大学毕业的学生进行着多样化的选择、多元化的发展，让坚持教育改革的改革者倍感欣慰。

4.4　中国教育总结

本章依旧是沿着时间线，梳理了一下中国大学的教育发展史。中国文化有着区别于西方的独特优势，上下五千年，很多优秀的教育习惯深深地烙印在了中国人的血液之中。追溯历史，在儒家、道家、佛家、纵横家的教育思想中，我们看到了混沌中思想形成的过程，千年演变中，思想的厚度不断沉淀，历久弥新；回眸五帝到明清时代的大学发展，书院制的特色逐渐彰显，朱熹和王阳明作为代表，彰显了思想的发展和包容；再看现代，以清华、北大为引，大师、大学还有大思想，在探索教育的道路上，无论哪个时代，都没有停止过步伐。如果可以，希望你再更深入了解一下“会讲”制度的精华，感同身受地体会王阳明在困境中也没有放弃超越自己，达到思想大成的伟大。如果可以，希望你怀有虚心学习的态度，再多看看借鉴西方教育思想后，清华、北大是如何将中国教育思想沉淀创新的……这些思考，将帮助你对自己的未来更为自信和期待。

有一个地方可以直观感受到中国教育瑰宝是如何世世代代传播影响、泽被后世的，那便是高校的校训。除了已经提到的清华和北航的校训，复旦大学的校训是“博学而笃志，切问而近思”，取自论语；南昌大学的校训是“格物致新，厚德泽人”，取自《礼记·大学》和《易经》；南开大学的校训是“允公允能，日新月异”，源自《诗经》和《礼记》……我们可以发现，高校的校训大多都源于古代经典著作中的经典思想，并将继续以经典的方式传承百年千年，高校用这种特殊的方式告诉我们，中国传统教育思想，永远值得品味、珍藏和骄傲！

思考题

1．作为世界最早的教育著作《学记》，除了已经列出的“长善救失、臧息相辅”，你能理解的教育思想还有哪些？

2．回忆一下你记忆最深的《论语》名句，想一想触动你的儒家思想核心是什么？

3．道家强调“顺其自然，无为而治”，有些人把它解读成了“一个人有一个人的命运，无须太过努力”，这个观点你是否同意？

4．你如何理解佛家的“空杯心态”，你将如何摆脱“所知障”？

5．本章提到了中国古代四大书院中的两个书院，岳麓书院和白鹿洞书院，那你了解另外两个书院在办学上有何独到之处吗？

6．你能分享几个北航人彰显校训“德才兼备，知行合一”的故事吗？

拓展思考

1．罗杰斯的自由学习理论是如何从老子的“处无为之事，行不言之教”中获得启示的？

2．通过禅宗的“不立文字”与波兰尼的“默会知识”，你是否认识到实践的重要性？

3．深入了解朱熹和王阳明的成长轨迹，你认为他们的理念能够流传万世的原因有哪些？

4．你如何理解王阳明的“事上磨练”？

5．请查阅一下“实事求是”的思想内涵是如何演变的？

6．对比学习第 3 章和第 4 章的内容，你认为中国与西方教育之间的联系和区别是什么？中国教育未来可以在哪些方面着力？

参考文献

[1] 王旭．王阳明传[M]．海口：南海出版社，1997．

[2] 董群．慧能与中国文化[M]．贵阳：贵州人民出版社，2001．

[3] 汪传发．陆九渊王阳明与中国文化[M]．贵阳：贵州人民出版社，2003．

[4] 苏树华，等．大话六祖坛经．济南：齐鲁书社，2005．

[5] 钱穆．新亚遗铎[M]．北京：生活·读书·新知三联书店，2005．

[6] 韩焕忠．自觉觉他：佛教教育观[M]．北京：宗教文化出版社，2006．

[7] [美]比尔·波特．禅的行囊[M]．叶南，译．海口：南海出版社，2010．

[8] 朱永新．中国古代教育思想史[M]．北京：中国人民大学出版社，2011．

[9] 朱永新．中国近代教育思想史[M]．北京：中国人民大学出版社，2011．

[10] 江正杰．《学记》的教育理想国[M]．北京：人民出版社，2014．

[11] 高时良．学记[M]．北京：人民教育出版社，2016．

[12] 何韧．儒家传统道德教育思想探析[D]．长沙：湖南师范大学，2006．

[13] 陈文华．老子思想的教育价值探究[D]．济南：山东师范大学，2008．

[14] 张力红．孔子道德教育思想研究[D]．石家庄：河北师范大学，2009．

[15] 王宏建．王阳明思想再评价——以成圣之道为中心的考察[D]．西安：西北大学，2009．

[16] 林建华．论朱熹教育思想体系的生成与构建[D]．福州：福建师范大学，2010．

[17] 陈琦．王阳明“致良知”思想研究[D]．长春：吉林大学，2014．

[18] 朱汉民．“千年学府”岳麓书院：曾培养曾国藩、左宗棠[N]．北京日报，2015-09-21．

[19] 王胜军．龙冈书院：成就王阳明的第一声呐喊．博览群书，2016，7：44-50．

[20] 卢忠仁．“鹅湖之会”随想（学术随笔）[N]．人民日报，2009-09-18（7）．

[21] 钱颖一．论大学本科教育改革[J]．清华大学教育研究，2011，32（1）．

第 5 章

润物无声的通识教育

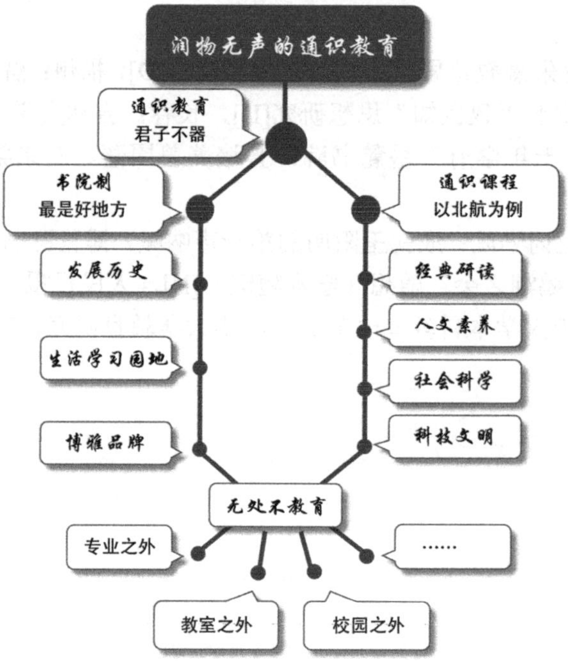

高校希望培养高素质学生，社会希望招揽全方位人才，个人希望成就更好的自己，而这一切，都离不开通识教育。

通识教育提供给成长更多的可能性以及实现可能性的土壤。在书院的环境氛围中，学生能寻良师益友；在通识课程中，学生能接触本专业之外的“专业”知识；在通识教育的熏陶下，学生更能慢慢懂得去寻找更多学习的机会。

子曰：“君子不器。”

在第 3 章和第 4 章中，我们分别领略过东西方教育在岁月淘洗中的发展变化，其中，西方的“通识教育”和东方的“书院制”给了我们耳目一新的感觉，将教育的概念从知识传授带向了更为广大的领域。在哈佛的校园中漫步，随意走进一个教室听大师讲解幸福为何；在湖南大学的草坪上凝思，想象岳麓书院与其他书院的学生共同问业……通识教育与专业教育同向而行，为培养学生全面的人格品行添砖加瓦。

美国小型文理学院对于开设课程有一个要求，即所有课程都必须参与到学生思维和语言能力发展的任务中去。在他们的培养方案中，训练思维与语言能力是高于单纯的知识传授的，这种做法被称为“通识教育专业化”。集群力而成伟业，同样适用于一个人的成长需求，只有具备多方面能力素养，才能有足够的底蕴达成目标。通识教育的重要性随着教育要求的提高而日益凸显。

5.1　何谓通识教育

首先，什么是通识教育呢？《北京航空航天大学通识教育白皮书》（下称《北航白皮书》）中是这样解释的：通识教育（general education）不是关于“一般”知识（如果有这样的知识的话）的空泛教育，也不是普及教育意义上的针对所有人的教育，它指学生整个教育中的一部分，该部分旨在培养学生成为一个负责任的人和公民。从这个意义上讲，通识教育实际上是中国古代君子养成和西方古典时期自由教育的现代延续。古典时期的自由教育仅限于有闲阶层，其根本含义是“适于或有助于造就自由人”，其目的是“培养出一个对于自身、对于自身在社会和宇宙中的位置都有着全面理解的完整的人”。今天的通识教育早已经不限于少数上层有闲阶层，而是普及全部受教育者，但在理念上基本延续了君子养成与西方古典自由教育的这一传统，首要的目标是培养人格健全的完整的人。由此也就意味着，通识教育应该贯穿于学生教育的始终，从中小学教育到大学教育，以学生素质培养为核心目标。倘若教育者能顺利解决时间与空间的矛盾，使之形成连续培养体系，可真是一项声势浩大、惠及全民的好事。

在这一章，我们将深入探讨历经时代洗礼后，通识教育在今日能为学生的“全人”培养做一点什么。

5.1.1　中西方通识教育发展现状

5.1.1.1　国外部分

之前，我们以哈佛大学为蓝本构建起“通识教育”的感性形象，而哥伦比亚大学、芝加哥大学与麻省理工学院（MIT），也是通识教育的先行者与领路人。一方面，这些学校通过开设自然科学与人文社会科学课程平衡学生的知识结构；另一方面，写作与外语被纳为技能类课程，旨在培养学生阅读及书面交流能力。

以 MIT 为例，这所创建于 1861 年的研究型大学，世人皆知它是“世界理工大学之最”。它的理工教育被称为“高压锅”，以至于“我恨这个该死的地方”成为学生爱恨交织的习惯用语。但实际上，MIT 如今已经成功转型为一所综合性大学，它在《泰晤士报》公布的 2012—2013 年世界大学社会科学领域排行榜上跃居第一，它用“通识教育”弥补理工教育的不足之处，从而成为“全美最有声望的学校”。

MIT 的通识教育究竟是什么模样呢？

创建于美国南北战争战火之中的 MIT 希望能够“发挥在科学、工程、建筑、人文和社会科学方面的核心优势”，通过提供卓越的大学教育，发展科技，服务于社会进步。

图 5.1　苏珊校长

2004 年，MIT 迎来了历史上第一位女校长苏珊（Susan Hockfield，见图 5.1），她在就职演说上表达了对通识教育的无比重视：“无论是在地理上还是在思维上，我们正在将我们的计算机科学家、生命科学家、语言学家、哲学家和工程师们凝聚在一起。”在她的带领下，MIT 专家工作组重新描述了大学的理念：第一，对学习的持久热情；第二，知识多元化；第三，对核心知识的创新方法；第四，合作学习；第五，为培养有责任心的领导者而教育。

在通识课程的设计方面，MIT 的本科生必须在毕业之前修满 8 门人文、艺术与社会科学类课程（Humanities，Arts and Social Sciences，HASS），数量上与科学技术类课程相当，并将“全球化”与“多元化”的观念注入其中。因此，MIT 的本科生不仅学习“单变量微积分”，也学习“城市面貌——过去和未来”，并通过网络与世界慷慨共享。HASS 不仅可以帮助学生了解人类文明的前世今生，体会社会、政治与经济的潜在影响，更能弥补单纯理工教育在问题意识与科学方法上的薄弱之处。除此之外，MIT 注重培养学生独立探索新问题的能力及社会责任感。譬如分给每位学生一个沉甸甸的箱子，要求学生利用机械零件自行设计、组装一台机器；又如 MIT 与剑桥大学联手，计划把“静音喷射机”送入 2030 年的蓝天，其噪声将减小到“洗衣机”级别；再如作为美国第一所创业型大学，MIT 以服务社会为出发点的创业教育与斯坦福大学同样享有盛誉。

且不论 MIT 培养出众多诺贝尔奖得主和国家科学奖章获得者，就在科幻大片《钢铁侠 3》中，主人公托尼·斯塔克（Tony Stark）坦言，将他打造成为军事发明家、亿万富翁及大慈善家的，正是将“手脑并用”作为校训的 MIT。

5.1.1.2　国内部分

俄国文学家列夫·托尔斯泰（Lev Nikolaevich Tolstoy，1828—1910 年）在经典名著《安娜·卡列尼娜》中开门见山地写道：“幸福的家庭都是相似的，不幸的家庭各有各的不幸。”在未来工程实践背景下，我国面临的一些问题在共性之中又独具特性。古代教育后期过度强调通过科举制考取功名，现代初等教育以“学好数理化，走遍天下都不怕”作为应试教育的座右铭，这在一定程度上让功利主义得到了滋长，人文精神却受到了冷落。专业能力强固然能让大学生有“一技之能”傍身，但人文素养的缺失却可能成为大学生今后多元化职业发展的绊脚石。

继素质教育之后，通识教育近些年开始走进中国大学，成为高等教育改革的重要一环。改革开放以来，我国教育界疾呼“面向现代化、面向世界、面向未来”，而后经由“985”“211”乃至“双一流”的催化，通识教育开始在诸多研究型大学中施展拳脚。北京大学和清华大学的教育改革在第 4 章中已经有相关介绍，接着我们来看看其他高校的表现。

1994 年，复旦大学开始推行“通才教育，按类教学”。2005 年 11 月，复旦大学成立通识教育中心（见图 5.2），正式认可了通识教育的重要地位，通过借鉴国外经验并结合我国实际，探索复旦大学的通识教育之路。之后，复旦大学构建了含六大模块的通识教育核心课程结构：文史经典与文化传承、哲学智慧与批判性思维、文明对话与世界视野、科技进步与科学精神、生态环境与生命关怀、艺术创造与审美体验，并创刊《复旦通识教育》。所有一年级本科新生入学后不分专业，统一接受一至两年的通识教育，之后再进入专业院系学习。这些林林总总构成了复旦大学通识教育的新大陆，是低年级学生的宜居之所。学生在学校的引导下，慢慢从被动学习向主动研究迁移。同时，学科之间的沟壑被填埋，师生之间的交流与往来被重视，新世界的实现正在路上。

图 5.2　复旦大学通识教育中心

2008 年，上海交通大学颁布《上海交通大学关于设置本科通识教育核心课程的意见》，将通识教育定义为“面向不同学科背景学生开展的，着力于教育对象精神成长、能力提高和知识结构优化的非专业教育，其目的是把学生培养成具有健全人格和负责任的公民，亦即和谐发展的人。”经过上海交通大学通识教育指导委员会的精心策划，通识教育核心课程被划分为四个领域的内容：人文科学、社会科学、自然科学与工程技术、数学或逻辑学。以“数学”为例，其教学强调数学的思想与方法、历史与价值，尤其强调对人类发展的实际意义。考虑到我国教育现状，学生习惯于速战速决，通过考试快速获得成绩，上海交通大学采取了“遴选立项，期满验收，定期复评，不断更新”的战略战术，准备打上一场持久战，让学生感受到知识被反复咀嚼的魅力。

华中科技大学前党委副书记刘献君教授强调结合专业教学进行人文教育，进一步强调润物细无声的培养方式，也就是说，通识教育并不局限于通识课程板块中，而应该与专业教育板块拼接起来。寻找通识教育与专业教育在培养目标上的内在关联，让学生在熟知的培养方案中得到整体素质的强化。基于以上理念，他根据本校教授们的教学实践归纳出了八种结合专业教育进行人文教育的方法：起于知识、启迪精神、渗透美育、行为互动、营造氛围、以悟导悟、以人为本、止于境界。这里不再一一展开，留待你们细细体味其内涵。

北京航空航天大学（简称北航）从2010年试点开展通识教育，将通识教育贯穿于学生整体培养方案，2015年由北京大学出版社出版《北京航空航天大学通识教育白皮书》，2017年书院制在全校推行，致力于打造通识教育的北航模式。可以看到，学生人文素质的发展成了大学育人越来越关注的方面。

5.1.2 学生的第二份成绩单

在5.1.1节中，我们着力于描述通识教育的发展状态，但我们也需要清晰地明白，通识教育目前来说还处在不平衡的发展状态，种种误解制约着它进一步体系化和成熟化。例如，它似乎被赋予了太多额外的意义、目标和任务，从而失去了它的本真。在定位上，通识教育成为高等教育整体性危机的应对之策，似乎实行了通识教育，中国高等教育就能够回答“钱学森之问”了；在课程体系上，盲目地、形式化地模仿国外大学通识教育的课程分类，几乎将所有类别的课程纳入其中，最终使得通识教育的课程体系仅仅是既往全校公选课的改头换面；在具体落实上，由于师资力量的匮乏，以及学科分化的壁垒暂时无法突破，通识课程依然无法成为本科教学的核心课程，其地位依然类似于公共选修课，这样势必会慢慢地边缘化，再次走上公共选修课的老路。

好在不论国情如何，通识教育的理念都已被锁定，剩下的就留待人们慢慢摸索，于混沌中寻得那条清晰的路径。结合西方通识教育的课程设置和住宿制生活环境，通识教育模式既包含了与专业课程相呼应的通识课程体系，又包含了与专业学习相对应的书院生活方式。这份区别于专业成绩的“第二份成绩单”正逐渐彰显出自己重要的地位。

5.1.2.1 君子不器——通识教育的必要性

“工欲善其事，必先利其器”，想培养出专业技能和综合素质全面发展的人才，就必须先弄明白我们开展通识教育的必要性。

从这个意义上讲，通识教育所面对和探讨的，必然是人类历史中那些永恒不变的生存困境和伦理道德。在内容设计上，人类文明的历史以及在此历史长河中形成的各类人文经典，特别是古典时期的各类经典著作，必然是通识教育的重点。正是在不断的历史回溯和经典阅读中，通识教育传承人类文明，并在此基础上培养学生健全完整的人格，以从容应对当下种种困境。更关键地，国内的通识教育会让学生对中华文明有更深刻的理解，会让学生具有传承中华文明的意识，做一个有尊严且得体的中国人。

不仅如此，在一个日益多元复杂和全球化的时代，通识教育承担着传承文明、凝聚社会共识、培养合格公民的时代使命。这不仅仅是人才培养问题，也是国家战略问题。特别是在崇尚自由的现代民主社会，通识教育不但要塑造个体的自由人格，还要为社会提供基本的价值共识，以免在多元分化的社会中，个体的自由抉择瓦解了基本的社会价值，进而动摇人类文明的基石。从美国通识教育的历史发展来看，每一次通识教育的重大讨论或改革，其背后都能看到某种社会与文明危机的影子。第一次世界大战的爆发催生了哥伦比亚大学的通识教育，第二次世界大战之后美国通识教育风起云涌，通识教育在培养完整的人这个基本的目标之外，还要培养适合于现代社会的自由且具有美德的公民。

在这个维度上，大学通识教育需要回应现代自由民主社会的需求，培养学生的德行和公民参与的热情。在内容设计上，需要着重启蒙运动以来逐步形成的现代文明教育，向学生阐明自由、平等、民主、多元、包容等人类文明的价值观，培养学生作为现代社会合格公民所应具备的实践能力，从而能够批判性和建设性地应对现代社会的挑战。

此外，通识教育和自由教育都鼓励一种超越具体学科的整体知识观，珍视“非功利”的学习价值，《北航白皮书》认为“一种宽广的和基础的教育通过坚持基础知识、反思、艺术创造与分析的重要性，通过坚持科学概念与经验的精确性，将改变和解放学生。”也就是孔子所说的“君子不器”。因此通识教育与旨在培养学生将来从事某种职业所需能力的专业教育（special education）截然有别。专业教育培养学生像“专家”一样，在一个狭窄的领域里面以一种专业的视角来思考，这就是“器”，每种器只有特定的用途。通识教育恰恰要将学生从这种专业禁锢中解放出来，可以在更宽广的领域内自由地思考。通识教育在 20 世纪初兴起，正是为了应对 19 世纪末急剧分化的专业教育所带来的知识碎片化，从而保证学生将来在成为各类专家的同时，仍不失宽广的视野和多维的思考，更不失健全的人格和自由的品性。

不难看出，通识教育的内容海纳百川，除了人文教育，它与社会科学和自然科学也有着交汇之处，不仅如此，书本之外它还包含着对生活中无穷智慧的解读与引导。每一个学生，都应当有接受通识教育培养的机会。

5.1.2.2　培养框架

我们赞扬任正非，是因为他出色的企业管理能力之上还凝聚了令人敬服的企业文化；我们尊重爱因斯坦，是因为他严谨的科研素养上还有浓厚的艺术与哲学素养……兼具专业技能与人文底蕴的人，极具魅力。人文底蕴提高了对于社会的理解力，专业技能帮助实现改变社会的愿景，如果能够探索出这类人才培养中的要素，寻找出可供借鉴的培养路线，不失为一件有用之事。

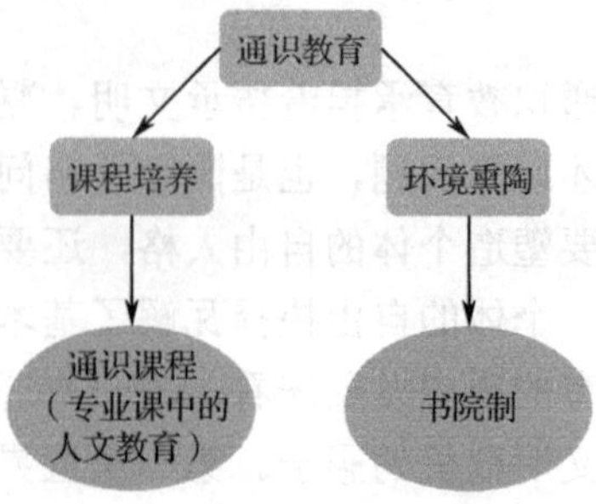

图 5.3　北航通识教育培养框架

在充分考虑如何培育学生健全人格，分析教育能对学生产生影响的各类因素的基础上，北航通识课程建设委员会对常见的通识教育进行了简单的框架归纳（见图 5.3），包含人类文明、经典历史等在内的精品通识课程（辅之在专业课堂上也同样增加人文思政的内容，如第 6 章将会谈到的研究型教学同样承载着一定的素质教育职责），加上自由、开放、丰富多彩的书院制生活，潜移默化地让学生感受真善美的品德教育与交融创新的思维教育，从而积淀人文底蕴，感受爱与美好。

北航核心通识课程体系主要分为四个大类：经典研读、人文素养、社会科学和科技文明（见图 5.4），简要概括了学生除专业内容外所值得涉猎的几大方向。书院制则是补充学院重专业轻育人的现状，帮助学生尤其是低年级学生完善基础人格，打好大学基石的重要存在。

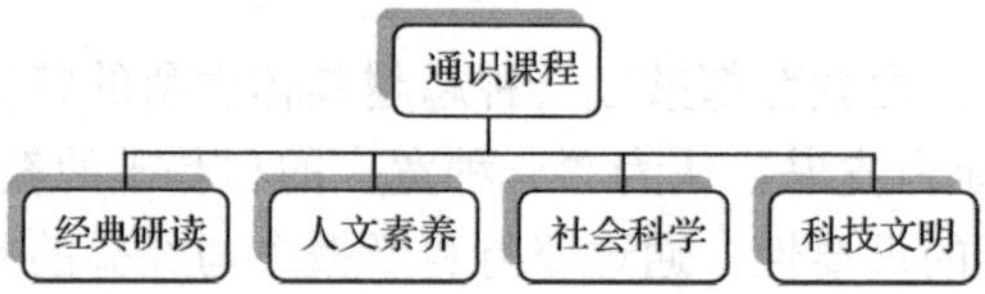

图 5.4　北航核心通识课程体系

在下面几节中我们将详细介绍这两方面的内容。

5.2　走进通识课程

近年来，国内的高等教育改革着力于提升通识教育在整体教育中的比重。在这一基本的改革大方向中，许多观念需要更新，许多相应的环节也需要配合调整。通识课程的开展作为通识教育的重要一环，有效地支撑了培养方案的补充和完善。

5.2.1　课程设计原则

英国著名哲学家怀特海（Alfred North Whitehead，1861—1947 年）在《教育的目的》一书中强调，教育的目的是培养有文化的人。“我们要造就的是既有文化又掌握专门知识的人才。专业知识为他们奠定起步的基础，而文化则像哲学和艺术一样将他们引向深奥高远之境。”怀特海所说的文化，便是我们这里讲述的素质，是教育中最宝贵的东西，这个说法与开设通识课程的目的不谋而合。高校利用开设课程的方式言传身教，让学生拥有自我发展的基础。

《北航白皮书》中提到，通识课程希望学生在人格养成与社会公民的培养过程中建立起“common sense”，无论学生本身的专业是文、史、哲、政、经、法，抑或是数、理、化，首先需要拥有一些共同的、相对基本与统一的“精神文化基础与原则”，如仁、义、礼、智、信、公平、正义、理性、美德、科学……只有这种教育才能沟通古代文明与现代文明、中华文明与西方文明，使这些未来的国家建设者可以充分继承古、今、中、外最优秀的文化传统，在一些最基本的价值原则中达成共识，并在此共识的基础上，进行更进一步的讨论与交流，甚至是决策。因此，“阅读经典”应该是通识课程的重要环节，人类文明的基本共识是在岁月淘洗中不断深化的，那些经过历史检验而传承下来的经典书籍蕴含着人类社会运转的基本思想，也是社会的发展基石。

在通识课程的设计过程中，高校需要充分考虑课程的内容深度和涵盖学科范围，同时需要考虑学生的吸收能力，在专业和科普之间，找到属于高校学生的平衡点。

5.2.2　课程体系

不同高校对于通识课程的种类细分略有不同，但大体方向是一致的。以北航通识课程为例，主要有经典研读、人文素养、社会科学、科技文明四大类。

经典研读是指阅读那些历经岁月淘洗的巨著。这些巨著在人类文明的长河中不断沉淀，思想浓香馥郁，蕴含着对于人性的深刻思考。经典的研读对通识教育的实施有极大的促进作用，了解中国上下五千年的文明史，学生对于中华民族的传统美德会有更深的认可；分析比较不同国家的历史背景和发展过程，学生对国情和国家政策会有更多的包容和理解；与古人的对话帮助学生了解大师的深厚内涵，学生会找寻到自我更多的方向……当然，课程不会选择过于艰深的文本，研读《论语》，畅谈《道德经》，讨论《理想国》，这些耳熟能详的东西方文本也许之前并没有被认真研读过，借助这次机会，学生能够更真切地感受到经典与生活的息息相关。

人文素养旨在帮助学生打破专业视野的局限，培养与人类历史上那些伟大心灵直接对话的能力，提高学生在文学、美术、音乐等领域欣赏感受的能力，分享精致生活的“小确幸”，探讨艺术人生的“大情怀”。舞蹈之美、创意设计与生活、文艺复兴……追求艺术追求美的权利是不限专业不限领域的。

社会科学板块涉及与人类生存困境和伦理困境息息相关的领域，让学生对于社会行为、社会习惯有提前的了解和预判，感知为人处事中的“理”和“礼”，知法、懂法、守法、用法，避免在大学的“象牙塔”中忘却社会人的基本属性。法律与科技、博弈与社会、经济学原理……掌握基本的社会伦理知识，在为人处世方面，拥有一种健康的感觉，对周围的环境和变化能够机敏地说某事或者做某事，既是一种自我丰富也是一种铠甲武装。

科技文明板块搭建起了学生与自然科学接触的桥梁。在探索自然物理世界的过程中，学生会接触到现代自然科学的产生、演化，从而掌握其基本原理和相应的思维模式。课程着重于通过自然科学的探索来激发学生对科学世界的兴趣，而在此之上，通过这一类别课程的学习，学生的辩证思考能力会有大幅提升，自然科学中观察、推理的力量与局限性，科技与人文、自然的思辨关系等，都会在不经意间让学生感受到世界的真实复杂与万般魅力。正如李培根院士所言，工科教育要引导学生想象、探究“紧闭的存在深处”，不能停留于存在的显处，甚至不能满足于存在的隐处。

5.2.2.1 经典研读

中国传统文化一向注重经典的研读，作为科举制的考试书目，四书五经翔实地记载了中华几千年来的儒家哲学思想，以及政治、军事、文化等多方面的史实资料。虽然科举制后期发展不尽如人意，但它促进了经典文化的凝练，同时切实提高了人们对于经典的重视程度。

“水善利万物而不争，……夫唯不争，故无尤”，感悟《道德经》的无为而治，在日后面临纷争时，会多考虑一丝“让”和“放”的艺术；“吾日三省吾身：为人谋而不忠乎？与朋友交而不信乎？传不习乎？”，感悟《论语》的严于律己，在迷茫惶惑或遭受误解时，会多一点反躬自省的认知；“他山之石，可以攻玉”，感悟《诗经》的温文儒雅，在需要与人合作时，会多一点对他人的认可，对能力的尊重……中国的经典，一字一句，都蕴含着丰富的味道，诉说着人类源远流长的故事，颠扑不破的道理足以受益终身。

开设经典研读课程，一方面是为了传承，尤其理工科院校的教育没有相关课程设置，学生进入大学后很有可能会永远挥手告别“语文”，告别中华民族五千年的知识财富；另一方面是为了人的质变，这和倡导学科交叉的意义相类似，理工科的专业思维和千百年来大师们的智慧在心中融汇，带来的是人格的成熟和能力的飞跃。研读经典，能让人寻求到具体与抽象的契合点，使感性认知上升到哲学高度，突破单一能力的局限，从而获得更高的精神境界。你看林徽因工能画得了精密的图纸，文能下笔成花，将百转真情诉诸笔端，这样优秀聪慧的美女子，谁人能挡其魅力？难怪徐志摩为其痴狂，梁思成对其呵护备至。

而在此之上，经典本身也迫切需要我们采取保护措施和宣传，央视《朗读者》《经典咏流传》等节目的风靡告诉了我们，只有坚持传播和形式创新，经典才能在时间的考验中站稳脚跟，不随风沙被人遗弃，这份巨大的精神宝藏才能源源不断地给千万人以精神指引。

1. 书籍选择的二三事

著名学者林毓生介绍道，在芝加哥大学有一个专门的“社会思想委员会”，虽然名为“委员会”，实际上是一个独立的学系，独立地进行博士生培养。而他们对于博士生的培养，主要就是研读经典。学生必须完成一系列自己拟定，经委员会同意的经典文本研读，这就是学生们的基本课程。委员会有专门的受聘老师带领学生进行阅读，这些老师多为世界一流学者，在自己的领域中有着突出的贡献。老师的参与有效地帮助学生理解手中文本，从而避免二手思想的侵害。委员会对于学生书单的选择有两个原则：一是不选择自己将来专业中的经典著作，二是书单中通常要包括哲学、史学等多类型的原典。这两个原则的核心目标都是让学生避免只看局部而忽视整体，使学生能够产生广阔的视野，拥有深邃的探究能力。

对于通识课的老师来说，课堂经典书籍的选择也并非易事。书籍数量浩如烟海，教学的课时却紧张有限，同时还需要兼顾理工科学生的背景特点，不宜晦涩难懂，不宜冗长笨重。参考芝加哥大学社会思想委员会的两大原则，考虑东西方经典的兼收并蓄，老师可以选取不同历史时期的代表性著作，与学生一起探讨研读。当然要时刻牢记，我们阅读经典的目标不是它的历史考古价值，而是它永恒的生命活力。尽管阅读经典的第一步是掌握文本产生时代的特定历史背景，但经典之所以被称为经典，就在于它常读常新，拥有超出特定时代的思想厚度。王阳明的《传习录》中“知行合一”的理论历久弥新，成为无数人的内心准则。老师在授课过程中，也无须过分拘泥于对文本的阐述介绍，可以让学生放手去读，产生充分的思想感悟，在课堂中进行交流。例如柏拉图作品中的主角与英雄苏格拉底，用他富含挑衅与讽刺的语言挑战当时雅典人的常识与偏见，正是因为这一点，他最后被雅典人判了死刑，喂食了毒药，但生活在后工业化时代的我们，阅读苏格拉底时，仍然能够感受到他在挑战我们的日常思维和固执偏见，因此也在改变着我们对待世界的一些根本看法。

2. 以《论语》为例

“经典是大家都觉得应该读，却没有读的作品。”这个观点反映出了人们对于经典文本又敬畏又恐惧的心理。这些书籍往往被摆放在客厅显眼的位置，意图彰显主人的高品位，可若是打开一看，这些书籍却光洁如新，难以找到任何被阅读过的痕迹。经典真的这么晦涩难懂吗？打开经典世界的钥匙是什么呢？

北航人文与社会科学高等研究院的姚老师就以《论语》为切入点，持续探索适合理工科学生的经典研读课程。《论语》是中华文明演进过程中承前启后的重要书籍，给大一新生选择《论语》作为授课内容，学生不会产生陌生和恐惧感，相反，因为高中都背诵过其中的经典语段，学生能因亲近感而快速进入深入阅读。《论语》包容宏厚，语言浅显，潜移默化中陶冶学生的君子品格。通过一学期的深入阅读，学生能够沉下心亲近古典思想，触摸文字背后古代圣贤思考人生的角度，小到个人品行，大到家国天下，这些大智慧无形中帮助学生用新的角度解决现实问题。

经过反复论证，课程教材最终选择了中华书局版的《四书章句集注》（繁体竖排版），借助朱子的注本，学生能更多地从义理的角度理解章句，同时“四书”中其余三书可作为《论语》的参考，相关概念的理解更为简单，在阅读时也提升了学生的古文理解能力，打通大学生的文化血脉。毕竟，儒家思想作为中国软实力资源的代表，是中国人引以为傲的文化珍宝。课程还搭配了超值附加套餐，老师给学生推荐了不同的注本，并对不同注本间的区别做了简要说明，学生可以自由选择最符合自己口味的注本，凝练自己的思想感悟。

课堂内容紧密围绕着“学”“孝”“仁”“君子”“礼乐”“为政”六个核心概念。关于“学”的思考，在第4章儒家教育思想部分已经有过简单的阐述，是儒学之本。“孝”道在社会治理中有重要意义，更是维持亲属关系，为人子女的必修课。“仁”与“礼”在礼崩乐坏的时代，是孔子认为重建社会秩序的根本。“为政”方面的论述对当今处理国际关系也有很大的借鉴作用，“德不孤，必有邻”。“君子”的概念在这六个部分中被重点讲述，孔子对君子的养成尤为关注，在《论语》20篇中，“君子”一词共出现107次，是孔子心目中理想人格的典范。将君子与小人对比，则更为深刻地描绘出了君子的形象。君子如何交友，如何为政，如何赡养父母，如何规划自我，孔子都给出了一定的参考标准，将自己套用在孔子描绘的君子模板中或许困难，但是立下君子之志，掌握成就君子之德的途径，对未来必定大有裨益。而若人人都能以成为君子为目标，社会的稳定和谐必将更快地到来。

通识课程若想不流于俗套，守住必修课的地位，不被学生认为是“划划水”就能轻松通过的课，还有一个环节需要精心准备——作业。对于《论语》，授课教师李静老师和其教学团队根据学生的上课情况动态调整作业布置方案，以阅读作业和书面作业来提升学生基本的阅读能力、思考能力、分析能力与写作能力。老师在对作业的批改中强化课堂内容，也能针对学生做个体化指导。

总之，当学生对待经典文本的态度，从“那些知道要读，却从来没有读过的著作”转变为如卡尔维诺曾经定义的“我最近正在重读的著作”时，通识教育的目的也许就算是达到了。

5.2.2.2 人文素养

人文素养，听起来就是一个很温柔的词汇。文学、艺术、哲学都可以包含其中。当然，通识课程中的人文教育并不是想把所有人都培养成艺术家，所以学生不必担心自己没有艺术细胞，对这类课程望而却步。对于理工科学生而言，不妨转换视角来解读“人文”二字。

首先，人文教育能立体化学生看待世界的方式。面对一幅画作，理工科学生大多关注线条和图案的美，文科学生却能从中感悟到或欣喜或悲伤的人类情感；阅读一本书，理工科学生大多关注时代背景和历史意义，文科学生却容易为爱恨情仇而感怀落泪。理工科学生无法理解文科学生的多愁善感，文科学生也无法理解理工科学生的单调乏味。追根溯源，两者主要是理解的出发点不同。理工科学生本身就对逻辑思维类事物更有兴趣，在日常生活中也多与数字逻辑打交道，用理智看待世界变化，久而久之固化了看待事物的第一反应，显得有点愣头愣脑，不懂人情世故。若能够在学校中受到文学艺术的熏陶，在名画欣赏课上感受色彩对情绪的表达；在音乐鉴赏课上了解旋律对思绪的启发；在名著赏析课上分析人物的情感变化……哪怕学生还是无法直接从画作、文本中强烈地感觉到情绪的起伏，但至少能明白心情变化的缘由，看待生活的角度会变得稍稍感性一些。这也是很多家长在孩子小的时候，希望他能广泛培养各类兴趣爱好的主要原因，人文教育的慢慢渗透，让学生的情感世界立体化了起来。

其次，对于科学而言，人文思维的辅助可谓锦上添花。艺术家的最大价值不在于他有扎实的艺术功底，而在于艺术思维的独特性。艺术家往往给人敢于打破成规、浪漫自由的印象，他们创造出的作品富有个性、灵感和审美价值，以抄袭为耻，更不愿与他人雷同。这份精神若能够被科学家们吸收，将之运用到科学研发上，追求独创性，追求突破自我，人无我有、人有我优，岂不美哉。我们身边并不乏成功的案例，欧林工学院的戴安娜•达比（Diana Dabby）教授是一位钢琴演奏和作曲家，也是 MIT 电气工程博士。乐理基础让她的电路设计课程有着别样的温情而易于理解，而工科思维让她的音乐理论课程饱含逻辑性又不失情感。贝聿铭先生在法国卢浮宫内建造的玻璃金字塔，不正是建筑科学的工整性与艺术美术结合的完美佳作？

宋代大儒胡瑗说："致天下之治者在人才；成天下之才者在教化；教化之所本者在学校！"所以重新认识人文教育在整个高等教育中至关重要的地位，重新为广大本科生设计优质的人文素养类课程，重新让人文素养类课程帮助莘莘学子成为脱离了物质生存层面低级需求的"真正的人"，也就是"君子"，是今后高等教育改革的一个重要方向。人文素养类课程的开展，文、史、哲类课程的加持，为学生的"文化"性保驾护航。

5.2.2.3　社会科学

社会科学脱胎于人文学科，理工科学生更多倾向于得到社会科学与经济管理相关方面的知识拓展。相比人文素养类课程，社会科学的实用性和经世致用的功能确实得到了学生更多的青睐。不同于纯粹社科类的课程，在通识教育的大框架下，社会科学类课程的制定需要老师花费更多的心思。

北航人文与社会科学高等研究院开设的"博弈与社会"课程深受学生欢迎。课程试点首先在计算机学院开展，春秋季循环开课的方式帮助课程不断进行迭代，师生满意度不断提高。在课程制定之初，教学组就针对课程"通识+专业"的定位，以作为分析方法的博弈论切入，既要求学生了解现代博弈论的基本框架和分析方法，掌握相关重要概念的基本理论，更突出引导学生运用理论去认识和分析人的策略、人们之间的策略性相互依存，以及在此基础上的社会观念、社会传统、社会规范和社会组织的形成。取名"博弈与社会"，便是为了体现课程将博弈论的社会学应用作为重点的考量。

知识性、趣味性与应用性的结合，是备课组对这门课程的要求，与通识教育的初衷完美契合，用知识性让学生学习到充实的内容，用趣味性增进学生学习的兴趣，以应用性让学生看到所学知识在世界中的位置，其三者的相对分量和作用可以灵活调整，三者相互配合，让学生得以拓展自我的边界。通过一个学期的学习，学生明白了博弈论在生活中的广泛使用，无论是政治、经济、军事、外交、法律、教育、医疗、社会保障甚至体育竞技领域，可以说有人参与的领域，就有博弈之道。案例分析是这门课的点睛之笔，老师会给学生带来一些经典案例，例如保险合同的设计、文凭的信号作用等，也会设计自己的问题，例如 Willem Barents 的事迹与荷兰商人信誉的建立，让学生利用博弈论知识进行分析和判断。案例分析没有正确答案，学生可以自由发挥，逻辑越缜密，思维越严谨，眼光越长远，则越能分析得深刻。

相关有趣的课程还有很多，开设的"经济学原理""政治学原理""社会学原理"等课程，致力于回到专业分化尚未出现时的知识形态。这些课程讲解中西方传世经典著作，包含《尚书》《乐记》、亚当·斯密的《国富论》、约翰·洛克的《政府论》和马克斯·韦伯的《新教伦理与资本主义精神》等，用生动、辩证、丰富的内容让学生看到学科规范之外的世界。这取得了一个非常明显的好处，在一定程度上破除了学科之间的专业隔阂。社会是一个融合了政、经、法等诸多现象的有机体，通识课程的设置让学生得以将各类知识相互联系，通盘考虑，专业偏见等现象也得以减轻。

如欲树立爱人之心，培养人文关怀，学生首先要能理解人的内心。社会科学的课程内容帮助学生透过社会中人们的行为现象看到人们的内心欲求，对学生日后无论是走入职场还是为人处事都大有裨益。所有同学都应该并且能够理解除了专业学习中接触到的知识，每个人都需要兼顾人文关怀和逻辑素养。

总而言之，社会科学的通识教育意义重大，需要我们谨慎地加以设计，并且认真地予以推行。

5.2.2.4 科技文明

随着科学、技术和工程的发展，工科教育不断细分，科学研究的方向也愈加精细化。同时，科技与社会的关系却越来越密切，在技术细分的背景下，科技整体观的培养反倒需要增加。

科学是从哲学中分离出来的，科技文明课程的第一个目标就是让学生站在更深的层次去理解科学发展的行为逻辑。我国学者李醒民教授的《科学的革命》与《科学论：科学的三维世界》，以及吴国盛教授的《科学的历程》，对科学是什么，科学发展的动力进行了集中的探讨。德国技术哲学家弗里德里希·德绍尔（Friedrich DesSauer，1881—1963 年）认为："技术的本质呈现为某种特殊的东西，它使我们瞥见紧闭的存在深处。"

直接让学生理解科学哲学可能太过抽象，那么比科学哲学、技术哲学和工程哲学再具体一点的，教师可以在课堂上选择一些更贴近学生兴趣同时又能有效训练思维的内容，诸如《科学的精神与方法》《数学文化》《物理文化》《在宇宙中生存》《信息简史》《失败的逻辑》《爱犯错的智能体》等书籍，内容的选择均具有悠久历史，课程的设立也能实现对学生科技史的普及，同时引入哲学思维方式，将辩证唯物主义思想传授给学生们。在具体的课堂上，老师可以就文本内容带领学生进行深度了解，也可以就一些科技趣事进行案例分析，发散思维，集思广益，找寻多种理解，有的课程还采用了情景剧等互动形式，寓教于乐，让科技类的通识课程也活泼起来。

对于工科类院校，比较现实的还是由专业学院的教授们承担起科技文明板块的通识教育课程。北航通过设计新生研讨课、名师课程和专业研讨课，从身边事物、热点事件入手，追溯学科发展历史，挖掘科技创新方法和人物故事案例，由浅入深地建立起学生对于科学科技的综合兴趣。通过侧面增进学生对于本专业课程的系统理解，培养学生完备的科学素养，增加学生对于现代社会创造的热情。

结合专业开展人文素质教育是科技文明课程的第二个目标，也是通识教育的重要途径。在科技文明的系列课程中，老师多尝试将数学方法上升到哲学方法论，并寻找艺术类的语言来表达。通过这种方式，老师试图让学生看到科学技术的哲学本质，并感悟哲学思想的跨学科一致性。“横看成岭侧成峰，远近高低各不同”，苏轼的《题西林壁》用诗意化的语言表达了换一种角度看问题的必要性，却也和“信号与系统”中傅里叶变换的本质不谋而合。在第 6 章中我们对代表课程会进行更详细的介绍。

5.3 书 院 制

学生性格的养成除了受到课堂教育的影响，也取决于课堂下的生活氛围。通识课程把握住了学生课堂上的时间，而通识教育的另外半壁江山——书院制，则能够抓住学生课堂下的时间。不同年级学生住一幢楼，无论是学术研讨还是文化交流，都有了更为便利的条件。学生能够将通识课程中收获的感悟在书院中与伙伴们进行应用实践，通识课程与书院制互为补充，让通识教育的框架更为完整。曾担任北京大学元培学院院长的鄂维南教授在对比中西方通识教育模式之后提出，虽然高校需要将学生培养成一流的科学家、企业家、社会活动家等，但是最重要的还应该是培养合格的，甚至是出色的中国公民。这就代表着中国实施通识教育必须要有自己的特色，能够代表东方文明的价值体系，让中国传统文化得以融入现代国际社会。而书院制就有非常浓厚的中国味道，是素质培养的绝佳平台。

初入校园，第一眼见到的不是授课老师而是同学，在未来的四年光阴里，你们会朝夕相伴，无话不谈，成为最亲密的人。俗语有言，身边的人决定了你的人生高度。如今的书院制，便是脱胎于西方学院住宿制，传承于我国宋明书院的一种新的教学模式。它以生活环境为基本着手点，提供不同专业、不同领域的学生共同交流的平台，它有极富生活气息的活动场地支持，有极具思想高度的导师传道授业，有极其丰富的实践活动等待参与。这是一个魔幻的地方，你不用再被专业所局限，你想要什么，想做什么，想找什么样的人，想成为什么样的人，只要主动迈出脚步，就可以实现。以博雅课程为核心的书院教育真正实现了通识教育的理论落地。

5.3.1 古色古香味

在第 4 章，我们已简单介绍过四大书院（河南嵩阳书院、湖南岳麓书院、河南睢阳书院、江西白鹿洞书院）的更迭发展。这里特别想着重提一下公元 1181 年，朱熹邀请陆九渊到白鹿洞书院讲学的故事，也就是鹅湖之会的续集故事。

这是发生在南宋淳熙八年的一件很有意义的事件，历史上称为“朱陆讲会”。“鹅湖之会”6 年后，朱熹邀请陆九渊到白鹿洞书院来讲学，此时关于“为学之方”的辩论还在继续，陆指朱为“邪意见，闲议论”，朱指陆为“作禅会”“为禅学”。但是，朱熹作为东道主，待陆九渊为贵宾。陆九渊应邀在白鹿洞书院以《君子喻于义，小人喻于利》为题，发表演讲，很受听众的欢迎。据记载，在场有人听了感动得潸然泪下。朱熹还请人将陆九渊的演讲稿刻石以资纪念，并亲为题跋。朱、陆之间在学术观点上互不相让，但在交往中又互相尊重，这在南宋并不是个别现象。当时各派学者之间也是这样的，这是南宋学术繁荣的一个条件，同时也是学术繁荣的一个标志。

古代书院开门讲学，对各方言论包容并蓄，允许相互往来探讨，这一方式演变至今成了现代东方教育实行书院制的首要思想。打破专业壁垒，让不同专业学生、师生间有充分的沟通。取他人之长补己之短抑或在辩证中深化，均是培养学生综合素质的极佳途径。

5.3.2 旧貌新颜装

时间的车轮不停往前转，枯木又逢春，柳树发新芽，古代书院的办学思想被取精华去糟粕，在东西方各自的通识教育方案中都有所体现。西方有住宿学院制，东方有现代书院制，对于人才培养的研究全世界都在前行。

5.3.2.1 住宿学院制

不知道你是否记得《哈利·波特》中霍格沃茨魔法学校气势恢宏而又富丽堂皇的餐厅（见图 5.5）？哈利与伙伴的日常就餐、分院仪式及圣诞晚会，均在这里进行。其实，电影中的餐厅，以及赫敏最爱的图书馆，均取景自牛津大学最大的学院——基督教堂学院。

图 5.5 电影《哈利·波特》剧照

这个“学院”是指什么？

或许你会纳闷：“这有什么奇怪，我们学校也有电子信息工程学院、经济管理学院、人文学院，只不过是名字没有那么个性罢了。”但事实上，两个“学院”在含义上有所区别。牛津大学的“学院”起源于 13 世纪的英国民间，如今已然发展成为一种成熟的组织制度——学院制。与魔法学校的四所学院类似，牛津大学的每所学院均有各自的传统风格与活动区间，招收到志趣相投的本科生后，学院会为他们与老师提供餐厅、休息室与图书馆等活动场所，并开设小班教学、课堂讨论与个别辅导等教育平台。这些学生与老师均来自不同专业，并以大学为中心形成相对独立的生态系统。打个比方，牛津大学的组织结构如同矩阵一般，“行”是我们熟悉的以专业划分的学院（School），“列”是我们初识的以社区划分的学院（College），而作为元素的学生则由代表双重身份的两个角标定位。

哥伦布发现新大陆后，现代大学的理念漂洋过海远达美国。“学院制”更名成为“住宿学院制”，随之一同远渡重洋。自然而然，住宿学院制的处女秀献给了哈佛大学。从 1642 年邓斯特（Henry Dunster，1609—1659 年）校长仿效牛津大学与剑桥大学开始筹建学院，到 1933 年洛厄尔校长煞费苦心将所有的本科生请入校园，再到 1971 年实行男女混住，“不同社会交互作用”的住宿学院制终于梦想成真。

作为竞争者的耶鲁大学不甘示弱，它在 1925 年正式提出本科生部——耶鲁学院，开始构建住宿学院制，并于 1960 年落成 12 所住宿学院，如贝克莱学院与布兰福德学院。这些住宿学院同样拥有属于自己的完备设施。在管理方面，每所住宿学院设有院长、学监、导师与学生顾问等职位，其中院长权限最高，除了全面负责住宿学院日常事务，他每周都为本科生举办“院长茶会”，邀请知名人士分享来自各界的新鲜声音与人物故事。住宿学院一般会为每位新生配置两位导师，分别负责学术指导与论文写作，而学生顾问则扮演“知心姐姐”，为面临学习与生活困扰的新生答疑解惑。各个住宿学院彼此之间并非绝缘，而是友谊与竞争并存，不仅学生需要平衡住宿学院以及全校范围的学习与活动，住宿学院的管理层面一般也要面向全校师生开设课程与讲座。

5.3.2.2 现代书院制

我国也有高校在实行学院制（住宿学院制），不过名字是古色古香的“书院”。作为中国香港唯一的书院制大学，香港中文大学最初由 1949—1956 年陆续创办的新亚书院、崇基书院、联合书院合并而成，后于 1986 年建立逸夫书院。新亚书院曾设立过共 24 条学规，来阐明书院的教学理念和育人准则。“求学与做人，贵能齐头并进，更贵能融通合一”“健全的生活应该包括劳作的兴趣与艺术的修养”……细细琢磨这些学规，一字一句都极具借鉴意义，每一条都从不同的角度深刻诠释了为学的意义，可见当时能提出这些理念，是多么具有前瞻性。为了在 2012 年恢复本科四年制并实现生源扩招，香港中文大学自 2006 年起又相继成立了包括晨兴书院在内的另外 5 所书院。进入大学之后，学生根据自己的兴趣与爱好选择专业与书院，书院的选择在学期末还可以更改。香港中文大学的书院制中西合璧、博古通今，被学生亲切地喻作教会儿女为人处世、融入社会的“母亲”，而负责引导学习、研究及个人发展的“父亲”，则由学校本身担当。

如今，我国高校普遍采用“学校—院系”两级管理模式，以班级为管理单位，依次由党委领导、学生工作办公室及班主任负责。至于宿舍管理则依托于物业与后勤，他们提供安全保障而不涉及其他，这与牛津、剑桥大学等截然不同。因此，虽然学生同样在校园中生活，但宿舍却往往仅被视为一张可供休息的床位，忽略了其作为“交流工具”的重要功能。单调空白的宿舍生活很难被精彩纷呈的校园活动弥补，因此，怀着对中国古代书院的无比敬意，以及对住宿学院制的虚心向学，2005 年，复旦大学启动了“书院制”管理模式。

复旦大学在 2005 年百年校庆之际创办了复旦学院，2011 年增加希德书院作为试点。一年级本科生按照专业、国籍、地域、民族分散原则被分配到各个书院展开新的生活，他们将在这里思考甚至重新定位专业方向，获得校园归属感与自身认同感，为未来的三年发展做好身心准备。复旦学院接受党委书记、院长管理，设分工明确的综合办公室、教学办公室、导师办公室与学工办公室，以“新”的班级作为单位，每个班级除了设有一名辅导员与三名助理，还配有导师团提供学习指导、生活辅导与就业咨询。另外，复旦书院致力于将宿舍由“床位”提升到“家”的高度。打造社区式文化生活，设计书院院徽、院旗等文化传承品，“四大计划”——大学导航计划、学养拓展计划、公民教养计划、关爱成长计划组成特色品牌活动，各种角度营造文化育人的氛围。以复旦大学创始人、教育家马相伯（1840—1939 年）原名命名的志德书院，其楹联为“志于道据于德依于仁，而后游于艺；修其身齐其家治其国，必先正其心”，标志颜色为绿，自创活动诸如“每月 7 日书院日”“志德登高”让学生自由参与（见图 5.6）。

图 5.6　志德书院及其院徽

纵观其上，复旦大学在书院制的建设上用心良苦，既继承了我国古代书院传统，又兼顾其科学性与合理性。关于书院制的探讨，国内多所高校都在尝试、改进、完善与创新中披荆斩棘、不断前行。2005 年，西安交通大学试行书院制度，“辅导员”易名为“常任导师”，彻底融入学生群体。

2012 年，北航成立知行、启明、汇融、航天 4 所书院，将不同专业学生宿舍混住，学科交流，小范围内浅尝书院制度。2016 年试行大类招生，成立启明、冯如工科试验班，大一不分专业，书院统一管理。2017 年在借鉴过去经验的基础上全面实行大类招生，书院培养。成立士谔、守锷、士嘉、致真、知行、冯如六大书院，大一实行通识培养，完善博雅教育课程体系，打造各书院专属社区，让书院制发挥出最大的光和热。

5.3.3　最是书院好地方

谈了那么多书院制的优势，是时候去真正了解一下生活在书院是一种什么样的体验了。学生们将自己的经历凝结成了感悟，或许能让你更直接地感受到书院对人的影响与其独特的魅力。

5.3.3.1　文化生活社区

1. 书院文化

我没有想过，书院的院徽来源于我当时的灵光一现，书院的院歌是我与同伴对自己音乐天赋的初次试探，书院的吉祥物是谈笑间的奇思妙想，书院的纪念品是我金工实习动手的升级实现……在这样的投入中，我深化着对于书院的爱。

因为我爱的，就是这样一个哪怕一无所知，但我的想法会得到尊重，我的创意会得到指点，我的问题会得到解答的地方，是一个不用缘由就很熟悉的地方。这个地方，开放包容，自由平等，允许梦想的存在。那是一种鱼儿回到水中的愉悦，是种子吸收阳光雨露的欣喜，是孩子找到家的温暖。

2. 梦拓计划

背起行囊，远离家乡，进校的那一刹那，却被我的“mentor”（梦拓）热情洋溢的笑容融化了一切的孤独和紧张。

对，他说他会带着我走入大学，走入这个城市；他说你有任何的问题都可以问我，他一定知无不言；他说不用担心未来的日子，因为在这个书院，每一个人都是你最真诚的朋友。我问他，为什么你要对我这么好？他说，因为去年，他的梦拓就是这样帮助了青涩无知的他，因为书院一年的经历，让他爱上了互帮互助，分享交流的感觉。

于是，我们在这个城市的好多角落留下了梦拓小组的欢笑，也深度领略了这个城市的文化历史；我们共同参与科技竞赛，不同专业的我们正好优势互补，绝妙搭配；我们都热爱研读经典，书院图书室便成了我们思维碰撞的天堂；我们一起督促学习，互相打卡，期待成为各领域大牛后再携手共闯天涯；我们最爱听梦拓学长聊人生聊经验，幻想着一年以后自己成为梦拓的样子……

生生不息，传承创新，予新书院人以爱的关怀，予书院学子责任的深意，这就是梦拓计划吧。

3. 兴趣体验课程

我本来以为，选择了理工科，可能就要与一些东西告别了。可是，在书院，竟然有那么多丰富的体验课程（见图 5.7），让我可以不用“日夜研习是教材，交流对话是代码”。选一门咖啡品鉴课，氤氲的香气中生活压力一下释放；选一门插花教学课，颜色搭配视觉审美，学的何止是如何插花，更是如何发现生活的美；选一门剪纸艺术课，一张红纸转眼变成形态各异的动物形状或祝福字样，算是对传统手工艺的一次小小致敬……

丰富的兴趣体验课程让我不再担心大学生活的枯燥乏味，不再害怕大学会让我变成一个“女汉子”，和小伙伴们一起，做一些小手工，完成一些小体验，感觉生活就充满了诗意与满足。

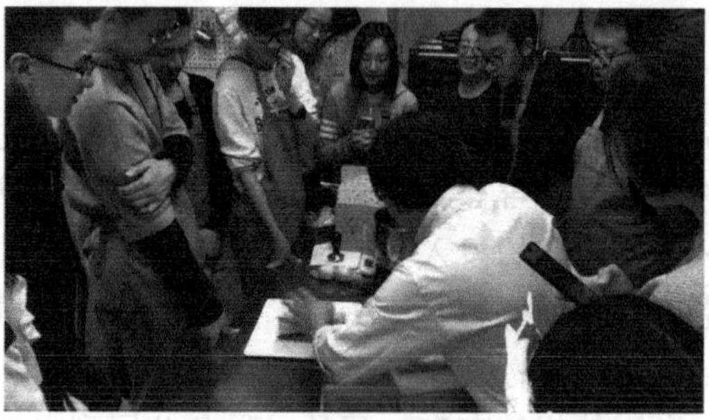

图 5.7　烘焙课现场教学

4. 社团活动

图 5.8 “百团大战”海报

那是对大学丰富生活最初的畅想——社团，那是对大学忠于兴趣最单纯的向往——社团。用爱好结合，用热爱维系的地方，心怀天下的志愿者协会，极限挑战的轮滑、攀岩、自行车社，文艺唯美的汉服、箫笛社，高智商集结的推理社……在“百团大战”（见图 5.8）的摊位中一步一走，漫天卷地的横幅和传单中洋溢着学长学姐的热情，不用急，慢慢挑选，斑斓色彩，尽收眼底。不用贪多成为“社团控”，马不停蹄的繁忙会淹没活动本身的精致，选定一个或几个社团，交了社费，便成了其中的一员。

我选择过做简单的会员，参与社团的活动，结识到志同道合的朋友；我也选择过成为社团的干事，参与社团的建设，实践我对于社团的独创构想，让它越发壮大，在下一年招到更多当初如我一般初心的人。

每一种体验都是我独一无二的大学滋味。

5．品牌学生活动

我在书院辩论赛中舌战群儒，在演讲比赛中声情并茂，在校园歌手大赛中惊艳全场，在书法比赛中行云流水，在足篮球等体育赛事中挥洒汗水，在舞蹈大赛中回眸一笑百媚生……

我在学校学生会、社团联合会等学生组织中勤勤恳恳锻炼能力。宣传部给了喜欢执笔涂鸦和剪辑的我施展能力的平台，每一篇被成功推送的采访新闻稿，每一张被张贴的海报喷绘，每一个被大量点赞的宣传片都给予了我最大的自信；办公室给了粗枝大叶的我专注细节的耐心，财务不差分毫，档案分类清晰，思维方式有了根本的改变；外联部给了内向胆小的我突破自我的勇气，刷街刷楼拉赞助，你来我往谈细则，交流让不可能成为可能……

告别高中读一百本教材、做一千道题的日子后，我主动参与各类有意思的活动（见图 5.9），就算委屈也会坚持，走出自己的“舒适圈”，努力让学习和生活并肩熠熠生辉。

图 5.9　合唱比赛营造艺术氛围

5.3.3.2　学习探讨园地

1．本科生导师制

“导师”是上了大学之后便离开不了的名词。

由 14 世纪剑桥大学新学院实行的导师制，经过时代的推演，在书院制的支撑下，我感受到了完全不同的感觉。“学业导师+职场导师+生活导师”的全新导师制模式，让我在学业、生活每个方面都得到了启发性指导。

学业导师由班主任及授课老师担任，以教学为中心，开展学风建设等活动。大一的第一个学期，我的书院导师带着我们一起阅读《信息简史》。《信息简史》是第一部为信息书写历史的巨著，将“信息”的前世今生慢慢道来。我们大概每 10～12 个人为一个小组，每周都会定一个阅读进度，并约定一个时间进行阅读感悟的分享（见图 5.10）。书是由我和导师共同挑选的，导师给我们提供了一些书单，每一本书都既和所学专业相关，又充满人文历史的趣味性。而阅读交流也有几种不同的形式，小组同学可以发表自己的阅读感悟，也可以就同一个话题进行不同角度的阐述，不过最喜欢的环节还是导师就书本的某个内容，给我们讲述他自己的人生经历。听着导师的分享，一来我对信息发展的全过程有了模糊的理解，二来也被导师的人格魅力深深折服，对未来生活的可能性充满了向往。通过同学们的各抒己见和导师深入浅出的讲解引导，我在自己的阅读之上对书中所提到的内容有了更多不一样的思考。

图 5.10　师生进行阅读分享

第二个学期，导师开始逐步引导我进行大学规划。导师以“如何延长自己的专业寿命”这个话题展开，将指导逐渐引入专业领域。他的旁征博引和循循善诱让我持续去思考未来的职业规划。尽管我并没能彻底想明白日后要从事的工作，但我学会了从每件事中了解自己的性格特点，总结经验收获，看看能不能为自己的职业竞争力添砖加瓦。

职场导师由校友企业家担任，用最新的职场经验反馈校园生活。导师借由这个机会回顾自己的大学生活，给我们提供了很多宝贵的人生经验。他们毫无保留地告诉我们每个阶段该如何储备力量，该如何经营眼前的生活。在交流中，我真实地触摸到了他们辉煌成功后的磕磕绊绊，了解到了他们如何在几年、几十年的生活中坚定自己的方向。榜样在前，我充满动力而不再随意迷茫。

生活导师由辅导员及学生工作小组老师担任，他们时刻陪伴在我们的左右，我可以毫无保留地向其倾诉，包括学习上的挫折、生活中的烦扰与择业时的迷茫等。他们就像父母，比起我的问题，他们好像更担心我有问题却藏在心里。他们也像朋友，有时会邀我喝茶来了解我的近况，平等且不拘束。我喜欢这种能知无不言、言无不尽的感觉，在大学，能找到一个人与你深度交流真的不容易。他们的人格，看待事物的角度与处理问题的思路给了我很多启发。

2．职业生涯规划

一直以来我都存在着这样的担忧，大学的日子好像和工作的日子差距有点大，习惯了校园生活后，一旦毕业，我能否快速适应职场的生活？能否提前做好所有必需的准备？

除了导师引导我进行大学规划，在书院的博雅课程体系中，我惊喜地看见了职业生涯规划的系列培养体系，从就业形势宣讲、职业测评到简历撰写、面试模拟，贯穿大一到大四的整个生涯，每一步都在为未来蓄力。心底担忧的愁云被翔实的安排所驱散，更为惊喜的是，我们时不时会接触到学校已经毕业的校友。沙龙、讲座、创业学校，认真倾听他们成功的经验、失败的教训，参观他们的企业，一起互动模拟经营，丰富的形式让我对于走入工作不再恐慌。

5.3.3.3　实践动手天堂

1．社会实践

“世界这么大，我想去看看。”寒暑假的时间，书院会鼓励并组织学生参与各类社会实践。走出校园这座象牙塔，看一看世界的样子，品一品人生疾苦、世间百态，再想一想，为此，我，能做什么？

走进过贫困县建档立卡户几近破败的屋舍，看过进城打工人窘迫的生存条件，调研过共享单车的分布规律，支教过边远山区的淳朴孩童（见图 5.11），采访过台湾老兵回大陆的故事，在可可西里喂过小藏羚羊，在空天企业见过一线涉密人员……所见所闻所听，在我的心上刻下难以磨灭的印记，感恩、铭记、回馈、尊重等再也不是纸上冰冷的词汇。带着温度的记忆，让我们产生着强大的动力，想要用自己的力量去保护，去改变这一切，哪怕一点点。

社会实践，触摸社会。

图 5.11　山区孩子求知的眼神

2. 创新创业交流

工科学院承担技术，法学院负责法务，商学院掌管财务，艺术学院统筹宣传……涵盖不同专业的书院制，让我们能互补专业缺漏，头脑风暴千百种创意，甚至去组成最完美的创业团队。

当然，交流总不会是一帆风顺的，地域、语言、观念的差别时常让我们产生不同的争论，但慢慢地，在磨合中我们学会了一笑置之，也学会了海纳百川。向不拘小节者学习放下，跟横冲直撞者学习勇气，与锱铢必较者学习严谨，和多愁善感者学习敏锐，因为差异，我们能向完美进步。利用学校、书院提供的创新实践场地，例如北航“冯如”学生创意中心（见图 5.12），让创业从想法走向实物，从实物走向生产，从生产走向市场，整个过程是言语无法形容的欣喜。

图 5.12　北航“冯如”学生创意中心

5.3.4　为发展添砖加瓦

“黄金无足色，白璧有微瑕。”目前书院制在国内很多高校已经有各自成功的运用，但历史的车轮没有停止过前进，为了使书院制更好地适应教育模式的变革，我们仍需要从目前的进程中思索书院制下一步的方向。从书院体制结构本身和书院所承担的重要意义两方面着手，以下几点或许有借鉴意义。

5.3.4.1　实体机构运行流畅

厘清书院“角色”，明确书院内部工作机制。

要与专业学院形成合作互补模式，为专业学院输送具有人文情怀的全面发展人才。要坚定不移地站在学生内心富足、全面成长的角度上思考工作的开展。在专业学习方面打“辅助”，梦拓助力学习方法，导师完善学习目标；在品行培育方面主“输出”，博雅教育提升内在涵养，学生活动锻炼综合素质。两相结合，打响素质教育的攻坚战。

相对应地，书院内部需要形成完善高效的运行机制。构建理事会制度，理事会统筹，执行委员会执行，教学、学工双向合力，打造一支能统一、有定力的书院管理队伍。同时发挥学生自我管理、自我服务的意识，让学生顾问委员会参与书院部分职能工作，自下而上发出声音，共同为书院建设出谋划策。

5.3.4.2 生活社区智能便捷

自由住宿社区模式，智能管理便捷服务。

在基于大类招生，低年级不区分专业的大趋势下，书院能够更为深度地实现学生的自由住宿。学生可以通过信息采集系统输入相应生活习惯，系统进行自动匹配，抑或是学生自主选择室友。年级互通，专业互通，自由的模式促进了交流的广泛开展。同时打造社区化特色服务，有专门的心理辅导中心、学风学业支持中心、文化体验中心等，并由书院社区服务中心统一管理，自成体系。

引入“智能社区”概念，集成一站式服务平台。学生可以通过手机客户端一键式预约书院各类活动室，报名书院内部活动，了解书院最新资讯。智能家居陈设体现科技与人文的精妙结合，虚拟现实平台供学生激发灵感、自主创新，在线课堂满足学生全方面求知欲。逐步在学生培养体系中注入信息化的前沿概念。

5.3.4.3 师生互动天马行空

导师制稳步推进，教学相长全新模式。

要进一步完善推进导师制的包容化、全局化构建，将更多的角色纳入导师制的范畴中来，让导师制成为书院的精神之“魂”。跨学科、跨学校、跨国界选聘导师，招贤纳士，寻“一技之长”，盼“鞭辟入里”。无论是专业技能还是人文素养，只要有着传授的热情，都可以成为导师。学生接触各种类型、各种风格的导师，也有助于自我价值观的成熟。同时，完备导师的激励政策和考评政策，提供适当的经费支持，量化绩效考核，侧面提升导师的内生动力，鼓励师生共同进行课题研究，创新化多元探索。

对于师生交流，要打破传统“老师说，学生听”的格局，以互动为核心，导师同样可以成为学生，学生可以角色互换成为老师。就某一兴趣话题，开展研讨、辩论、头脑风暴，话题可以涵盖任意学科，也可以就专业前沿进行细化深入，导师有经验，学生有想法，共同合作向前。

5.3.4.4 博雅教育品牌之选

国际视野通全球，博雅教育领航飞。

要和国内外高校之间保持交流互通，积极调研不同书院的办学方式、经验教训、发展现状等各类情况，在此基础上吸收借鉴，举办人才培养国际研讨会，不断提升书院办学的专业度。鼓励学生积极参与学校各类海外交流计划，只有将学生“送出去”，才能有学生“带回来”的累累硕果。看到差距，学生才会有提升的动力，走出国门，学生才会有回家建设的决心。

规范设计书院博雅教育体系，将书院的教育理念融合进学生清晰明确的培养目标，囊括家国情怀、书院品牌活动、社会体察、前沿博览、科学熏陶等各个大类，将隐性的培养落实纸面。博雅体系若能依据学校相关要求设立人才培养维度，体现出大一的适应和自我认知、大二的思考和自我规划、大三的坚持和自我选择、大四的明朗和自我完善，学生培养便实现了从一而终。

5.4 教室之外的精彩

对于学生来说，通识课程和书院制带来的最大改变在于生命趣味性的提高。学生拥有了对于生活方式更多的选择权，“板凳要坐十年冷”可以不再是学习的唯一方式。

5.4.1 理工科专业的通识之道

北京大学前常务副校长王义遒说道，大学新工科建设就必然会要求多元文化的共存与融合，并探讨了其可能性。在这里我们可以关注到一点，科学技术的变革、社会对人才的期望值、人才的自我定位等等因素都对传统的以“技能”傍身的理工科学生提出了新的要求。理工科人才也需要文化的加持，需要综合能力的提升。

在第 2 章探讨过未来工程师的能力素质，我们往往会发现，高中选择理科，或者大学选择理工科的学生，很大一部分是戴着“成绩优秀”的光环一路上来的，对于其他的评价条件却看得较少。这些学生跟着老师学习的能力很强，但是对于“学什么”“怎么学”这些问题，却没有深入地思考过，如果仍然只给他们专业学习的环境和框架，大概率有成为所谓“书呆子”的可能，无法很好地融入社会的体系中。

为此，理工科类的大学应该更加注意培养毕业生宽广的视野、敏锐的思维、深厚的知识和规范的礼仪，以课内教学为抓手，衍生到生活的方方面面，让毕业生潜移默化之间除了掌握必要的科研能力，也能掌握与社会整体发展相融合的非工程能力。无论是美国工程与技术认证委员会的 11 条标准，还是中国工程教育认证的 12 项基本要求，都反映出了对于工程技术人才可持续发展的期待。正如梅贻琦所指出：“工学院毕业的人才，对于此一工程与彼一工程之间，对于工的理论与工的技术之间，对于物与人的道理，都应当充分通达，虽不能游刃有余，最少在这种错综复杂的情景之中，可以有最低限度的周旋的能力。”

这样的例子并不少见，当我们对导师要求编写工作周报的行为深恶痛绝，认为只要能出实验现象就行的时候，不会想到工作后的第一周，就是学会每天写工作汇报，用笔头的文字延展工作思考。而如果能够提前接受当时看似无用的理念，学会用情绪的力量调节自己，功在平时，当真正需要时，“无用”就能转换成至关重要的“有用”。

5.4.2　读书是永恒的乐趣

关于读书的重要性，相信从小学开始，老师就没有停止过叙述。杨绛先生那句耳熟能详的名言“你的问题在于读书太少，而想得太多。”阐述了读书于她不可或缺的陪伴。不论教材、经典抑或其他，我们已经无法再想出新的辞藻来渲染读书的重要了，索性集中探讨一下你可能会遇到的问题吧。

5.4.2.1　面对浩如烟海的书籍，如何选择？

这世上的书籍每一天都在增加，电子阅读又催生了无数的快消文章。学会挑选，是阅读的第一步。国内外的高等学府大都会推出各自的必读书单，你可以寻此足迹，一点一点地深入你感兴趣的领域；有时所读书籍内作者会提供相应参考，看一看你喜欢的作者所喜欢的作品，不断延伸；抑或询问你的书院导师和同学，搜索豆瓣书评让全世界的人帮你出出主意……其实，跟着感觉走也未尝不可，不同类型的书籍自有其不一样的视野。

5.4.2.2　应该读哪些书？

这个问题是无法轻易给出答案的，只能说是如人饮水。主要原因在于，一方面我不认为有不该读的书，其次，每个人在每个阶段需要的书是不一样的。那么我们怎么处理书的选择问题呢？只有一个办法，增大读书量。书读多了，就知道哪个好，哪个对自己不好。慢慢就能够培养出自己的阅读品味。中国科学院自动化研究所研究员彭思龙提出，读书也需要如饮食一般，讲究“五谷杂粮”的搭配，不能偏食，才能获得均衡的精神营养。虽然书籍浩如烟海，但如果仔细给这些书籍进行分类，就会发现，不同的书作用是不一样的，用来消遣、思考和当作工具的书有着本质的区别，需要在深入辨析后做出合理的选择。而面对复杂的世界，我们更需要从不同的角度获得对于世界的认识方式，还记得朱熹自幼也经历多个学派后方才自成体系，可见儒、道、佛可以相互印证，思想之间相互关联，看待世界才能更加合理。彭思龙有一次看关于大熊猫野化的纪录片，里面描述到圈养的大熊猫到了野外很快就生病了，就是因为圈养的时候，只提供鲜嫩的竹子，身体的营养不全面，抵抗力差。后来，大熊猫也知道老竹子很重要，能够补充它身体必需的纤维素。老竹子吃起来口感可能不太好，也有点考验牙齿，可是不得不吃。受此启发，彭思龙认为，读书也一样，不管我们喜欢什么，要有意识地强迫自己读自己需要的书。有个原则可以遵循，尽量读大书，就是长篇的，经典的，系统的书。这才是经过沉淀淘洗的经典。

5.4.2.3　拿到一本书后，应该怎么读呢？

可能最受青睐的方法还是随心所欲，依据自己对于书的判断和阅读习惯进行阅读。但在还没形成自己的阅读习惯之前，或者面对一些专业性书籍的时候，倒不妨学一学一些经典的读书方法。彭思龙指出，网络阅读不能替代经典阅读，提出“慢慢读、持续读、强制读、多多读”四种方法养成阅读的能力，形成阅读习惯。华罗庚提倡的“厚薄法”和梁启超总结的“鸟瞰、解剖与汇通”，均是精读的一种常用方法。通过浏览书籍内容，揣摩构架重点，到融会贯通化为自己的理解，书的精髓便能够被内化吸收。郑逸梅“外打进、里打进”的读书法从“归纳—演绎”的范畴逐层深入，待时机成熟后疑窦自解。“外打进”追求由浅入深，循序渐进，从兴趣出发，可以先研读更富趣味性和思想深度的相关书籍，从中发掘深化，回归事物本质原理；“里打进”追求扎实根基，夫物芸芸，复归其根，稳固基本能力，目的在含英咀华，使文理通达。而梁漱溟的直接思维则认为，很多书和道理，根本就无须过度解读，就应该用最简单、最直接的方法去解读，否则得到的可能不是真正的本质。对于作品事先加上某些预判或者预期，抱着目的性去阅读，又或者在别人已有的解读上再去理解，都有可能影响自己的直接品读，得不到作者“原滋原味”的思想传达。哦，对了，还要记得，读不同的书要用不同的方法，打个比方，如果以科学家的眼光来研究拇指姑娘，就像把安徒生童话读成了凡尔纳科幻，很难体会到烂漫的童真。

5.4.3 不容错过的讲座

大学里有一种资源千金难买，却常落得沧海遗珠，那就是精彩卓绝的讲座。办一次讲座不容易，场地、人员与经费等必须面面俱到，哪里容得随便请一位嘉宾来凑数，只凭这点，就有了不妨一听的理由。通常情况，学校网站上或微信公众号会预告讲座的日程安排，你只需要稍加留意便能找到此类信息，结合自己的专业、兴趣与时间进行选择。

在你的列表上，大概学术类讲座的出现频率最高。国内外的专家与学者将最新的成果带来与你分享，包括突破的理论、革新的技术与创新的发明等。当一位诺贝尔奖获得者就这样平易近人地出现在你眼前（见图 5.13），给你讲述他的研究经历，回答你的问题，那是多么难得的机会。

图 5.13　诺贝尔奖获得者费尔给学生做报告

对低年级学生而言，学术类讲座相对有难度，如果嘉宾擅长科普倒也无妨，怕就怕闻所未闻的术语与高深莫测的定理呼啸而至，令你头晕目眩。遇此情况，首先尝试放平心态，能听多少就听多少，力求将关键字记录下来，使日后的整理分析有据可循。看到周围的人昏昏欲睡，或者频频微信，尽管扼腕叹息便是，因为他们将永远不会知道错失了什么。其次学会适当舍弃，如果嘉宾已经开始分析仿真结果，而你却还在纠结什么是“隐藏终端”，难免把西瓜丢了，芝麻也没捡到。再次不要畏惧发问，相对于单方向的听，反向的问无疑让沟通更完整，因为在你的提示下，疏漏之处才能得以弥补。或许你很委屈：“我什么都没有听懂，又从何问起呢？”没有条例规定问题必须高端，所以不懂什么就问什么，也许看到你的疑惑偏向底层，嘉宾会适当地降低讲座难度。最后务必聚焦思想，有的嘉宾倾向于介绍站位更高的科学方法，在借鉴他们的观点的同时，你要领会经验背后的过程与感悟，以此来构建完整的人格。

另外，综合性学校一定也少不了非学术类讲座，它们同样不容小觑。简单地说，这类讲座可以怡情养性，拓宽知识面和视野。例如历史培养大局观念，音乐注入想象，单反入门是凝固时光的魔法，职业规划描绘人生地图。当某位知名互联网公司的 CEO 现身说法，谈创业经历、管理理念、企业精神时，这种激励燃起的斗志是不是比单纯想象膜拜要真实得多？

每一位被邀请来做讲座的人，究其根本，至少比你多了几年的人生阅历，多了与众不同的人生体验，听一听，就算只有万分之一的触动概率，但产生质变后对你来说，就是百分之一万的收获。

5.4.4　社会资源无处不在

与讲座有异曲同工之妙的是博物馆、展览会、话剧表演等社会提供的资源。博物馆着重体现事物的演变过程，除去众所周知的历史与自然等博物馆，也有五脏俱全的航空航天（见图 5.14）、电信、铁道及钟表等博物馆，漫步其中，你便化身为时间旅行者，亲眼见证奇迹的环环相生。仅就北京而言，就有国家博物馆、故宫博物院、首都博物院、中国邮政博物馆、中国电影博物馆等在内主题鲜明、藏品丰富的一百多座博物馆。而且它们大多免费，适合学生细细领略，从历史中汲取能量。

展览会的主题更千变万化，也更贴近生活，从汽车、电话到钢琴、棉花，都有着说不完道不尽的故事，在为大开眼界而叹为观止的同时，你也不要忘记挖掘其潜藏的独运匠心，如产品的设计理念与企业的营销模式。看得多了，便能够拓展知识范围并建立感性认识，甚至在不知不觉中也提高了鉴赏能力，变成了小半个“专家”。展览会不像博物馆常年开放，他们大多仅开放有限的时间，需要你有敏锐的嗅觉和高效的执行力，有时候懒癌一犯，就可能错过一场非常有趣的展览。

你一定听过开心麻花、人艺话剧这些词汇，表演艺术家通过语言、肢体、表情向观众诉说着特定的主题，传达着特定的情绪。相比于博物馆、展览会，这样的形式更生动也更直击人心。在孟京辉《恋爱的犀牛》中感受爱情最纯洁的模样，在莎士比亚

《第十二夜》中品味生活的浮沉美好，在德云社相声大会中捧腹大笑散尽压力……早早给自己定上几周后的一场剧，接下来的几周都会充满期待的动力。

图 5.14 北京航空航天博物馆收藏的“黑寡妇”

5.5 人才培养的完整性

教育的目的是培养人，而不是将人当成专业工厂里的一道工序来对待。严格来讲，专业技能的培训并不能被看成一种教育。中国古语有云：“十年树木，百年树人。”从这个俗语中我们也可以看到，教育的本质乃是栽培和培育，就像园丁培育幼苗一样。因此，教育也可以称为教化，或者文化。

种子需要阳光雨露养料的共同作用才能茁壮成长，我们谈了通识教育应该如何开展。为了开展通识课程，要跳出专业固定思维，开展书院教育去看世界，其核心都是为了给种子提供更丰沛的雨露养料，都在为人才培养的完整性而努力。同时，在前面两节的描述中，我们提到了在书院中会有导师制，有实践活动，有创新创业支持，同时，学生们还可以通过校内外的各种资源进行知识补充。在本书后续的章节中，我们还会专门提到高校在科技实践、综合实验、创新创业等方面专门设立的培养方案，后者表现得更为体系化和专业化。两者相互补充，是对人才培养完整性的另一种支持。用对比发展的眼光来看整本书，你将会对“大学怎么读”这个主题有更深的理解。

而在通识教育之上，我们更希望的是提高对于隐性教育的重视，我们希望学生自己能慢慢习得终生学习的能力，能够从被动教授变成主动思考，在心中自成教育体系，这样人才能真正跳出社会的局限性，在发展中成就没有出现过的自我。正如新亚书院院长钱穆（1895—1990 年）在《新亚学规》中讲道：“一个活的完整的人，应该具有多方面的智识，但多方面的智识，不能成为一个活的完整的人。你须在寻求智识中来完成你自己的人格，你莫忘失了自己的人格来专为智识而求智识。”

翻开一本无字天书，而学生心中自明，应该是对“教无定法”的最高期待吧。

思　考　题

1．对比哈佛大学，MIT 的通识课程体系有哪些特点？

2．请你结合自身的教育经历谈谈为什么说“性格的养成也取决于课外的生活氛围”？

3．在 5.4.2 节中介绍了几种读书方法，你是否可以尝试一下？尝试后谈谈你的体会。

4．关于大学讲座，你是如何选择的？是否有过超越期待的讲座？

5．你认为应该如何平衡社团活动与课程学习？

6．你认为参观博物馆、展览会，相比于校园学习有哪些优点？

拓展思考

1．回顾一下你经历过的通识课程，提出至少 5 点对该课程的改进意见。

2. 请你谈谈“经典研读、人文素养、社会科学和科技文明”四类课程的各自价值？你是如何选择通识课程的？

3．谈谈你对孔子的“君子不器”有哪些理解？它与通识教育有什么关系？

4．有人说，“书院制让‘老师’这个形象更为丰富了，也让学生深刻理解了‘三人行必有我师’的道理”，你认为这句话阐述的是书院制的哪一方面？

5．去国外或者国内其他高校交换一学期或者一年，对你的成长有什么好处？

6．你如何理解钱穆在新亚学规中的观点“通过知识的学习完成人格的培养”？

参考文献

[1] [英]怀特海．教育的目的[M]．庄莲平，等，译．上海：文汇出版社，2012．

[2] [意]伊塔罗·卡尔维诺．为什么读经典[M]．黄灿然，李桂蜜，译．南京：译林出版社，2012．

[3] 北京航空航天大学通识教育白皮书[M]. 北京：北京大学出版社，2015.

[4] 彭思龙. 科研五色石：彭思龙博文精粹[M]. 北京：清华大学出版社，2016.

[5] 李培根，等. 论大学的软实力[J]. 高等教育研究，2006，12：6-10.

[6] 李培根. 论开放式高等教育[J]. 高等教育研究，2007，9：1-6.

[7] 陆一. 从“通识教育在中国”到“中国大学的通识教育”[J]. 中国大学教学，2016，9：17-25.

[8] 蔡达峰. 以人为本、以德为先——大学通识教育之通与专的关系[J]. 通识教育评论，2019，1：1-6.

[9] 李建中，等. 何以成人，何以知天——武汉大学通识 3.0 的核心理念与实践[J]. 通识教育评论，2019，1：139-148.

[10] 李猛. 阅读经典、通识教育与美好生活[J]. 通识教育评论，2020，3：1-6.

第 6 章

研究型课程教学

回到电子信息类的专业领域来，专业教学如今也有了焕然一新的模样。“研究型”教学的模式给课堂注入了全新的活力，带来了高校教育的新思路。

教学的难度如何循序渐进？培养的理念如何多元布局？师生的关系如何创新升级？这一章，或许能起抛砖引玉之效。只有当“专业”的信号塔足够稳固，信号的对外发射才能稳定精准。

细细思量前五章探讨过的教育背景，不难发现有一种微妙的教育思想渗透其中。洪堡大学的教育理念认为“大学兼有双重任务：一是科学研究，二是个性培养与道德修养”，而中国古代教师讲究“传道授业解惑”，也是早早就关注到了“技能”与“素质”的全面培养。将这两者混合杂糅在课堂教学这一环节中，细心雕琢加工，便可打磨出一颗名为“研究型”教学的璀璨明珠。

中西方教育近年来对于教育模式都投入了更大的研究力度，其中“研究型”教学的模式给“老师”与“学生”两个角色赋予了更多的能动性。老师的“教”在乎于引导，学生的“学”注重于主动，让学生也有机会成为课堂的主人，在师生互动的过程中打造出了丰富的教学形式。在探索适应时代与学生特点的教育方式中，“研究型”教学成了一个很好的切入口。

6.1 “研究型”教学概述

何谓“研究型”教学？它与传统的教学方式究竟有何不同？……

围绕“教学理念”“内容结构”和“体系构建”三个方面的简单阐述，或许可以帮助你思考这些问题。

6.1.1 教学理念

以“授人以鱼”和“授人以渔”作比，能对“研究型”教学的教学理念有一个初步的理解。传统的教学模式多将课堂作为主阵地，实现的是知识的传授，即授人以“知识”；“研究型”教学则打通课堂内外、线上线下，实现的是学生自主研习，即授人以“学习能力”。进一步地，“研究型”教学还致力于将“授”人以渔进化成“启”人以渔，用引导和启发的方式，让学生自我摸索，习得能力。当然，传统模式和“研究型”教学只是教育方法的侧重点有所不同，两种模式相互补充，能够让学生既拥有扎实的基础知识，又懂得如何更好地运用它们。

在教学模式的设计环节，各高校可以结合大学教学现状，将学校各类资源进行优化整合，设计富有学校特色并切中学生发展需求的教学方案。例如，北京航空航天大学以教学团队建设为核心，以国家级精品资源共享课、精品视频公开课和校级“研究型”教学示范课程建设为基础，以罗杰斯的自由学习和新建构主义教育为理论指导，形成“经典与前沿、宽度与深度、理论与实验、课内与课外”相结合的“研究型”教学模式，推进核心课程体系建设。

“研究型”教学的核心理念是，期望学生能够在“知识的整合与重构”“团队的协作与探究”“技能的分享与交流”“思想品德与人文素养”等多方面培养综合能力，从而真正成为具备解决复杂问题，具备“软硬件”能力的新型社会人才。

6.1.2　核心内容解构

一般来说，“研究型”教学至少分为两个部分：课堂教授和综合性课题。

课堂教授（见图 6.1）指的是传统教师站在讲台上授课的方式，但教授的内容需要适度减少理论的直接传授、课后习题的详细讲解，转而强调前沿科技成果的课堂引入。教师引导学生还原历史过程，继而品味学科前沿成果，这种巧妙融合过去与未来的课堂使得教学内容能够兼具经典与前沿，既有知识面的宽度，又有思考的深度。适量增加综合性课题的背景介绍，以便衔接后续课题研究。最终考试的内容会更偏重于综合能力的考察，考试占期末成绩的比重会降低，摆脱“以考试成绩论英雄”的狭隘。与此同时，课堂的形式也会出现一定的变化，老师主体的固有印象被打破，学生可以参与到课堂的教授和展示中来，与老师进行更为深入的互动交流。

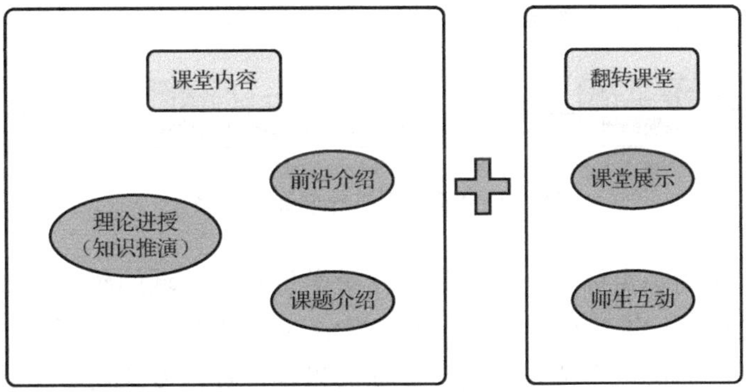

图 6.1　课堂教授的内容革新

综合性课题（见图 6.2）则是传统教学中不具有的学习模式，采用学生自主探究为主，老师指导评价为辅的方式。这与第 4 章所提古代书院多以学生主动求学、自主学习为主的思路颇为相似。课题难度相较于普通的作业更大，涉及的知识和领域更多，完成的自由度也更高。在课题进行到某一阶段时，学生将探究成果带回到课堂展示，师生提问、讨论、测试与评价，最终将自己完整的研究成果撰写成报告或论文。整个过程中，老师的讲解少而精，课堂外，老师会在课题的几个关键节点约学生一起探讨，提出下一步的研究建议；课堂内，老师则主要引导学生互相提问，并将课堂上未解决的问题在课下进行答疑解惑。着重引导兴趣、提出关键性问题指引是老师在综合性课题中的角色定位。学生则需要利用信息化手段，去实现自己的课题设想。网络时代，资源共享，如何从浩如烟海的资源中精准获取并整合成自己需要的内容，成为每个学生都必须学会的新技能。

“研究型”教学模式既解决了传统课堂中学生作为信号接收方对信息理解能力低下的问题，又激发了学生主动成为信号发射方共享思维成果的热情，达到了教育信号传输的完美匹配。

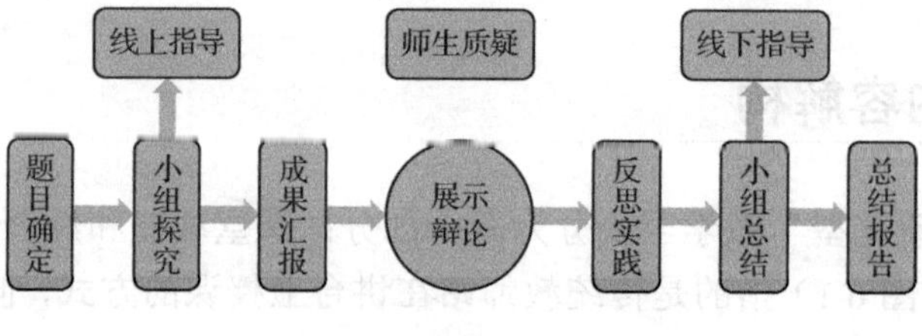

图 6.2 综合性课题的研讨流程

6.1.3 课程体系构建

孔子主张：因材施教，教学也需要做到术业专攻。在充分考虑学生大一到大四各个时期的发展特点后，综合学生兴趣、关注重点、思维理解水平、能力技术基础等各类因素，可以尝试从时间维度和专业能力提升维度，构建“新生研讨课+专业基础课+专业研讨课”的“研究型”教学课程体系（见图 6.3）。

图 6.3 “研究型”教学课程体系

课程体系以时间轴定标，新生研讨课注重学生对多领域的感性认知，学生可以根据自我兴趣，选择某一领域进行了解。小组展示以探讨学科历史，研究热点话题为主，让学生了解专业背后的故事激发其对于专业的兴趣，拨开专业迷雾彰显专业生机。

专业基础课注重理论知识的深入理解。对于电子信息类专业而言，专业基础课主要涵盖信号、电路、电磁场及计算的内容。专业基础课的学习使学生更为直接地体验到专业由浅入深的认知过程，加强知识内核的吸收。基础理论的传授通过设计小组课题的方式，让学生在完成课题的过程中习得，老师适时引导，团队精诚协作，用实践增补学习疏漏，广度与深度相结合的课题增加了普适性和挑战性。有理由相信，如果学生已经有独立做出一个系统的能力，相信他们也必定熟练掌握了这个系统的相关知识。

专业研讨课注重对专业知识的进一步深入理解和创造性应用。较之于专业基础课，老师对于理论公式的讲解比重进一步减少，甚至在课堂上讲台前的身影都鲜少可见。课堂内外、线上线下更多都是学生的主阵地。交流探讨，实践想法，创新课题，在专业知识相对完备的基础上，学生开始主动去寻求专业的未来，内化所学的知识，挖掘专业的潜力，拒绝浅尝即止而偏爱推陈出新。

在下面的各小节中，我们将会以北京航空航天大学的课程为例，看到“研究型”教学模式下，学生们在课堂中的真实表现。

6.2　新生研讨课

新生研讨课是大学的“保鲜剂”。

大学一年级的课程，主要是数学、物理等基础课程，虽然基础课程对于日后的专业学习十分重要，但这些课程对于刚结束 12 年基础教育的大学新生来说，实在是有点缺乏了大学想象中会有的趣味性。再加上基础课程往往由青年教师授课，资深教授比例较小，学生难得见到相关专业资深教授，对于大学的专业性又容易产生怀疑，从而慢慢出现学习热情下降等现象。虽然校长、院长等各级领导都会出现在新生教育的环节中，专业导论课程也由资深教授担任，然而师生之间的个性化交流依旧严重不足，面对面交流的机会少之又少。与此同时，不少资深教授也抱怨缺乏与学生沟通的渠道，导致研究生招生时招不到心仪的学生。新生研讨课的开设在一定程度上能改善目前的教育情况。

6.2.1　大学上课的样子

新生研讨课是学生进入大学接触的第一类专业性课程，是学生对大学课程的最初印象。各学科领域的知名教授面向一年级新生开设小班研讨类课程，老师精心选择专题，从身边事物、重大科技新闻、学科历史、科技史等各类师生有共同兴趣的专题入手，通过教授与学生之间、学生与学生之间的平等互动与交流，以小组方式边学习、边讨论，促进学生自己在探究中获得结论。学生在此过程中感受到了大学开放自由的氛围，培养了主动思考的思维模式，有些观点与见解甚至能超出老师原有的认识范围。

以电子信息类专业为例，谈起智能手机，虽然学生每天都在使用，但很少有同学了解其背后的科学技术、发明人的科学故事，以及企业兴衰的根源。从智能手机出发，可以讨论移动通信、集成电路、计算之芯、摄影显示、人机交互、移动互联、应用软件商店等多个领域，相关的人物故事有香农、诺伊斯、基尔比、摩尔、任正非、张忠谋等，还有摩托罗拉、诺基亚、黑莓的兴衰，以及华为、阿里巴巴、腾讯的崛起等企业案例。从这些话题出发，还可以引申探讨人才的知识能力、素质内涵、大学教育的方法与教育途径等。通过这些关联的内容延展，学生的认知将由智能手机这一单一产品扩展为信息学科的体系框架。

新生研讨课期望建立一种教授与新生沟通的新型渠道，提供教授和新生之间交流互动的机会，对老师来说，从一年级开始参与本科生培养，在提升本科教育质量的同时，也为自己争取到更多优质研究生、博士生提供了机会。专业院系资深教授走进大一新生课堂，以自身丰富的科研经验与人生阅历，诠释学科历史、前沿问题。他们的引导，让新生在充分交流中找到研究和探索的兴趣，学习科学思维方式与研究方法，培养创新意识与创新能力。这些方式使新生在大学一年级这个渴望了解大学的特殊人生转折期，能够有机会聆听教授的治学之道，感受他们的魅力风范，进而有更多的机会走进科研实验室，也为推动大学教育模式从传授型转向“研究型”教学奠定基础。从大一开始，师生之间沟通的桥梁就被建造得很坚实，学生便能持续保持对大学学习的“新鲜感”。

6.2.2 走进光电信息世界

“走进光电信息世界”这门课程定位工科类导论通识课程，郑铮教授作为课程主讲人，将专业知识与前沿技术相融合，设计了深受学生喜爱的光电通识课程。各个章节特色鲜明，“光电技术去哪儿了？——从身边到诺贝尔奖”“无处不在的‘触手’与‘眼睛’——光传感、测量与成像”“最快的‘相机’、最准的‘时钟’——超快光子技术”……趣味的章节标题引起同学们一探究竟的好奇，多学科领域的知识带给人对于光电的全新解读。超快光子技术将基本的时频域变换概念介绍给刚入学的新生，从而在新生的心中留下对“傅里叶变换”等数学概念及其实际应用的憧憬，使之在数理基础知识学习的过程中能多一份对体系架构的整体思考和技术应用的未来展望。从成像的衍射极限理论到突破衍射极限的诺贝尔奖，教师用实验引领课堂，学生亲身感受实验现象，对于物理规律和突破性创新进而有了更深入的自我理解，而诺贝尔奖背后的故事，鲜明的科学家特点则让学生增强了对“内在驱动的原始创新”的认识和兴趣。

大学怎么读？第一步，走进这一堂新生研讨课的课堂吧！

开课前

教师：欢迎各位同学选修“走进光电信息世界”这门课，首先说明一下，这门课和传统课程有所区别，没有教材、没有考试，也没有考勤，课堂内容主要是结合发展历史和科技前沿，向大家展示一下光电信息技术作为交叉前沿学科的特色，帮助大家学会用一个不同的视角来看待生活中的科学技术。

学生：那最后的成绩怎么计算呢？

教师：成绩由三部分组成：课堂展示+课程小结+课堂互动，每部分有不同的占比，考察的核心在于课堂的参与度和自己的思考深度。

学生：那这门课会很难吗？因为我们高中之前从来没有接触过这个专业，只在中学物理课中学过一点光学和电学，会不会听不懂？

教师：大家回忆一下，目前为止你们是不是至少都听说过光纤电缆、传感器、显微成像、隐身衣、电磁波和它的偏振性？有了这些基础知识，你就一定能明白超快光子学、光子晶体、超材料、光存储，光开关、光雷达及量子信息处理等名词的实际内涵和应用背景。不用担心，只要跟着课程的安排去思考、去学习，会比你想象的简单，好了，我们开始上课吧。

专题讨论

教师：LED 在日常生活中的应用目前已经非常普遍了，哪位同学可以说一说你所知道的具体应用场景吗？

学生甲：LED 显示屏会在很多大型的晚会或者街边出现，以前好像以红色居多，现在各种颜色的都有，非常漂亮。LED 灯因为节能环保，取代了白炽灯成为家里灯的首选，感觉……好像需要光的地方都能够用 LED 来实现。

教师：这位同学的感觉很对，LED 其实就是大家所熟知的发光二极管，出现于 1962 年，早期确实只能发出低光度的红光，所以没有办法大范围普及。而目前 LED 灯被广泛使用的很大原因是一项获得 2014 年诺贝尔物理学奖的技术，那大家再猜猜这一项技术是什么呢？

学生乙：一种光的变换技术，把红光能变成各种颜色的光？

学生丙：一种全新原理的发光二极管？

学生丁：结合新的前沿的技术改变发光的方式？

……

教师：没有你们想象的那么复杂，其实这项技术叫作蓝光 LED（见图 6.4），红绿蓝三原色能够合成白色，红光和绿光 LED 早在 20 世纪中叶就已经问世，蓝光 LED 却迟迟无法制备出来，直到 1989 年左右才终于被研发成功。按照诺贝尔奖评选委员会的说法，这项只有“20 多岁”的“年轻”发明之所以获奖，是因为这种用全新方式创造的白色光源已经让我们所有人受益。“白炽灯点亮了 20 世纪，21 世纪将由 LED 灯点亮。”你们看，其实诺贝尔奖离我们并不遥远，三原色的原理每个人都知道，不用一直恐惧自己的知识或能力不够，我们现在学习的知识已经不少，缺乏的是联想、应用和试错的勇气，科技前沿最初的来源还是生活实际。

图 6.4　用氮化镓（GaN）形成的蓝光 LED

实验演示

学生：今天我们组想给大家展示一下如何让水滴倒流。

学生：我们采用的实验器材是一根水管、一台摄像机、一台音响。大家可以看到，透过摄像机的镜头，水滴此刻正在不断向上回流，但是我们仍然能听到水滴落下的声音。

学生：是否有同学想上来实际体验一下？

（同学 Q 上台，通过调节音响的振动频率，发现水流出现了静止不动的情况。）

教师：你们能否向同学们解释一下实验的原理呢？

学生：在这个实验中，关键的参数只有两个：摄像机的频率和水的振动频率。其中，水的振动频率由音响来控制。当两者频率相等时，经过摄像机两次拍照的时间间隔，后一个水滴恰好取代了前一个水滴的位置，所以拍到的是相同的画面，造成整体没有动的假象。音箱振动频率减小时，每个水滴生成的时间就稍微延后了一些。摄像机以相同的频率拍照时，后一个水滴还没有来得及取代前一个水滴的那个位置，而是运动到较早的那个较高位置，让人误以为那是前一个水滴向上升了。

教师：这个实验与我们所讲的光有何联系呢？

学生：在这个实验里面，摄像机的频率是非常关键的，它的频率正好在人“视觉暂留”的频率范围内（一般取 24Hz），而视觉暂留就是光信号传入大脑神经后的一种视觉现象。这种特性在电影动画的拍摄和制作中得到了非常广泛的应用。

教师：通过这个简单的实验，你得到的收获是什么？

学生：看似很奇妙复杂的现象，其蕴含的科学原理也许并不难理解。我们要做的首先是不能止步于现象表面而放弃本质的探寻，科学追求需要有透过现象看本质的主动性和寻根究底的执着。这次简单的实验让我们至少不再畏惧于科学的高深莫测，而产生了更多动手追寻的兴趣。

课堂互动

教师：在上节课我布置过一个任务，让大家去查阅了解人类对光的认识是如何发展、科学家是如何推进光的历史演变的，并探索这个过程中有没有我们现在依旧能够学习和借鉴的亮点。那接下来我们以小组为单位进行讨论吧！第一组先开始，后面小组依次补充。

第 1 组：我们小组以时间为主线，研究了一下光学的发展历程，感受了人类事物认知演变的过程，以及技术日新月异发展的步伐。

欧几里得在《光学》中提出了光的直线传播性，17、18 世纪建立了光的反射和折射定律，并对光的本质形成了两种对立的学说，即光的波动说与微粒说。在以后很长一段时期内，微粒说占据统治地位，而波动说几乎销声匿迹。到 19 世纪初，由于光的干涉、衍射的发现，托马斯·杨和菲涅耳在 19 世纪“复活”了光的波动说，从此波动说在光学中占了上风。20 世纪初，爱因斯坦提出了光的量子说，康普顿实验证实了光的粒子性，使人们对光的本质又有了新的认识。1905 年 3 月，爱因斯坦发表题为《关于光的产生和转化的一个推测性观点》的论文，他认为对于时间的平均值，光表现为波动；对于时间的瞬间值，光表现为粒子性，并因此获得诺贝尔物理学奖。光的波动说与微粒说之争以“光具有波粒二象性”落下了帷幕。

可以看出，人类对于光本质的认识发展主要是由光的性质发现来推动的。光的色散实验引燃了微粒说和波动说的导火线，光的衍射、干涉、双折射、偏振性质分别为波动说和粒子说的推动提供了有力的证据，抛开具体的原理不谈，科学家对于光性质持续地探索并尝试用各种实验和原理来解释，直接促进了人们对于光本质的了解。这种思维与如今我们习惯的知识应用思维有很大的区别。“不迷信主流思想，而是坚信实验结果，捍卫自己验证出来的真实，哪怕与世界为敌。”真理只有在这样的争辩中才能越辩越明。

另一点很大的触动来源于时间的容忍度。人们花了两百多年的时间才最终验证了光的“波粒二象性”，期间前赴后继了很多代的人，他们或许花费一生的时间都没有办法得到想要的正确答案，在这个维度下，现代人焦虑的心态与之形成了鲜明的对比，在短时间内追求结果、追求效率，便失去了严谨的科研态度，失去了精致的心。慢下来，是我们每个人都要修炼的功夫。

第 2 组：我们小组选择从人物入手，研究了几位对于光学发展做出巨大贡献的科学家，并从他们身上发现了很多值得深思的故事。

对于牛顿，大家应该都不陌生。他是光的微粒说的坚定支持者，也是挑起微粒说和波动说争论的主要人物。关于牛顿的故事，最核心的始终是他对于科研工作的沉迷。有一次，给牛顿做饭的老太太有事要出去，就把鸡蛋放在桌子上说：“先生！我出去买东西，请您自己煮个鸡蛋吃吧，水已经在烧了！”牛顿正在聚精会神地计算，头也不抬地“嗯”了一声。老太太回来后掀开锅盖一看，惊呆了：锅里居然煮了一块怀表，鸡蛋却还在原地放着。原来牛顿专注于计算，胡乱把怀表扔到了锅里。这种超越常人的专注力让他在波动说面前，能够坚定不移地坚持自己的想法，并出版了著作《光学》，通过各种实验不断证明，让微粒说一度被当时的人完全认可。

另一个大家非常熟悉的人物是爱因斯坦。他提出的光量子假设彻底向世人解释了光的本质，在光学发展史上居功至伟，拥有超高智商的他一直是我们仰慕的标杆。我们组今天想介绍的，是他著名的“A=X+Y+Z（A 代表成功，X 代表正确的方法，Y 代表努力工作，Z 代表少说废话）”公式。他其实并没有我们想象中的把生命的每分每秒都用在了科研上，他热爱运动，保有自己的生活，他晚年仍然坚持徒步登山，宣扬反战和平并为之努力。他认为“学习时间是个常数，它的效率却是个变数，单独追求学习时间是不明智的，最重要的是提高学习效率。”而相对论、光电效应、能量守恒定律便是他学习效率最好的证明。这一点对于现在的我们很有借鉴意义。

第 3 组：上面两组说得都非常详细，我们小组就想从自己的角度来谈一谈历史发展对人的影响。看过去，我们只能看到推动历史进程的部分人的身影；看现在，是现有理论在生产生活中发挥重要的作用；看未来，颠覆或延续，一切未知。但也正是这样的宏观视野，让我们可以不再拘泥于自己的小失小得，而去珍惜生而为人的几十年光阴，去想象去拼搏，竭尽努力，让我们所处的当下，变成后人所惊叹的过去。

教师：每个小组的思考都很有深度，而且角度各不相同，互为补充，看得出来大家都花费了很多的心力，给大家点赞！

课堂展示

学生：今天我们组将要向大家展示被誉为"'最完美'的信息高速路"的光通信技术。在我们组最初的认知里，完全没有办法把小孩子手里拿着的光纤花灯与光纤陀螺仪、海底光缆、光导纤维内窥镜等高级的词汇联系起来。但这一切，其实都是由光的全反射这一简单的物理定律得出的。

教师：那经过你们自己查找资料和整理，弄明白光纤通信中不同技术的关联和发展了吗？

学生：嗯，全反射不仅仅是书上的一张光路图，一条简单的反射公式，更多的是背后的物理意义和应用场景。技术的复杂和简单并不是根据名字来定的，而是根据应用场景和涉及领域定义的。这次展示启发了我们对于"应用"这个词的思考，像光纤内窥镜就是医学应用的促成品，虽然和玩具花灯的原理一样，但因为应用本身高精密、高准确度的要求，它的技术也就更复杂，所以首先面对简单原理要敢于去想应用，其次面对复杂应用要敢于更深入研究原理，思考产品的改进，这或许是研究的另一种方式。

教师：接下来是提问环节，同学们有任何问题都可以直接向刚才展示的同学询问。

学生甲：矛盾是对立统一的，在肯定光通信技术的同时，你认为目前技术是否还有值得改进的空间，或者任何你认为不合理的地方呢？

学生：……

6.2.3 同一个二维码的"相遇"

"从智能手机谈起"这门课从学生熟悉的智能手机入手，首先探讨智能手机这一电子信息产业变革的新引擎，随后探讨智能手机相关领域。课程会追溯电子信息科学技术从概念到产业化的历程，穿插著名科学家、工程师、企业家的人物故事及产业案例，逐步引出电子信息类核心专业课程体系、数理基础与人文社科知识框架、工程师能力素质要求等相关内容。这门课试图尽量充分体现新生研讨课的全部特点，翻转课堂的模式让学生做课堂的主人，配套线上精品 MOOC 课让学生能够随时随地开启学习模式，老师引导成为自我学习中的"点睛之笔"，"研究型"教学的流程在不断研习中趋于成熟。

小班研讨、小组展示，人与人的相知相遇，或许也可以缘起一个组队的"二维码"？

第零周：（选课）

大学第一次选课，打开教务系统，没有了习以为常的语文、数学和英语等科目，取而代之的是各种从名字看起来就很有趣的课。对了，首先我要给自己选一门新生研讨课。

噫，“从智能手机谈起”，这个课会谈些什么呢？

智能手机的系统？Android、iOS、windows phone 还是华为鸿蒙？

智能手机的硬件？高通骁龙？华为麒麟？

智能手机的软件？微信？支付宝？

智能手机与当下潮流的结合？AI？VR？

是不是我在结课的时候就能设计一个手机软件？就能自己动手组装手机？

……

这门课应该能够涵盖很多电子信息类的前沿知识，老师应该会给我们讲述很多关于智能手机的知识，正好适应现在以信息科技为潮流的世界，也丰富下自己的知识储备，那就选这门课了！

第一周：（确定小组）

“这里有好几个二维码，每个二维码代表一个小组，请同学们自由扫码组队，并尽快确定展示课题……”

嗯？这门课好像与想象中的有点不一样啊。课堂一共竟然只有 30 个人，而且老师竟然说他课堂上只讲一次课，之后的课全是由我们自己来主导，说是“翻转课堂”？所有人分成六个小组，每个小组确定好展示主题，按照顺序从下一节课开始进行展示，每个人要对其他组的展示进行点评，并形成自己的展示小结和课程小结，小组讨论过程中需要至少与老师深度交流两次……天呐，这这这，听上去好难啊，之前从来没有过类似的经验啊。

在混杂着担忧、盲目、措手不及但又期待自己能完成挑战的复杂情绪下，我随意地扫了一个二维码，然后就找到了我今后要共同奋斗的队友们。因为是全校自由选课，我们彼此之间完全不认识，所以互相打了招呼之后这个群就沉寂了下来，我很想问一问大家是不是要尽快确定一下题目，但一来害怕，因为从来没有承担过类似主动的角色，二来担心引起大家的反感和抵触情绪，便也选择了保持沉默。

第二周：（实验室参观）

这门课在第二周的时候会组织有意愿的同学参观实验室。

对于“实验室”这三个字，我是非常敬畏的，在老师、辅导员的介绍中总感觉这是一个很神秘的屋子，里面有着各种各样高科技碰不得的东西，只有非常优秀的人才能够进入实验室，从事科学研究。没有想到一门课程除了展示还会有这样的形式，我们一年级的新生都能有机会直接参观实验室，真是太令人激动了。

一下午，没能记住几个设备的名字，不明白这些器材的价值，也听不太懂讲解的原理，但是我终于切身地感受到了什么是实验室，它并不遥远也并不神秘，它就是简单的屋子里放着专门的器材，我们只需要努力学习专业知识，就能成为可以触碰它的“非常优秀”的人。

“我穿着紫色衣服”“我戴着红色帽子”，因为组内还不认识，我们只能以这样的方式进行大家的第一次正式“会面”。我们一起乘车前往实验室参观，一起聆听老师讲解，一起聚餐。在路上我们七嘴八舌地讨论但至少敲定了第一次选题，大概分配了各自工作，第一次真正意义上的小组合作就这样在我们参观实验室的路途中开始了。

每每回想起那天，天很暖，仪器很先进，人很善良，饭很好吃。

第三周：（提前预演）

下周就要第一次展示了，这周需要先去找老师试讲。

但我们组第二周才决定大概分工，目前也没有人扛起队长的大旗，所以我们做了一个非常不明智的决定——让每一位同学写一份涵盖所有内容的稿件，最后将所有稿件汇总起来，拼凑出一份最终的稿件。这显然不符合分工合作，逐个击破的科学方法。加之 PPT 制作又完全是由另外一位同学负责，于是由五份内容不一、水平参差不齐的稿件整合而成的文稿，一份随意发挥的 PPT 加之极其糟糕的时间把控，毫无悬念，我们试讲到 1/4，就被老师直接叫停了。

强烈的羞耻心让我想直接逃离这个尴尬的场面。出乎意料地，老师没有批评我们，反而从我们的角度出发，表达了对队伍陌生性和彼此沟通羞涩性的理解。随后他从展示本身到团队分工，慢慢地引导我们发现问题，让我们明白，课程之所以这么设置，就是为了让我们学会团队之间的分工合作，学会如何让团队之间优势互补而不是一人独挑大梁。团队，在今后的生活中是必不可少的。

试讲之后大家进行了深刻的反思，也真的重视起来这门课，觉得不能再各自准备下去了，各自准备只会带来种种弊端，比如衔接不紧密，时间安排不合理，内容重叠等，于是我们对内容重新进行了提纲上的梳理，然后将任务分配到个人，最后统一进行整合。我们不再沉默，而是在群里积极沟通，畅所欲言；我们不再能不见面就不见面，而是约定正式展示之前进行两次集中的小组内试讲。尽管每次都会进行到晚上十点多，但有限的一周时间，我们完成了对内容翻天覆地的改变。原来只要大家都愿意贡献出自己的智慧，真的没有不可能！

第四周：（正式展示）

终于迎来了第一次正式展示。尽管试讲的时候已经练的很熟了，但真正上台的时候，却还是抑制不住的紧张。一上台，双腿就开始不自觉地颤抖，不敢直视同学和老师的眼睛，就假装看着他们，看着他们的桌子，尽量避免紧张。从来没有那么正式地在讲台上有过长达 30 分钟的展示，面对一双双认真的眼睛，担心着自己忘词怎么办，讲错了怎么办，内容太肤浅怎么办，回答不了问题怎么办……

不过，当我开始按照之前准备的内容，对照着 PPT 开始慢慢讲述，胸有成竹的感觉立马充盈全身，讲稿早已谙熟于心，PPT 切换早已倒背如流，这一次展示，我们小组的课题是“什么是摩尔定律？摩尔定律支配下的信息产业有哪些特点”，我们从摩尔定律对信息产业的影响，反摩尔定律以及安迪-比尔定律，摩尔定律的提出过程，符合摩尔定律的 CPU 的快速发展历史，以及通过数据发现近年来的发展速度有些放缓，引出对摩尔定律为什么不太准确的探究等各方面入手来诠释这个主题及其背后的意义。时间感觉一晃而过，一下子就结束了，台下的掌声让我们如释重负（见图 6.5）。

图 6.5 公众演讲

于是我开始相信努力准备的意义，相信台上一分钟台下十年功的必要性。更敬佩站在三尺讲台上的每一位老师。“教然后知困”，教学本身是一件非常难的事，我们只有让自己做百分的准备，才能应对台下学生一百零一分的突如其来。

最令人感动的是我们在展示结束后就得到了同学们的评价反馈，有感同身受的赞许，有一针见血的不足，有中肯到位的建议……这样的正反馈让我们强烈地想把下一次展示做得更好。

第五周：（老师反馈）

课程不知不觉就过去一半了，第二次展示课题确定之前，老师要求我们找他进行一次交流，交流总结第一次展示的经验。

“肯定就是把我们叫过去听一场滔滔不绝的思维灌输。”抱着漠然的惯性思维前往，没想到再次体会到了这门课的与众不同。

这场谈话中，老师并没有占据主动性地说很多，反而只是让我们坐在一起，从团队组建到最后展示每一个环节进行自我的分析，说出自己内心的困惑和对于队友的期待。“你们应该考虑的是什么原因让你们保持这种状态持续没有进步”。老师没有纠结我们展示中细枝末节的问题，而是采用“倾听+引导”的方式让我们发现团队有待提高的地方，让我们自己培养自我改进的意识，利用他几十年从教的经验给迷茫于作业的我们一个高角度的思考。正所谓“现在认为有用的东西，以后未必有用”，这次交流让我跳出习惯性被老师的作业牵着鼻子走的状态，产生想要主宰自己的时间，主宰自己生活的动力。我发自内心地想去到自习室，去学习，看书，查阅文献，去做自己想做的事，去热情地和同样优秀的大家讨论问题，去汲取别人思维的精华，将学习的主动性掌握在自己手里。

可以说这次交流对我的大学状态产生了深远的影响。第一次我看到了自身的青涩和思维的粗糙，看到了细节的重要性，看到了循循善诱式教育的那种润物无声的温柔；第一次我对“导师”二字，忽然有了真切的感受。何为导师？在大事业、大运动中指示方向、掌握政策的人谓之导师，这正突出了“导”的重要性。“不愤不启，不悱不发”，老师不再是有问题就解答或者是直接灌输思想的角色，而是不断引导，直到学生真的自己无法解决才会为其点拨云雾。进入大学，过硬的专业素养已然不是评价一个老师能否被称为导师的最主要因素，取而代之的是高瞻远瞩的大局观及无人能及的丰富经验。

老师说“你去上一门课，不仅仅要去听老师所讲的知识、方法，同时，你也要学习老师的讲课方式、肢体语言甚至揣摩行为背后的深意，其实这才是更重要的。知识，机器人就能教给你，但是如何更好地打造自己，如何做人做事只有老师才能教给你的。”

深以为然。

第六周：（小组提升）

经过一个多月的磨合，小组的熟悉度直线上升，我们每个人都想要认真对待下一次展示，争取一扫第一次的阴霾。

首先我们总结了上一次的经验以及其他组在展示过程中的优势，发现小组主要的劣势在于材料准备太过单一。看了某一组形式丰富的展示之后，我们明白了仅仅以图片和文字的方式为大家展现内容是很难产生观众共鸣的。摩尔定律的产生发展和应用过程中有着丰富的数据、宣传片和视频作品资料，我们完全可以截取其中片段为大家呈现，以便更生动地表达我们想传达的观点。

第二次展示我们选取了“乔布斯和苹果公司”的主题，准备方法也一改原先的草率分工。组内每个人都需要先各自查找资料，思考角度，然后约定时间进行集中讨论。最后，我们将题目拆分成3～4个不同的论述角度，每个角度由两位同学完成。这两位同学各自再进一步搜集资料、讨论，做出这一部分的展示。全部人员都完成自己的负责部分后，小组聚在一起分析，将重复的内容删掉，一些不够深刻的想法再进行讨论修改。

重新经历整个过程，我深刻感觉到了台下准备工作的不易。光是最简单的寻找资料这一项，都蕴含着很多智慧。一开始每个人都漫无目的，从各个平台、各个数据库不分关键词地搜索，导致最后手边留着一堆毫无意义的材料；渐渐地大家开始学会有目的地根据人物的演讲、书籍，或者他人评价等方面开始进行整理归纳；再然后就琢磨出了可以从每份资料中归纳出共性，一条条列出来并注明出处；第一轮整理完过后，还需要对材料进行反复阅读，阅读材料最好是避开别人的评价，直接研读对象本人的文字，对每个不明白的地方深究为什么。只有经历了这一整套的流程后才能有效发现新的东西，形成自己的演讲内容。原以为资料搜集和整合是最简单的一步，经过这一轮体验之后才明白，工作的简单与否和从中收获的大小，都取决于你对待工作的态度。资料搜集这一步，对于训练一个人逻辑的形成、整体的把控、细节的关注都大有裨益。

而在 PPT 制作这个环节，也是挑战中蕴含着趣味。我们之前很少有做 PPT 的经历，所以除了把讲稿堆砌上去就不知道能做些什么了。这次我们特地搜集了一些小组展示的 PPT 模板，从外观到内容进行全面的修改。在听取老师“PPT 是展示思维逻辑和成果亮点”的建议后，小组采用了少字多图的方式，把展示的顺序和需要引起大家思考的内容放在了上面，并加上少量动画等动态效果使得 PPT 充盈了许多。本以为 PPT 只是讲稿的另一种展示，没想到它还能作为讲稿的有效补充，和讲稿互相配合，取得“1+1>2”的精彩效果。

第七周：（再次尝试）

第二次站在全班面前就显得轻松了许多，也有了直视在场同学的勇气。

展示采用问题引导的方式，抛出一个又一个问题来引导大家跟随我们的脚步去思考，然后提出我们的见解。随着展示的进行，同学们的表情会有疑惑，会有释然，会有惊讶，这说明他们已经成功被带入展示的情境中啦！对于乔布斯能够建立苹果帝国，除了看到他的一帆风顺外，通过这次准备，我们更想向大家展示他的人生起伏，他与艺术美学的关系，他的经营方式和管理理念。我们探讨在当今时代下，哪些前沿性的思想是值得借鉴与创新的，哪些模式已经被快速变化的时代所更替，我们畅想如果自己作为一名有着创业想法的青年人，要有怎样的态度，该注意哪些关键的节点，如何一步一步稳扎稳打但不失冒险，我们研究 iPhone 模式运行至今它的成功和局限，智能手机如何在如今的情况下实现新的突破，达到新的巅峰……

这一次的演讲，我们五个人互相配合，讲的情绪高昂、酣畅淋漓。相信能够在这样一个舞台把自己的观点全面地分享给台下的观众，并得到认可，之后任何一个舞台，都不会再怯场了吧。

“演讲是终生的能力”，我们小组已经在路上了。

第八周：（朋辈学习）

其他的时候，我们需要作为观众认真倾听其他小组的展示内容，同时参与互动讨论。

我本来只知道 Intel 和 AMD 的打打杀杀，
直到听了“蚂蚁绊倒大象”的故事，才知道 ARM 和 Intel 的爱恨情仇，
才知道原来大公司之间不仅仅有竞争，还有不可分割的相互依存关系；
我以为我每天用那么久的微信，已经很了解微信，
直到听了某组展示，才知道我只是在享受微信当前已经完备了的功能，
才知道微信背后的发展有 Kik，有 Talkbox，

才知道微信一路走来不断地在借鉴和创新，日后的版图将更为宏大；

我只知道王者荣耀很好玩，让我停不下来，

直到接触了腾讯如何进行游戏引进和玩家需求分析，才知道手游的开发也是有背后逻辑的，

才知道如果有意识地分析同类型产品，会发现相似的想法也能在表现形式上有截然不同的效果，

才知道成功需要多种智慧的综合运用。

……

这种小组展示、交流和共享的模式开阔了我的眼界和思维，我迫不及待地想要将别组优秀的经验和方式用到我们组的展示中，我留着很多的问题与其他组进行私下的交流和探讨，我认识了更多志同道合的朋友，也终于不再害怕与人交流，逐渐找准了大学的感觉。

转眼课程就要结束了，好像没有达成最初想要学会做软件、组装手机的目标，但我接触了完全不同的课堂模式，经历了终生难忘的团队合作；虽然技能上没有太大进步，但对于大学的认知、对于学习的认知、对于专业的认知却和当初有着颠覆性的改变。有了想法，技能的获取再困难都不会使我望而却步。

结课后：（终身能力）

“我们在特殊的时刻里扫了同一个二维码，组成了一个小组”，这一段经历在我大学后面的几年始终有着深深浅浅的影响。

大家原本互不相识，巧合下一起学习交流，结课后我们依旧在路上热情地打招呼，选到一样的课还能作为同桌一起交流，这种在合作中培养的友谊真的是弥足珍贵。大学是冷酷的，它不再给予你同伴，但大学又是热情的，它教会了你如何自己找到朋友。

我还一直记得课上老师说，柳传志为联想提出的核心竞争力——复盘。我们对弈一盘棋局，总要进行复盘才能从中获得当时没有想到的经验，或者是巩固当时所得。在这门课中，我们经历过项目的案例总结、课程总结、个人与团队的总结，总结的时候，我们与过去的想法对比，能得到与原来不完全相同的思考，这与《大学》中明德、新民、止于至善的论述有很好的呼应。若是以《实践论》的观点来看，我们的学习生活就是实践和认识的不断循环。在实践中认识到新的知识，又将知识在实践中去进行验证，就在这个不断循环的过程中实现自我提高。而维系这个过程至关重要的步骤就是有效总结，特别是持续总结。无论是在实践中学习到的道理，还是在书本上学习到的理论知识都需要我们通过总结来加深感悟。在总结的过程中不仅仅实现了知识的内化，更加重要的是实现了知识的对比。知识的纵向对比和横向对比方便我们找出规律，推理新的知识，也就是知识的拓展和延伸，这个是很宝贵的。

在之后的学习生活中，我将这个习惯保留了下来，不仅仅对课程的学习，更会对每个阶段的生活进行总结。生活因此出现了很强的条理性，不会因为任何事情而使自己心烦意乱失去头绪，这种感觉非常舒适。

最令人高兴的是在之后的另一门课程中，我们也被要求以同样的学习模式：小班几个小组，分配不同的课题，分别上台展示。再次站上演讲台，面对同学与老师，已经少了许多紧张害怕，即使由于新成立小组，准备不是太充分，但仍然顺利完成了自己那一部分的演讲。看到其他小组大多数同学低着头念稿，演讲出现磕巴和卡顿，我挺起胸膛，心中有个十分自信的声音在说："我可是上过'从智能手机谈起'课的学生呀！"

这门课，让我开始不惧怕表达，期待团队合作，相信总结提炼的意义，平视创新创业的能力，能够在仰慕企业家与科学家的同时去思考让他们成功的素质是什么。这些体会帮助我坚定了学习的信念，这门课程虽然结束了，但这门课所教会每个人的，我相信在大学四年里面，甚至是终生，都会收益。

6.3　专业基础课

目前国内大学教育倾向于大类培养，对大一的学生更注重统一的基础知识教学，如数理基础等，将专业知识教授挪移到二年级或以上。在此情况下，专业基础课承担了更为重要的专业普及任务，需要在有限的课时内完成学生从认识专业到了解专业再到应用专业的逐步深入过程。选配在专业教学上具有相当经验的老师和一名青年老师进行教学，从而保障在课程上的专业性和课堂上的创新性。通过知识讲解和实际操作等环节，达到课程的两个核心目的：一是能够从哲学思想的角度理解专业概念的产生和演变；二是能够综合运用相关知识独立完成复杂课题实践。

6.3.1　"三结合"讲专业

信息技术迅速发展，"互联网+"带来的大量碎片化知识推送，让教育在当今逐渐处于后喻时代，简单的知识传授已经不能吸引学生的注意力，也难以培养学生工程实践能力，以及良好的科研素质。专业基础课采用课堂讲授、课后指导与学生自主探索"三结合"的方式，充分兼顾理论分析和工程实践，培养学生在"听""看""做""讲""辩"五个方面的综合能力，从而达到专业能力的进阶要求。

课堂讲授

专业基础课大量研究学习国内外高等院校相关专业的教学内容和形式，老师在课堂讲解时适度体现教育"留白"，通过讲课激发学生思维，让学生自愿在课外投入更多的时间与精力。例如电子信息类学生在学习滤波器相关内容时，学生对于 R、L、C 等基本元件非常熟悉，通过分析 R、L、C 之间的内在关系，引出忆阻器的概念，从而再现科学史上的经典案例"忆阻器发现"，一方面在宽度上延伸了课堂内容，另一方面学生能深刻感受到研究的伟大意义，激发学生从事研究的热情。

课后指导

无论是针对课堂内容，还是综合性课题的研究，老师和学生在课后总保持着活跃的交流，老师遵循“导而弗牵、强而弗抑、开而弗达”的准则，从选题、进展跟踪、成果呈现等各个环节进行引导，每次都给出部分问题和建议，引导学生不断独立思考并进一步发现问题，问题越多，越能激发学生产生探索问题的主观能动性。发现问题在前，解决问题在后，在解决问题的过程中再发现问题，以产生问题为驱动，如此循环往复，形成思维的正向循环，就定下了不断学习、不断进步的基调，研究过程也变得“鲜活”起来。

学生自主探索

课程会留有一部分时间让学生进行独立课题的研究。从审题、准备、研究、完善、展示、互动，撰写报告、修改、提交……课题的每一个部分都需要学生的全身心参与。在选题阶段考查学生判断能力、决断能力和筹划能力；在研究过程中考查学生沟通能力、组织能力及协作互助素养，特别是考查学生面对一个未曾实现过的设想、打算，通过实践活动使之得以实现的能力；在成果展示阶段考查学生的语言能力、控制能力；在总结报告阶段考查学生自省的能力等。考核过程中老师和学生全面参与，特别是学生的广泛参与，朋辈督导，打破“学生考试，老师考核”的传统模式，实现角色互换，学生在考查审视其他同学的同时，有意无意地形成相互比较、自我反思和向优秀同学靠齐的意识。通过这种方式，学生也能够得到更为客观和全面的最终成绩评价。

“随机过程理论”和“电子电路”课程充分运用了“研究型”教学的理念来实现教育效果。接下来就对这两门课程的开展做简要介绍。

6.3.2 随机过程，随机过

在“随机过程理论”这门课的学习中，白噪声是一个很重要的概念，它的功率谱密度是常数，如果对一个系统输入白噪声过程，线性系统输入输出的互相关函数则刚好与系统传递函数相似，而系数就是白噪声的功率谱密度：

$$R_{YX}(\tau)=R_X(\tau)*h(\tau)=\int_{-\infty}^{+\infty}\frac{N_0}{2}\delta(\tau-\lambda)h(\tau)\mathrm{d}\lambda=\begin{cases}\dfrac{N_0}{2}h(\tau),\tau>0\\0,\tau<0\end{cases}\tag{6-1}$$

在此基础上，随机过程得到了很多工程应用和推广。但是对于这个约定俗成，实际上却并不存在的“噪声”，学生 X 感觉始终无法透彻掌握。

于是小组在选择研究课题的时候，X 和他的小伙伴便选择了“探究狄拉克函数、白噪声随机过程、单位元三者之间的联系及‘三位一体’教育意义”这个课题。不过面对三个方向貌似完全无关的知识，X 并不知道从哪个角度去切入，在久久思索之后，X 带着问题找老师做了第一次方向指导。

第一次交流：“你们主要目的是研究这三者有什么相似之处，并尽力去延展到相通之处。”

老师并没有给 X 太过详细的指导，蜻蜓点水一般点到即止。但反复提及的一些关键词，却给了 X 一个虽然模糊但可以前进的方向。于是，从定义入手，X 与成员开始了对于这个课题的逐步研究。

在“信号与系统”课程中，对于一个系统的冲激响应有：

$$h(t)*\delta(t)=h(t) \tag{6-2}$$

在“高等代数”课程中，则对于任意一个矩阵 $\boldsymbol{A}$ 和单位矩阵 $\boldsymbol{I}$，恒有：

$$\boldsymbol{A}*\boldsymbol{I}=\boldsymbol{A} \tag{6-3}$$

数学表达形式上的相似性让 X 和同伴感觉到了一丝惊喜，这三种都具有一定意义上的“运算不变性”，像是一种最基本的运算，没有确定的物理意义，却被广泛应用。唯一的缺憾是白噪声多了一个常数，让这三个概念又好像不能被归为一类。带着一点成就和一点困惑，X 第二次去找老师汇报和询问。

第二次交流：“不要过分拘泥于数学形式，回归本质，看看它们的定义本身是否存在联系？”

老师的提醒让 X 的研究从单独研究彼此的性质转为开始研究两两间的相互关系。考虑到白噪声在时域的表现就是一个冲激响应，它的自相关函数为一个带有 $\frac{N_0}{2}$ 幅度因子的狄拉克函数。

$$R(\tau)=\frac{1}{2\pi}\int_{-\infty}^{\infty}S(\omega)\mathrm{e}^{\mathrm{j}\omega t}\mathrm{d}\omega=\frac{N_0}{2}\delta(\tau) \tag{6-4}$$

X 发现通过这个方式可以将确定性信号的分析与随机信号的分析联系起来。在确定性信号的分析过程中，通过使用狄拉克函数可以将任意函数在时间轴上进行分解，由于任意函数与狄拉克函数的卷积仍为该函数本身，而对于线性时不变系统来说输出总可以表示为输入信号与系统单位冲激响应函数的卷积，因此将信号做这样的分解为求解线性时不变系统的响应提供了很大的便利。由于白噪声随机过程的自相关函数与连续时间系统的狄拉克函数仅仅差别在一个常数系数上，也许信号的分解在随机信号中也能得到相应的推广？这样在求解输出信号的自相关函数方面也会变得非常方便。带着这样的发现，X 第三次去找老师交流。

第三次交流：“能够从中发现并提出自己的想法，说明你们已经开始跳出表面的框架去做研究了，这一点很棒。在这个基础上不妨再深入一步？研究的目的不仅是了解已有，更是发现未知。”

听了老师的建议后，X 与同学们重新回顾单位元本身，去看了看符号“0”产生的过程。从空位到相加不变性，X 和同学们探讨出其实白噪声过程和狄拉克函数都具有单位元的性质，只是换了一个领域，换了一种运算。这么看来，最初的问题已经被 X 解决了！狄拉克函数、白噪声随机过程、单位元这三者虽然没有完全一样的形式，但是在实际应用和哲学抽象的层面上却有着极为相似的关联。将这几个领域联系起来看，虽然在不同的领域内单位元的形式多种多样、千奇百怪，但是归根结底他们的思想和方法是相通的。而且，将概念放在一起研究时，更多有意思的事情产生了，狄拉克函数在提出时有物理背景的支撑，白噪声过程有实际的工程应用，“0”的产生解决了数学运算一大难题，三个概念的提出来源于不同的时代需求，但随着理论的发展，不同概念之间不仅找到了相似点，甚至还能互相拓展，帮助各自理论进行完善。可见在不同领域对概念进行理论研究是有意义的，尤其是像单位元这种极其基本的概念。基本概念不牢固，上层建筑也会不可靠。而基本概念建立了，其上的深层理论才能拥有开疆拓土的力量，不断开拓世界的边界。

“伽罗瓦就是在深入研究了方程能用根式求解所必须满足的本质条件后，建立起了方程与由方程根定义的扩域，以及根的容许置换组成的群之间的关系”，第四次见到老师时，X 以伽罗瓦为例，表达了自己在这段时间内的感悟。伽罗瓦将方程有根式解等价成了对应群可解，这种深入概念本质，挖掘共性联系的伟大意义震撼到了 X。但单位元的这些性质都是偶然吗？是为了应用而凭空创造的吗？X 还没能完全弄明白。

第四次交流：“学习，学会了一个知识点是基本，明白背后意义是添砖加瓦，但真正决定房子是否美观是否牢固的，是对整个体系的自我思考，不知道现在，你们对狄拉克三位一体教育的看法是如何的呢？”

老师的追问让 X 陷入新的迷茫，又像打开了新的思路。狄拉克三位一体教育的核心是他自己“本科为工程类，硕士为数学，博士为物理”的教育背景，这让他后续的研究（包括狄拉克函数在内）具有了更为开阔的思维。

“原先，我只对完全正确的方程式感兴趣。然而我所接受的工程训练教导我要允许近似，有时候我能够从这些理论中发现惊人的美，即使它以近似为基础……如果没有这些来自工程学的训练，我或许无法在后来的研究中做出任何成果……我在之后的工作中持续运用这些不完全严谨的工程数学，我相信你们可以从我后来的文章中看出来……那些要求所有计算推导上完全精确的数学家很难在物理上走得很远。”这些是狄拉克取得诸多成就后对自己的一种总结，也是他认为其他一些科学家没有发现或刻意忽略的物理学重要影响元素。

一点一点研读传记《狄拉克：科学和人生》，了解他的生平与思想，X 和小组成员发现，狄拉克突破了工程、数学、物理各自理论的局限，反而将这三种科研的态度进行综合，并产生出了哲学的意义。执着于数学美，认为每一个物理定律背后一定有数学逻辑，这样的观点帮助他能先发现后验证，不被理论局限也不被现象迷惑。狄拉克函数正好就是这种三位一体的科学技术理论的完美产物。

X 反观自己的学习生活，发现大学教育有意无意地已经将学生置身于多种科学思维交叉培养的领域中，专业基础课的课程内容广泛，涉及多个相关学科，教学的实践环节都需要多种能力的综合运用，只是自己还没有主动去挖掘和发现，还没有真正去感受大学蕴含的无穷宝藏。X 好像明白之后自己该怎么学习了。

课后总结："你们已经学会了从表象到本质的思考，从零散到系统的整合，从输入到输出的表达，坚持这样的学习过程，多思考事件背后的教育和哲学意义，一定会有更多的收获。"

最后一堂展示课结束，X 和同学不仅理解了白噪声怎么用，更理解了整个科学研究中很多概念背后的一致性，他隐约感觉到整个科学思维无论领域、无论方向，都有着某些内在相似的一致性，而发掘这种一致性比仅仅明白孤立的知识点要有趣得多。除了自己的展示，最后一堂课上，X 也看到了其他同学的精彩展示。回想起整个课题研究过程中，不仅仅是自己小组在认真钻研，每一组都为自己的课题做出了巨大的努力。有过抓耳挠腮的苦恼，有过豁然开朗的喜悦，有过因为其他组进度太快的压力，也有过自己组飞速进步的喜悦，酸甜苦辣，每一种滋味都让这一次研究的经历成为记忆中一道色彩斑斓的风景。

与不同组交流："既然你们已经发现了数学公式上的一些联系，那继续深入看看造成这些联系和差别的原因吧！"

同样的课题，老师给 Y 同学的方向却与 X 不太一样，Y 本身为擅长数理分析的学生，组内的同学也都喜欢推导理论公式，因此第一次和老师交流之前，他们的重点便放在了研习数学推导本身的相关性上。"因材施教"，从数学公式本身，Y 组同学追寻数学意义被建立的起源，从逻辑上理解这三者的相关性；"殊途同归"，在数学公式的背后，隐藏的还是科学哲学的思想，最终他们也发现了科学体系中知识之间的内在联系，感受到了三位一体教育的独特性，并不断修正和明确自我培养的方向。高中之前，总是习惯了老师手把手将知识喂到口中；大学之后，老师用追问启发思维，用研讨深化知识吸收。展示结束后，X 与 Y 就同一课题进行了交流，分享了各自在准备过程中的思路与经验，这种方式让 X 感觉到了学习更深层的乐趣。

最后一节课："感谢你们参与到这个课堂中。"

X 没有想到，老师在最后一堂课上最后说的一句话竟然是感谢，竟然是对学生的感谢。如果把学生看作是对学习旅途充满好奇的"探险者"，那其实老师这个职业也是"探险者"，只不过老师比学生多了一些阅历和经验，对旅途的方向和目标更为清晰。在彼此相伴前行的旅途中，老师会在前进路上提供一些经验，给予一点鼓励，让学生们或多或少减少了一些无谓的弯路，也对于自己探索的这片土地有了更多的了解；而学生们天生的好奇心和强大的发现力，则能带着老师看到很多从未见到的瑰丽风景，让老师得到了激发与鼓励，不断扩大自己的视野，加深对世界的认知。老师和学生，密不可分，更是共同成长。

"随机过程理论"是研究随机现象分析理论和方法的一门学科，是一个既经典又十分活跃的数学分支。主要内容包括随机过程的基本概念、平稳随机过程、各态历经性、功率谱密度、随机过程通过线性系统、窄带过程、高斯过程、泊松过程和马尔可夫过程等。其概念多、抽象难懂，因此一直是难学的本科生课程之一。

但是，当各态历经性与导弹预测飞机航迹相关联，随机变量的统计平均等于时间平均的概念便清晰起来；当泊松过程与泊松如何发现泊松定理的过程相关联，从小数据趋向大量数据近似的方法，听起来便不再是天方夜谭；当维纳-辛钦公式和“信号与系统”课程中的傅立叶变换相关联，前后课程之间的联系当即显现；当泊松定理和中心极限定理相关联，教科书上不会涉及的知识通过仿真，通过学生自主探究被成功“发现”，更进一步被用于工程应用……这样的研究型教学（见图 6.6），让学生不再畏惧任何复杂难懂的领域，课程内的仿真实验为后续系统性的创新性实验奠定了动手基础，在老师一步步启发式追问的帮助下，学生不断感受到通过自己的努力获取知识的成就感，“以学生为中心”的教学策略取得了很大成效。

随机过程探究项目	概念内部联系：各态历经性与遍历性定理，单位矩阵与狄拉克函数
	概念演化历史：彼得堡学派，各态历经性，布朗运动
	跨课程联系：傅里叶级数、相量法、傅里叶变换、特征函数、维纳-辛钦公式
	经典与前沿：人工智能，大数据，图像去雾处理，主动降噪耳机

图 6.6　随机过程“研究型”教学框架

6.3.3　电子电路的奥秘

电子信息工程学院本科生 B 和其他同学一样感到匪夷所思，因为他们发现自己熟悉的课堂似乎“改头换面”了：原来 300 名同学排排而坐的阶梯教室，如今被容量为 30 人的小教室取代，而同学们还要分成 5 组，围坐在自己小组的圆桌旁边。怀着好奇之心，B 很快坐定准备上课。

这节课是“电子电路 I”，按照教材来看，老师先要介绍 PN 结与半导体二极管等基础知识。然而 B 发现自己再次判断失误：老师带来的幻灯片中是形形色色的图片，收音机、电视机乃至 LED 节能灯等，应有尽有，最后一张图片有些另类——半导体直流稳压电源。B 实在有些按捺不住好奇心：这与电子电路有什么关系呢？便举手询问。老师立马就回答了他的困惑，原来这些图片都与二极管有关，例如收音机利用二极管检波，而半导体直流稳压电源由二极管整流电路及其他模块共同组成。这时，老师带领大家回顾历史，从单向导电性的发现切入，依托二极管的发展引出工作原理、结构特性、主要参数与等效电路等内容，这一过程并非平铺直叙，而是融入了提问与讨论。譬如，当老师问道“N 型与 P 型半导体制作在同一块硅片上会发生什么”时，每个小组便七嘴八舌地讨论开来，成员之间通过分析、判断、补充与完善的步骤发现并创造出新的东西，而这“新的东西”其实就是 PN 结，有时同学们也会在老师的启发下提出问题，比如“在 PN 结上加反向电压是否真的不会产生电流”。临下课时老师布下悬念：“等到本章结束，大家就能读懂组成半导体直流稳压电源的各个模块，从而明白该电源的工作机制。”好奇心使 B 听讲时一直兴致盎然，不断思考工程应用中该如何有效运用这些知识。

除了传统的课堂教学外，这门课安排了更多有趣的练习、讨论与开放实验。练习不仅包括课后习题，还有研究问题，有时需要通过电路设计与软件仿真得到结果。讨论与习明纳[1]类似，B 和同学们需要根据实际问题搜集资料进行讨论，或展开理论分析，或设计解决方案，或畅想未来发展，从学习、实践到创新，知识便从书本中跳了出来，最后需要用小组展示的方式向所有同学讲述小组的思考和结论。老师在聆听的过程中会补充性地做一些指导和点评，甚至也会把成型的实物带到课堂中来，让学生观摩学习。开放实验作为辅助，帮助学生进一步消化课堂内容。在学习正弦波一章中，B 一开始并不能准确地判断哪个电容是隔直电容，哪个电容是振荡电容，但是 B 利用学校虚拟仿真中心的线上实验平台，在 Multisim 软件上进行仿真，通过自行摆放电容和电感的位置，观察相应波形变化，很快就熟悉了每个元件和电路基本机理。除了虚拟仿真，B 还和队友进行了硬件实验，挑选并购买合适的电阻和电容等元件，在电路板上焊接，连接示波器进行调试，真正感受了把一个个理论上的元件进行焊接组装成一个系统的过程，尽管最开始只是搭建一个简单的滤波器，一个放大电路，但却让人印象深刻，不再是停留在对课本上公式定理的感性认识了。

完成了“电子电路 I”课程的学习后，同学们便由低频领域进入到高频领域的“电子电路 II”课程的学习（见图 6.7）。课程模式仍然是 30 个人的小班化教学，但课程却令 B 更加兴奋，“电子电路 II”的课堂教学将经典原理与科技前沿相结合，国内外技术最新发展、研究热点，并配合书本知识，听起来与时俱进，绿色通信、忆阻器电路、无线传输能量……一个个名词让人感受到最新科技的震撼。课外的综合性课题则更具吸引性和挑战性，系统级的设计要求对学生提出了极大的挑战。

图 6.7 “电子电路”课程设计

在一次综合性课题中，B 需要利用已学的知识与小组同学合作完成一套接收机和发射机的实物搭建。在之前开设的 EDA 软件实验和硬件实验课程经验基础上，他们认真研读教材及参考资料，决定设计并制作调幅发射机和调幅接收机，利用天线传输音频信号。总体思路是将系统完整地设计为发射电路、高频信号处理电路、本地振荡产生电路、混频电路、中频信号处理电路，以及基带信号处理电路。然后通过电路仿真、PCB 模块制作、级联调试三个步骤完成硬件电路的全部制作过程（见图 6.8）。

[1] 习明纳：一种专题讨论式的教学方式。

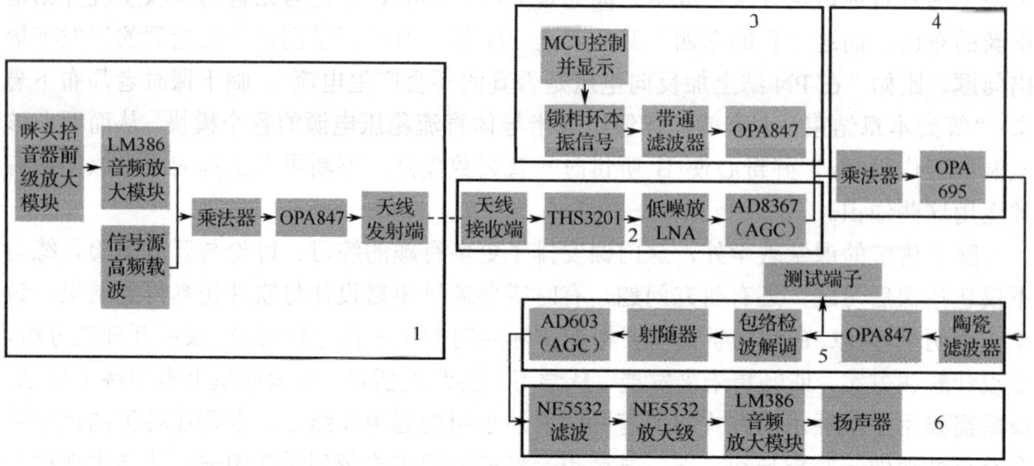

图 6.8 设计系统总体流程图

给 B 最大打击的是仿真到实际电路的实现。本来 B 在仿真阶段已经将所有的相关参数进行了验证和调整，保证每一级电路仿真都能稳定工作，输入输出范围符合级联需求，但实际制版搭建完电路后仍然需要分析原因、反复调试直至成功。B 同学遇到的第一个情况便是滤波器的实际焊接结果和理论值偏差较大。反复检查电路搭建，参数设置，但示波器上的信号就像是一个顽皮的孩子，一会儿笑眯眯给你希望一会儿又突然变脸开始哭闹，呈现着他的百变姿态，偏就不愿意乖乖听你话，惹得人不胜烦恼。调试无果的情况下 B 想起了老师课堂上说的"理论只是实际应用的参考，而不是枷锁，从需求的角度根据目前状况进行调整才是最有效的方法"，于是选择转换思路，用低通滤波器和高通滤波器组合成带通滤波器，并选用固定中心频率的陶瓷滤波器进行选频，将中频频点稳定选取，算是成功解决了问题。

遇到的第二个情况是接收机完全接收不到信号。面对着庞大而复杂的系统，"牵一发而动全身"的状态让 B 和队友感觉无从下手。东改一改、西试一试，还直接烧坏了发射机一个模块的芯片，无奈下只能求助老师。老师帮忙检查了电路，却没有点出具体原因，只是提了一个建议，"系统是由模块构成的，而之前学习过如何对每一个模块做故障检查。将接收不到信号这个问题回归到信号传递的本质，回到学过的知识，就可以进行故障排查了。"跟随着老师的思路，站在系统的角度分解问题，经过讨论，B 和队友分析出了几种可能的原因：发射端发射不出信号，天线姿态不合适，接收端放大器发生故障。并通过一一排障和调试，最终发现这是由于发射端信号功率不足导致的，于是在发射端拉杆天线前端增加放大器模块用于增大信号的发射功率，成功解决了问题。课题中大大小小的问题还有很多，但在 B 和队友的齐心协力下，在老师的启发性点拨下，都得到了顺利解决。

完成最基础的发射机和接收机搭建后，B 想尝试实现老师课堂上提过的无线供电的设想。在多方考量和比较当中，最终选用了传统的磁耦合方式进行能量传输。通过高频逆变芯片将低压直流电变成高频交流电，但在电路实际传输过程中，B 发现，电路的能量会损耗，振荡电流会下降，整个电路无法保持稳定。面对知识的盲区，老师及时给了 B 实用的建议，B 和队友决定加入控制芯片，进行补偿，使得发射线圈发射的电磁波维持稳定正弦交流变化。通过标准绕制的线圈发射出去，再用线圈进行接收，同时使用芯片对电路进行智能管理，根据负载的变化来调整电流的大小，并能够维持电压处于稳定的状态。示波器上能够出现稳定的正弦波成了小组整个课题过程中最大的快乐。

最终，他们实现了一个无线电子琴的收发系统搭建。从理论到实际的过程中，B 与队友从一开始的手足无措，到根据课本和网上的资料开始搭建，到增加自己的想法进行改进，小小的团队克服了重重的困难，取得了没有想到的效果，过程中一度遇到挫折和迷茫，但他们彼此鼓励坚定不移，将这一切在最后的展示中化为了华美乐章。

一个学期下来，B 完全没有感觉到之前学长学姐所说的这门课多么晦涩难懂，反而觉得课上课下的每一分每一秒都充满了乐趣。B 不仅学到了电子电路的相关知识，而且感觉自己在思维能力、实践能力、创新意识与团队交流等方面均有所长进。至此，B 再也没有之前那种对专业一无所知，对未来一片迷茫的感觉了。他切实地感受到了这个专业在做什么，能做什么，也发现了自己想做什么，从而内心有了不竭的原动力。更妙的是，B 成了科学历史的狂热粉丝，因为历史复现出了每项发现与发明的来龙去脉，而历史人物则折射出孜孜不倦的科学精神。B 自信，通过数理与专业基础课程学习以及自我学习，他的眼睛与心灵将变得更加宽敞明亮。

“电子电路 II”课程主要由刘荣科教授牵头设计，刘老师所在的电子电路教研团队不断探索课程改革方向，经过多年的课程实践和教育总结，已经设计出了较为成熟的课程方案。课程主要特色在于设计闭环式教学环节（见图 6.9），注重工程思维培养，在系统级锻炼思维。研究性课题激发了学生主动学习的兴趣，实现知识的高效传递。课堂实时连接虚拟仿真实验中心，老师甚至会将一部分仪器和实验实物带入教室。除了凭借公式推导、仿真与实际电路测试增加知识的可见性，最精妙的是依靠课后口袋实验室等智能硬件、便携仪器，学生在宿舍也能设计、调试系统。“点到即止”是老师遵守的原则，给出建议而不是解决方案，提供可能而不是明确方向，参与优化而不是核心设计，启发式教学的关键便在于“引而不发”。而与“研究型”教学相辅相成的综合实验教学则成了学生在完成综合性课题时的能力基础和创新，是教学培养体系中必不可少的环节。在第 7 章中，我们将讲述综合实验教学的具体内容，研读过后，你会对实验教学与“研究型”教学的相互配合有更深的理解。

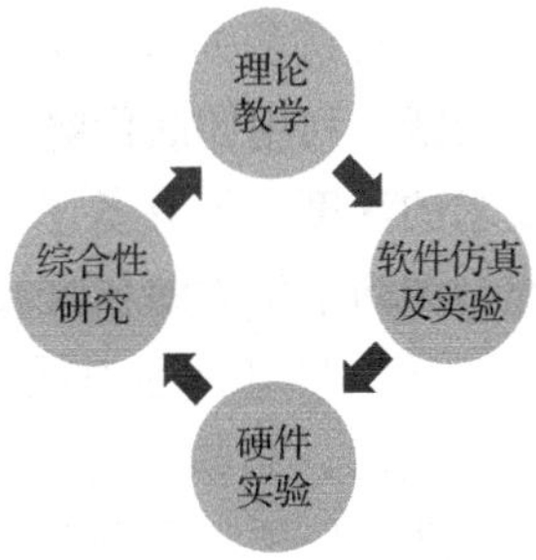

图 6.9　闭环式教学结构

6.4 专业研讨课

学生进入到第 6 学期，已经具备了相当程度的专业水平，知识的储备相较于刚入学已经有了大幅提高，房屋的地基已经夯实，正是着手建“房”的关键时期！过程不再一步一步有迹可循，却增添了自由发挥的无穷魅力。作为课程学习和实验室学习的过渡，专业研讨课在激发学生“突破性”的创想方面有着卓越的贡献。专业研讨课，属于核心通识课程的一种，老师们主动投身本科教学，并带来了实验室的具体研究成果。同学们可以真正接触到实验室项目，也可以围绕项目做不同方向的研讨，内容选择较为自由，比如热点的人工智能、大数据、5G，甚至 6G，等等。

我们期待做到的，是打破本科和研究生的专业壁垒，缩小本科和研究生的能力鸿沟，在本科期间有意识地培育大学生的“研讨能力”，知广求深，实质性地走向研究过程，为生产实习、毕业设计、甚至硕士生、博士生阶段蓄力。

6.4.1 专业+研讨

相比于职业学校、技术学校，同样是教人技术，高等教育的优越性究竟体现在哪些方面呢？从专业研讨课的教学中，我们可以窥见一斑。

这类课程的教学更多选择学院内奋战在学术前沿的中青年学者，他们视野开阔、思维活跃，利用团队优势，衔接科研资源，保证课堂内容多为领域热点。既具备了“专业”要求的深度，又具备了“研讨”的新颖。课堂形式多样，授课、观影、辩论、参观……充分调动学生大脑各区域机能，开发多感官能动，让学生体验别具一格的专业课堂。

学生与老师面对面就一个问题各抒己见，学生废寝忘食查阅课题文献，小组之间互相提问、查缺补漏……这些场景在专业研讨课上随处可见，因为综合性课题实在是太“迷人”了，引诱着人不停地深入探寻，去开发最大的潜能，浅尝真正科研的魅力。既有“专业”的挑战，又有“研讨”的乐趣，让学生愿意付出全部时间和精力去参与课程的每一个环节。

那就且看专业研讨如何趣味盎然。

6.4.2 处理器也可以人工智能

“智能处理器”这门课程以人工智能及人工智能处理器架构为切入点，结合计算机、电子信息、微电子等多个领域，具有非常强的前沿性。课程由青年教师欧阳鹏博士负责，他曾主持设计两款智能处理器芯片，在人工智能芯片领域有丰富的经验。课程本身以智能处理的基本原理为主线，围绕“计算效率和功耗”两大问题，通过课堂讲述、学生实践和研究讨论，激发学生的认知能力和探索精神，培养分析和解决问题的能力。当然，课程十分注重并鼓励学生实践任何创新想法，以探索的热情带动相关领域知识的进一步学习，培养学生形成自主学习的兴趣与习惯。

这不，学生 M 在经过一学期的学习后，将自己的收获凝练总结成了一篇题为《人工智能=？》的演讲稿，向班上的同学分享。

人工智能=？

脑海中还是AlphaGo以4∶1战胜前世界第一李世石的记忆，时代却早已轮换交替，AlphaGo Zero 战胜 AlphaGo，Alpha Zero 战胜 AlphaGo Zero，人工智能在围棋、象棋等一些代表人类顶级智力水平的比赛中，开始独孤求败。

人工智能，近年来有着致命的吸引力，它由人类设计而成，却有着超越人类的潜力。无人驾驶技术、虚拟现实技术、智慧城市等各类应用开始深刻影响着我们的生活。连语音识别、人脸识别技术都好像在这浪潮中变得不是那么耀眼了。在对这些知识一无所知的时候，我是如此惊讶于人工智能改变世界的超能力，计算机甚至可以自己作曲、写诗、绘画、PS……

直至我上了一门名为“智能处理器”的课，老师和我们一起详细地研讨人工智能发展背后的各种关键因素。褪去了神秘面纱的人工智能技术，好像又更加可爱了一点点。今天我就想给大家分享一下我在这门课中的收获。

“人工智能技术，核心就是以深度学习为代表的智能技术。”

智能技术不是超能力，而是有着数学逻辑的一项科学技术。深度学习模型基于大脑认知机理进行抽象，模仿人脑神经网络，利用神经元传递信息，数学抽象到人工神经网络，使得模型具备人工智能潜力。人类当前其实无法完全明白人脑神经元的工作原理，所以人工神经网络采用反复更新权重和偏置，随机增加或减少层与层之间的连接来模拟信息传递和学习过程。网络给予大量的学习，能够对新的任务产生智能回应。听起来像不像一种小时候玩的找规律的游戏？相比而言，人脑还是更胜一筹的！

“深度学习存在的问题日益凸显。”

课堂上，老师展示了一下用 Alexnet 网络来处理图片所需要的计算量。假设输入大小为 224×224 的 RGB 图像，输出为 1000 类标签。想象一下，仅一次前向过程便包含乘法运算 81 亿次，加法运算 77 亿次！超大的计算量和随之而来巨大的存储空间需求，让我们畅想的无人驾驶等场景的实现面临重大难关。万一紧急场景下芯片因突然海量计算超载了，万一存储器的存储空间突然不够了，做不到快速响应，然后高速公路上车突然就停下了或者上演 360 度自由转体……说到这，我其实还是更喜欢一般不死机的人脑多一点，哈哈。

“我们能够在人工智能计算领域做些什么？”

当把目光转向计算和存储时，原本遥不可及的人工智能一下子变得触手可及。智能处理器的核心，便是根据特定场合和应用，开发具有针对性的人工智能芯片，让产品具有更多“人”的智慧，从而提升用户的使用体验。华为麒麟 970，作为全球首款人工智能手机芯片，突破了技术壁垒，创新移动计算架构，在移动端直接实现推理，显示了中国在智能芯片领域的强大能力。还在为夜景拍摄中篝火与人不能兼得而苦恼吗？麒麟 970 就如同一位高级摄影师，思考环境、判断光影，得出最合理的拍摄参数，暗光下，照片一样细节丰富，甚至比肉眼所见更具美感。清华团队创立的深鉴科技，通过神经网络与 FPGA 的协同优化，成为国际深度学习加速领域的佼佼者，两年多的时间，估值超过 10 亿美元。而这个领域的更新速度同样令人瞠目，短短两年时间，麒麟 990 就已经集成 5G 技术，出现在了大家眼前。

对于这一新兴领域，广阔的前景和已有的成果让我兴奋不已。目前这一领域还没有统一的标准和通用的构架，无论是从器件着手还是算法着手都有很大的研究空间，我的内心开始跃跃欲试。老师的鼓励更是让我有了行动的想法，我开始大量阅读文献并尝试去寻找能够提高计算效率或者改善存储空间的方法。最终，我把目光投向了 Softmax 的硬件实现。这个函数目前广泛用于神经网络最后的多分类过程，但是它本身的函数形式是非常难以直接计算的。从算法本身着手进行优化，然后通过硬件实现好像难度适中，值得一试。

“放开你的想象力”

这句话，是老师在给予我多次指导中令我记忆尤深的话，也是我非常想要分享给你们的话。还记得第一次，当我们用一些常用的变换手法完成了对于 Softmax 的数学变换，并设计出相应的 FPGA 实现时，老师肯定了我们选择查找表对于降低算法复杂度的实现，也肯定了我们能够从函数特征上观察，用减法替换除法，缩小幂次等方式，来保证数据不会溢出，并精减资源的想法。但是，也指出了我们想法的局限性。采用的方法和硬件实现的载体都是相对常见的，太过保守，没有走出自己的认知领域寻求创新。

在老师的建议下，我们重新衡量了目前的进度，认为在纯算法优化的方面我们并没有太好的想法，便把重心放在了硬件实现上（见图 6.10），想寻找有没有其他的方式。之前我们一直在用数字电路进行设计，那能不能用传统的模拟电路呢？模拟电路相比数字电路，也能节省一部分资源。WTA（Winner Take All）网络便在这样的思路下跳入了我的视野。由于和 Softmax 有着相近的形式，两者之间的推导过程很流畅，实现起来并不复杂。延续 WTA 电路的思路，我们还有了意外之喜——神经形态计算。将整个神经网络都通过模拟电路来实现，放置在处理单元（神经元）之间的本地内存（突触权重），避免了由于数据传输（复制）通过内存与内存之间的数据总线而造成的不可避免的功率损失。

当老师赞许了我们用模拟电路的想法后，恨不能与全世界分享内心的喜悦。虽然在我们之前就已经有人有过这样的思路和设计，虽然我们的硬件设计非常粗糙，有很多细节都不完善，但是我们自己提出想法、设计、验证，每一步都感到无比的充盈。下一步的工作，老师给了我们两种思路，一种接着神经形态计算思考 Softmax 函数实现，另一种可以从随机计算的角度去了解。让我们自行去研究。这一次，我们把想象力的步伐进一步放大，随机计算现如今被广泛应用在神经形态计算上，自旋电子元件，例如 MTJ 器件，可以替代存储和逻辑电路中的 COMS。既然能代替 CMOS，应该也能继续替代实现 Softmax 吧！最终因为无法解决随机计算中缺乏的指数思想而作罢，但或许随着知识储备的提升，我们还可以继续进行这个课题的研究。

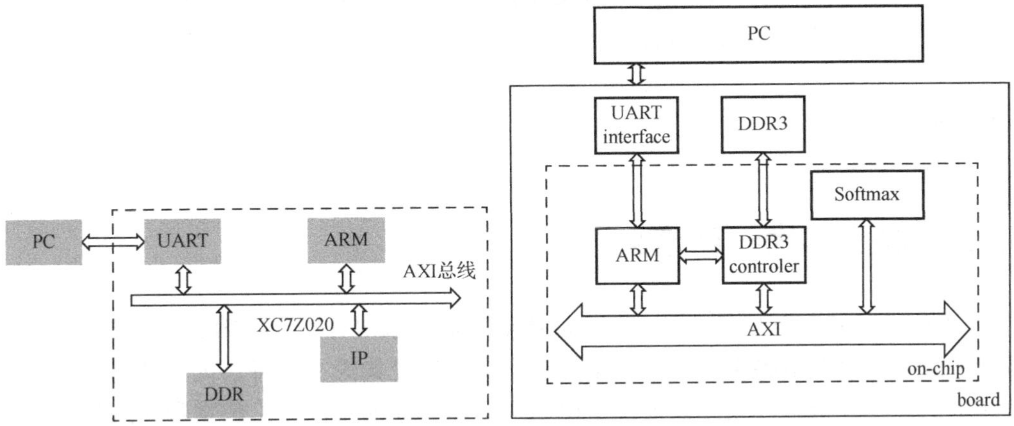

图 6.10 硬件实现的设计改进

虽然问题并没有在短时间内得到解答，但是在这个过程中，我的调研能力、分析能力都得到了长足的进步，无论是阅读文献还是数理推导，我都不再畏惧。后续我们也利用这次的研究成果参与到了一些嵌入式相关的竞赛中。在参与全国集成电路创新创业大赛的过程中，课堂大作业的经验和成果成了我们一大助力。无论是动手能力还是突发情况的解决速度，我们明显较于其他队伍更为熟练沉稳，也能够根据题目要求切入更多创新的想法来提高 Softmax 最后的实现性能。最后如愿以偿获得了一定的奖项，算是有了不小收获。

“人工智能是不是真正的智能？”

大作业的研究只是这门课的 1/3，更多的时间，我们一直被这个问题所引领着进行各种知识的学习。当老师用工业界和学术界的视角分析智能处理器的进展时，围绕的是“面积”“功耗”“计算速度”等性能指标。工业界用强大的经济实力来实现器件性能的要求，代表作有 Google 的 TPU，Nvidia 的 DLA，Intel 的 Movidius 等；学术界从最为细致的角度入手，钻研构架的优化，最大化神经网络的特性，诞生了 Kaist 的 DNPU，RISC-V 指令集，但这些，都是技术层面的研究，这些，就能被称作智能吗？神奇的产品被肢解到具体架构和算法，褪去了神秘的面纱，相似的本质带给了我更多的困惑。

而美国继阿波罗登月计划、人类基因组计划之后，人类大脑计划开始启动，即让人脑更强大。脸书和特斯拉均组建神秘部门，研究脑机融合，实现人脑智能。越来越多的研究开始转向人脑智能算法及低功耗智能芯片，挖掘脑电信号的结构，研制让大脑信号能够被解读应用的相关设备，让大脑掌握现实世界的主动权，这听上去好像更为“炫酷”，更为“智能”。未来智能可不可以是人脑智能？

这门课程给了我很多的思考和很多的收获，小班化的课程模式让我们能有充分的时间与老师讨论，了解行业最新进展，完成课题的不断研讨和深化。这段经历之后，我也找到了心仪的导师，点到即止的追问、恰到好处的鼓励、线上线下的指导，让我看到了“老师”二字的深厚魅力，我很荣幸能在他的指导下进行智能处理器更深入的研究。

回到演讲的题目，人工智能是什么？是人工+智能？是人脑智能？或许这个问题并没有统一的答案。还是老师的那句话，放开你的想象力，未来智能的定义，可以由我们一起来创造！

我的演讲到此结束，谢谢大家！

6.4.3 真正读懂一篇论文

“电磁场经典文献欣赏”这门课程遴选电磁场领域中有重要影响的计算电磁学、超宽带天线、太赫兹电磁学、人工电磁材料四个方向经典论文，每篇论文都对相关领域有重大的开拓性贡献，太赫兹补充了电磁学和光学间的空白段，超宽带天线的逆向思维让电子对抗、侦察、软件无线电、认知无线电等领域有了新的发展……谢拥军教授倾注了大量的心血在课程案例论文的选择和教学上，在学生阅读和研讨论文的过程中，重点引导学生品味开创性工作的时代意义，思考颠覆性创新的诞生。课程围绕“工”“源”“思”三个核心思想，让学生先了解科学与工程，进而正本清源追溯经典，在过去与现在的对照中燃起畅想未来的意愿，打开思维创造的闸门。这种教学方式让学生在关注技术本身以外，更能关注到技术的理解力，掌握工具不是最终目的，工具的正确合理使用才是值得探寻的方向。“使我领略了大师的风采，有了一种站在巨人的肩膀上的感觉。”是学生对于这门课的深切体会。

学生 Q 的内心独白，说出了这门课很多同学的心声。

PART1

我从来没有想过会这样去研读我人生的第一篇科学论文。

密密麻麻的英文加上各种字符和公式，满眼的生词让我一下子慌了手脚，“这东西我能看懂吗？”“研究生就要天天看这些吗？”“以后我真的也能写出这么高深莫测的文章吗？”不不不，太可怕了。

PART2

终于查完了 Abstract 和 Introduction 中的生词，愣是写满了一张纸，可是，这说的都是什么呀，感觉单词是一个意思，句子是一个意思，矩量法、剖分离散、权函数检验……完全连贯不起来，想到后面还有 Formulation 里的一堆天书符号，天啊，头都大了，一点都看不下去了。

PART3

老师竟然没有一段一段给我们讲这篇论文的意思，原来这篇论文的作者哈林顿（R.F. Harrington）完全成长于美国教育体制下，是他开启了电磁分析从解析到数值方法的源头，难怪这篇文章中涉及了大量积分的计算方法和矩阵表达，整体思路也区别于注重物理现象解释的文章。作者本身也非常厉害，哈林顿始终坚持原创性工作，并且将矩阵思想引入电磁兼容领域。如果从学科交叉的角度来看的话，它似乎是数学和电磁学的一种结合，我好像有一点点理解这文章了呢。

PART4

不查不知道，一查才发现，原来电磁学的著名宗师哈林顿有这么多厉害的事迹。他于 1962 年提出了矩量法（MOM），并在 1967 年发表了电磁场重要文献——*matrix methods for field problems*，让计算机找到了新的应用。我们都知道麦克斯韦方程组能有效描述电磁场的行为，但当电磁场不是由教科书中的简单形状（如球体和圆柱体）传播，而是由不规则的物体（如飞机或船只）传播时，情况会变得棘手。哈林顿展示了如何通过将麦克斯韦的传统积分方程转化为线性矩阵方程来模拟这种不寻常的电磁场，从而促进复杂的真实世界天线形状和辐射模式的计算机建模。这样的原创性思想在当时是没有人去尝试的，而现在，有许多的商业软件便是基于 MOM 的，例如熟悉的 Microwave Office，IE3D……

哈林顿的求学之路并不是一帆风顺的，作为锡拉丘兹大学的一名电气工程学学生，他的学术研究被第二次世界大战所打断。但他并没有因此结束自己的学业生涯，而是在战争期间继续追求自己的技术兴趣，并在海军无线电材料学校担任海军电子技师和讲师。"二战"结束后，他回到锡拉库扎完成他的本科学业，1952 年在俄亥俄州立大学获得博士学位。之后，他接受了锡拉丘兹和亚利桑那大学的学术职位，老师和科学家两种称号伴随了他一生。兴趣和坚持看来确实是成功的必备品质。

PART5

出乎意料地，讲完背景之后老师并没开始讲内容，反而开始讲论文种类，期刊论文、会议论文、快报论文……原来科研论文和高考作文一样，不同的种类会有不同但相对固定的写作格式，每一个种类的每一个部分都有相应的中心句和关键词，部分之间也有相互的关联，比如 Abstract 要简明扼要地介绍自己在这篇论文中完成了什么问题的研究，Introduction 相对于 Abstract 要更详细地写明文章中每一部分都用什么方法介绍了哪些方面的内容，Introduction 后面一般需要直接跟上文章具体的研究内容，而 Conclusion 部分，会再次总结文章的结构，让读者能清晰地回忆起文章的整体内容，等等。所以看论文的第一步应该是判断种类确定阅读方式，第二步是找到中心句把握核心思想，之后才是全文的研读和理解。噫，那这篇文章这么看来的话，好像全文都是围绕简化后矩阵方程的工程应用展开的，而且它也是哈林顿在 1968 年出版的《计算电磁学的矩阵法》这本经典教科书的部分内容浓缩，我只是看不太懂工程上实际应用的细节，但先简单了解一些线性空间、泛函等方面的知识，然后跟着文章思路去推导的话是能够大致理解的。

PART6

刚刚终于结束了上台的展示，没想到老师讲完了每一段的大意后便要求我们每一个人做一个展示，要求在此基础上重新解读这篇论文，把文章涉及的逻辑架构、知识体系、应用场景重新整理汇报。不过经过老师之前的梳理，这篇文章不再那么晦涩难懂了，词、句、章的逻辑非常明显，层次和内容相呼应。每一个部分都值得深入思考，我可以大致明白线状物体辐射和散射的计算方式，明白了导线电流的计算只是矩阵运算的一种实例，同时不再拘泥于论文本身，而把我了解到的相关历史发展、科学精神都融入进去，让整个展示真正立体而丰富。伴随思考产生的一些问题，老师也给了我解答。我看到一篇优秀论文背后有很多篇论文的支撑，学会的不仅仅是一篇论文中的几个公式、几个思想，更是了解了哈林顿这个人的思维方式，看到了一个领域的魅力，到最后凝练展示时，我没有压力反而跃跃欲试，想和班上的同学一起进一步交流探讨。

PART7

哈林顿的学术成就从根本上改变了电气工程的世界，提供了新的工具来完成以前不可能完成的任务，或者充其量算不切实际的任务。他的工作使得各种形状和尺寸的天线令人眼花缭乱，让我们几乎可以在任何地方，从我们的起居室到巡航地球上空近万米的客机，都能相互交谈。

我没有想过，老师当初给我们布置论文阅读任务时，让我们在不理解的时候主动多去查阅相关资料是如此重要。本来觉得只要死啃论文，把每个字都弄明白，每个句子都翻译通顺，把英文论文当成中文论文看，怎么会看不懂呢？现在才明白，知识是一个体系，我们需要明白前因后果才能够去理解知识本身，人脑也是一个体系，我们需要输入足够的线路索引，它才能将独立的知识点串连成线，并激发新的路径探索兴趣。我没有想过，一篇论文能带来的收获，除了英文水平、阅读速度等结构化水平提高外，更多的是研究的逻辑、思考的方法，是终身受益的科研品质。

我也从来没想过，我就这么轻松地读完了我人生的第一篇科学论文？而且好想接着读下一篇、下下一篇。

6.5 研究型思维

回顾整个“研究型”教学的开展，尽管只是以课程为叙述脉络，介绍了不同类型课程的开展方式和要求，但给学生带来的提升和改变是实实在在的。

能力的提升自不用说，无论是工具软件的使用能力、文献检索能力、演讲能力、动手能力等，都在那些课堂的展示、课后的讨论中一点一点被磨炼。学习模式的改变也是显而易见的，从固定性学习的被动课堂转变为多样性学习的主动课堂，从一个人的单打独斗到团体的齐心协力，学生体会到了传统课堂没有的新鲜感，这种需要调动起更多的感官和意识去全力以赴的模式，让学生们跃跃欲试，战斗力十足。

但最深刻而重要的，则是给予了学生思维变化的可能性。“研究型”教学带给了学生一种研究型的思维方式，课程鼓励合作探究，提倡整合迭代，重视交流分享（见图 6.11）。今后，学生面对问题的第一想法可以不再是从书本寻找答案，而是通过实践和讨论去验证；面对老师的第一想法可以不再是必须都听老师的，而是敢于和老师平等交流，共同探讨；面对未知领域的第一想法可以不再是恐惧和退缩，而是从已有知识的关联性开始冷静分析……“研究型”教学看到了教育方式从关注教育本身到转化成关注学生本身的必要性，并用丰富的形式帮助学生习得独立学习和探究的能力。具备研究型思维的学生，即使以后面对科研或者人生中完全没有遇过的问题，也能知道如何通过已有条件获取最优解，知道如何转化陌生问题为熟悉问题，知道如何看透问题的表象挖掘核心本质，在他们的思维里，同样没有容易走的路，但他们绝对不会轻易判断一条路为绝境，因为他们真切感受过“柳暗花明又一村”的道理。

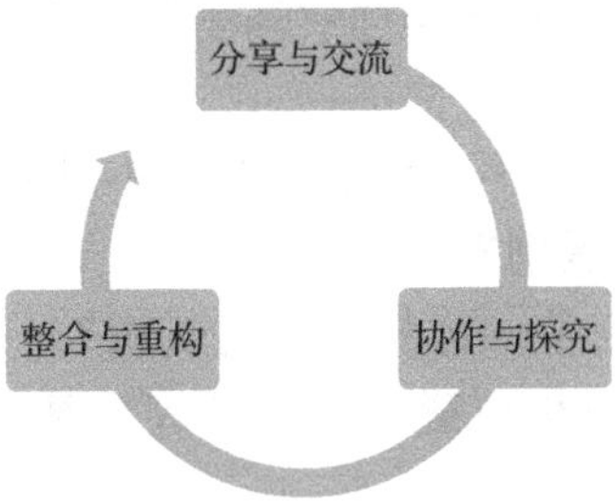

图 6.11　“研究型”教学的预期效果

“教无定法，贵在得法”，教育的目的是培养人，而不是将人当作专业工厂里的一道工序来对待。未来 5 年内，“研究型”教学预期进一步借助互联网平台，便携式智能硬件、虚拟仿真软件，突破时空限制，链接课堂研讨、课外探索、实验验证等环节，老师的激励、评价、督促，让学生能力与素养的达成真正实现。老师减少讲授内容、加强个性化引导，学生有了自由选择，“要我学”变为“我要学”。各高校也会加大力度推行大班讲授、小班研讨教学模式，让“研究型”教学从试验走向普及。而教育在持续探索的过程中，相信会更多地研究学生特点，往提升学生综合素质的方向做出更多的贡献。

思　考　题

1. 通过新生研讨“从智能手机谈起”，你对翻转课堂是否有新的认识？新生是否也能完成从陌生走向合作，从念稿到脱稿的转变？

2. 联系第 1 章所说未来工程的社会背景，依据上文的思路，你能否探寻出随机过程理论与人工智能等前沿热点之间的联系？

3. 联系第 5 章的内容，你认为通识课程和专业课程之间的最大差别是什么？

4. 查阅当前人工智能芯片的发展情况，并思考未来最具潜力的应用场景有哪些。

5. 在鼓励原创和开放性的时代背景下，论文写作也出现了很多新的特点，可否简要说说你的发现？进一步，你能否自己找一篇移动通信领域的经典文献，进行类似的分析？

拓展思考

1. 通过本章6门课程，你可否总结出研究型教学的特征？与原有的教学方式相比，它有哪些优点？

2. 在“随机过程理论”课程中，通过探究活动，同学们获得了哪些能力？它与电子电路课程的探究活动有哪些区别？

3. 谈谈你对狄拉克的“三位一体教育”的认识？

4. 你认为哈林顿开创计算机电磁学的成功因素是什么，这对我们有什么教育启示？

5. 你对“教育是一项留白的艺术”有什么看法？

6. 对于诺贝尔物理学奖获得者、光纤之父、香港中文大学前校长高锟博士有过这样的评价，“他不但是一位杰出的科学家，也是一位谦谦君子和有担当的教育家”。结合第2章未来工程师的能力素养，谈谈你对这个评价的看法。

参考文献

[1] [加]范梅南. 教学机智——教育智慧的意蕴[M]. 李树英，译. 北京：教育科学出版社，2001.

[2] 刘献君. 专业教育中的人文教育[M]. 武汉：华中科技大学出版社，2003.

[3] [澳]迈克尔·普洛瑟，基思·特里格维尔. 理解教与学：高校教学策略[M]. 潘红，陈锵明，译. 北京：北京大学出版社，2007.

[4] [美]贝恩. 如何成为卓越的大学教师[M]. 明廷雄，彭汉良，译. 北京：北京大学出版社，2007.

[5] 卢德馨. 研究型教学20年：理念，实践，物理[M]. 北京：清华大学出版社，2008.

[6] [丹]克努兹·伊列雷斯. 我们如何学习：全视角学习理论[M]. 孙玫璐，译. 北京：教育科学出版社，2010.

[7] 王竹立. 碎片与重构[M]. 北京：电子工业出版社，2015.

[8] [美]凯·彼得森，戴维·库伯．周文佳译．体验式学习[M]．北京：中信出版社，2020．

[9] 刘庆昌．论从教者的三重境界：教者、教育者、教育家[N]．太原师范学院学报（社会科学版），2010，3：9-15．

[10] 张有光，等．“电子信息工程导论”新生研讨课教学模式探索[J]．工业和信息化教育，2016，7：15-19．

[11] 谢拥军，等．“工”“源““思”——“电磁场经典文献欣赏”课程的设置与实施．工业和信息化教育，2016，7：33-35．

[12] 刘荣科，等．电子电路 II（通信电路原理）研究型教学实践初探[J]．工业和信息化教育，2016，7：54-57．

[13] 张有光，等．新生研讨课体系建设的实践与思考[J]．工业和信息化教育，2016，7：63-66．

[14] 叶志明．大学新生研讨课“大学学什么”教学札记[J]．中国大学教育，2017，4：65-69．

[15] 李志义．水课”与“金课”之我见[J]．中国大学教学，2018，12：24-29．

第 7 章

综合实验教学

终于来到了动手实操的环节，电子信息类专业对于实验的要求是比较高的，毕竟“纸上得来终觉浅”嘛。综合实验教学的出现是对实验环节的一次统筹思考，通过设计独立的实验教学体系，有效补充了课程实验在完整性、自由度等方面的不足。

实验的难度设定，预期的消耗时间，与课堂内容的配套延伸，体系的内部逻辑……这些都对综合实验教学的设计提出了不小的挑战。

对于工科学生，有一个环节让人头疼但新奇有趣——实验教学。这个为帮助学生提高“综合能力”的环节，一般由课程配套实验或独立实验组成，让学生走出课本，感受知识的显性应用。实验实践能力是工科学生的基本素养之一，是科技创新能力的基础。在时代浪潮下，新兴产业的发展给高校实验教学提出了更为严苛的“与时俱进”的要求。

在充分考虑学生当前水平和未来预期发展水平的情况下，实验教学遵循教育教学规律，以知识构建为主线，年级增长为脉络，制定合理的实验课程体系，满足“实验、综合、创新”3 点要求。同时研究科学评估方法，探索对于学生综合能力的评价指标，包含各阶段成果考核、质量价值、可持续性等，形成科学化教学方案，为学生可持续性培养提供有效指导。

以北航电子信息工程学院为例，学院基于对学生学习能力发展的研究，制定了“课程实验—零基础实验—创新综合实验”的实验教学体系（见图 7.1）。整个实验教学体系有机融合了电子信息类专业中电磁场、信号、电路、计算等在内的各类相关知识，核心目标是培养能完成综合系统设计的专业人才。

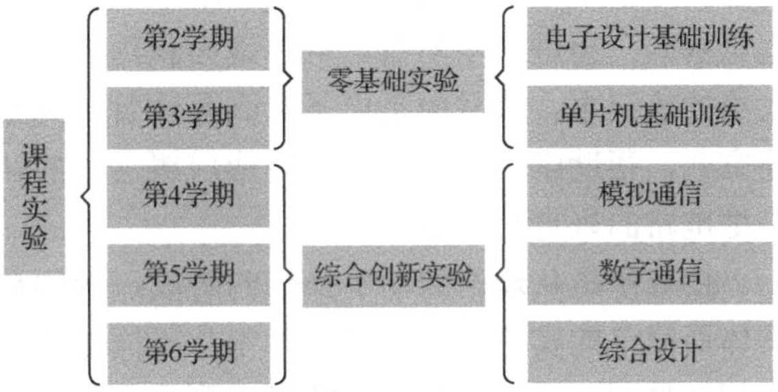

图 7.1　北航电子信息工程学院的实验教学体系

课程实验一般由任课老师根据教学方案制订，实验内容紧密围绕课程知识，设立的核心目的是帮助学生加深对当前课程的认知。课程实验和课堂教学有机结合，有个人实验也有小组实验，通常会在课堂上利用专门的时间完成，在之前的章节中也有叙述到。本章着重介绍实验教学中的独立实验，即零基础实验和综合创新实验。

7.1　零基础实验——电子设计基础训练

大学一年级学生，正处于强大的求知欲与相对匮乏的能力的矛盾中。学生尽管对科技实践等方面有着极高的热情，但往往受困于系统设计、系统实现的能力，难以支撑项目的完成。

针对低年级学生特点，王俊老师团队专门设计了一套适用于零基础学生的实验教学方案。团队拥有丰富的实验教学经验，长期跟踪研究低年级学生实验能力的增长过程及实际需求。零基础实验易于入手，学生完成第 1 学期的学习任务后就可以尝试动手，根据实验要求边学边做，同时零基础实验支持后续理论及实践课程，能够有效促进课内知识向实验的转化。可以说零基础实验更像是科技小白入门前的一场模拟练习，学生通过简单的实验，能够初步感知复杂的流程，为将来从事真正的科学研究打下基础。也正是考虑到学生刚入门的特点，零基础实验构建以“智能化、多元化、趣味化”为指导，从智能硬件、科研成果中发掘灵感，充分考虑实验与现代化教育资源的结合，充分利用互联网多媒体、微视频、网络直播、MOOC 等资源，让学生接触更为多样化的学习途径。

“电子设计基础训练”便是典型课程之一。作为开展于学生第 2 学期中的一门课程，“电子设计基础训练”课没有复杂的理论内容，没有艰深的知识要求，具备简单的基础理论就可以上手。课程沿着信息获取、传输、处理、存储、显示、应用的路径，向学生展示电子信息类专业会涉猎的知识。老师先讲述电子信息的历史及发展趋势，在讲述中学生慢慢把之前对专业的感性认知转化成对专业理论的理解，比如学生会进一步知道初中就学过的欧姆定律其实揭示了电阻、电容的特性，奠定了电路分析和设计的理论基础；会进一步明白，从占地面积约 170 平方米的第一台计算机到如今只有书本大小的笔记本，依靠的是电子管到晶体管再到集成电路的工艺发展……这种科普的讲述方式，帮助学生对电子元器件形成概念上的认知，激发学生对利用这些元器件搭建小型电路的好奇与兴奋。

接着便是从理论到动手操作的阶段，老师会由大化小，从复杂信息系统中凝练出具体而简单的实验案例，引导学生从不同的角度对案例进行分步实验。以超声波测距为例（见图 7.2），从超声波的发出到信号回收得出结果，超声波测距涉及了元器件识别、模拟控制、数字显示等多方面的电子基础知识，能够深入浅出地说明信息系统的工作原理。回想一下儿童时期，你是否也有过拆玩具、拆闹钟、拆电话的经历？对于儿童而言，拆是认知的重要一步，拆的经历能启发组装的思路。在“电子设计基础训练”课中，老师就意识到了“拆分”对学生知识认知和深化的重要性，指导学生从每一步入手，设计诸如声控 LED 灯、自动计数器实现等趣味盎然的实验，来让学生感受电子信息类专业的魅力。

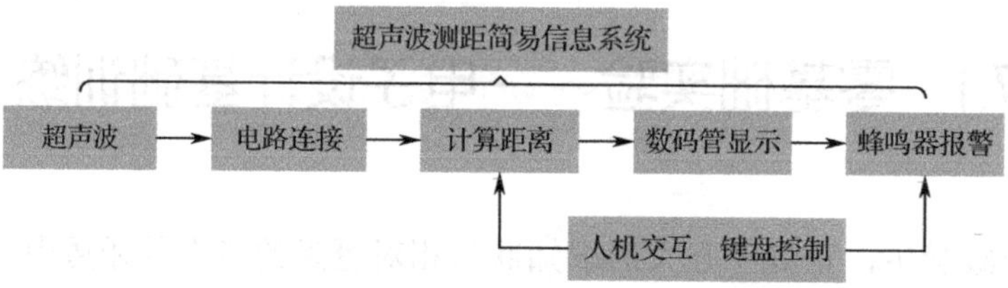

图 7.2　超声波测距蕴含的信息系统工作原理

7.1.1　Proteus 软件使用

Proteus 是一款强大的 EDA 工具软件，拥有从原理图布局、PCB 布线、SPICE 电路仿真等多项功能，实现了从概念到产品的全流程设计，是一款能够将原理图设计、单片机编程、系统仿真和 PCB 设计合而为一的设计平台。它对于单片机及其外围器件的仿真有较好的支持力度，故而受到了单片机爱好者的青睐。

选择 Proteus 成为学生入门接触单片机的第一款软件，看中的便是它便捷的交互设计和丰富的功能模块。学习工具软件这件事，在大众的心目中多是枯燥乏味的，掌握不同的功能键，了解软件运行的规则，如果软件涉及功能复杂，设计原则繁复，兼容性不佳，那么学习软件本身这件事就需要花费很大的精力。挑选软件的时候，课程就考虑到了大一学生的特点，Proteus 丰富的图形界面和资源一下子就能让学生上手使用并完成特定任务，学生不需要花费大量时间先学诸如单纯的电路设计软件、单纯的仿真软件等不同软件的使用，也不需要详细了解软件的每个指令规则。

通过 Proteus，学生掌握了基本的电路仿真方法，并完成了数码管控制、呼吸灯设计等一些简单仿真实验，对于 EDA 辅助设计思想有了进一步的感悟，对接下来的实物制作跃跃欲试。

7.1.2 Arduino 点亮数码管

软硬件结合是电子工程师的优势，也是必须掌握的技能。将前序的 Proteus 软件仿真与硬件设计相结合，学生能切实感受到软硬件相结合的优势。Arduino 是一款难度适中的硬件系统设计平台。在下一小节中，我们会对硬件系统做一定介绍，在此你只需要先了解 Arduino 是一块开发板，能将人为编写的代码语言转化为硬件实现。

初次接触硬件语言，学生们显得很不适应。语法逻辑和编写方法与 C 语言有很大的不同，大小写字母夹杂，语句虽短小工整，却很难看懂在表达什么。不过，没有教不会的学生，只有不用心的学生。学生需要耐下心来，对照着原理图，一根线一根线对应源代码来编写，一个元件一个元件地查看功能定义，这种抽丝剥茧式的学习方法虽然笨重繁复，却能对知识有最为系统的理解。随着理解的加深，硬件语言的简洁优势就慢慢体现了出来，只要脑海里电路图够清晰，硬件的表达就顺流而下。把“LOW”改成“HIGH”，LED 灯就能亮；把“delay(1000)”改成“delay(200)”，灯的闪烁间隔就发生变化……LED 灯的直观变化让学生直呼硬件语言的神奇。点亮数码灯的实验非常简单，几行代码就能实现，却有抛砖引玉的作用。学生有了知识储备和心理认知，下学期单片机实验的教学就会变得轻松许多。贴心的老师会在课前准备好详细的微视频讲解，如果遇上了过不去的死胡同，可以先求助视频，规避掉那些因为原理不明晰或者粗心犯的问题，若想进一步对实验进行拓展创新，则随时可以约老师当面聊一聊。

点亮数码管的实验（见图 7.3）往往能给学生很大的自信，他们热爱研究数码管千变万化的点亮方式，也会创造性地探索更多的创意方案，有些学生会将思路拓展到晚会舞台的灯光设计，找资料钻研背后的控制流程和优化方案，有些学生还会深入思考如何提高代码质量和程序可靠性。发散性的思维和角度正是教学期待的效果。

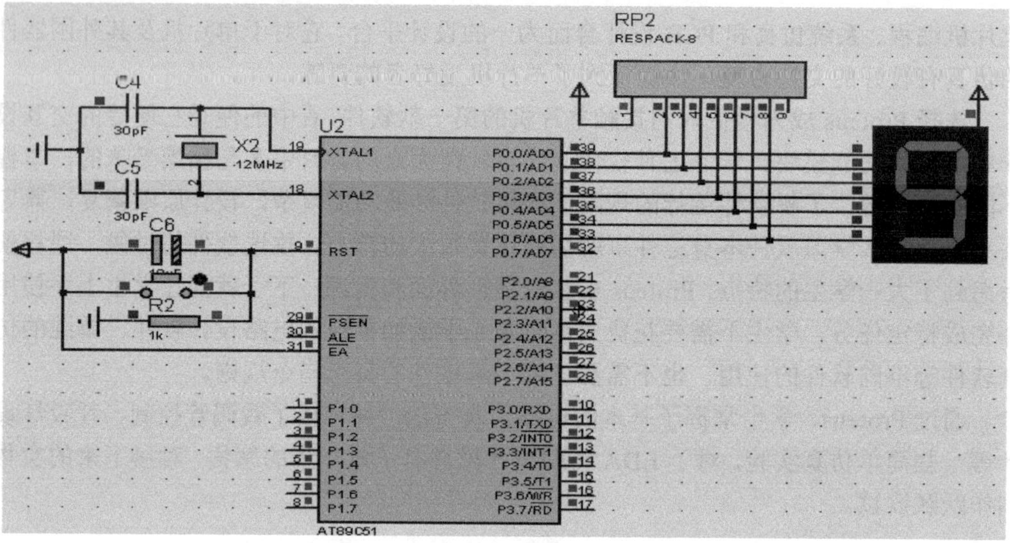

图 7.3　点亮数码管的实验电路图

7.1.3　FM 收音机和 FM 无线话筒制作

这是一项融合了大一所学的“工科数学分析”“基础物理学”等基础课程内容，培养学生元器件认知、焊接能力的有趣实验。大部分学生都会对这个实验留有非常深刻的印象。当然留有印象的原因可能是第一次被电烙铁烫了手或者是第一次让焊锡折磨到怀疑人生。

这是学生初次接触到实物焊接类的实验，为了在一定程度上破除学生的紧张忧虑，避免常见失误，老师会提供一本相对完整详细的实验指导书，包含实验的原理、目标和电路图，焊接顺序和常见误区。这本指导书将会是学生大学实验指导书中最为详细的一本，就像是配备了一名专属指导老师：实验背景不清晰的，实验原理不理解的，实验步骤不明确的，实验结果不匹配的……统统都可以从指导书上得到说明和解释。纸质书式的教学模式贴合学生传统学习习惯，但偏于引导和阐述性质的内容又能达到学生自我思考的效果，在高中和大学学习中搭起一座“沟通”的桥梁，跨越学习模式的鸿沟。每一批学生完成实验，老师都会收集学生的实验反馈，作为完善指导书的宝贵财富。这本指导书被誉为电子设计基础训练的“宝书”。体验式实验的难度并不大，考验的是学生的耐心细致和面对新任务的持续研究能力。实验的预期目标是学生能够依靠全面有效的信息和初级的自我领悟能力，走完系统整体流程，获得对自我基础科研能力的信心。在亲手焊制的过程中，学生会慢慢接触到底层焊接工艺的精妙；在收音机和话筒的关键信号测量中，学生能初步学习万用表、示波器、信号源等基本仪器仪表的原理和使用；在对正弦信号、FM 信号、语音信号的读取、播放中，学生对 MATLAB、LabView 等软件的使用越发灵活……

几乎没有例外的，我们总能在朋友圈中看到学生们兴高采烈地分享自己刚刚焊接完成的收音机（见图 7.4）。耳机中清晰地传来某个电台的音乐，按一下调频按钮，便切换到下一个频道。或许可切换的频道只有几个，或许收音机粗糙到碰一下就接触不良，但这丝毫不影响学生对它如子女般的喜爱与呵护。要是问起这个收音机焊了多少个焊点，用了多少焊锡，装了多少电阻、电容、二极管，花费了多少时间，学生个个都如数家珍。而这一个实验，学生就切实体验了信号的传播机理。在此基础上，学生可进一步利用软件无线电实验平台，通过 LabView 等软件完成 FM 收音机、频谱分析仪、机载雷达等演示实验，给刚培养出来的科学技能加点“料”，实现从“只会简单炒菜”到“红烧蒸煮样样行”的厨艺进阶。

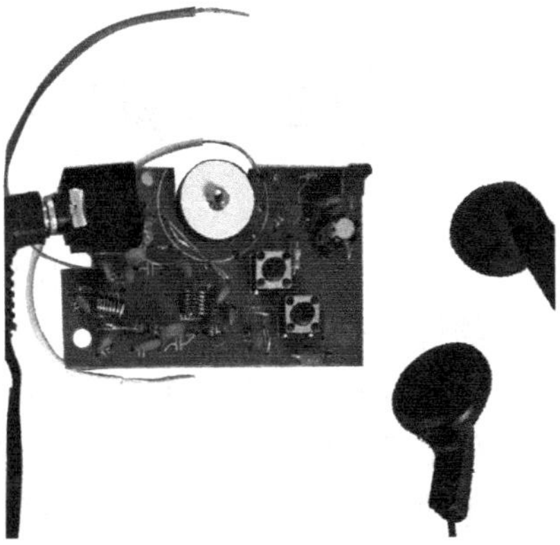

图 7.4　焊接收音机实物图

实验进行过程中，还有一项工作必不可少，那便是及时的反馈总结。大部分学生可能会比较反感这个过程，中期答辩、撰写报告、成果展示……听上去就全是无趣的文字游戏。然而事实真的是这样吗？各高校长期的教学表明，拥有强大的总结归纳能力与语言表达能力的人才往往更具有精英的潜质，学生在经验中学习，然后通过不断梳理过去的经验，在经验中升华。经历绞尽脑汁思考“如何把看似能讲半个小时的鸿篇巨制浓缩到五分钟内”的过程，才能明白如何有效抓取冗杂信息的核心关键点；经历抓耳挠腮，反复总结提交报告的过程，才会懂得发掘一般规律比单纯完成任务重要许多。

经历过系统仿真、电路仿真、远程仪器控制实验、焊接实验、PPT 汇报等环节，你还用担心自己是一个对于电子信息工程一无所知的小白吗？不，你已经具备了初步解决复杂电子信息工程问题的能力！

希望上述 3 个小实验的介绍，能让你感受到“电子设计基础训练”课的趣味性和综合性，这是一门理论授课与实验实践相结合的基础课程，它的内容远比本书介绍的多，在中学电路知识的基础上，以科学小故事为载体，使学生了解电阻、电容、电感、二极管、三极管、集成电路的特点、应用和发明过程；以面包板为载体，通过呼吸灯、数码管等小实验培养学生的学习兴趣，使其掌握基本电路工作原理和实现过程；以 Arduino 单片机智能硬件为载体，通过数码管控制、键盘输入等 Arduino 小实验，培养学生 C 程序设计与硬件结合的应用能力，使其了解电子信息系统的基本构成和工作原理。在上述基础上，此实验课程还会同时培养计算机辅助仿真设计、基本仪器仪表使用、电路安装调试、编程控制能力。为后续 “电路分析”“电子电路 I”“数字电路与系统”“软件技术基础”“单片机基础训练”“微机原理与接口技术”等课程奠定基础。这些都等待你亲自来感受。

7.2 零基础实验——单片机基础训练

经过了大一一年的学习，学生的数理基础得到了巩固，同时也接触到了程序设计、数据结构等相关计算机知识，掌握了一定的编程能力。在第 3 学期，学生还会接触到一门“计算机软件技术基础”的课程，更为系统化地讲述计算机软件的相关知识，包括软件工程、操作系统概述等。经过这些课程的学习，部分学生已经能够独立编写一些有趣的小程序了。同时“电路分析”等专业课程让学生拥有了对于电路的基本认识，掌握了电路分析的基本手段。在这个阶段，学生强烈地想把知识进行实践，一些小成果就能让他们持续保有对学习的热情。王俊老师团队就抓住了学生这一阶段的需求，同时考虑到电子专业软硬件结合的特点，在第 3 学期的零基础实验教学阶段，选择了单片机这个可视化较强的载体，让学生在单片机上完成一些简单的工作开发，从而锻炼他们的实验技能。我们以“单片机基础训练”课程为例，看看学生们能够利用单片机完成怎样精彩的作品。

首先，何为单片机？作为一种常见的集成电路芯片，它将常见的 CPU、存储器、I/O 端口及其他功能器件等集成到了一块硅片上，形成一个“麻雀虽小，五脏俱全”的微型计算机系统。具有高集成度、高性能、高性价比、低功耗等特点。“电子设计基础训练”课中使用的 Arduino，它的硬件部分就是用单片机来实现的。学生在开始这门课之前，已经通过 Arduino 对单片机有了粗略的了解。生活中随处都有单片机的踪影，自动化办公、尖端武器和国防军事、航空航天、医用设备、计算机通信、家电等领域都与单片机密不可分。51 单片机（见图 7.5）作为基础入门的单片机，一般为刚接触单片机的学生所选择。而选择单片机则是看中了它软硬件结合的特性。作为电子信息类专业的学生，对于硬件体系结构的掌握和运用是必须的，但对于编程等软件能力的培养也不可缺少。单片机提供了这样一个平台，让学生既能直观地看到光二极管的点亮、继电器的动作等真实电路的具体变化，又能够锻炼自己的编程能力，理解编程语言的核心要义，从而对“不同的硬件区域有不同的软件操作特性”这句话有更深的了解。

“单片机基础训练”课程以“基于单片机的智能硬件模块”为设计目标，采用项目制，分组完成。老师会在课程最开始介绍一些基本的单片机原理、编程调试方法，帮助学生打破单片机的使用壁垒。在此基础上，学生有充分自由的空间，在单片机可实现的范围内可以实践任何的想法。与“电子设计基础训练”课程相同，老师还是会提供一本实验指导书，不过不再是百科全书了，而更像是一本产品说明书。指导书上仅有单片机的简单介绍和操作方法，以及几个常见的利用单片机实现功能的案例，产品真正怎么使用，能够实现什么样的功能，需要学生来发散思维。

图 7.5　51 单片机

“单片机基础训练”相对于“电子设计基础训练”更为正规：资料查找，撰写项目申请书，进行答辩；文献查阅，撰写概要设计方案，进行预审；开展详细方案设计，进行必要的分析、仿真和关键部件的搭建测试工作，撰写中期报告，进行评审。依据评审结果，进行系统部件的设计、实现、调试工作，并进行系统联合调试，加上一个最终的成果实现，便能非常完整地展示出想法落地的过程。由于采用每个小组自行命题的方式，老师不对最终的成果有任何的约束，因此在最终成果展示时，往往都是百花齐放的盛景，每一组的想法都是如此新颖，转魔方机器人、机械臂、玩具车等，令人拍案。从难度系数和创意角度来看，学生都远远超出了最初对于单片机实验目标的设想，倒像是一个从业已久的专业人员。

7.2.1　寝室物联网系统

国际标准化组织 3GPP 为 5G 定义了三大场景：增强型移动宽带、大规模物联网和超高可靠超低时延通信。其中，物联网的概念于 2009 年被提出，有了 5G 技术的支持，未来每个人、每个“物”都可以连接进入网络，依靠智能化实现身边万物的协同。

有一组学生想尝试利用自己的能力，提升寝室的智能化程度，提高生活质量。考虑到最近一段时间“万物互联”的热潮，便想要设计一个寝室物联网系统，改善寝室生活的便捷性。大学的宿舍经常有这样的情况：周围同学经常出入邻近寝室，锁了很不方便，不锁又有极大的安全隐患，而如果是上床下桌的寝室构造，灯的开关多位于床的下方，寝室四人都上床了之后便无法关灯，只能一个人下床关了之后再摸黑上床，存在一定的危险性。

基于以上的想法，这组学生从安全性角度出发，设计了一款通过手机遥控来进行开关灯、开关窗、开关门的模拟寝室物联网系统。该系统还可以通过刷校园卡实现门的开关，且可用手机为门添加二次锁定，即只有当手机的控制开关处于“解锁”状态时，才可以通过刷卡打开门。市场上智能家居的厂商越来越多，学生的这次尝试一来是对智能家居领域的进一步了解，二来也在思考针对诸如校园等特定场景下，智能家居的发展空间。咨询老师的意见后，老师对他们一开始就能从系统角度出发设计的思路给予了肯定，并鼓励他们尽快着手进行。

实践的过程确实不如想象的容易，在此之前，学生还没有接触过芯片手册，对于应用环境、引脚配置等内容没有太过清晰的概念，所以对工作量和工作任务也没有清晰的预测。单单实现手机与单片机的通信就耗费了好一番的力气：从通信协议开始学习，选择通信模式并进行相应函数的了解，认识通信芯片功能和使用方法并进行芯片寄存器的编码配置，编写库函数实现需求功能，最后调试手机蓝牙状态，每一步中都有着多种方法和各自弊端，每种方法都伴随着大量的地址数据配置和指令调用撰写。不过“山重水复疑无路，柳暗花明又一村”，一点一点啃，一点一点琢磨，学生们还是在有限的时间、有限的资源、有限的场景下一步一步去实现最初的目标。

经过反复讨论，小组最终的方案是：手机通过蓝牙与单片机通信，遥控舵机开关实现开关门、遥控步进电机转动实现开关窗、遥控继电器开闭实现开关灯，利用RFID522对校园卡进行识别，用DHT11获取温湿度信息并用LCD显示，基于Arduino UNO开发板进行实现。最终他们形成了一套完整的寝室物联网系统（见图7.6）。尽管各个组件功能并非高大上，精密度和可靠性还有待提升，但他们实现了从0到1的突破，达到了最初的设想。如果之后有机会进一步在器件、性能上进行优化，相信能创造出更大的惊喜。这个实验带给学生的进步是肉眼可见的，通过一学期的实验，这组学生对于Arduino开发板有了深入的理解，对于扩展功能的器件有了更多的接触了解，编程的能力和系统的构架搭建能力都有了长足的进步。可以说他们已经初步具备了设计系统的能力。

图7.6　寝室物联网系统效果图

7.2.2 梦幻手机

在第6章我们介绍过“从智能手机谈起”这门课，智能手机作为我们必不可少的物件，几乎包含了所有电子信息类专业的基础知识。可以说，如果能够将手机了解透彻，那么电子信息类专业的相关知识就掌握得八九不离十了。有一个小组，就提出利用单片机来实现手机的简单功能。

他们的设想是实现包括触屏操作、时间显示、打电话、发短信等功能在内的日常手机功能。这对刚进入大二的学生而言，挑战并不算小。小组计划使用Arduino系列的单片机，经过反复查找比对，选择了把Arduino Leonardo和SIM800H芯片集成在一起的Seeeduino GPRS作为主板。并且以与主板兼容和体积小为标准选择了触摸屏、分线板和音频模块。此外，根据主板的5V稳压直流供电的要求，选择了Lipo Rider来实现太阳能和锂电池供电。在时间安排上，他们设定了合理的学习任务，4周学习

SIM800H 芯片的命令、熟悉 Seeeduino GPRS 的开发环境；4 周完成硬件的焊接和部分封装并完成代码的编写；2 周调试手机并排除故障、打印外壳并完成封装，并且互相督促执行。在最终的实现上，供电模块的设计和开始的设想有所出入，由于太阳能板供电稳定性不强，小组最终还是加入了锂电池来使系统更加稳定地工作。不过总体而言，经过长达一学期的努力，小组的成果非常明显，他们真的完成了这部“梦幻手机”的制作（见图 7.7）。

图 7.7　“梦幻手机”拨打电话效果图

若想了解他们走过的路，大概就是 300 多页的全英文芯片手册，全书阅读；供电模块做大之后无法匹配封装，从头再来；触摸屏与主板兼容不好，音频模块麦克风始终不出声，查电压信号、查程序代码、查连线，重新调整电话程序的代码才最终解决。若想知道他们的收获，大概就是独立完成所有硬件、软件设计，利用 3D 打印技术实现外壳打印，独立设计手机硬件部署连接，独立完成测试开发所有环节，然后一切功能正常无差错！当然，他们还有更多的期待，由于时间有限，之后他们准备加深对于现有模块的开发，包括 GPRS 开发板附带的蓝牙功能、触控屏幕的按压力度传感功能、音频模块的扬声器功能，等等。他们还计划做进一步的探索，充分发挥板卡的潜力，为手机加入更丰富的功能。连手机都能制作，没有人会担心他们对串口通信原理、触控屏幕的结构、单片机开发还不够了解。

在这门实验课上，除了最终实物引人眼球之外，每一组必须形成的实验报告同样让人惊艳。在实验课程中，实验报告的得分大概占 30%，比重相对来说是很大的。通过这样的方式，老师希望学生一开始就养成严密的逻辑思维和规范的文档整理能力，而实验的结果也是喜人的。中英文摘要、引言、工作原理、实验结果、参考文献，整体格式与正规论文完全一致，内容更是细致入微，不仅有对单片机本身的详细原理介绍，小组创意来源和实际开发进度，更有实验每个阶段的总结，以及完成后的思考提炼。通过一份报告，小组成员在“动手”的基础上加进了“动笔”的工序，让实验有理可依，让报告有物可循，两相结合，培养了学生严谨的科研项目开发习惯。

从“单片机基础训练”开始，实验中开放性、独立操作的比重逐渐加大，学生需要在课题中自我尝试设计制作，通过产生问题、寻找资料、自我学习的过程将理论融会贯通。这门课程期望通过学生对单片机概念性的了解和对系统搭建的熟悉，完善学生对于系统化设计的理解。学生从想法、设计、实现、修改、调试、总结的全流程中不断强化顶层设计能力和实际操作能力，渐渐达到应对复杂问题的基础要求。宽松自由的氛围的存在保证了课程的整体效果，而严谨的报告撰写流程则提升了学生对课程的重视度，一松一紧，既给予了学生科学研究的趣味性体验，也在学生心中种下了对规则、细节保持敬重的种子。“单片机基础训练”为后续综合创新实验的开展打响了第一枪。

7.3 综合创新实验——模拟通信

腹有诗书气自华。随着知识储备的日渐深厚，学生开始有更大的能力面对更为复杂的挑战。这多归功于专业基础课程的教授，学生在大二的时候学习了“电子电路 I”“电磁场与电磁波”“信号与系统”等课程。零基础实验更多地以提升学生专业兴趣、发挥学生创意创新为主，期望的重点不在学生的专业素养而是学生的投入程度，它给予任何一个对电子技术感兴趣的人入门体验的机会，但随着课程的深入，实验也呈现出了明显的专业需求。

作为电子信息类专业培养方案的主干课程，“综合创新——模拟通信”的目的在于培养学生具有分析设计和仿真测试模拟通信系统的综合能力。孙进平教授为课程负责人，雷鹏副教授为主要成员，以设计典型“模拟通信系统”为教学目标，制定了模拟通信的实验要求和评分细则。学生需要设计满足相关工业标准的运放、滤波器、模拟调制、功放、天线、解调等模块，完成模拟通信系统（AM、FM、PM）的联合调试，撰写实验报告。“基于超外差接收机技术的频谱仪”“无线传输音频的 AM 发射机和接收机”“基于莫尔斯电码的自制无线电报机”“基于红外的音乐 Wi-Fi”……学生基于简单的要求熔炼出了各式各样充满创意亮点的主题，光名字听起来就很有趣。

7.3.1 教师定军心

《电子信息类专业导论（第 2 版）》的第 1 章对马可尼发明无线电的故事有过简要的描述，而老师通过进一步对发明过程中细节事件的解读，给了同学们完成这次综合创新实验的信心。

伽利尔摩·马可尼 1874 年生于意大利的博洛尼亚市，他从小好学，热衷于研究新鲜事物。1894 年他在一本电气杂志上读到了海因利希·赫兹的实验，赫兹的实验清楚了表明了电磁波可以以光速在空中传播。这个有趣的现象一下子吸引了从小喜欢摆动线圈、电铃的马可尼，20 岁的他就这样开启了电磁波领域的探索和研究。

他很快就想到电磁波存在最大的意义是使得远距离信号的发送成了可能，因为在当时，信号的传播都是依靠线路架设的，电报是人们最常使用的通信方式。如果他能够实现电磁波的无线传输，就可以实现譬如海上通信等多种跨空间的通信方式。当然，他并没有一下子就完成这个伟大的梦想，天才也需要从一步一步的实验当中逐渐逼近自己的目标。

第一个实验诞生于家中顶楼的养蚕房，尽管父母不支持，实验环境简陋，但他埋头研究电容调整和材料选择，有一天，他将母亲请上顶楼，小桌子上摆着一台自制的简陋收发机，按下电钮，楼下的电铃就发出了清脆的声音。原来他在楼下安装了检波器，检波器与电铃相连，楼上电源接通后就发生了神奇的现象。尽管传输距离并不理想，但这个实验给了马可尼极强的信心，他继续搜集资料，耐心研究，到了当年秋天，他已经成功将传输距离改进到了 27km。1899 年，他成立的公司发射的无线电成功穿过了英吉利海峡，1901 年成功地穿越大西洋，从英格兰传到加拿大的纽芬兰省。

无线电技术就是利用了电磁波在空间的传播，学生透过这个例子能深刻地感受到之前专业课程的知识是如何有效应用于此的（见图 7.8）。“电子电路 I”打开了模拟电路的大门，对通常电子元器件、模拟电路及其系统的学习，帮助学生系统掌握电子线路的基本原理和各种功能单元电路的分析设计方法，如果能够把放大器的原理掌握透彻，能够根据环境条件设计最合适的放大电路，就能有效解决弱信号的接收问题。“电磁场理论”的内容直接对应天线的发射与接收，无形无色的电磁波在麦克斯韦方程的应用下，转身一变成了保障系统正常通信的得力干将，课程给出了整体麦克斯韦方程组及其物理意义，再按照各种特定条件讲授静态场和时变场，让学生在学习之初能站在高点，用“场”的观念分析问题。“信号与系统”从原理角度描述发射与接收之间的变化关系，时域和频域的变换让学生转换视角看波的相位幅度等特性，拉普拉斯变换、傅立叶变换、Z 变换，不同的变换蕴含着不同的特性，能够简化不同信号的分析，掌握了这些方式，便能够对信号收发过程中的调制与解调有充分的把握。

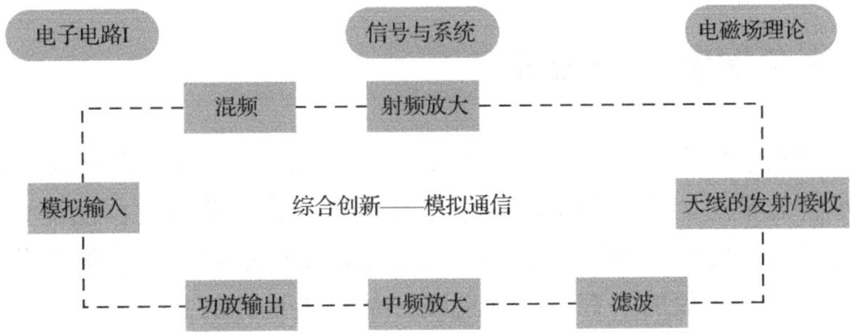

图 7.8　模拟通信与专业课之间的相关性

马可尼的故事让学生看到了伟大发明最初的样子，也缓解了学生面对这个实验的最初恐惧。

7.3.2 学生鼓士气

不同于前两个实验，模拟通信在小学期中进行，学生需要用整整两周的时间完成课程要求。固定且有限的时间对学生集中学习的能力提出了非常高的要求。每一个小组都曾经历一筹莫展的迷茫，然后咬着牙阅读文献、查找资料，直到抓住思维的光点开始作品的设计。在最后几天，更是将一天恨不能掰成48小时来用，电路焊接、模块调试、报告撰写、PPT制作，几项工作齐头并进，只为赶上最后的验收汇报。

实验的难度来源于模拟电路模块的复杂性。以“基于无线传输的音频信号发射接收系统”来说，系统总体流程图可以分为6个电路部分。分别是音频采集电路、信号接收处理电路、本振信号发生电路、混频电路、中频处理电路和低频处理电路。发射机包含了乘法器、加法器、放大器、拾音器等6个模块，接收机包含了混频电路、功率放大、解调电路等8个模块。光是数字听起来就令人头皮发麻，更别说每一个模块的每一个部件，都需要亲自焊接，级联起来还得保证各个部分正常运转。这些对于刚刚学会简单模电原理的学生而言，都是不小的挑战。

模拟通信实验结果的不确定性还会给实验增添许多额外的小“惊喜”。零基础实验中学习的软件，如Proteus，让学生能够先通过仿真实现预期的效果和目标，但即便仿真的时候看上去完美无缺、万无一失，实物测试出来的波形却很可能令人大跌眼镜、目瞪口呆。这时候也许只需要微调一下变阻器，也许需要对整个电路进行彻底的改造，“玄学”的电路因此而充满着动手的成就感。在对元器件一步一步熟悉的过程中，学生自我摸索理论与实践间的差异，采集需要的实验数据，根据现实状况进行有效的优化，渐渐达到了“实践”取之于“理论”而胜于“理论”的效果。

令人欣慰的是，上述种种困难并没有成为学生的拦路虎，反而激起了学生的斗志，彰显了当代青年勇于探索、迎难而上的品质。两周之后，每一组都收获了实物成果和难忘的经历。

7.3.3 师生共探教学新模式

模拟通信实验中采用的虚实结合实验平台，堪称课程中的一大亮点。时代的变化，让老师不再掌握近乎封闭的知识资源，学生有更多的途径获取到自己需要的信息。那么，老师如何改变才能应对新形势下的学生需求，如何能够突破传统角色局限，让老师这一职业发挥更为有效的“育人”功能呢？从实验设计的角度，虚实结合实验平台为这个问题提供了一种解决方式。

虚实结合实验平台尝试借用网络的便捷性实现师生关系的转变。老师坚持“不过度指导”的原则，激发学生的内生动力。“现实”实验环境一般指支持现场讲授、演示、课内外实际动手实践活动的实验环境，“虚拟”实验环境借助网络与多媒体、支持非面对面形式的实验活动。两类实验环境各有利弊，有必要将二者融合，构建“虚实融合”

实验环境。在模拟通信的实验中，学生借助学院的虚拟仿真中心线上平台进行实验的远程验证、在线提交报告和远程反馈实验结果。学生可以远程控制信号源、远程改变电路系统、远程加载程序、远程读取示波器和频谱仪，从而完成电路设计和性能测量实验，再也不用抢实验室中那有限的几台仪器了。遇上知识难点，学生还可以在平台上进行视频学习，丰富的 MOOC、公开课视频资源成为学生的强力支撑，打破实验教学的“时空”限制……虚实结合实验平台打开了教学模式的新领域。

“创新综合——模拟通信”作为综合创新实验的第一部分，实验的难度开始明显加大，小孩子过家家的感觉消失无踪。这个难度直接体现在了两个方面：时间周期和复杂性。为期两周的时间，只盯准一项任务，这对于习惯了多线程并进的学生来说是一个不一样的体验。虽然看起来时间不长，但当生活中只有这一件事情存在，并且完成难度不低的情况下，对解决问题的能力和心理素质都是不小的考验。“模拟通信”实验要求学生完成一套通信系统的设计，将数学、物理、电路、电磁场、信号及计算原理知识应用于对复杂模拟通信系统的建模和关键环节及参数分析。在深化对通信系统专业知识理解的同时，也较好地提升了学生整体设计思维的高度。

7.4　综合创新实验——数字通信

“综合创新——数字通信”紧连着模拟通信，在大三上学期开展。与模拟通信实验相同，数字通信实验建立在学期内所学的“电子电路 II”“微波技术”“数字电路与系统”“数字信号处理”“随机过程理论”等相关课程上。“电子电路 II”和“微波技术”分别作为“电子电路 I”和“电磁场理论”的深化，从高频的角度研究元器件的不同特性和使用方向，从“路、场、系统”三者结合的角度去认识微波世界中的同一个物理现象，从而将知识体系建立得更为完整。“数字电路与系统”从学习基本逻辑电路着手，将逻辑运算通过电路搭建表达，是数字电路设计的基础。“数字信号处理”研究时间和幅度都离散的信号，思考如何用数字的方法对信号进行分析、调制与解调，是“信号与系统”更为深入的领域研究。“随机过程理论”诠释了信号的随机性，并试图分析随机性背后潜藏的规律性，用概率和分析的方法诠释纷繁复杂的信息网络。这些课程的开设，让学生开始逐步进入“电子专业人士”的领域，形成技术倚仗。

同样是电子信息类专业培养方案的主干课程，“综合创新——数字通信”目的在于培养学生具有分析设计和仿真测试数字通信系统的能力。张玉玺副教授作为“数字通信”实验的主要负责老师，从任务方案、花费时间、设备供应、考核评定等各个环节进行通盘考虑，将实验难度巧妙地控制在学生跳一跳够得着的高度，受到了学生的一致喜爱。实验整体要求学生以无线数字通信系统为设计目标，根据给定的题目进行工程问题的分析和开发，利用现代工具完成文献检索、仿真、电路测试等各项工作，从而设计满足软件相关工业标准的信息获取、编码、调制、上变频、发射、接收、中频采集、下变频、预处理、解调、解码、应用等代码，完成数字通信系统（AM、FM、PM、CDMA、OFDM）的联合调试，并最终撰写完成实验报告。

听上去这个实验好像非常复杂，但如果化繁为简，细细分解，将整体任务分解成为一个个小的模块，任务的难度就会大大降低。数字通信系统本身就具有很强的联合工作特性，这类实验对于掌握系统联合工作和联合优化的技巧大有裨益。4～5 个人的团队可以选择不同的硬件开发平台来实现针对不同目标的通信功能实现。可供选择的主题有"基于 ADALM-PLUTO 的数字无线通信系统""基于 AD9361 的数字无线通信系统""基于 HackRF 的数字无线通信系统"等，学生可以根据自己擅长或者想要挑战的方向选择 Verilog、C 语言等不同的语言，实现不同调制系统下，音频、图片或者视频的传输。实验中心会提供相应的设备及使用指南供学生使用。

7.4.1 基于 ZYNQ 的数字无线通信系统

短短两个月，随着课程的深入和对于设定目标的细化，学生们不断完善实验设计，提升最终性能。例如题目是《基于 ZYNQ 的数字无线通信系统》的这个小组，若问他们最终提交的实物和最开始预期的成果相一致吗，他们绝对会笑着告诉你，"查重率"可能 10%都没有吧！

他们的目标是设计一套基于 OFDM 的数据传输系统（见图 7.9），用于传输图片。硬件实现平台为 Xilinx 公司的 ZYNQ。QPSK（正交相移键控，Quadrature Phase Shift Keying）是一种数字调制方式，它具有较高的频谱利用率、较强的抗干扰性，在电路实现上也较为简单，目前已经广泛应用到无线通信系统中，成为现代通信中一种十分重要的调制解调方式。总体思路较为明确：先将图片转化为比特流，存入板中的 ROM 里，经过回环收发后，利用 Chipscope 读取解调出数据比特，经过计算机对比特进行解码得到图片数据帧。

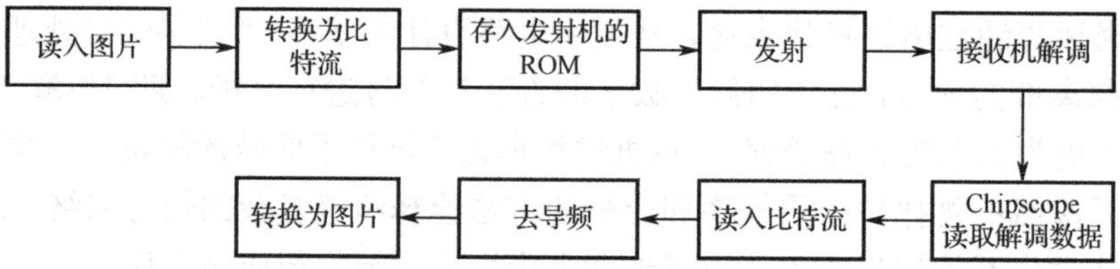

图 7.9　数据传输系统流程图

在进行实际制作时，实验的难度才一下子显现在他们的眼前。发射机有数据读取模块、符号调制模块、导频插入模块、IFFT 模块和训练序列生成模块；接收机有分组检测模块、载波同步模块、符号同步模块、去 CP 模块、信道估计与均衡模块、剩余相位跟踪模块、解调模块，不仅每一个模块都需要逐个设计调试，所有模块还得能一起协调工作。还好聪明的他们，一开始就制作了 1 张完整的时间计划表和个人分工表，将庞大的任务体系细分为独立可并行的小任务，分散进不同的时间节点中。小组成员根据自己的兴趣和能力，选择完成不同的小任务，并在要求的时间节点前提交，最后4个人再一起进行调试。有了这张时间计划表，小组像是聘请了1位无形的监工，再容不得半点偷懒，效率扎扎实实地提升了上去。

问题的出现是不可避免的，由于传输时存在较大的相位偏移或者时延，接收信号实部、虚部的相位关系与仿真现象完全相反，到达时间也相差几个数据，从而无法正确解调出图片。工程经验的缺乏让他们在编写代码的时候没有考虑到这种情况，多番努力仍然无法解决，迫于时间的紧张，他们只能放弃多路信号，采用一路信号的传输，并降低传输信噪比，截取信号的前几位，来保证解调的成功。虽然带有了一丝向现实妥协的意味，这个经历却让小组成员们感受到了根据实际情况解决问题的重要性。没有理想主义的外衣，实际生产生活中，协调各种因素，在保障最终结果可接受的情况下，采取最合适的方法才最有意义。类似的问题和困难还有很多，模块整合时接口的规定与约束差点让整个团队推翻重来，实验板的板上资源有限直接影响系统性能……有心人天不负，从理论学习、仿真测试到实物制作，这个小组最终成功地把整个数字通信系统完整地啃下来了！（见图7.10）

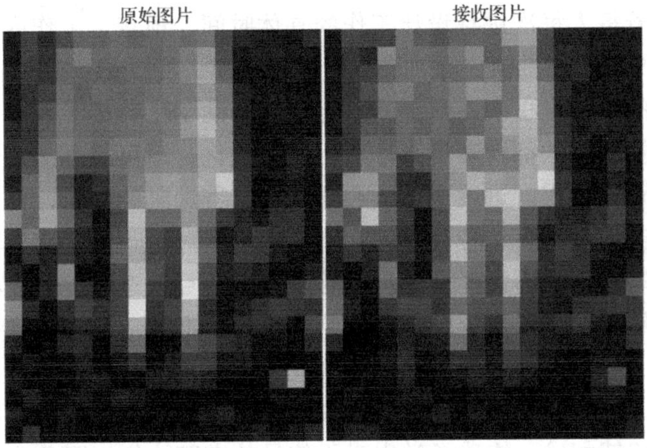

图7.10 MATLAB读取的发射机原图和接收机图片

7.4.2 图像压缩传输系统

在一组自选题目中，学生利用基于哈夫曼编解码的算法，实现一个图像压缩传输系统。用FPGA作为媒介，尝试解决在数据传输规模扩大的情况下，一般处理器无法保证运行速度和稳定性的问题。在讨论如何完成板间通信的功能时，小组最初提出了有线传输、无线通信和基于ASK的无线通信3种方案，经过详细反复的讨论和比较，综合考虑3种方式的优劣性和可实现性，ASK由于其相对其他调制方式来说具有硬件实现的简洁性，并且能实现小组对于模数混合的无线传输系统的设想而被最终采纳（见

图 7.11）。而对于传输霍夫曼码表的方案，小组同样提出了两种想法，在各有优劣、无法取舍的情况下，他们将每一种方案都进行了尝试，最终选择了资源占用较少的方案。通过大量类似的讨论磨合和实践操作，小组成员对于自己的实验目标越发清晰，在后期的实现中节省了大量的时间。

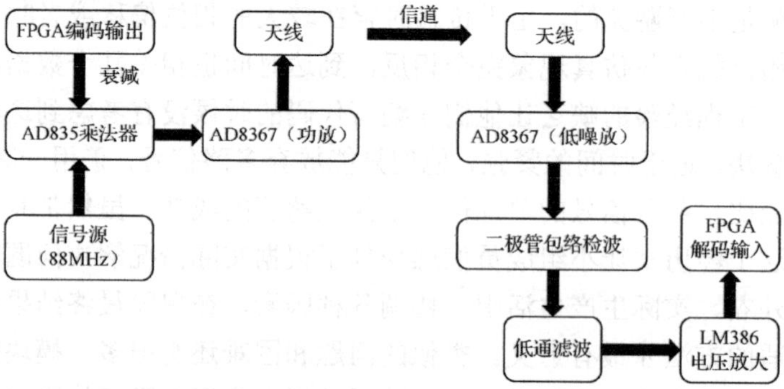

图 7.11　ASK 无线通信部分总体系统框图

除了经历充满挑战的项目设计实现，考核日志的撰写，是数字通信实验中非常新颖的一环，也是相较于之前的实验，更贴近于实际项目材料要求的一环。人手一本的考核日志，记录着每人每次进行设计工作的具体时间、地点、工作内容、查阅资料的笔记、设计过程的分析和推演。每周进行问题总结和进度反馈，制订下一周工作计划，考核日志在项目的设计进程中不断更新，无形中帮助学生养成了良好的设计习惯。实验过程中所有数据和想法都清晰可溯，进可完善优化，退可推翻重来；实验结束后，也能对于当时的设计过程、进度变化、心理状态有着深刻的印象，为今后其他项目的持续进步奠定扎实的基础。这种良好的文档写作习惯对于一名优秀的项目设计者来说是必备的，文档写作习惯不仅能方便自己随时关注项目动态进展和自我进步，更能方便他人在需要了解你的项目内容时，快速得到最为精准的信息。

“数字通信”作为综合创新实验的第二部分，学生逐渐已经适应独立设计并优化系统的大体流程了，也掌握了如何应用所学知识，来提升设计的完善性和可靠性。数字信号和模拟信号相辅相成，构建了学生对于信号的完整认知，而此实验进一步加深了学生对于数字系统的理解，锻炼了学生的开发能力。同时随着系统复杂程度的加深，团队成员的分工趋势更为明显，小组成员对于自己能力擅长和兴趣爱好也有了更为明确的认知，这潜移默化地影响着学生今后的职业规划。经历过数字通信的历练，学生将会掌握成为一名合格工程师的各项技能。

7.5　综合创新实验——综合设计

在“电子设计基础训练”和“单片机基础训练”的锻炼下，学生完成了单片机系统的开发；在“综合创新——模拟通信”的学习中，学生完成了运放、模拟调制/解调硬件开发；在“综合创新——数字通信”的探索中，同学们完成了用FPGA控制模数/数模转换、用MATLAB控制软件无线电模块。而“综合设计”则充分体现了由分到总的科学化教学思路，提供给学生综合运用所学知识，展示工科学生能力的绝佳平台。

零基础实验和综合创新的模拟通信实验、数字通信实验，都采用统一教学的方式，面向电子信息类专业的所有学生。然而，到了综合设计的环节，实验将按照学生的具体专业方向进行要求，针对性更高，实用性也更强。电磁场与无线电技术专业的学生更为专注于信息传播的研究，集成电路专业的学生则深入挖掘器件的应用。实验依旧采用项目制，学生分组完成，每个专业的老师都为学生们提供了参考的题目，当然也非常欢迎学生自我的创新。在综合设计的环节，整体要求的侧重点也有所不同：工程因素、环境因素、人文因素、市场因素等非技术要素被放在了基本要求中，学生必须基于自己所设计系统的可应用性进行实验，并且为之提供整套相应的合理化应用指南。

7.5.1 基于深度学习网络的图像识别

有一组学生在综合设计的一开始，就决定要申请自行拟定题目。他们盯准了某个国际会议中的一项比赛，想通过参加比赛验证自己的真正实力。这个自信来源于前面几轮实验的历练，还有平时参与各类科技比赛的丰富经验，对了，科技比赛也是大学生锻炼动手能力、与高手过招的好地方，这在第8章我们就会谈到。学校的培养让他们羽翼渐丰，现在这个小组想要去看看自己在社会上的真正实力。

比赛的主要要求是利用GPU实现对象检测的机器学习算法，最终会在给定的技术指标下评定队伍的优劣。对象检测目前在深度学习当中是一个较为成熟和热门的领域，也是人工智能实现商业落地的主要应用之一。在大数据和硬件资源有限的背景下，如何实现高精度和低功耗，成了很多人研究的主要方向。当然，这个比赛并不需要选手提出一个全新的网络结构，只需要利用现有的网络结构，进行一定的可靠优化即可。不过即便是这样，也依旧为难了连基本CNN网络都还不了解的他们。

跌跌撞撞中，他们先完成了实验板和服务器的基本配置，对板子组成和软件环境有了基本的了解，然后便开始了学习和实践的漫长过程。从相关网络架构开始，他们一篇一篇阅读文献（见图7.12），尽管对于部分体系架构做不到完整的透彻了解，但是对其优劣基本做到了心中有数。基础的文献阅读帮助他们在最后架构的选择中少走了很多的弯路。

在实验的阶段，他们共尝试了3种框架和网络架构，并应用了一些优化技巧。而这些选择的做出，都是基于对文献的理解和自己实际拥有的资源。TridentNet的三叉网络实现了整体模型的“干净”，不需要进行kernel的扩张，减少了附加计算量，在实验过程中，准确率更是高达96.37%。不过因为其功耗并不能满足要求，小组成员便把目光转向了由旷视科技提出的轻量级网络架构ShuffleNet和著名的YOLO架构。在反复实验的过程中，他们感觉现有网络都无法达到他们理想中的指标要求，于是利用学习的知识，在基于 YOLOv2 针对 voc 数据集设计的网络 YOLOv2-voc 上，进行了少许的改进，并将类似 Tridentnet 的 kernel 扩张方法应用于此，设计了两条公用权重的网络分支，然后在板子上进行了框架的布局和功耗的计算，最终小组实现了一百多支队伍中前 10 的好成绩。

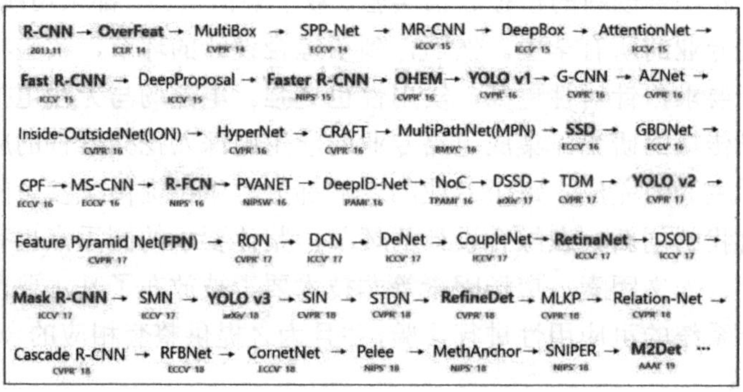

图 7.12 图像识别与物体检测重要文献

若是问及小组在综合设计的过程中学到了什么，他们大概会说，从理论到实践，学了个遍吧。通过整套独立的操作，之后面对任何领域的任何题目，小组成员大概都不会再心存畏惧了。当然在这个过程中，老师给予了小组很多关键性的指导和资源的支持，老师的经验加成帮助小组快速选定了基本框架。他们想好了，下一次，要挑战没有老师帮助下的自我突破。

7.5.2 非技术类综合能力

综合设计加大了对学生非技术类综合能力的考察，在实验的过程中，学生会面临之前实验中没有考虑过的很多环节。还是以上一组学生的图像识别算法为例，他们参加的比赛是以性能为最终评价指标的，算法的性能越好，排名越靠前。但同样的方案，拿到综合设计的课程里，还需要进一步加工。他们需要提出算法的应用场景或产品设计，如果是应用场景，需要对场景的具体落实进行描述，指出场景限制和应用优势；如果是产品设计，需要有初步的成果展示和性能分析；更进一步地，要是能拿出竞品分析或者用户调研报告，绝对是加分项。

围绕着项目的整体设计，我们可以尝试概括一下非技术类综合能力的涵盖范围。沟通与表达能力，包括在完成实验项目过程中与老师、同学的有效沟通和交流，在实验中期以及结题检查环节中表达个人见解等。沟通和表达是项目能够顺利进行的基础，也是出现不同意见时小组的润滑剂。节能与环保意识，包括在设计方案的产品选型时体现低功耗等特点、系统设计时采用更好的调制方式增加信道传输效率、实验过程无浪费材料等。这个意识在实际生产制造时尤为关键，会影响产品的质量和社会评价，也影响着生产成本，若是在学校教学环节就能够提醒学生项目设计需要关注成本和社会影响，对于学生走入社会岗位将大有裨益。用户思维，包括展示实验成果或产品辐射小、效率高、可靠性高、用户使用方便等。用户思维并不是狭隘地指让使用者满意，而是指设计者在项目过程中需要有换位思考的能力，除了自己的思路外，从用户角度出发去进行项目优化，可能会有意外之喜。道德品质，包括恰当使用及处置实验材料、仿真程序与结果无抄袭、项目报告与展示尊重同学（组员）的知识产权、著作权等。提出道德品质要求并非是对学生的不信任，而是要强调法律意识和道德水平是严格底线，诚信为本，不允许有任何的例外……

这些环节在一个简单的课堂实验中其实并不需要出现，但作为对于学生的基本能力和科学素养的培养来说，又是必不可少的。将一些与课本知识理论并不太相关，但与社会生存联系紧密的环节放置于综合设计实验的环节中，能取得画龙点睛之效，开拓学生思考问题的全新角度，也为之后的人生选择提供了更为广阔的视角。如果随着课程体系的进一步改革，学生主动意识的持续增强，综合设计能够从当前跨学科综合发展到跨界综合，将会是非常令人欣喜的事情。

“综合设计”作为综合创新实验的第三部分，将电子信息类课程的所有知识综合应用，并且将重点引向学生的研究能力，希望通过实验让学生综合运用基础和专业知识，得到合理有效的实验结论，为航空航天等领域的复杂工程问题解决提供支撑。在这样的培养体系下，学生对于动手实践能力不再担忧或者害怕，能够较为顺利地过渡到毕业设计等环节。

7.6 知识的内联内化

在我们介绍的实验体系中，有两条清晰的逻辑线一直在不断延伸：专业课程的体系结构和实验教学的配套搭建。从“电路分析”到“电子电路 I”，再到“电子电路 II”，对知识的学习循序渐进，深化完备；从零基础实验到综合创新实验，对实践能力的培养配套教学，由分到总，直至大成。看似简简单单，水到渠成的逻辑线背后，凝聚了高校多年探索的人才培养经验。

随着学期的推进，学生完成了大一至大三的全部课程学习，实验方面也从开始的零基础实验，到能够综合各项指标完成创新课题项目。学生在看似高压的挑战下，历经时光淬炼，一路高歌猛进，突破重重关卡，实现自我成长。在这其中，我们成功地将知识的“内联内化”思维传递给了学生们。

7.6.1 知识的内在关联性

首先，让我们切换一下视角，站在宏观的角度重新审视一下综合实验教学体系的设计目标（见图 7.13）。“电子设计基础训练”重在基础，意在培养学生工程认知的意识，让学生熟练掌握对工具的使用，能够以工程的思维进行问题的思考；“单片机基础训练”重在软硬件协同，通过简单电子系统的设计与开发，让学生初尝想法成为现实的喜悦；“模拟通信”与“数字通信”自成一体，重在体系训练，深入工程电子系统设计与开发的内部，从概念到产品，掌握每个环节；“综合设计”融合所有实验精华，重在创新，经历过类似的训练，今后学生面对复合电子系统时，一旦出现问题也能沉着应对，避免慌张。

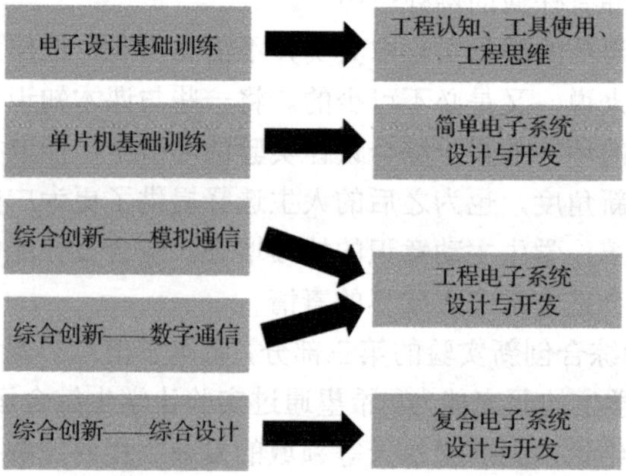

图 7.13　综合实验教学体系的设计目标

电子信息工程学院哈聪颖老师的博士论文中曾探讨过电子信息类大学生综合能力内涵指标体系的构建，她认为大学生的关联力是大学生学习能力的重要组成部分。中国工程院李培根院士也在未来工程人才具备的素养中提及了关联力。这个能力的养成需要两方面的配合，一方面，高校在课程设计之初，就要考虑到知识的递进深化，将教育内容打造成紧密相连的知识网；另一方面，老师需要有意识地引导学生不断回溯过去学过的知识，思考如何改进，如何在过去的基础上创新。

在综合设计的答辩环节中，我们会惊喜地发现，学生常会提到之前模拟或者数字通信实验还可以有怎样的改进，很多的综合设计更是脱胎于之前两个实验的阶段性成果，在整合加工改进之后焕然一新。学生不知不觉中便会根据课程内容找到知识的内在关联性，并加以应用。如果将此过程比做老师与学生同作一幅画，老师可能仅仅素描出了龙身的一半，学生便能根据老师作画的笔触，画面的分布占比，揣摩老师的作画意图，最终完成整条龙的描绘，并添上斑斓的色彩。

7.6.2　知识的内化

在探讨了知识的内在关联性后，我们还需要解决一个问题，才能打通知识到素养的所有关卡，那便是“知识的内化”。知识的内化好比什么呢？就是学生在完成上色之后，还能“画龙点睛”，根据自己的想法为龙增添灵动感。

分享个值得思考的案例。在第 5 章我们提到芝加哥大学的“社会思想委员会”，其中的研究生们在撰写论文时有一个“比慢”的习惯，老师们也从不催促学生赶快写论文，因此，他们通常需要花比别人长好几年的时间毕业，有的人竟花了 10 年以上的时间撰写毕业论文。林毓生教授在描述这个习惯时是这样说的，“这种心情主要是源自对于知识的严肃好奇心与‘有所不为’——不甘于在原地兜圈子，不屑于做些舞文弄墨的工作——的心态。……如果没有对一些问题在豁然贯通以后所得的心灵欢愉的经验与对一个问题尚未想通的时候确知尚未想通的思想境界来支持，这种过程是无法继续的。”而学生花费大量时间进行学习、思考、总结，最终形成的毕业论文，其质量则远远超出毕业论文的要求，在相关学术领域都能造成不小的影响。

“比慢”的核心在于对知识的反复追问和总结，大学教育已经在有意识地培养学生这个习惯，无论是在实验课程中，还是第 6 章研究型教学中，教师都会要求学生在课程的最后提交不同形式的总结报告，可以是课程感悟，可以是实验总结，可以是项目展望，反复强调说明重要性，千万不要把总结看成枯燥的文字游戏，毕竟做过了那么多实验，倘若只是停留在对于实验本身的完成度上：做过收音机，却还是对天线的接收发射一无所知；做过无人机的航电系统，却移植不到其他航空设备，这样的“榆木脑袋”，还真是需要敲打敲打。若是学生通过这一系列实验教学后，仅仅只是学会了做几个实验，了解到了专业知识的应用，那可颇有“丢了西瓜捡了芝麻”的遗憾。在进行实验的过程中，学生需要学会破除知识表面的迷障，在不断的复盘与总结中，挖掘出事物的共性，将知识内化，让其成为自己不断创新、开疆拓土的坚实基础。

了解了知识的内在关联性，并能够在总结中完成知识的内化，才能算获取了实验教学的真正核心财富。

思 考 题

1. 你觉得第 6 章研究型课程教学中的研究型课题和“综合创新——综合设计”对于学生的综合能力培养有什么区别？

2. 细数一下完成零基础实验需要经历的环节，对每个环节培养什么能力，你现在有所感知了吗？

3. 请比较一下单片机中的软件设计与 PC 环境下的软件设计有哪些差异？

4. 你是否有过担任小组组长的经历？如果有的话，总结一下小组长的经验教训，如果没有的话，尝试带领你的小组完成一个共同的课题吧！

5. 实验教学越来越多地强调学生的动手体验，老师的角色似乎有所淡化，你认为实验课程可以省略老师的参与吗？

拓展思考

1．利用单片机提升生活的便利性，你还有比寝室物联网系统更好的想法吗？

2．提前为大三的综合设计想一个你想完成的主题，并思考一下如何利用前序的实验课程为这个最终的课题打好基础。

3．通过本章学习，请你谈谈理论学习与课堂实验、跨课程综合设计之间的关系。

参考文献

[1] 姜嘉乐．工程教育永远要面向工程实践——万钢校长访谈录[J]．高等工程教育研究，2006，4：1-7.

[2] 王祖林，等．空天电子信息专业综合实验体系浅析[J]．工业和信息化教育，2016，7：67-73.

[3] 张玉玺，等．虚实结合实验平台的探索与研究[J]．工业和信息化教育，2016，7：74-78.

[4] 哈聪颖，等．促进学生综合能力提升的电子信息类实验教学研究[J]．工业和信息化教育，2016，7：79-82.

[5] 雷鹏，等．基于软件无线电的数字信号处理综合实验平台[J]．工业和信息化教育，2016，7：83-89.

[6] 赵恒，等．跨专业综合实践平台建设初探：以无人机平台为例[J]．工业和信息化教育，2016，7：90-94.

[7] 哈聪颖，等．电子信息类实验教学对学生关联力培养的研究[J]．高等工程教育研究，2020，6：182-187.

第 8 章

科技实践的魅力

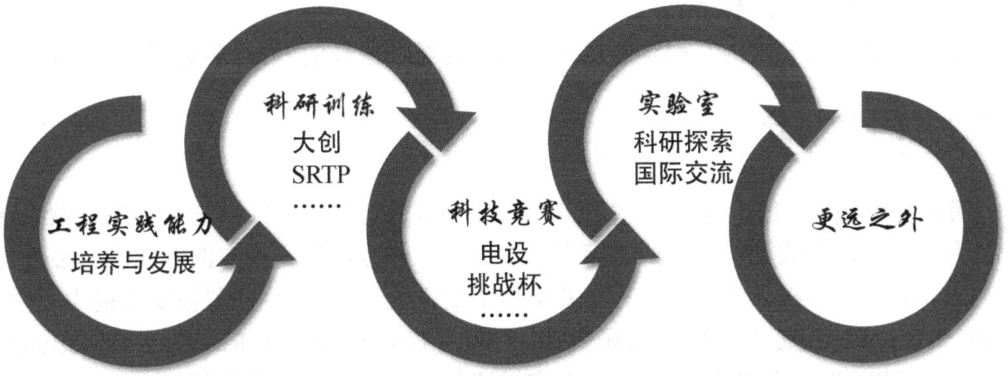

相对于实验教学，科技实践显得活泼许多。原本它只是大学生活的可选项，不过由于它包含的活动种类实在太过琳琅满目，因此年年都会吸引大批学生参与，成了大学的独特回忆。

参与科研训练，尝试科技竞赛，加入实验室……不知不觉中，学生的动手能力、沟通能力、表达能力、创新能力都得到了提升，更勇敢，也更自信了。

躬行实践是检验理论、提升综合实力的有效方式。在大学中，实践活动无处不在，除了第 7 章所提到的综合实验教学，你还可以在科研训练中小试身手，或者在科技竞赛中大展拳脚，又或者早早进入暗藏玄机的实验室感受科研环境……这些都能为你提供“实践出真知，万事要躬行”的机会。那么，临渊羡鱼的你如何退而结网？期待以下文字会对你有所帮助。

8.1 工程实践能力培养

对工程教育而言，本科生科研的重要意义自然不在话下，科学知识、研究方法、科学精神、实践能力、工程经验等方面的锻炼，是本科生进入研究生，或投身职业生涯的基石。通过设立成熟而体系化的科研训练计划，让学生从入学的那一刻起，心中便埋下这枚“科研”的种子。

国内外对于大学生的工程实践能力培养都历经了漫长的岁月，积累了丰富的成果。

8.1.1 国外部分

苏联于 1957 年 10 月 4 日发射了世界上第一颗人造卫星，11 月 3 日，第二颗人造卫星升空，上面搭载了一只名叫“莱卡”的小狗。作为冷战另一方的美国有些心慌，他们意识到了国家在大学教育中存在着某些不足之处，导致学生的科技实战能力不强。1969 年，MIT 开展“本科生科研机会计划”（Undergraduate Research Opportunity Program，UROP），并设立 UROP 办公室，这是美国本科生科研的开端。UROP 的大致内容是，本科生与老师确定研究项目进而上报学校，获得批准后要在规定时间内提交成果。除了提供项目资金，学校还会给予学生奖金或学分。令人扼腕的是，当时美国大学将教学与科研看成是不共戴天的仇敌，一方代表通识教育，一方代表专业教育，UROP 的方式并没有得到普及。直至 1990 年，美国当代教育家博耶（Ernest L. Boyer，1928—1995 年）发表报告——《学术反思：教授工作的重点》，这才见证了二者的和解。随后华盛顿大学、斯坦福大学、加州大学伯克利分校等著名高校纷纷加入本科生科研的大军。1998 年，博耶委员会发表《重建本科教育，美国研究型大学发展蓝图》，在其 10 条改革建议的第一条中便明确指出“建立以研究为基础的大学”，这使本科生科研得以普及。

今时今日，本科生科研已经蔚然成风。MIT 在之前 UROP 的基础上增设“独立活动学期”（Independent Activities Period，IAP）作为辅助，以讲座、讨论及高年级引导低年级学生等方式，帮助一、二年级学生了解 UROP，勾勒知识背景并获取相关经验。另外，MIT 还有“学生技术顾问”（Student Technology Consultants，STC），STC 根据项目需要为本科生提供短期工作，如设计网页与调试仪器，使学生在掌握基本技能的同时能更好地了解自己的兴趣与特长。STC 虽然有一些“勤工俭学”的意味，但仍可看作是 UROP 的“学前班”。而加州大学伯克利分校开展的“本科生科研学徒计划”(The Undergraduate Research Apprentice Program，URAP)，则是邀请学生到老师的课题组中担任助理，跟随老师徜徉科研海洋。此外，还有类似于 UROP 的“哈斯学者计划”与“伯克利贝克曼学者计划”。除了资金支持，加州大学伯克利分校还经常组织学术讲座或论文报告会，并专门创办了 7 种刊物供学生发表成果，例如《伯克利本科生》《思想者》与《加州工程师》，兼有衡量科研质量与鼓舞学生士气的双重作用。

科研计划给了学生想象和实践的空间，以学生为主导的模式有了更大的容错机会，其目的在于“体验”。体验过后，有一个地方，便是学生下一个进阶场所——实验室。以老师为主导的模式，虽然可能少了一些自由，但却多了科研真正的严谨。在德文中，“Laboratorium”，原意是“化学实验室”，究其原因，联系第 3 章介绍的吉森实验室便不难理解。19 世纪 20 年代，创始人李比希将学生请入实验室，希望他们能够通过系统训练转入独立研究，他认为：“学习化学的真正中心，不在于讲课，而在于实际工作。”吉森实验室源源不断地输出了优秀的研究成果，还有大批首屈一指的化学家，例如霍夫曼（August Wilhelm von Hofmann，1818—1892 年），他发展了以煤焦油为原料的德国染料工业，并将李比希的教学方法传入英国，带到柏林。19 世纪 80 年代，德国的实验室教学，亦即所谓大学“研究学派”，已经风靡全球，德国的大学实验室成为各国学生的“朝圣地”。

8.1.2　国内部分

当目光转回国内，与美国高校的各类“计划”相比，国内的本科生科研活动因地制宜，有着些许的不同。

我国的科研计划始于“竞赛”。1983 年，清华大学成立“学生科学技术协会”，成功举办首届学术讨论会和学生科技作品展览，并于 1988 年首次筹办校内“挑战杯”学生课外科技作品展览暨技术交流会，力图将知识由书本“挪移”到实践中来。1989 年，清华大学力邀 33 所高校、全国学联、中国科协及《光明日报》等媒体，将“挑战杯”的号角在全国范围内吹响，396 项参赛作品中有 154 项获奖。时至今日，“挑战杯”历经十六届（见图 8.1）风雨历程，成为我国大学生科技创新的“奥林匹克”，昵称“大挑”。而与“大挑”相映成趣的是“小挑”，即“挑战杯”中国大学生创业计划竞赛。创业计划竞赛效仿美国，同样诞生于清华园中，并于 1999 年成长为举国同享的重大赛事，大学生的创业热潮由此一发不可收拾。“大挑”与“小挑”交替进行，均是隔年举办一次。

图 8.1　第十六届“挑战杯”最高荣誉：挑战杯

如今，“大挑”已然将其“崇尚科学、追求真知、勤奋学习、锐意创新、迎接挑战”的宗旨发挥到了极致。在风景独好的“平台”之上，有风卷云起的各大院校，有求贤若渴的先进企业，有学生，有老师。高校之间通过展示相互过招，见贤思齐形成良性竞争；高校与企业间的会晤有利于二者消除隔阂，在互通有无的同时促进成果转化；学生则可以通过欣赏各校作品开阔眼界，走近真实企业倾听工程之声，抑或借此机会崭露头角，体验团队成员间的鼎力合作。

“小挑”的出现为“大挑”补充能量。这一竞赛以“培养创新意识、启迪创意思维、提升创造能力、造就创业人才”为宗旨，要求参赛者发掘一项具有市场前景的技术、产品或者服务，以获得风险投资为目标完成创业计划。“小挑”不负众望，第一届就揽下了高技术公司孵化器的重任。首届竞赛的金奖获得者——视美乐科技发展有限公司，在上海第一百货公司的扶持下挂牌开张。除“挑战杯”外，还有全国大学生电子设计竞赛、嵌入式系统专题邀请赛、信息安全技术邀请赛，以及各高校自行组织的竞赛，这些竞赛虽然在选题上有所差异，但都为学生提供了不可多得的实践机会。

以竞赛为途径培养实践能力千好万好，却也难逃诟病——竞赛功利色彩浓厚、强调精英而忽视大众，洞察到了这些，其他形式的本科生科研活动便跃跃欲试了。1996年，经过提炼“挑战杯”等竞赛精华、走访 MIT 的 UROP、召开第 20 次教学讨论会议等一系列精心筹备，清华大学“学生研究训练计划”（Student Research Training，SRT）新鲜出炉，这一教育改革标志着我国本科生科研开始由“竞赛”转向“计划”。浙江大学同年推出“大学生科研训练计划”（Student Research Training Program，SRTP），而后，包括东南大学与北京航空航天大学在内的多所高校纷纷仿效。

东南大学信息科学与工程学院教授孟桥（1965—　）用“以 Student 为主体，以 Research 为背景，以 Training 为目标”来诠释 SRTP 的内涵。首先，以学生为主体意味着本科生推翻了压在头上的学校、老师、学长“三座大山”，成为科研的主人。从立项到结题，学生当家作主，自行发现问题、分析问题、解决问题，最终探索出新的路径。这一过程虽然蕴含着无拘无束的洒脱，却也包含了踽踽独行的压力、迷茫甚至无助。好在独立自主并不等于自生自灭，作为顾问，老师随时欢迎学生在百思不得其解之际登门造访。我们将在下一节对 SRTP 模式有更深入的探索。

看到这儿，读者可能会觉得“竞赛”难度很大，“科研训练”的难度也不小，有没有容易些的方式呢？这一问题把我们引回了起点——原汁原味的实验室。在国内，本科生同样可以直接进入实验室参加老师的科研项目，这一机会一般在三、四年级时由学校来统一安排，一、二年级的学生若想尝试也可自行争取。相较于国外实验室以独立研究带领创新的模式，国内的实验室会更加切中科研素养的培养，毕业的学生拥有扎实的基础和优异的综合素质，毕业设计成果的质量让人惊叹。本科生以实验室为大本营，不仅可以体验真实的科研项目，也可以与老师或研究生保持沟通，在获得指导的同时体验研究氛围，于亦步亦趋中取得进步。

本科生科研活动一般不在教学计划之内，因而可被视为“自选动作”，作为呼应，第 7 章描述的实验教学等内容，便可以被称作“规定动作”。“自选动作”侧重课外拓展，关注在某一点的突破，以兴趣为延伸，不刻意强调知识的体系性，而是充分鼓励个性化。“规定动作”重在课内巩固，首先保证动作的达成。两者虽然内涵迥然有异，但在目标上却不谋而合，两相配合，长短互补，对于学生创新能力、综合实践能力的培养大有裨益。

2020年3月，《中共中央国务院关于全面加强新时代大中小学劳动教育的意见》印发，意见指出，要“把劳动教育纳入人才培养全过程，贯通大中小各学段，贯穿家庭、学校、社会各方面”。而科技实践，是大学实施劳动教育的有效途径之一。在动手操作和动脑思考相结合的科技活动中，学校可以把立德树人和劳动教育内容有机融入，实现劳动教育总目标。本科生科学研究活动的本质就是探索性劳动。

8.2 科研训练的小热身

提了那么多的“计划”，那么多的“竞赛”，是时候给自己的科研生涯热热身了。综合评估难易程度、时间长短、支持力度等多个维度，我们推荐从科研训练培养相关的“计划”入手，逐步培养自己的科研意识。

8.2.1 科研训练培养

俄国哲学家车尔尼雪夫斯基（Nikolay Chernyshevsky，1828—1889年）有句名言：“艺术源于生活，而又高于生活。”论及美与创造，科学可以毫不牵强地被视作艺术，其灵感也往往从生活中来。每件事物，或大或小，或熟悉或生疏，或其乐无穷或趣味寡淡，都一定有其存在的意义。法国雕塑家罗丹（Auguste Rodin，1840—1917年）又说道：“生活中从不缺少美，而是缺少发现美的眼睛。”也就是说，我们要留心观察身边各式各样的事物，透过细枝末节去发现创造的源泉。有时我们需要带上批判的目光，思考怎样解决问题或如何进行优化，有时应该换上欣赏的视角，考虑一个好的办法是否能够解决其他问题。

不要对“科研”二字心怀恐惧，有时候科研的开始，可能只是源于一次发现和一点点改进的念头。你发觉某个技术方案不太完美，你想要探索背后的科学原理，然后针对这个方案看看有没有优化的空间，或者提出新的算法来达到更高的性能。把握住这个点，自然就能慢慢地进入科研的领域中。

科研训练培养，是为正式科研和竞赛奏的序曲，通过相对简单的科研训练，例如后面即将提及的SRTP、大创等项目，完整地走一遍从想法到实践的过程，提前踩一踩可能会有的坑，储备一下基本的科研素养。相对于研究生阶段的科研而言，这更像是一次提前的训练营，门槛不高，难度不大，在心头埋一颗科研种子，等日后阳光雨露均合适，你猜种子会成长为怎样一棵大树呢？

目前大学生较为熟悉的科研训练培养主要有两项：大创和SRTP。“大创”的全称是国家级创新创业训练计划，是“十二五”期间高等学校本科教学质量与教学改革工程的建设项目之一，由教育部在2012年正式批准实施。大创内容包括创新训练项目、创业训练项目和创业实践项目3类，均由学生自行确定题目，主动申请。学院会审核学生的申报情况，定期安排审查并给予一定的资金支持。审查过程中，学生会被要求就项目研究内容、总体研究目标、预期研究成果、已有科研基础等内容进行陈述，而专家评审则会进行质询，从科学性、实用性、创新性等不同维度进行评判，若项目中出现了专利、论文等成果性产物，那便是锦上添花了。SRTP的具体方案由各高校计划落实，与大创有很高的相似度，整体流程依旧按照“项目申报—项目审核—结题”的方式进行，但是申报难度相对较大，直接由学校负责组织，获得的平台和资源也会更多。接下来，我们就借由对SRTP的介绍，近距离感受一下科研训练培养的流程。

8.2.2 揭开SRTP的盖头

或许你会小心翼翼地问：“刚进入大学的我还没学什么，能参加科研训练吗？”

当然可以！你应该已经发现，科研并没有忘记一年级学生，你完全有机会参与。面对新的领域时，多数人都将面临从无到有的难题，然而话说回来，如果一应俱全，又能剩下多少空间供你发挥？创新的勇气就是有三分把握就敢去尝试，你完全不必因畏惧而对科研敬而远之。如果机会只留给有准备的人，那么于你而言，30%的精力用来准备最初目标，70%的精力留给对过程的坚持。知识上一无所知怎么办？去图书馆查阅资料，到数据库搜集论文，向老师与同学取经。技能上一窍不通又如何？在实验室常驻，先将理论付诸实践，再用实践检验理论。面对不时杀出的“程咬金”，你不得不辗转在反复调试与修改方案之间，甚至颇费周折联系“牛人”指点迷津，协调所有能调度的资源为你所用。在逾越屏障的同时，你的能力将会增长，你的目标将会清晰，随之而来的成就感与自信心会让过程明媚起来，这一切往往比结果来得珍贵。

如果大一大二的时候有一点新颖的想法，不妨尝试申报SRTP项目，以研究为背景的SRTP重在过程，这与竞赛期待作品，实验重视结论，毕业设计归于论文截然不同。有时，SRTP孕育的优秀作品可以转化为“挑战杯”等竞赛项目，可谓一举多得。

Step 1 找到想要研究的兴趣点

具体的渠道，可以是帮助我们剥开科学坚果的“科学松鼠会”等系列网站，可以是科技前沿类型的讲座或展览会，可以是日常生活中的观察，可以是“有朋自远方来”的一次秉烛夜谈，甚至可以是一声叹息或一片梦境。例如，多数人对在千回百转的教学楼中迷路已司空见惯，而北京航空航天大学的学生注意到了问题所在，他们设计出帮助用户规划最佳路线的应用软件。选题时切忌“随大流”，因为令人趋之若鹜的地方往往已没有宝藏可寻，只有凌寒独开，才可一枝独秀。例如，伴随人脸识别的大热，相关题目鱼贯而入并取得了一定成绩，于是在接下来的两年、三年甚至四年里，类似题目纷至沓来，几乎令人产生“审美疲劳”。综上可见，选题在一定程度上就是创新。

需要指出的是，由于 SRTP 将过程作为核心，你在立项之前便要拟定题目，这样才有利于后续工作的顺利展开。而以作品论成败的“挑战杯”等科技竞赛在选题上则并没有如此绝对，一锤定音当然可以，边做、边想、边完善也未尝不可。不排除这样的可能，最初你认为自己水平有限，只打算用单片机设计一款简易的闹铃，但经过夜以继日的精心准备与剥茧抽丝的不懈攻坚，最终你提交的竟然是霸气十足的“智能车载系统”。又或者是，你在动手时发现所选题目“表里不一”，只得改头换面，推翻重来。综上可见，科技实践让你厘清的不仅仅是题目，也是自我，积累的不仅有经验，也有自信。

Step 2　整理思路进行立项申报

将话题引回 SRTP，众里寻“题”千百度后，你需要提交一份立项申请书，而撰写申请书又是一门学问，并且很容易被误认为是文科性质的工作。可不要小瞧这个看似只需要和文字打交道的工作，在前几章中，我们不断提到工程师需要具备多方面的能力素养，申请书的撰写就考验着工程师是否具有清晰的逻辑思维，是否具有良好的表达能力，是否耐心细致等。考虑到 SRTP 注重过程，你一定要在申请书中将题目阐述清楚，包括创新之处、应用价值与关键技术等。记住，你的目标是将题目推销给评审专家，也就是让他们相信你的题目独特、应景而又可行，从而心甘情愿地将机会交到你的手中。举例而言，在论述创新之处时，不妨列举当前研究现状作为靶子，通过比对说明你的题目有何超越：前无古人地解决了问题？提高速度？优化性能？让奢侈品获得了白菜价？更为环保？……总之你的题目至少要有一个“标签”用以渲染你的舍我其谁。另外，你需要做出进度安排与经费预算，关键词有两个：一是合理，保证你能脚踏实地实现计划，在规定时间内保质完成；二是详细，说明你的申请绝非心血来潮，而是深思熟虑、统筹规划的结果。至于指导老师则可以参考前文的方法依据项目需要进行选择。正所谓“细节决定成败”，申请书的格式绝对不容小觑，严格遵守既定撰写规范可以使你的申请书赏心悦目，更进一步，石庆数马的态度也一同呼之欲出。

Step 3　按照计划有序开展项目

定了题目，交了申请，便迎来了过程环节，怎样才能让 SRTP 堪称“猪肚”，内容充实？一般为期一年的 SRTP 是一场持久战，除了心态，你还需掌控好时间，立项成功不代表一劳永逸，遵循进度安排是驱赶惰性的有效方法。明确分工之后，你与合作伙伴将经历一个漫长的过程，随着你们从学习到尝试，从磨合到默契，项目也将从一筹莫展扭转成循序渐进，从幼稚发展为成熟。不容忽视的一点是，你要及时与指导老师沟通或商洽进展情况，尤其是在进退维谷之际，因为老师可能凭借经验、角度与高度为涸辙之鱼的你注入一泓清泉，别让胆怯抑或羞涩成为你的障碍。大学每个角落都摆放着“主动”的提示牌，科研训练也不例外，老师退居幕后留下余地，他们只有收到你的“求救”信号，才能依据具体情形做出反馈。即便项目已经顺利完成，你也可以拜访多位老师寻求专家意见，一方面从评委角度为你消除盲区，另一方面锻炼做展示的基本技巧。另外，我们由衷为你推荐一位助手——工作日志，每天留出一点时间记录下探索的迂回、思维的逾越、问题的纠结与灵感的火花，不仅为中期总结与结题积累素材，也为日后反思提供依据。

Step 4　定期复盘，成功结题

无论是战战兢兢还是顺风顺水，若你前三步都走下来了，那么第四步便顺理成章了。想要叮嘱的是，复盘是一名优秀科研工作者的必备素养，一个项目很少能够百分百按照预期进行，不确定性时刻在影响着项目的进度，考验着成员的心态。这个时候，定期复盘，思考项目实施过程中的问题，与成员一起分析问题出现的原因，一方面可以为项目“排雷”，及时纠正航向，确保不要太过偏离预期的航向；另一方面，可以提升团队成员的参与度，不断增强成员的使命感。有了正确的方向、充满战斗力的团队，结题就胜利在望了。

结题的内容由这一年来的辛苦付出所构成，结题质量如何相信团队心中早就已经有了大致的预期，这里仅就结题报告的呈现做一点小提示。结题报告是你向评审专家的最后一次汇报演出（见图 8.2），是你对课题最后一次的总结和梳理。不重视的人，往往把结题报告变成一场流水账式的故事叙述，讲述前、中、后期的工作量和工作结果；而重视的人会以工作结果为基础，将项目的亮点特色、应用方法、不足思考和未来规划融合在一起，让评审专家看到答辩人为这个项目付出的心力和他们在这个项目中的成长。一次 SRTP，仅仅只是科研之路的开始，用隆重的方式结尾，才是未来从事科研明亮的开场。

图 8.2　学生进行结题答辩

最后，让我们以爱因斯坦的论述重申 SRTP 精髓所在：“提出问题往往比解决问题更重要，因为解决问题也许只是数学上或实验上的技能而已，而提出新的问题、新的可能和从新的角度看旧的问题，需要有创造性的想象力，标志着科学的真正进步。”

8.3 科技竞赛的大比拼

有了基本的科研训练热身之后，相信你已经初步具备了较为优秀的团队协作能力、创新思维能力等各项科研基本能力，那么，让我们尝试成果转化，从简单的科研训练中抬起头，看看形式丰富的各类竞赛中还有没有更具挑战性和发展性的项目，把玩一番。

8.3.1 科技竞赛初探

科技竞赛听起来要比科研训练生动得多，没有太多“研究”的枯燥，反多了一丝“竞技”的趣味。初高中也有类似信息竞赛之类的比赛，往往能够引得感兴趣的学生大展拳脚。

在科技竞赛中，你可以选择“自由行”——自己管理好自己就万事大吉，而“团队游”将使可能性更为丰富。为最大化团队优势，项目负责人在吹响集结号时，需综合考虑人员的能力与性格，实现互补均衡。举例而言，你想吸纳技术牛人坐镇项目的具体实现，然而他们往往不善言辞，于是你便需要招募伶牙俐齿之人掌管答辩事宜，尽管他的技术相对大牛显得薄弱，却补上了“木桶”的短板。寻找同道中人乃是常情所在，因为差异往往导致分歧，然而当差异彻底消失时，你们反而变得不堪一击——由谁去答辩呢？由此可见，必须要理智地引入差异，只有在短板被接长的前提下，长板才能发挥功用。更大胆些，你可以根据需要从其他学院召集成员，博采众家之所长。

竞赛的种类有很多，可以参加命题式，也可以参与开放式。如果平时没有太多的想法可以先从命题式入手，根据题目要求寻找解题思路，在此基础上进行特色的改进，如果本身就是善于“折腾”的人，那就完全可以参与开放式比赛，将脑海中古灵精怪的想法实现，想起来就令人激动呢。当遇到瓶颈，抓耳挠腮也找不到突破口的时候，指导老师会是你的一大助力，竞赛的指导老师往往有着丰富的实战经验，在想法上和技术上都能给予点拨，也许就有拨开云雾的成效！

参与科技竞赛最令人难忘的部分，当属获悉结果的那一刻，不论甜蜜、清醇抑或酸涩，都请你尽情欢呼吧，走到结果的这一刻，你就已经收获了成功。雀跃之后是静静的沉淀，你要明白竞赛之所以评出结果，是为让参赛者获得短期激励，感受自我价值进而建立求索动机。而当短期激励叠加成自我激励时，即使没有信号枪与秒表，你也能够快乐而积极地奔跑下去。因此，如果结果是甜蜜的，不妨将灼灼其华的奖杯陈列，把熠熠生辉的赞扬收起，及时反思经验教训，并重新来过。你还需要穿越“所知障”的迷城，在“有则改之，无则加勉”与“总结过度，迷信成功”之间寻找平衡，谨防自己绊倒自己。另外，如果结果是清醇或酸涩的，你也不必气馁，因为失败往往能比成功教你更多，在脑海中重播竞赛全程，仔细分析自身存在哪些问题：创新不足？技术硬伤？团队管理松散？未主动与老师沟通？没有抓住竞赛特点？欠缺展示技巧……你可以将答案记录下来，使之成为你翻身的筹码。

若能做到平和对待结果，理性分析问题并改善，便能巧妙规避科技竞赛的一大弊端——短时功利。不同于 SRTP，竞赛的周期大都不长，短则几天，长则几个月。集中一段时间的精力对付一个比赛慢慢衍生成了一种常态，学生疲于应对，只为争取一点综合加分。这样的想法偏离竞赛的初衷，这种想法下的成果也缺少灵气。若是抱着这样的念头参赛，不如把时间放在更吸引自己的事上，别荒废了青春。

“挑战杯”“冯如杯”“全国大学生电子设计竞赛”（以下简称“电设”）……此前，我们罗列过五花八门的科技竞赛，是否让你挑花了眼？其实，“挑战杯”与“冯如杯”等可被纳入自主命题范畴，做什么都可以，怎么“折腾”都没问题。而“电设”等则排在限定命题之列，让你做什么你就得做什么，做不出来也没办法。两者之间的差别，且听我慢慢道来。

8.3.2 演奏一曲“冯如杯”

假如你是一位善于折腾的人，在冯如杯中，你可以做点什么呢？

冯如，原名冯九如，从小喜欢制作风筝和车船等玩具。他目睹美国先进工业，励志通过发展机械工艺改变中国贫穷落后面貌，制造飞机并成功试飞，被誉为“中国航空之父”。1990 年，为向“东方的莱特”冯如（1884—1912 年）致敬，北京航空航天大学发起“冯如杯”学生学术科技作品竞赛，到如今已成功举办三十届了（见图 8.3）。“创意、创新、创业”的三创体系，鼓励学生大胆创意、动手创造、勇于创业，形成了北航独特的从创意到创造再到创业的创新文化。

图 8.3　第三十届“冯如杯”标志

“冯如杯”专为一年级学生设计的学生创意大赛，侧重提出新的想法，你需要将焦点集中在论述上，尝试换位思考，让你的点子在他人眼中同样能散发创新点与可行性的魅力。与此同时，将想法用最为逻辑的表达形成一篇专业论义，严密复杂的格式要求可能会让你望而却步，但这却是科学严谨的开始。创意究竟能大到什么样的边界呢？

没有边界，只要有实现的可能，宇宙之大都是你发挥的空间。

“冯如杯”的学生学术科技作品竞赛，给出科技发明制作、自然科学类学术论文、哲学社会科学类社会调查报告和学术论文 3 个大项，几乎包罗万象，你可结合自身情况在所选类别下确定题目，扬长避短。科技发明制作是参赛作品数量最多的种类，每年均会吸引大众焦点。无命题、无要求、无限制，“三无”产品的背后是对最终成果的无限期待。而要想在这个竞赛中斩获一定奖项，往往需要及早规划和筹备。选题是第一步，一个好的作品，选题至少会占到 1/3 以上的时间。和科研训练类似，项目题目可以来源于生活所感，或是实验室的课题，或是之前已有项目的创新改进等，只要你认为有创新的空间，便可以动手研究。考虑的角度纷繁复杂，列举几个以供参考：首先考虑可行性，原理的可行性、资源的可行性、时间的可行性等，如果自己对于成品都没有足够的把握，盲目花费时间的尝试对于竞赛这种时间就是金钱的项目是不合理的；其次考虑项目和团队能力的匹配程度，如果非要让码农去跳舞或者让舞蹈家去码代码，出来的效果不是滑稽就是糟糕，资源需要得到最优的配置，项目的特征能否很好地匹配团队的特征，足以影响之后的全局发展；此外，项目本身的创新性等各类因素，都值得细细分析。

选题之后，便是计划安排。规划技术路线的一开始便要对结果有清晰可量化的预判，很多时候团队都说不清楚最后要做出来一个什么样的东西，于是管理失控，最后的东西和想要的东西差别巨大。当有了目标结果之后，需要做的就是分解它，譬如为了做出一辆能够遥控的汽车模型，首先应该做出一个会转动的轮式机构，然后再制造出四个或者多个布局不同的轮式机构，最后通过控制各个轮式机构实现运动这个过程。将目标结果分解为单个因果步骤，有了这样一串步骤之后，再评估每个步骤的风险，最终生成一个合理的技术路线。步骤风险评估必不可少，每个步骤的难度不尽相同，有的关键步骤一旦出现问题就可能导致整个项目的失败，因此在一开始就需要清楚地知道每个步骤的风险程度，对于关键步骤，或者高风险不确定步骤，需要提前规划好 plan B。技术路线设计完成后，合理计算每个步骤的执行时间、执行成员、检验指标、异常处理方案，把所有计划的执行时间按顺序相加，并留出合理的冗余时间安排。这时候应该得出了一份详细的项目时间计划表，这张表包括了项目的技术路线、时间节点、各个环节的执行顺序、异常处理流程、执行负责人、验收指标等信息。有了这张表，离首战告捷应该就不远了。

走到最终答辩环节，便是考验交流和展示的智慧了。技术是一个项目的基石，但技术以外的素质同样重要。如何把自己了解的内容给别人讲清楚？如何把十分的工作量不折不扣地讲出来，防止被人认为只有七八分？如何在有限的时间内传达出最大的信息量？遇到难以回答的问题，甚至被直接抓住缺点时，如何回答得不卑不亢？这些都直接影响答辩效果。度过了这一关，那就可以期待你能够有一个满意的成绩了。

“冯如杯”学生创业计划竞赛，更侧重于商业领域，如果你具备了一门技术，不论是自己的发明创造或他人的新鲜成果，你是否考虑过通过自身努力将其推广出去？你是否具备了经商头脑？你是否有从工程师转型领导者的打算……商业化是目前很多科技作品的发展道路，实验室的作品，尽管有着极高的含金量，但若无法给社会带来改变，便是“埋汰”了它的价值．而不同于科研，在商业化的路上，你需要了解很多经济管理类的知识，考虑问题的角度也完全不同。一份优秀的商业企划书，包含商业模式、市场调研、战略分析、预计投资回报等内容，同时你还需要考虑公司的供应链、资源调配、员工制度、资金流等问题。理工科的学生，习惯了技术为王的感觉，要适应以满足消费者需求为第一的商业模式，要做的功课还有很多。不过不要紧，你可以向学长学姐多取取经，或者在网络上找找相关的经验，学校也会开设创业类课程，进行系统性创业方法和思维的教学，第 9 章我们将会谈到创业这个话题。创业比赛最吸引人的地方，是和你竞争的对手很有可能真的已经开办了公司，甚至拿到了风投！当然，在充分准备的情况下，你也完全可以注册公司，开始商业化运营。大学创业，早已不再是遥不可及的梦想了。答辩时，评委都是来自各个企业的管理者或者天使投资人，如果你的项目具有相当的市场潜力，当场几百几千万元的投资就可能“花落你家”。当上 CEO，走上人生巅峰，想想就令人心潮澎湃。

系统地说，冯如杯创意、科技和创业大赛是一环扣一环、层层递进的。要做一个好的作品，一个好的创意是必需的，一个项目的成功与否，70%都取决于创意的质量。一旦确定好要实现的创意后，就需要考虑在项目的进程中，大概会遇上的困难，会需要哪些方面的资源，选择怎样的技术路径，初期投入多少资金，队友的能力配置，预期花费时间等。而当项目初见成效、成果可视化后，就可以进一步考虑商业化落地。当你经历过这样一轮的训练后，对于锻炼自己的统筹能力和综合管理能力，应该说是非常有意义的。这样的体系培训大有裨益，它将大量优秀作品点“冯”成“挑”，使北航在 2009 年和 2019 年蟾宫折桂，荣膺“挑战杯”殊荣。

8.3.3 弹唱一则“电设”

假如你是一位基本功扎实的人，那么在全国大学生电子设计竞赛中，你可以做点什么呢？

全国大学生电子设计竞赛两年举办一次，作为全国电子类、自控类专业规模最大、认可度最高的电子设计竞赛，自然会吸引相关专业的学生摩拳擦掌、跃跃欲试。电设的入门只需要掌握模拟电路、嵌入式等电子专业课程的知识，只要平时能认真打牢专业基础，相比于冯如杯之类的竞赛，会更容易上手。全国嵌入式系统专题邀请赛、全国大学生信息安全竞赛等专业性质较浓的竞赛，也有类似的特点。

这个比赛最特殊的一点，就是其超长的时间跨度。8 月末的比赛，前一年的 10 月就开始了学院内的培训和选拔。每一轮选拔形式都参照最终的比赛模式，给定命题，要求在固定的时间段内完成，一般一轮选拔间隔一个月左右。可千万别因为时间长而认为可以轻轻松松，刚开始接触的时候，很多同学连专业课都还没学，对于各种电路、焊板制板更是一头雾水。在这种情况下，想在一个月内做出一个给定指标的模拟滤波器都不容易。仿真做了一遍又一遍，板子焊了一块又一块，但结果始终谬之千里的例子不在少数。时间滋长着人各式的念头，做着做着有人想去考研了，有人准备出国了，有人就是累了，3 个人的队伍只要有 1 个人的心开始动摇，整个团队就岌岌可危，矛盾冲突随时可能出现。电设是一个不仅考验个人能力，还考验团队沟通的比赛。4 轮选拔过后，不断解锁各种电路模块设计，倘若还能剩下一半的人，说明这一年还不错。“最后学校并没有淘汰任何人，那一半的人都是中途放弃的。”

好不容易熬过了学院的 4 轮选拔，正式比赛之前，还有一个大 BOSS 需要打赢——赛前集训。赛前一个月左右的时间，所有队伍会被集中在一个实验室，仿真、画板子、焊电路、调试、写程序……电设相对于其他竞赛更容易上手的一点在于题型固定，学生会有一种全身心备战期末考试的感觉。电源题、射频放大器题、电子测量题、自动控制题、飞行器控制题、数字信号处理题这几大类基本就能囊括所有题型。相应地，充分准备的价值在比赛中就能得到淋漓尽致的体现。选手们如果能够寻着往年题的足迹，把每一个模块都反复练习，把必需的基本知识储备扎实并能灵活应用，比如射频放大器题和电子测量题就意味着会用 STM32+LED 显示屏，会做简单的操控界面和曲线显示；要会用 FPGA 做一下简单的信号处理；要掌握画电路板的技能；放大器、比较器、滤波器、检波器、AGC、ADC、DAC、DDS 等模块都要提前准备好；往年的放大器、频率计、波形发生器、频谱仪题目都要做一遍练练手。虽然需要花费巨大的时间，但若真能做到以上几点，最终的比赛相对集训就只是换个环境做差不多的练习而已，且不说能不能拿奖，仅上场时自信的气势就能压倒场上的大部分参赛队伍。

集训时团队成员经常一天在一起待 10 个小时以上，这阵仗估计情侣们都只能自愧不如。地狱式的集训会带来心灵、身体上的各种折磨，但也会带来超乎想象的收获。因燥热的天气和不听话的电路产生分歧甚至爆发口角的队友们，一个月之后不说话就能知道对方在想什么；当年连放大器怎么焊都不知道的稚嫩的自己，如今却将各种电路模块熟透于心。有人说，程序员老了就写不动代码了，电子工程师却越老越吃香。因为模电靠的就是经验积累。只有咬牙坚持，不断地练习，认真解决你遇到的所有问题，才能有所提高。

做好了充分的准备，接下来就静等最后通关大决战。4 天 3 夜的奋战（见图 8.4）决出北京市奖项，一等奖还将参加全国测评。无论是电源题、射频放大器题、电子测量题，还是控制类题型，单片机都是必备技能，加上 FPGA、数字信号处理等多项能力的辅助，利用好前期知识的储备，添上一点不睡觉的决心，3 个人合理分工，一道色香味俱全的“电设大补汤”就能出锅了！把实物封箱，长达一年的比赛就真画上了句号。

若想知道参加完比赛的人都有什么刻骨铭心的感想，不用着急，帮你随机采访了几位同学：“确认过眼神，是一起体验过绝望的人。没有我的队友，我真的可能坚持不下来。”“从今以后，面对任何困难我都不会再畏惧了，电赛都熬过来了还怕什么。”“一个比赛，真正让我了解了什么是电子人，也让我找到了以后想坚持的方向，这波不亏！”

无独有偶，在清华大学副教授顾学雍面向全校开设的“跨学科系统集成设计挑战”课上，学生同样为这种超长时间连轴转的项目而痴狂。按照课程要求，学生需要在 4 天总计 80 多个小时的时间里，以小组为单位完成一项看似不可能的任务。2013 年，学生面临的任务是“一场突如其来的地震使我国南海海域板块抬升，出现一座新无人岛 A，你们的任务就是合作开发物资运输投放系统及制作商业勘探开发计划，以取得风险投资赢得竞标。”当然，挑战性课程开设的初衷可不是为难学生，“挑战性”的课程，不是简单地强调“难”，而是要让学生在非常有限的时间内自主找到新知识，并通过知识集成，完成起初认为几乎不能完成的任务。水利系一位本科生在谈起课程感触时说，“如果让一个缺少技术基础的人，在第一课堂用一个学期的时间来学，可能不太现实，因为老师的课程不可能安排那么紧。但如果在动手的情况下，有了兴趣、目标和紧迫感，就会效率很高地学到东西。在动手实践的同时还解决了自己眼高手低的问题。”这或许也是挑战性课程每年能够吸引大量学生选课的原因吧。通过高强度且高难度的内容，挖掘出学生潜藏在最深处的无限潜力，培养学生坚定不移的意志，清华大学的挑战性示范课程规模在不断扩大，让每个学生都有机会体验。

图 8.4　学生认真参加电设

无论是冯如杯还是电设，选择适合你的竞赛类型，并坚持下去，一定不会错。

8.4　实验室里暗藏玄机

“科研”二字，在学生的心目中始终占据非常神圣的地位。无论参加多少竞赛，计划表上总有一块时间，心中总有一块地方，是留给真正的科学研究的。学生们总希望借助在实验室的经历，去证明自己是有能力的科研好苗子。

8.4.1 实验室一瞥

切实而言，实验室究竟暗藏哪些玄机呢？

在实验室你将有机会接触真刀实枪的工程项目，不仅可以为课上所学在实际中找到用武之地，提升实践能力，更能够让实打实的工程神经早日萌芽。例如，电子信息类专业必然会将你与 FPGA 联系到一起，在综合创新等实验类课程中，你按照要求设计出秒表、交通灯与跑马灯等电路。然而，看着数码管与 LED 灯在 FPGA 上逻辑清晰地闪闪发亮，你很难体会到 FPGA 的实际价值，只有到实验室参与集成电路设计的相关工作，才能在过程中找到答案。另外，你也许还会在实验室见识到陌生的仪器与设备，即使无法亲自体验，涨涨见识也是好的。工程思维的培养是重中之重，除了需要开始考虑生产成本与客户需求等非技术因素外，你还将面临观念上的转变。例如，随机过程理论规定，判定随机过程不相关的条件是相关系数等于 0，而在工程领域，相关系数小于 0.05 即可认为不相关，拼命追求完美的 0 只是徒劳。更进一步，进入实验室前“三人行必有我师”的“三人”或许都是你的同学，伴随地点转变，你的“三人”将扩展到老师以及师兄范畴，多元化的人物必将带领你进入新的世界。你可以与老师和师兄平等地畅所欲言，在同甘共苦中接受熏陶，除了从历史中理解科学方法，也可以在实践中逐渐寻味。不论是研究态度，还是源自工程的真实情境与新鲜声音，都是你从教室、书本与同学处难以问及或学到的。

在很多初来乍到的学生看来，实验室是如此高高在上，只有将不计其数的论文与电路板铺在脚下，才能触及门缝中透出的一缕微光。甚至更多时候，进入实验室的念头还未浮现便已夭折。其实，实验室远没有那么遥不可及，只要方法得当，叩开实验室的大门一般并非难事。

切入实验室的途径有很多，你之前做的所有努力都不会白费。第 6 章所说的所有研究型课程，新生研讨课、专业研讨课等，都是能直接联系老师的重要又便捷的途径；或者你也可以借由课程实验所学来切入，直接从实验室获得你的毕业设计项目，向第一篇高水平论文进发；也可以从你的竞赛项目切入，类似集成电路竞赛之类的项目，本身就可以是相关实验室研究的方向之一；抑或借助学院提供给本科生的科研计划，老师已抛出课题橄榄枝，选择权便落在了你这儿；还有实验室对外举办的相关开放日，等等，这些方式一方面可以让实验室不再那么“高冷”，另一方面也让你在进入实验室之前有个初步的设想，不至于手足无措。

联系实验室最重要的是老师的选择。不同于竞赛的指导老师，实验室是一个以导师为主的地方。他的研究领域直接影响着你将来的研究方向，当然，导师也会花费更多的心思从基础开始一步一步带你入门。最直接的方法是在课上多加留心，如果你很喜欢一位任课老师，不妨在下课时和他聊聊，从读书时的困惑到研究中的疑问，都可作为你的谈资。这种互动能够拉近彼此间的距离，也可以给对方留下初步印象。除此之外，你可以通过学校网站与搜索引擎获得关于老师的第一手资料，包括其个人经历与研究方向，然后综合自身喜好与专业契合等方面进行初选。接下来你可以与班主任或师兄取得联系，向他们了解所关注的老师，根据科研情况与指导风格等信息再进行选择。

初步确定心仪的老师后，你面临的是更细节的问题——我该怎样去找老师？思前想后，你似乎感觉每种方式都不乏唐突甚至忸怩。“空降”自然是下下策，出其不意的登门造访可能会使老师摸不到头脑，你也有可能不走运吃闭门羹。可以先以一封电子邮件说明来龙去脉，或通过电话“先声夺人”，预约时间进行面谈。有时邮件会石沉大海，而电话“正在通话中”，此时你需要对何去何从做出定夺——转战他处、锲而不舍，还是鼓起勇气长驱直入？如果得到机会可以赴约，你便需要着手准备工作，因为老师也会参照一定标准判定是否接纳你为实验室的一员。比如，有的老师倾向于吸纳基本功扎实的学生，而有的则钟情于持之以恒的态度，由此你可以定下基调，在见面过程中有重点地表现自己进而打动老师。除此之外，你大可不必徒增压力或自寻烦恼，只需要放平心态大方应对，先前阅读的文献也会让你有话可说。法拉第寻找导师的经历或许能给你一些启示，法拉第在听了化学家汉弗莱·戴维的演讲后，将他演讲的内容全部整理记录，然后作为礼物送给戴维，以表示自己愿意献身科研的决心与毅力，结果顺利成了戴维的助手，开始了自己的科研之路。

费尽千辛万苦，你终于在实验室获得了一席之地，那么，怎样才能不虚此行？初入实验室的你或许会倍感落差，原以为能即刻介入工程项目，却发现自己竟成了“龙套演员”，今天帮师兄画张原理图，明天翻译各式各样的文献，后天整理千篇一律的仿真结果，“怀才不遇”虽不敢当，“虚度光阴”之感总会有八九分。其实，这样想你就大错特错了，因为看似无谓的琐屑之事才是真正的奥妙所在。相对于老师和师兄师姐，本科生最大的差距不在于知识的多少，而在于眼光和视野的开阔。不要急于一定要在实验室学到些什么，反而可以将重心放在无声的观察。调动全身的感官，眼、耳、手、鼻都可以是你感知世界的接口，耐心地从每件小事做起，在不知不觉中，实验室的零星碎片便拼凑起来：谁在做什么、怎么做，取得了哪些成果，又遇到了哪些困难。真实的攻关过程、机动的工程思维与大门常开的学术交流，你都要洞若观火并虚心学习，看似与你无关的陌生领域往往蕴含着新的机会，画地为牢便会错过。观察的益处便在于这不可言传的能力增长，在这个阶段中习得老师思考问题的方式，知晓师兄师姐如何踏足学术的无人区并满载而归，便是采撷到了实验室最丰硕的果实。而观察的能力一旦习得，对于培养终身学习的习惯，更是有着天大的裨益。

默默奉献是一方面，而积极获取是另一方面。你应该已经意识到，老师与师兄绝对不会追在你的身后催促你做这做那，只有在平日里自主学习，在瓶颈时主动求助，才能让实验室成为你起飞的地方。实验室的研究工作与以往的实验课程有所差异，没有现成的《实验室指导》，你需要自行探索、大胆想象并勇于创新，在尝试中开辟道路进而解决问题。在遭遇困难时，与其把时间浪费在较劲或流泪上，不如尝试着与师兄交流，或请老师出谋划策，他们不同于你的经验和视角往往能够带来新的契机。反过来看，你的追问也可能带给他们新的启迪。此前，我们谈到雅斯贝尔斯强调交往的重要性，实验室则淋漓尽致地实践了他的理念：“在共同的思想基础之上所形成的交流气氛，可以催生出适宜于学术和科学工作的条件，尽管这些工作在本质上总是被独立完成的。”

听到这儿，你或许会简单地认为进入实验室，就是在学校找到一位心仪的老师，进入他的课题组学习的过程。其实并不尽然，实验室的内涵已经随着时代发生了很多变化，其种类也大大丰富。除了传统意义上学校的实验室外，企业实验室也是学生锻炼自我的一个好去处。耳熟能详的有华为 2012 实验室、阿里巴巴达摩院和微软亚洲研究院等。企业研究院有一个鲜明的特征是，他们研究的内容往往与产业界有着紧密的联系，是下一代乃至下下一代产品的风向标。以微软亚洲研究院（MSRA，见图 8.5）为例，它是微软公司在海外开设的第二家基础科研机构，也是亚洲地区仅有的两个基础研究机构之一。它致力于推动计算机科学领域的前沿发展，着眼于下一代技术的研究和孵化，同时也为微软的产品提供核心技术支持。MSRA 的“明日之星”实习生计划，为高素质计算机人才的培养引入全新的模式。实习生计划面向亚太区高校博士生、硕士生和优秀本科生，每个人都有机会进入其中进行学习，在世界一流的实验室与世界各国学生进行跨文化交流。同时，MSRA 还与全国各高校有各类合作或联合培养项目，学生可以借由多种途径与 MSRA“相会”。

图 8.5　微软亚洲研究院

若你想要进一步开阔眼界，你还可以选择在寒暑假的时候去国外的实验室进行短期交流，或者进行学期交换。国外很多实验室都会公开招募一些学生参与到课题中，你可以多多留意相关的信息。实验室的“种类”还有很多，就不一一列举了，只要是对能力有提升，对思维有锻炼的，就是适合你的实验室。

中山大学的王竹立教授在《碎片与重构》一书中把当今时代的学习归纳为一种零存整取、不断重构的过程，在实验室中的学习也一样，行至于此，若是能够在找到心仪的导师、找到心仪的研究方向、学会主动追问的基础上，加一道“回锅”的工序，将零碎的经验在自修自悟的过程中归纳总结，挖掘内在联系，那就离从实验室“出师”不远啦！

8.4.2 走上国际学术会议的演讲台

千万可不要被国际学术会议这几个字给唬住，本科生同样是能够站上国际学术会议的演讲台的！

尽管本科生参与科研确实有很多现实难题：课程繁重、基础薄弱、目标不明、诱惑太多、思路局限……但人的潜力，没有面临足够的挑战是无法挖掘出来的，只要你有着发表学术论文的想法，有站上国际会议演讲台的目标，nothing is impossible！

北航电子信息工程学院大三的一名本科生，就作为21个口头报告人之一参与到了第九届超快现象与太赫兹波国际研讨会中（见图8.6），其他两名本科生也通过海报展示了自己的相关工作。值得注意的是，他们依靠学院本科生科研项目“智库计划”进入实验室才不到半年的时间，借助微波感知与安防应用北京市重点实验室的研究条件，再加上自身的毅力，他们完美地克服了刚刚提到的所有现实难题，快速了解太赫兹技术，并在此领域能够有所创新。太赫兹技术对于本科生而言可谓是一个全新的领域，工科各类基础课程中并没有相关知识的学习，这也就意味着他们需要在自身学业之外，花费大量的时间学习新的内容。只有真的抱着强烈的求知欲和兴趣参与到实验室中，时间才能像海绵里的水，古话才能得到验证，本科生才能展现出其独有的优势。在下定决心之前，先听一听自己的内心，进入实验室的目的是什么？若是“打打酱油”或者想来实验室“镀镀金”，那还是趁早断了这样的奢望吧。

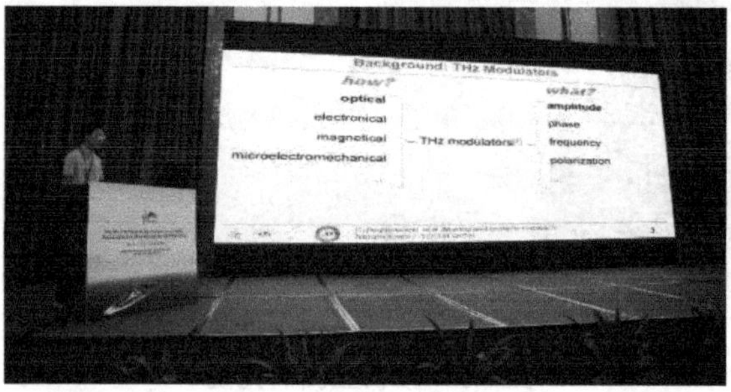

图8.6 本科生在国际学术会议上做口头报告

那么，究竟如何一步步在本科阶段参与到国际学术会议中呢？你可以从刚刚说到的“智库计划”切入。“智库计划”是北航电子信息工程学院的本科生科研计划，依靠“老师发布课题，学生自主报名”的模式，在师生的双向选择中寻找真正对于科研感兴趣的苗子。老师发布的课题会经过精心的选择，从自己的研究方向中抓取值得研究的点，确保课题兼具新颖和易上手的特性，并提供相应的科研环境，让参与的学生既不会因为过于深奥望而却步，也不会因为枯燥无聊心生退意。作为学生的你呢，如果选择了开始，就请千万不要抱有浅尝辄止、中途离开的想法，珍惜遇到的每一次机会，提前学习如何充分协调时间，确保在课题上的时间投入，这样无论是天资聪颖，就着一个想法一直钻研到头；还是老师引领，跟随老师的前沿方向有一点点成果；抑或有师兄师姐点拨，把一个方向做深做透……每一种方式都可以做出特色。本科生在尝试参与科研的每时每刻，都始终要把握住一个核心，紧扣本科生参与科研的优势。因为相较于研究生而言，本科生参与科研的唯一优势，或者说老师最为在意的一点，就是本科生有着足够的激情。兴趣是最好的老师，激情也一样，它能诞生坚持，诞生创新，诞生一切的可能性。

这个过程并不是每时每刻都充满着动力和激情的，面对着实验一筹莫展，面对着数据抓耳挠腮，面对着文献如读天书，每一个点都能让你生出放弃的念头。更别说中英文思维差异下，一篇论文的修改就能反复来回好几十遍，直至面目全非，每一张图的细化，每一个用词的精妙，每一个段落的逻辑，都能让从未经受过如此苛刻训练的你，每个细胞都叫嚷着痛苦。在这个时候，记得对自己多说一句“加油！”。

想象一下，你穿着西装领带，手持麦克，站在一个硕大的显示屏旁，向台下自信满满地讲述自己在这个领域有什么样的想法，进行了怎样的实践，获得了怎样的成果，谈论自己对于未来这个领域的期待甚至预测未来行业的发展。流利的外语表达加上恰到好处的肢体表达，台下掌声雷动，这个场景是不是超酷，超有吸引力！

8.5 到外面去探探路

逐渐适应了大学的方方面面，你似乎又不安分起来，或许是想自食其力，或许是想积累经验，总之你开始好奇工作的模样。低年级学生往往从兼职开始，有的去快餐店打工，有的当起了促销员，有的在巷尾发传单，虽然辛苦，但终归踏入了工作的大门，而微薄的收入也增添了劳动的欢愉。很多企业会直接利用官网、微信公众号发布招聘信息，也可从一些第三方的网站上获取信息，又或者是朋友之间相互介绍，千万记得注意甄别信息来源，安全时刻放在第一位。可别小看兼职，这一经历使你有机会在真实的社会中尝试不同事物，进而逐步明晰职业规划；与此同时，碰壁将教会你放下面子，奔忙则会磨砺你的身心。

对低年级学生而言，不论浅尝辄止抑或不懈坚持，兼职都是值得嘉奖的一步棋，但若你已经升入高年级，则需要将实习提上日程，凭借大学所学创造更多价值。相较兼职，实习与正式工作更贴近，在真实的企业当中，你可以将专业知识付诸实际，进一步为未来职业夯实基础。近年来，众多高校与企业联合建立了“教学实践基地”，这好比是在校园与企业之间开通了城际列车。首先，本科生可以搭乘列车到企业中去，以参观、实习等方式感受工作氛围、参与工程实践，增强解决问题与交流沟通等能力素质。其次，老师也是列车上的乘客之一，他们将工程实践经验带回校园，让理论知识有了灵魂。最后，企业管理层面或工程师也会乘坐列车到校一游，他们要做的事情主要有三件：一是“播新闻”，将工程领域的前沿资讯广而告之，从而为学生开启通往世界的窗户；二是“讲故事”，通过与学生分享创业感悟与奋斗历史，使学生获得鼓舞与启迪，并从侧面了解技术创业与管理运营等非专业知识；三是“挑毛病”，他们出现在各类“竞赛”与“计划”的评委席上，或者走进课堂，从企业与用户的角度给出评论，引导学生建立创新、实践、竞争、法律与管理等工程意识。当然，在返程时，企业常常也会带上大学中的先进成果，作为产学研一体化的风向标。对北航电子信息类专业的学生来说，学院就通过生产实习的方式提供了接触外面世界的机会（见图 8.7），而且直接能链接到毕业设计的相关环节，无论是工作能力还是研究能力都能有相应的提升。英国沃里克大学创立跨学科创业平台，1980 年沃里克制造集团与包括英国劳斯莱斯、路虎和宇航公司在内的 300 多家全球知名企业建立了合作关系。工程系学生能够通过自主报名参与到该集团的夏季实习计划，走入知名企业，在制造集团研究人员和企业工程师的双重指导下参与真实项目研究。

图 8.7　学生在生产实习单位聆听上岗培训

你可以选择学院提供的一些定点实习单位，因为大部分是校友企业，组织更加周密，提供的环境相对更加舒适，培养也更加到位，曾经的师兄师姐大都十分愿意倾囊相授。走进生产第一线，作为一名真正的员工思考企业生存发展的方式，见识、技能都会有长足的进步。学院也会通过专业的评定来考核实习的效果，学生自我评价、企业指导老师评价、学院生产实习指导小组评价和带队老师评价，四方评价综合全面。想知道自己的实习效果如何，寻着最终评定的指引，一定不会有错。

实习的过程中，工程的实践将检验并修正理论的构想，让一切都真实起来、灵动起来。虽然实验室也具有上述作用，但环境却相对单纯，在企业中，你能接触到形形色色的群体，如测试工程师、研发工程师、售前工程师与项目经理，不仅能培养软实力，也可以学习他们看问题的视角。除此之外，企业比实验室工作压力更大，规则也更严明，遇紧急任务不但要加班加点，还须保质保量，这对你来说或许是个挑战。而与工作不同的是，在实习时发现自己不能胜任也没有关系，你完全有余地去尝试其他工作直到发现自己的真正需求。你可以像挑选衣服一样选择工作，直到发现适合自己的那一件为止，如从技术转向行政，又或者是你看到了提升空间，于是决定留在学校继续深造。值得一提的是，毕业前的实习尤为关键，如果你有上佳表现，企业可能会直接向你抛出橄榄枝，如此机会你要好好把握。

时下，求职网站非常流行，借由这一平台，你能看到用人单位的招聘需求与企业概况，也可以将个人简历发布出来，一方面向心仪单位毛遂自荐，另一方面姜太公钓鱼等“愿”者上钩。另外，你还可以请老师、父母或同学，甚至是以往实习单位的朋友助你一臂之力，向他们熟络的单位做出举荐。

8.6 “手脑结合”的综合能力

回顾一下本章的内容，以增强自己的实践能力为起点，你了解了国内外对于学生能力培养的发展历程，接触到了科研训练计划、科技竞赛和实验室的运行，也大致明晰了兼职、实习的关键时间点。更强的实践动手能力能让我们看到这个世界更为广阔甚至未知的风景。相较于“研究型”课程教学和综合设计实验教学，实践性活动对于学生的主动性和参与性有着更高的要求，内容也不再紧扣教学内容的延伸，鼓励思维的发散。两者互为补充，实验教学中产生了好的想法可以直接去竞赛中实现，竞赛的压力锻炼也弥补了实验教学的不足。“研究型”课程教学和综合设计实验教学是铺好台阶的爬山路，保证了基础知识的坚实，也培养了学生敢于质疑、乐于寻根究底的特性，安全性有保障，山顶的风景也大相径庭；实践性活动则像是爬山爱好者攀登的山路，仅有一些同行者前进的路途轨迹，放开了“研究型”教学的一些限制，给予了学生更大的自由和更多样化的支持，同时也意味着更高的难度，需要思考如何凭借手中的装备更快更安全地完成攀登；至于那耀眼的珠穆朗玛或者还未有人踏足过的野山，等到你的经验和能力在先前的历练中都已完备，便可尝试一把这王者的挑战。

而有一样东西，能够成为这最后挑战中的神兵利器。高考后选择专业时，不知理科的学生有没有听过周围亲戚朋友类似的建议，“本科先学数学然后研究生可以转金融”。这种说法的正确性暂且不提，但确实反映出了目前社会大众潜意识中的一种思维模式：牢固的理论基础必不可少，但出口是上层的应用。实践就像是理论的催化剂，有了实际现象的验证和质疑，才能推动理论的进一步研习和发展。那些在竞赛中拔得头筹或者在学术科研领域一马当先的佼佼者们，最令人艳羡的地方就在于他们对于传统知识的创新性应用和创造性突破。而理论则是实践的坚实保障，你说要是让一个中文系的学生来研制发动机，让理工科的学生去研究甲骨文的起源内涵，匮乏的理论知识直接便能让他们望而却步。理论和实践这对好兄弟，如果各自单打独斗，恐怕都不能博得异彩，但若是两个人携手打拼，那么睥睨天下，将指日可待！

行文至此，对于如何提高自己的综合能力，不知你是否有了模糊的想法？学校的科技实践活动种类丰富，如果有着一丝兴趣，不妨抓住这宝贵的机会，成功与否并不重要，重要的是，我尝试过，对吗？

话说回来，本章不过是科技实践的理论而已，若想知道这个“梨子”的滋味，你恐怕只有亲口一尝了。

思 考 题

1．你现在掌握到哪些参与科技实践的途径了呢？你认为对你来说哪一种可能最有效？

2．谈一谈你印象最深刻的一次科技竞赛经历。

3．请结合自己的经历，谈谈大学生走进实验室的优点。

4．请谈谈如何才能够发现问题、提出问题，形成 SRTP 或者自主命题的竞赛选题？

5．你认为走进实验室与参与科技竞赛是否有冲突？应该如何协调两者之间的关系？

拓展思考

1．你认为大学期间，是应该埋头苦读、扎实基础，还是应该多实践，在各种竞赛活动中提升能力？

2．调查一下周围同学对于本科期间参与科技竞赛或者加入实验室的看法，争取形成一篇详尽的调研报告。

3．联系上一章实验教学的环节和本章 SRTP 的开展过程，找一找彼此之间的相似性，体会一下教学是如何正反馈于生活实践的。

4．目前科技竞赛活动越来越多，科技竞赛确实能够促进提升创新实践能力，但也可能强化了功利心，你认为应该如何避免？

参考文献

[1] [美]约瑟夫·阿盖西．法拉第传[M]．鲁旭东，康立伟，译．北京：商务印书馆，2019．

[2] 周立伟．科学研究的途径：一个指导教师的札记[M]．北京：北京理工大学出版社，2007．

[3] [德]尤斯图斯·冯·李比希．李比希文选[M]．刘更另，译．北京：北京大学出版社，2011．

[4] 戴世强．戴世强科技博文精选：与青年朋友谈科研与学习方略[M]．上海：上海大学出版社，2011．

[5] [美]克里斯·安德森．创客：新工业革命[M]．萧潇，译．北京：中信出版社，2012．

[6] 李培根．主动实践：培养大学生创新能力的关键[J]．中国高等教育，2006，11：17-18．

[7] 张有光，等．探寻大学专业教育之道的创新策略[J]．工业和信息化教育，2013，4：33-37．

[8] 潘耀鹏，等．工科背景下低年级本科生人才培养模式的探索与创新[J]．工业和信息化教育，2016，7：24-27．

第9章

创业教育

这一次，高校改革想与时代快速接轨，于是找到了“创业教育”这个切入点。

创业是个人的事？社会的事？学校的事？

创业教育怎么开课？怎么选择教师？怎么设计考核标准？

开展创业教育的必要性是什么？长久目标是什么？可利用资源是什么？

一切都在摸索之中，不过没有铺好的路或许才有最大的发展空间。

2014 年夏季达沃斯论坛上，李克强总理提出要推动“大众创业、万众创新”，八个字，唤醒了无数人心中关于“创业”的那个梦。迎着时代的浪潮，乘着政策的东风，蓦然回首间，驻扎创业孵化器，天使投资、A 轮/ B 轮/ C 轮融资接踵而至，公司初具规模；站稳网络，新媒体宣传打响线上营销新模式，在家同样成就事业；还有的想法技术被人慧眼识珠，与人合作出任 CTO、CEO，一路奔向人生巅峰……这群被称为“创客”的人，越来越多地出现在我们周围，向我们诠释着这个时代给予我们的全新的可能性。

创业的热潮带来了创业教育的发展，国家提出高校要开展创业教育，同时近年来也不断加快政策法规出台，完善创业教育战略化布局。创业教育通过设立课程体系、研究科学思路、模拟实践环境，帮助学生修炼创业意识、创新精神、创业素养等必要的“内功”，让学生习得如何在未知的“武功招式”面前洞悉本质、见招拆招。在创业门槛不断降低的今天，创业教育相当于设立了一道无形的考核指标，帮助通过培养考核的“创客们”更从容地开启创业生涯。

9.1　当我们谈论创业时我们在谈论什么

创业=创立公司？

创业=赚大钱？

创业是聪明人才能干的事？

得有充分积累了才能去创业？

当这些问题萦绕脑海，成为接触创业的第一道关卡时，我们好像还没有摸透“创业”二字的真正内涵，因此就算尝试也总显得畏畏缩缩。那么当我们在谈论创业时，我们究竟在谈论什么呢？

9.1.1　何为创业

创业≠创立公司。创立公司是形式之一，但不是唯一形式。投资是一种创业，开办工作室也是一种创业，线上媒体也是一种创业。

创业≠赚大钱。赚钱可以是创业的目的之一，但若画上等号，则太过狭隘。创业需要找投资、银行贷款，为了资金的周转流动可能还会背上巨额债务。

创业不是聪明人才能干的事。聪明人固然有一定优势，但聪明也能被聪明误，勤恳踏实、不可替代性等品质，或许创业者更需具备。

没有充分积累，一样可以去创业。准备充分确实意味着相对保险，但创业本身不就是一个高风险尝试？有一个想法，有一项技术，有内心的冲动便可以一试。若等到想法成熟了，时代却过去了呢？

以上的回答并非标准答案，仅仅是希望提供更为多样化的思维角度。什么时候创业？该不该创业？从来都没有标准答案，甚至没有最优解。但在开启创业道路之前，有些功课是必须要做的。每个创业者都需要深入思考创业的本质内涵，对其形成相对客观和深刻的认识，避免因早期认识不清而出现头破血流、铩羽而归的情况。

联合国教科文组织中国创业教育联盟主席徐小洲教授，长期从事创业教育的研究工作。他将创业分成三种类别：商业创业、社会创业和内创业。商业创业指的多是传统的创办企业模式，以利润为逻辑起点，形成完善的盈利体系。社会创业区别于商业创业，最初目的是构建更为和谐的社会，是一种营利与非营利性混合的创业行为。它的创新性在于突破了对于创业的传统定义，以追求社会价值为核心，强调解决问题和对于社会的影响力，有着高度的社会责任感。内创业的定义相对于前两种，是一种本质上的创新。秉持着“以创业精神推动事业发展，挖掘当前职位的创业空间”的理念，内创业呼吁大众变换思维角度，打破现有资源的束缚，创造职位的全新价值。无论在什么领域，任何职业都有着突破空间，只要对之能抱以创业的激情与热情，便能激发全新的面貌。

徐教授的观点很大程度上是对“创业”二字的全新诠释，极大地拓展了其外沿。无论是从社会价值的角度，将原本偏服务性质的内容打造为创业的新形式，还是从自我发展的角度，赋予每一个人自我职业创业的思路与方法，都是希望大众能摆脱对于创业原本狭隘的观点，产生对于话题的自我思考。正如莎士比亚所说，一千个观众心中会有一千个哈姆雷特，人与人之间不需要千篇一律的观点复制，而是需要仁者见仁，智者见智的火花碰撞。思维上的守正出奇，才能造就行动上的革故鼎新。

9.1.2 教育的“第三本护照”

世界经济合作和发展组织专家柯林 •博尔认为，未来的人应具备三本“教育护照”：学术性护照、职业性护照和创业性护照，分别反映人的学术能力、职业能力和开拓创新能力。这一说法同样被联合国教科文组织所认可。护照作为一种身份认证，一种国际口岸的通行证，代表了领域的认可。而创业教育能够作为教育通往社会的通行证之一，足以可见，在当今的全球环境下，创业教育的重要性和必要性正在不断凸显。

随着社会不断向知识型社会转变，知识的版图不再是泾渭分明的，知识不再固守于局部的狭隘中，而是在复杂深刻的形式中进行着渗透交互。社会形式的变化带动着各国对于创业教育认知的转变，创业教育由单纯的教育命题或经济命题向复杂、多维度综合命题的转变。

9.1.2.1 欧美政策扶持

欧美国家和地区在创业教育上一直尝试体系化的探索，而且颇有成效。从 20 世纪末开始，欧盟便开始制定创业教育政策，随着欧洲一体化进程的加速，各成员国也从各自国内形势出发，构建创业教育的国家级战略。2000 年，欧盟发布的《里斯本战略》

将推行创业教育、培养创业意识作为促进经济增长的重要手段，鼓励创新、提供就业机会。2003 年，《欧洲创业绿皮书》发布，营造社会创业的整体氛围；2004 年，《创业行动计划》发布，构建了明确的创业策略框架，提出清晰的促进措施，极大地提升了创业的可执行度；2006 年，《欧洲创业教育的奥斯陆议程》发布，将创业教育框架细化为欧盟、国家、区域、机构等不同层面，进一步完善创业教育体系；2008 年，《高校创业教育：尤其在非商学领域》发布，更为广泛地拓展了创业的面向对象，给予非商学领域的人以创业的信心和动力；2010 年后，《迈向更大合作和一致性的创业教育》《创业 2020 行动计划》《欧洲学校中的创业教育》等政策发布，从各个方面完善创业教育需要的支撑体系，推动创业教育成为欧洲创业发展的中坚力量。欧盟的创业教育在十几年的发展中不断向全球化、全民化、体系化迈进，并影响着其成员国形成具有国家特色的创业教育战略，如芬兰的《创业教育指导》，挪威的《行动计划：创业教育和培训》，等等，两相结合，推动创业教育在欧洲的繁荣。

再说美国，2004 年，美国创业教育者联盟发布《全国创业教育内容标准》，从 3 个部分切入，建立了一个包括 15 个维度 403 个具体指标，涵盖创业技能、基本商业知识等多个方面的标准框架，成为美国创业型人才培养的风向标；2009 年至今，3 份《国家创新战略》见证着其想要构建终身创业教育体系的决心；2011 年，“创业美国计划”眼光直指国家宏图，重视创业型工程人才，关注高校创业社区构建，为国家发展蓄力。作为全球电子工作者心中的圣地，硅谷用实力为创新创业代言，数以千计的公司在这里诞生成长，占据了信息产业的半壁江山，硅谷精神中的“持续创新”激励着年轻人奋斗拼搏。而美国高校的创业教育课程更是世界首屈一指，紧邻硅谷的斯坦福大学弥漫着浓厚的创业氛围，每个斯坦福人，都会以开创自己的企业作为奋斗的目标，若有兴趣不妨回到第 3 章，重温一下斯坦福创业教育的精华。哈佛大学致力于探索以解决社会问题为宗旨的社会创业教育，从学科交叉的角度构建了“课程教学、实践培养、竞赛活动、社会服务”等多环节的教育框架，为有志于进行社会创业的学生提供理论基础、多元化平台、丰富型创业体验等优质资源，帮助其能够更好地提升创业能力。衍生而来的校园创业项目涵盖领域广泛，能源、教育、医疗、信息……数量逐年递增，影响力日趋增强，在校园内外形成了积极的正反馈效应。

9.1.2.2　中国观念转型

国际创业教育体系的日趋完善带动了创业型人才的增长和社会生产的进步，同呼吸共命运，作为国际体系中的一分子，面对社会形势的日新月异，中国在创业教育体系的改革上，也逐渐开始加快探索的脚步。

中国改革开放四十年多来，我国高等教育事业蓬勃发展。1995 年提出“科教兴国”战略，2000 年实施“人才强国”战略，教育的力量被肯定与重视。创业教育，作为教育体系中较为年轻的分支，迎着国家这股创新创业的东风，在国内开始生根发芽。2002 年 4 月，教育部启动了创业教育试点工作，想通过尝试创业教育试点的方法，鼓励高校摸索创业教育的不同模式，探索出适合我国国情的特色创业教育方向。首批入选的九所高校，包括清华大学、北京航空航天大学、黑龙江大学、上海交通大学在内，目前均在创业教育的道路上有着自我独特的探索之路。2003 年，全国第一期创业教育骨干教师培训班在北京航空航天大学如心会议中心举行，100 多所高校 200 名教师的参与标志着中国高校创业教育的正式开始。

北京航空航天大学创业管理培训学院举办了多期创业教育骨干教师培训班（见图 9.1），从培养教师开始，师资问题是开展教育事业的第一道难关，增强教师对于“创业”这个词汇的敏感性，打破教师对于创业的思维局限，让教师先从培养的角度思考如何激发培育学生的创业热情。培训班中，教师们头脑风暴，探讨创业教育的可能模式，也为之后更为成熟化地运行创业教育提供了宝贵的经验积累。同时，北航和 AAFIE 联合开设的“国际工程创新与创业”课程从培养学生的角度，让学生了解国际工程界采用的创新基础模型和典型途径，了解企业产品开发的整个流程，掌握国际化的视角，形成批判性思维模式。课程创造性地采用网络课堂的方式，邀请全球著名科技公司的资深工程师或知名教授进行授课，极大地丰富了学生接受知识的方式，取得了良好的效果。

图 9.1　第九期创业教育骨干教师培训班于北京航空航天大学举行

2012 年 3 月，教育部在《教育部关于全面提高高等教育质量的若干意见》中，明确提出了“把创新创业教育贯穿人才培养全过程”的要求，希望各高校能够制定“高校创新创业教育教学基本要求”，开发“创新创业类”课程，开展“创新创业师资培养培训”，支持“学生开展创新创业训练”等，从多个维度全面拓展创业教育的相关环节，营造社会浓郁的创新创业氛围。同年 8 月，教育部办公厅下达关于印发《普通本科学校创业教育教学基本要求（试行）》的通知，再次强调在普通高等学校开展创业教育的重要意义，对于社会经济发展、人才质量优化、教育教学改革等多方面都有很大的促进作用。2015 年年末，教育部印发《关于做好 2016 届全国普通高等学校毕业生就业创业工作的通知》，明确指出所有高校从 2016 年起，都必须设置创新创业教育课程，并纳入学分管理。随着这一要求的提出，“创业能力”成了当前教育研究的“重点关注对象”，举全民之力、全国之力，大力发展我国的创新创业教育，期待它能尽快结出累累硕果。

经过十多年的努力，我国的创业教育相对于最初的样子，已经是旧貌换新颜，洋溢着新生的活力。联合国青年就业网络中国示范项目实施平台 CDEP 于 2011 年开通创新创业系统，成为大学生职业发展最有力的网络化平台，这也标志着我国在努力与世界创业教育接轨。不过相比于欧美国家和地区的战略化布局、系统性推进、全球性参与，以及向终身、全民两个维度的横纵拓展而言，我国创业教育还存在着不少差距。创业教育的价值、目标、定位和组织观念迫切需要转型。

9.2 高校课程体系

香港科技大学电子工程系李泽湘教授在带领学生创业的过程中，感觉到了年轻人在未来创业市场中的无限潜力，他认为中国现在更需要硬科技创业，关注如何把市场需求与硬科技紧密融合，打造新的高质量品牌。这方面，年轻人因为没有经验，也就没有了思想的包袱和禁锢，所以更有优势去突破传统的框架。李泽湘教授所创办的松山湖创业平台经过几年的发展，已经成功孵化出分布在各行各业的 50 多个创业团队，高校的教育加上年轻人的力量，创业市场正在变得更具活力。

然而，我们必须意识到，创业是一次超高风险的冒险，尽管如今创业的浪潮奔涌而来，成功的例子撩拨着无数人的心弦，但失败的代价，依旧不是每个人都承担得起的。未来潜在创业家中的大部分很可能是高校学生，如果提前实现对于这批人的创业扫盲，用科学的教育方式让他们学会三思而后行，甚至提供实践体验的机会，从而避免盲目创业的代价，是对国家财富的一种合理化保护。而每个人对于教师、对于学校自然而然的尊崇感和信任感，能够帮助高校更好地将创业教育理念传递给每一位学子。

9.2.1 他山之石

还记得在第 3 章我们提到的美国欧林工学院吗？利用创业教育与工程教育有机融合的方式，欧林工学院在工程领导者的培养上，取得了瞩目的成就。之前，我们是从文学艺术与科学工程结合的角度，探究了“欧林三角”课程体系对于工程教育的改革促进。现在，我们将从创业教育对工程教育的促进这个维度上，来看看欧林工学院在创业教育这一块儿，又有哪些新颖的举措呢？

9.2.1.1 模块化课程设置

所谓模块化，就是打破以学科为主线的课程设置，建立以项目和工程设计为主线的课程体系。将所有学科和基础知识依据项目需要进行碎片化重组，依靠实际项目开发中遇到问题，来催化学生对于知识的渴求。

欧林工学院的模块化课程包括两门交叉学科课程和一个特定的项目。根据学生成长发展曲线和知识能力提升，在不同阶段设计目标不同、难度不同的项目要求，包括基础阶段、专门化阶段和实现阶段（见图 9.2）。当我们把微积分和机械一块儿学，然后去完成一个电子系统的搭建，把生物与商业基础一块儿学，然后去设计生物技术公司的创建……前三年的积累，在第四年会有一个“实现”的要求，将所学知识与技能通过思维的转换，变化成符合市场需求的一项产品。经过这样四年的体系培训，学生对于创业的理论、企业的运作会有从小到大、由浅入深的理解。

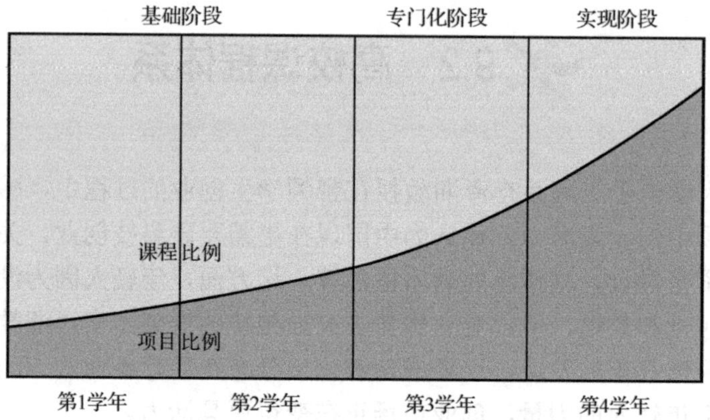

图 9.2　欧林工学院模块化课程设置规划

9.2.1.2　融合性课程教学

欧林工学院致力于对传统课堂的改革。首先从课堂内容而言，强调课程背景与知识的延伸拓展，而非内容本身。人类工程学让学生以参观者的角色感受与客户的直接交流，并思考如何将客户需求与产品研发结合。在这样的思考中，学生将工程原理、产品设计、商业思维内容融会贯通。从教学方式而言，课堂从来不是欧林工学院的唯一阵地，走入社区考察、走入企业参观、走入报告厅演讲、走进会议室研讨，感受+思考+表达，学生通过各类途径加深对于周遭社会的理解，掌握课程的深层要义。从课程要求而言，学生彻底向完成作业的时代告别，一份创业计划书、一次向投资方的答辩陈述，是更令人赞赏的模式。

所谓融合性，是创业教育与专业课程的有机结合，是人文通识教育与专业教育的相辅相成，欧林工学院并没有专门开设创业指导类课程，而是将创业的方方面面，通过感受、实践、思考的方式内化为学生的自主意识。润物细无声的教育方式，营造了欧林工学院学生“花重锦官城”的盛景。而在这些悄然改变的行为方式中，学生会发现脑海中已经储存了很多创业所需的综合能力与素养。

9.2.1.3　多途径实践研究

过去，教学的定义是知识的传授，教师认认真真教，学生安安静静学。但这一定义显然不再适用于现在。学生需要通过适度的实践去更好地理解知识，需要更多地接触工业界来明确学习的方向。欧林工学院提供给学生充分的资源，供其选择。

如果你喜欢钻研理论，你可以进入教师的学术研究中，去思考探讨创业教育的核心理论思想；如果你更信任感受的引导，你可以利用公司、高校合作项目、商业培训学院等多种途径进行实习，了解职场的实际运作，筹备未来的创业蓝图；如果你居于两者中间，那么采用项目实战的方式，根据企业要求自行完成项目，获取相应奖励也是不错的选择。宽口径、多渠道，营造了多彩的校园体验。

欧林工学院通过这一系列的举措，将创业教育拓宽至课堂内外，实现了产学研之间以“创业人才培养”为核心的新型合作模式，也为我国创业教育的开展提供了良好的借鉴。

9.2.2 教育体系规模初具

如果现在你的孩子准备学游泳，你有两个选择：

① 直接将孩子扔进海里听凭天命，通过刺激求生欲的方式激发人的潜能；

② 告知孩子游泳基本的动作要领，让他先锻炼出一定水下适应能力后，再放手让他去征服大海。

你会选择哪一种呢？

两种方式都不乏成功的例子，但直接扔到海里的方式，失败的风险系数和代价指数都比后者来得高。高校实行创业教育与学游泳有着异曲同工之处，我们的目光应该集中于建立科学有效的课程体系，用最短的时间让学生学会游泳的基本动作；加强拓展实践的方式途径，缩短学生适应水下状态的时间，从而让学生有准备、有体验，满怀信心地游向大海。

教师在之前的社会职业分工中，多为学问家的角色，而鲜少有与工业界、与社会生产接触的经历，创业教育的重担突然间落在肩头，对于高校教师而言非常难适应。创业教育提出的初期，很少有教师能够同时具备足够丰富的实践经验，来完成“创业”这个实战性极强的教育工作，高校也因为相应教师资源的匮乏、教学体系的空白而产生了一定的抵触状况。

不过，随着国家政策的支持、社会环境的变化，这一状况得到了有效的改善，高校开展创业教育的优势也逐渐显现出来。很多高校已经在尝试整合已有课程资源，构建具有学校特色的创新创业课程体系。扎根于学生素质的提升，调动教师资源成立专门教育团队，激发“学生—学院—学校—社会机构”各级内生动力，全方面为学生创业素质培养保驾护航。徐小洲教授提出了一种创业教育体系构建的方案，他认为高校应该根据国情、校情，从三个层面去构建各有特色的社会创业教育体系。第一个层面是高校内部体系，强调“全面覆盖、学科交融、实践导向”，充分应用高校已有课程资源、师资力量进行重组勾画；第二个层面是社会外部支撑，要求社会环境的高度支持，从政策保障到资金支持，营造创业的浓郁氛围；第三个层面是内外联动合作，高校、政府、企业机构等各级之间优势共享，为创业者提供强有力的扶持。创业教育并非孤岛，在徐教授的设想中，高校能够作为创业教育的核心枢纽，综合一切可利用资源，破除一切可预见性障碍，布局一套纵横交错但井然有序的创业教育交通图（见图9.3）。

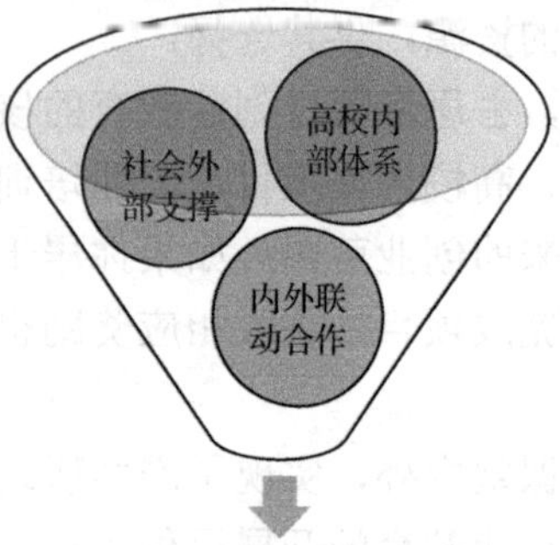

图9.3　徐小洲教授构想的社会创业教育体系

北京航空航天大学通过开设不同形式的创业类课程，从理论教学到实践体验全方位覆盖，来达到奠定学生创业基础、铺垫学生创业意识的目标。其开设的“ERP沙盘模拟”主打实践体验，让学生担任企业中重要的角色（CEO、营销总监、生产总监、采购总监……）参与到实际生产运营中，作为一名决策者来切实感受商业经营的氛围，体验每一种职位对于企业来说的不可或缺性。“电子信息商业案例分析”主打模式研究，条分缕析地拆解信息产业领域不同公司在企业文化、商业模式、创新思维等方面的独特之处，引导学生深入思考每个企业成功的内在原因。“高技术创业管理”主打思维模拟，有一定创业经验的教师，或外聘企业家给学生讲述创业起源与机会、企业的创建管理等相关内容，以辅导学生完成一份商业计划书的形式，将知识产权的保护、企业经营法律、技术市场策略等内容有机融合，让学生模拟高新技术从构想形成、组建团队到上市的全过程，从而对企业上市产生感性认知……通过系列地开设创业类课程，学校将创业过程中会遇到的关键问题、常见应对方法及基本步骤潜移默化地印刻在学生的脑海中，让他们拥有“在水下生存的基本适应能力”，然后再去投身大海。

9.3　创新课堂

9.3.1　ERP沙盘模拟

一张彩色大图纸平铺于桌面，图纸上散落着一些看似用于买卖的钱币和一些形状各异的贴纸，看起来像极了大富翁的升级版。还真别说，“大富翁的升级版”这个称呼，真倒有那么几分切合，面前这些零零散散的摆设，就是“ERP沙盘模拟”的重要组件了（见图9.4），依靠着它们，可以实现一个商业帝国的建造！

这门课的第一项任务是角色选择。一共有CEO、营销总监、生产总监、采购总监、财务总监5个角色。这5个角色，构成了一个企业简单的核心团队。CEO需要在企业经营中掌握大局，关键时候做出决策；营销总监需要关注市场动态，决定广告的合理投放，依照库存制订合理的销售政策；生产总监需要根据销售需求，部署生产能力，精准安排生产节奏；采购总监根据企业生产能力，决定采购方案；财务总监统筹财务情况，保障资金运转。这门课的学生们，需要每个人选择一个职位，合作开始企业的正式经营。

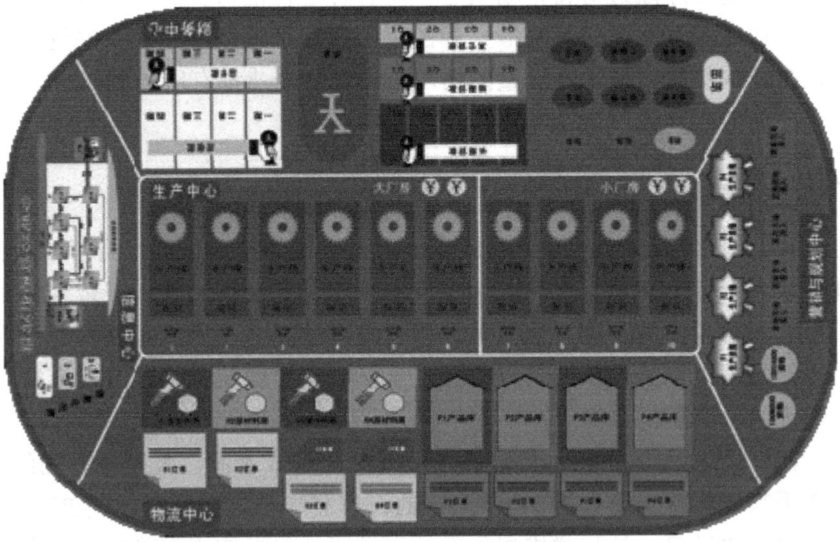

图 9.4　ERP 沙盘模拟盘面

小 A 同学众望所归，承担起了 CEO 的重责大任。作为一个企业的领导核心，CEO 既需要高屋建瓴地把握企业发展方向，又需要细致入微地观察企业实际运营，还需要协调稳固团队的分工协作，肩上的重担不可谓不小。小 A 深感责任的重大，上任的第一项工作就是给这个临时的企业制定了规范的企业管理办法。明确了每个职位的工作目标，并规定所有决策的执行优先听从项目负责人，但如果持其他意见者超过半数，则由 CEO 进行最后决断。既放权又掌权，管理办法的出台让团队凝聚力骤增。小 A 这个 CEO 当得还真有模有样。

就这样小 A 的团队来到了企业经营的第一年。

小 A 笑称，从经营开始的第一天起，自己就好像深陷在选择题中出不来了。第一年作为起步年，小 A 企业面临的第一个问题就是市场的开拓，是固守本地市场，稳定基本盘；还是开拓国内市场，打造全民品牌；抑或是定位国际市场，直接开启一场高端局。每一种选项都会带来完全不同的资金投放、生产方案、销售策略，企业之间的规模、盈利情况会被直接拉开。市场的开拓相当于企业的自身定位，一旦决定，改变的代价就会很高。

面临的第二个问题是贷款，长期贷还是短期贷？对于习惯有多少钱花多少钱，最多用蚂蚁花呗透支几千块钱的大学生们，“贷款经营”这个观念并不太容易接受。贷款固然可以带来充足的资金，帮助企业快速拓宽生产线，抢占市场，但是在还不确定未来是否有可靠还账能力的情况下，一下子背上几百、几千万元的“债务”，换来的也有可能是企业的一夜崩塌。贷不贷，真是得好好寻思寻思。

当然，还有先进行生产线的购买还是直接进行生产线的改造，是投入广告抢夺市场老大的地位还是循序渐进等待市场机会……各种各样的选择，在没有可参考模式的情况下，小组依靠着互相商量和掷骰子般的果断做完了这些不知结果的选择题。第一年的年末，在订单数量大于生产总量的情况下，每个企业都有所盈利，小 A 企业也成功开发了几条新的生产线，为来年的生产做准备。

就这样小 A 的团队来到了企业经营的第二年。

致力于开创国际市场的小 A 企业放弃了国内市场的准入，但保持了 ISO 9000 的认证进度，致力于打造高精尖产品。第二年的状态像是一种蛰伏，资金全部拿来做各类投资，虽然没有太多的盈利，但团队的信念没有动摇。不困于短期利益而能专注未来期待，也算是团队在第二年的精神收获。当然，需要做抉择的地方没有减少反而不断增加，最大的一个困扰来源于产品生产的选择，P1、P2 产品生产周期快、成本低，但售价低；P3 产品则与之相反，售价高，但周期长、成本高，没有雄厚的经济实力，很有可能等不来订单就半途夭折。虽然 P3 的订单需求一定会慢慢超过 P1、P2，但在企业第二年过渡的当口，是与群雄相争占领先机还是保存实力保障生存，不到最后，没有人能说出优劣之分。

财务总监 B 同学在第二年明显感觉到了工作压力的增加。原以为只是一个计算收入支出的简单工作，却没想到能翻出那么多花样。有形资产的成本核算、损耗计算，贷款的利率计算，维修投资的固定支出，原料购买加工费，产品净利润计算……收入和支出重复于不同的时间段，有着不同的形式，要想时时刻刻获知公司当前的可支配资金，以及准确预测公司未来是否会出现资金困境，财务总监必须时刻保持清醒的头脑，厘清每一笔账单。这还只是收支计算，B 同学没有想到，制订企业中长期、短期资金需求计划，寻求资金来源；掌握资金来源及用途，妥善控制成本；制订投资计划，评估应收账款金额与回收期；分析财务报表、掌握报表重点与数据含义；运用财务指标进行内部诊断，协助管理决策；编制财务报表、结算投资报酬、评估决策效益……这些都是财务总监的活啊！

认识到每一个职位存在的原因，不轻易对之，不姑且待之，是这个企业员工第二年的收获。第二年的年末，小 A 的企业不出意料处于轻亏损状态，但依靠本地市场订单数量维持了企业基本运转，生产线完成了一小半的全自动化升级改造，期待着第三年能够站稳国际市场老大的位置。

就这样小 A 的团队来到了企业经营的第三年。

第三年，小 A 企业展现出了在国际市场的绝对优势，之前的厚积薄发让他们一下子站稳了国际市场老大的位置，ISO 9000 和 ISO 14000 双标准让他们对任何订单都能游刃有余，巨额的利润让他们感受到了成功带来的巨大喜悦。于是他们决定加大对于厂房和生产线的投资升级，将所有资金用于柔性生产线的改造。在前两年的观察中，他们已经意识到，在企业的前期经营中，盈利不是最重要的，实际生产能力和企业的经营理念才是决定企业成败的关键。生产能力是企业的硬实力，经营理念是企业的价值标准，而盈利只是暂时的经营效果反馈，放长线钓大鱼在企业生存中更为适用。

随着经营的进一步深入，小A的企业开始显得专业化起来。营销总监会有意识地开始记录和分析不同公司的广告投放方案，分析他们的销售意图，记录市场对不同产品的需求变化，分类别、分区域进行统计，通过更多样化的数据来进行预测，从而辅助下一年广告投放方案的制定；生产总监会结合营销总监的订单数据、企业的预期目标和生产线实际能力进行生产的调整，寻求的不再是最高的生产能力，而是最高效、最适应市场的生产效率；采购总监则学会了根据企业生产能力理性购买原材料，并且学会分析市场行情，在原材料价格合适的时候该囤货就得囤货……小A企业的每一名员工，都在这场模拟经营中不断依靠观察和领悟习得书本上不曾教导的技能，提升自我的综合竞争力。

若是将这个团队与人来做对比，那么营销总监和采购总监是四肢，生产总监是小脑，财务总监是心脏，CEO是大脑。而现在，他们已经能配合进行完整的运作了。四肢负责协调和运动，小脑负责保持平衡，心脏负责供血，而大脑则完成对下一周期的计划和调度，井然有序，生命力旺盛。第三年的年末，小A企业的盈利有了大幅度的提升。

就这样小A的团队来到了企业经营的第四年。

第四年年初，小A企业就猝不及防摔了一个大跟头，原因是两笔大额贷款的到期。原来小A之前分别进行过长期贷和短期贷各一次，却没发现还款日期是在同一年！流动的资金因为偿还贷款瞬间减少了一大半，再用于原料的购买和加工后竟然就所剩无几了，虽然手中还有一定量的产品，但还未到交易日，没有办法变现。资金流的拮据让年轻的公司品尝到了粗心大意带来的后果，好在有着第三年的积累，公司的运营没有出现大的故障，规模稳步推进中。

如果说第一年面对各种选择的时候，小A团队依靠的是一拍脑门做决定，那么到第四个年头，这个情况早就已经不复存在了。市场调研、需求分析、前景预测、自我评估……每一个决定之前都会有着完善的流程，来判断下一步企业的走向。尽管每一步都比较粗陋，数据量有时比较少，消息来源也不一定可靠，但这种做事前调查分析的习惯，已经在他们的心中养成。对于现在的小A团队来说，决定生产还是建造工厂，生产哪一种产品，每一个抉择都有缘由和预期的收获，经营企业不再是之前碰运气的过家家，而是有着逻辑和方法的智力游戏。订单、市场、需求量、成本、生产线等必须相匹配，才能让这个庞大的企业保持运转，无论是产能过高，还是错估市场情况，都会导致企业运转的巨大压力。第四年的年末，小A团队继续开拓了国际市场P3的订单，保住了国际市场老大的位置，整体态势趋向于稳定收益。

就这样小 A 的团队来到了企业经营的第五年。

由于是这个模拟游戏的最后一年，小 A 团队决定放弃对游戏输赢的追求，转而增强游戏体验，让每个人重新选择一次团队职位，体会一下不同职位的不同思维。这一次小 A 选择了采购总监的位置。担任 CEO，就担负起了企业存亡的重责大任，这种高强度的紧张感积压在心头，让小 A 时时刻刻都如芒在背，不敢有丝毫松懈。卸任 CEO，小 A 长长地吐了一口气，采购总监只需要考虑采购的事情，听上去实在是轻松不少。新官上任，小 A 手上带着巨额资金，走到市场购买原材料时却着实犯了难：P1、P2、P3 有互相重叠的原材料，又有各自不同的原材料，由于生产计划和最终生产结果之间总是存在着一定的误差，采购需要适度地增加部分原材料的购买，又不希望产生过多的浪费。数学逻辑不太好的小 A 只能灰头土脸地回到团队中，向原采购总监 M 虚心请教。甘特图产销计划表给了小 A 非常大的惊喜，这个表通过以销定产的方式精确量化产出、采购数量，从而避免了原材料的积压或采购的不足，有效地帮助了企业制订采购计划。在没有使用表格之前，每次计算订货量的时候都非常麻烦，需要一次一次地推演和计算，而且很容易出错。甘特图可以方便地得出所需原料数、每季度产量、销售额、成本等，简洁明了、不易出错，为工作带来了巨大的便利。同时，供求关系量化表、量本利分析图表等表格为小 A 分析市场从而制定相应的营销策略提供了理论依据。工具大大解放了劳动力，提高了效率。

隔行如隔山，尊重每一个职业，是小 A 在第五年中最大的收获。第五年的年末，这个企业以 500 万元的最终盈利结束了“ERP 沙盘模拟”的课程（见图 9.5）。

图 9.5　学生正在进行沙盘模拟

ERP 沙盘模拟，是以企业资源计划（Enterprise Resource Planning，ERP）为蓝本设计的角色体验平台。ERP 建立在信息技术上，以系统化的管理思想为企业内外人员提供相关事务处理控制和决策支持手段。沙盘训练的宗旨是给学生一个行动的机会，一个分析、探索、决策、执行、总结的机会。在这个过程中，所有经营活动都是以学生为主体开展的。学生可以在一个没有外界干扰和影响的环境下做事，通过事态发展的结果来感悟，这是一个真正的学生自主获得意会知识的过程。课程邀请到了国家一级高级企业培训师柯明教授，他创立的 ERP 沙盘模拟课程相关成果在全国 2000 多所院校中推广应用。在授课过程中，他通过设置不同的企业经营目标一步步带领学生领略企业经营的魅力。

短短两天的模拟经营，对于同学们来说，却是真正经历了一个企业的诞生和成长，完成了对于创业从好奇到实践的体验，也对自己的能力有了初步的了解。不仅仅是小 A 团队，每一个参与此课程的学生都对这一门课赞不绝口，当工科思维撞上商科理念，他们也曾困惑于企业运行无法用简洁明了的公式概括预测，也曾挠头于干扰因素太多寻求不出最优解，但慢慢地，他们开始为找到了和其他组的合作方法而欣喜，为掌握了需求预测的科学规律而欢呼。

每一个领域都有其背后的科学方法和固有逻辑，例如，市场分析需要定量分析，要准确分析产品的市场前景、公司运营的成本及净利润，而不是盲目地在无法使公司盈利的商品及生产线上浪费时间和金钱；各种表格工具的使用可以使企业经营系统化和公式化；制订合适的生产研发计划，能保证公司的经营变得高效有序；全局观念可以避免“一叶障目”危机，保障企业长远发展……“ERP 沙盘模拟”这门体验课将商科的知识点浓缩在有趣的体验课程中，同时允许学生利用专业思维对其进行发挥创造，进而呈现出企业经营的不同特点。商科的特点是“因境而变，随缘而行”。在过程中，同学们的本能思维很容易遇到挫折，但在两者相互的博弈中，反而能更为深入地体会企业管理的思维与管理工具。学科交叉之中，工科学生吸收到了商科思维的多元开放性，也将踏实沉稳的作风带给了企业，随着学科交叉的不断深化，新生代风格不同的企业将会为市场注入崭新的活力。

也许你并不适合当 CEO，但会是一个非常优秀的财务总监；也许你不是个优秀的采购总监，但却具有卓越的 CEO 潜质……职业规划这一课，“ERP 沙盘模拟”或许可以作为开端。

9.3.2 电子信息商业案例分析

本科生小 D 同学在对着课表挠头：商业案例分析，这门课该咋办呢？

上课前的一周，老师对所有的小组公布了这门课程的所有案例选题，要求各个小组从中选择一个案例进行深入研究，并在课堂上完成每人长达半个小时的展示。

ARM 如何能够在英特尔霸主地位下成功存活？是什么让 IBM 辉煌过后却走上下坡路？如何看待苹果公司瞬间获得的成功和长期面临的挑战？小米如何一步步构建其生态系统？阿里巴巴的成功要素有哪些？…… 一个选题指向一种企业模式，一个问题衍生一段企业历史，通过选取信息产业中具有特色的案例，指导学生从用户体验、成本控制、知识产权、商业模式、营销策划等多种角度挖掘，老师期望通过商业案例分析的模式，让学生有一种不同的收获。

在经过简单交流后，小D和他的同伴们决定探究华为的成功之道。华为的麒麟970宣告了中国人工智能手机芯片的开启，而它坚决不上市的举措，乃至停止社招的传闻都让人对华为的企业经营和管理方法有很大的好奇。从装宽带送免费手机到成为出货量全球第二的手机供应商，这个企业究竟依靠什么走到了如今？小D团队带着好奇完成了选题。

但选题归选题，作为消费者，小D团队既不知华为的过去，又不知华为的未来，仅依靠着网络上天花乱坠不知真假的描述，小D应该如何准确探寻华为的成功之道，完成“每组两个小时，每人半小时”的展示，还得让场下听众深有所得呢？这可愁坏了五分钟答辩都紧张到结巴的小D，一知半解下，小D来到了第一堂课的课堂上。

“每一组对选题应该都有了初步的构想，给大家的建议只有一个：案例分析没有固定方向，但切忌大包大揽，丢失深度，以深入钻研一至两个企业片段为上。接下来，我将会走下讲台和每一组进行简单的交流，你们可以将目前思路或者问题和我讨论。课后时间，你们如果有疑问，可以直接在课程微信群中提出，我会邀请几位有相关研究经历的老师在群中和你们共同探讨。”老师简单概括了案例的选择原因和可供参考的角度后，便将课堂的主动权还给了同学们，鼓励他们跨组沟通探究角度，触发灵感。

交流时，小D团队向老师表达了当前的困惑，老师笑着说道：“正因为网络信息的浩瀚复杂，我们才更需要培养甄别和提取的能力，如果你们实在觉得茫然，可以从华为的官网向内挖掘，联系任正非的讲话内容，那些一定是华为最核心的思想。”在老师的建议下，小D团队从任正非的百篇讲话入手，尝试揭开华为的神秘面纱。

版本迭代一二三

整理任正非讲话的过程给了小D团队很大的震撼，任正非对于交换机市场的敏锐嗅觉帮助其拿到创业的第一桶金，创新时代的员工持股制凝聚竞争力又保障公司运营，农村包围城市的战略独辟蹊径、缔造神话，坚持自主研发芯片技术让其在手机终端市场越战越勇……令人拍案叫绝的成功让小D团队看得斗志昂扬，只想撸起袖子就加入这支队伍去开疆拓土。浏览过后，小D团队按照时间线，将华为发展的关键事件整理成文，配以形象生动的图片，每位成员阐述一两个事件，来向同学们全面地介绍这个企业做了哪些了不起的事，造成了哪些了不起的影响。

初稿版本递交给老师之后，老师两天之内就给了回复。回复中肯定了同学们所做的努力，但也指出了小D团队目前存在的最大问题：只有整理阐述，缺乏辩证思考。换句话说，小D团队对于华为历史，只表现出了惊叹与认可，却没有丁点质疑或建议。例如，农村包围城市的战略，并不是任正非一下子就提出来的。华为也经历过瞄准大城市发展的过程，只是遭遇到了挫折和失败，并在这个过程中幸运地总结出了企业发展的方法。若抛开前面的失败一味赞扬，那华为的成功就只是一场不可复制的烟火表演，但若加上了对之前经历的理解，他们的成功就变得有血有肉，有点可学。弄清华为历史并能清晰地向他人阐述，这项工作的难点在于对繁复资料的检索提取和整合，如果愿意花费时间寻找充足资料，谁都可以完成。但对于案例分析而言，这是远远不够的，学生通过经历的表象寻找可能的关联性，挖掘出能够吸收借鉴的经验，才是这门课程的宗旨。

“你们说华为的狼性文化和任正非的从军经历是否相关呢？”“我们可不可以从华为员工的角度去了解华为评价制度的落实情况呢？”Q 同学的建议给团队打开了一个新的思路，于是小组成员决定每人跟进一个自己感兴趣的点，做更深入的挖掘。

“给我印象最深的，是任正非或许被逼无奈的创业故事，他的创业其实只为了养家糊口，但正是这平凡朴素的愿望和之后华为占领通信行业的壮举对比，反而让我们能有信心拥抱未来。人不一定生来就志向高远、与众不同，我们都还有创造成功的可能，我喜欢这份希望。”向老师递交的第 2 版中，团队中更多出现了这样的感悟和总结，也让华为这个企业的整体形象不再限于冷冰冰的图文介绍，掺杂了队友们的“人情味”。在老师的鼓励下，小组成员在老师的办公室内进行了一次简单的试讲。

虽说没有班级几十名同学齐齐注视的压力，但第一次试讲还是让小 D 团队神经高度紧绷。明明是自己制作非常熟悉的 PPT 内容，真到讲的时候，却总出现讲了这个点忘了那个点，或者想好的逻辑，第一个字蹦出口脑袋就一片空白等各类突发情况。磕磕绊绊每人试讲了 10 多分钟，小 D 团队对于两小时的展示难度又有了新的认识。老师对于小组的进步给予了肯定，但也指出了他们目前的不足，鼓励他们在保持内容深度的同时，能多以听众的视角对展示进行整体优化，增强展示的代入感。主讲者需要尽可能将听众带入情境中，让听众跟随自己的思维进行延展，这样，听众才能对主讲者想要传达的思想有感同身受般的认同。演讲表达与文字叙述不同，需要舞台的互动与语言的灵性，这对于理工科学生来说，的确是个不小的挑战。

“两个小时的展示，我要只在下面听，我肯定会困的。”“如果有点音乐或者视频兴许能提神！”“对对对，如果可以的话，再加点小节目，或者观众互动！”队员们顺着老师的思路，你一言我一语，进行着头脑风暴式地讨论。最终小 D 和队友一起共同商议，在幻灯片中增加了视频播放和提问的互动，更是整体改变了展示的方式，准备给现场一个大大的惊喜。

这样版本讨论和修改的过程又继续了两三次，小组的微信群天天热热闹闹，想法不断，团队又多次练习试讲，研究如何在脱稿情况下顺利记住自己的演讲内容。若是有心人拿出最终版与第 1 版比较，恐怕绝对不敢相信这会是出自一个团队。现在，小 D 团队就等着最后的展示了。

假如我是任正非？

假如我是任正非，我或许会在靠进口交换机获取差价赚一笔后，再次回到企业任职。但这样就没有日后华为的出现了。正是他在创业途中被激发出的勇气和雄心，他面对后来那么多企业生死存亡关口的坚持与果决，让中国在手机终端芯片市场发出了声音……

假如我是任正非，我或许没有这般的勇气孤注一掷将资金全部投向交换机的自主研发，毕竟尝试的步伐把握不好，先驱就可能成为先烈。但正是他对技术的前瞻性把握和对新技术的敏感性，让 C&C08 交换机一举占领国内市场，直至今天，地位都无人可撼动。军人的执行力总是这么令人敬佩，据说，他在技术研发时期与所有员工同吃同住……

假如我是任正非，我也许最多能够想到引进其他公司的管理技术，但要做到细化成针对每个岗位甚至每个人的评价体系，光是庞大的工程量就能让我放弃这个想法。但他没有，他看到了人力资源管理对于企业的重要意义，“人心齐、泰山移”，时刻不能小觑人的力量。于是他们当时花了两年多时间，打造了华为独特的价值评价体系。比如说销售人员的任职资格体系，是人力资源部 6 个人花了半年时间写出来的。他们 3 人一组，到各地办事处里面去待了 3 个月，天天和销售人员吃在一起，住在一起，把他们的行为全部记录了下来。之后他们又花了 3 个月的时间对他们的工作特征、基本结构等进行分类、总结和整理，最后才形成了一套比较科学的销售人员任职资格体系……

假如我是任正非，我可能会特别在意人才的流失，想要把优秀的人才都招揽到身边。但他却并未如此，他的用人态度是如果觉得人才在别的领域能有更好的发展，那就可以让其另谋高就，而身在华为的人，他会提供一个更为优秀广大的平台，对他们加以培养。2005 年华为大学（其校训见图 9.6）的成立吸引了源源不断的人才流入，大学依据公司总体发展战略和人力资源战略，推动和组织公司培训体系的建设，并通过对各类员工和管理人员的培训和发展，支持公司的战略实施、业务发展和人力资本增值……

……

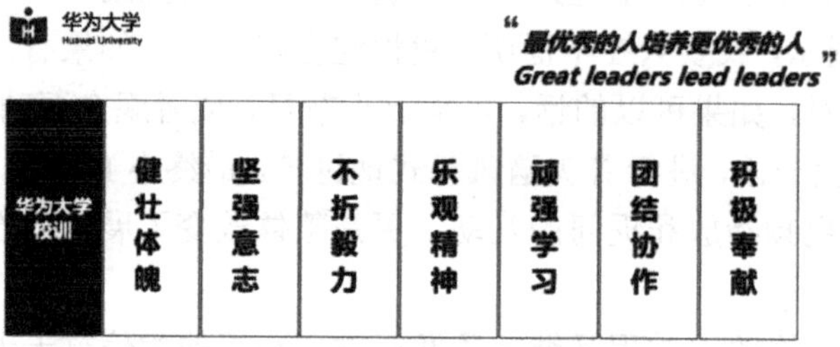

图 9.6　华为大学校训

小 D 团队用创新型诗朗诵的方法，将华为的故事和团队的思考娓娓道来，引领着同学们以任正非的视角去探索华为一步步的成长，思考如果是自己担任企业的决策者，能不能做得更好？展示取得了老师和同学们的一致好评。曾经觉得如此漫长的展示，每个人都出色地完成了自己那半小时的任务，结束后小 D 竟然还觉得意犹未尽呢！

而要说起他们怎么想到这个主意，那可就得好好感谢一下案例分析的课程组织形式了。从第 2 周开始，每两周会有 1 个小组进行展示，其余学生作为观众，观看、提问。每个小组都会根据自己的主题选择丰富多样的展示形式来吸引听众，提问环节则是学生经验交流的绝佳机会，筹备过程中的点滴，想法认识上的变化，企业经营与生活的联系，任何话题都可以在这个环节与展示者交流。有一组创新性地将两个环节结合，采用了沉浸式展示的方法，听众也成为展示的一部分。主讲人以问题为引导，通过“一问一答一讲解”的方式，让在场的每一位同学都紧跟主讲人的思路，获得了全新的体验。在展示的最后，老师还会进行总结点评，分析展示的效果，以宏观的角度引导调整学生的思维，鼓励以不同的视角切入案例分析，跳出“技术”局限，关注客户，关注商业模式、关注营销、金融等之前不常接触的知识点。小 D 团队通过前两周的展示，从其他组的身上习得了很多可以借鉴和改进的点，通过组内的研讨、优化，才最终敲定了这样的展示方式。

传奇各有千秋

聆听和点评其他小组是课程中让人非常兴奋的一环，这个环节弥补了一个小组只对一个企业有深入了解的弊端，学生知识共享，提高了时间利用效率。每个小组对企业的展示和分析都让人获益匪浅。

关于企业境界有一种分类：一流公司卖标准，二流公司卖品牌，三流公司卖技术，四流公司卖产品。高通公司（见图 9.7）就是把一流公司的特点做到了极致。第 1 小组重点研究高通公司的盈利模式，他们在总结后用 4 个元素来描述高通模式：专利+芯片的产权基础，高通税带来的资本积累，反许可政策提供的商业信息，以及高额的研发投入带来的竞争力提升。高通模式的 4 个要素可以说完美地契合了盈利所需要的要求：专利和芯片的产权基础，实现了制定标准和垄断市场的需求，高通税则向高通公司提供了大量的资金，也有助于其垄断市场，免费反许可为其制订标准和革新技术提供了重要的信息和资源，而反哺研发，更是技术革新的硬性要求。高通走了一条不寻常的路，它不断做减法，陆陆续续地放弃了手机部门、基站部门，转而专注于技术研发、专利授权等部门，大大精简了公司的运转模式，为公司创造了绝佳的生长环境。

图 9.7　高通企业 logo

这是一个失败过的企业！第 2 小组关注的重点放在了 IBM（见图 9.8）从技术转向服务的过程。从 1990 年到 1993 年连年亏损，连续亏损额达到 168 亿美元，创下美国企业史上第二高的亏损纪录；公司股票狂跌到史无前例的每股 40 美元；IBM PC 机被挤出国际市场前三名，大型机产品大量积压，无人问津。事实上，已经没有人认为这家巨型公司还有挽救的可能性，它的失败正如它的成功一样，甚至被商学院写进了教科书。然而，郭士纳的出现挽救了 IBM，并创造出了新的春天。他压了两个赌注，一赌信息技术产业将变成以服务为主导的产业，二赌网络世界的到来。于是他带着对于挑战的渴求来到 IBM，并立即着手进行改革。事实证明，他赌对了！摆脱对于大型计算机的依赖，转向开创 IT 服务新模式，通过事先详细论证，在文化、组织、资金、客户、技术、管理等方面系统化地改造工程，IBM 在激烈的竞争中找到了一条适合于自己的发展路径。时至今日，Watson 已经被打造成一个认知计算服务平台，许多没有人工智能技术的企业可以通过 Watson 平台实现“认知商业”。这场翻身仗，IBM 打得漂亮。

谷歌（见图 9.9）作为搜索引擎界的巨擘，近些年却已经悄悄地布局好了属于谷歌的世界——Gmail、Google Docs、Google Chrome、Google Drive 等。这些产品的背后隐藏着一个雄心——让用户在互联网上的各种需求都在谷歌的世界里完成，并最终摆脱对于操作系统和本地应用的依赖。第 3 小组对于谷歌与其他以搜索引擎起家的公司的异同产生了极大的兴趣。在雅虎逐渐没落直至被收购的今天，谷歌却能够在保证盈利的基础上不断拓展业务领域，提升用户黏性。用户看似只需要支付极少的费用，事实上付出的是流量与个人信息，这便是互联网行业开放、免费的盈利模式。在这个模式的基础之上，谷歌的“70-20-10”管理法则，把 70%的努力花在核心业务上，将 20%的资源投入相关周边领域，而剩下的 10%则留作机动，用于一个可能产生的全新创意，帮助其在时代浪潮中不断前行，保持活力。

图 9.8　IBM 企业 logo

图 9.9　谷歌企业 logo

英特尔（见图 9.10）是全球最大的半导体企业，在追寻企业发展方向上同样曲折不断。1985 年，日本内存厂商通过削价倾销侵占全球市场，一举将英特尔九成的市场份额拿下七成。第 4 小组在探究英特尔如何在这种情况下保住企业的过程中，感受到了“放下”的艰难。一开始的英特尔选择孤注一掷，尽管元气大伤，但依旧将 80%以上的研发资金花费在内存上。可是，上天并不总是奖励咬牙坚持的人，一年的煎熬并没有带来转机，反而是日趋窘困。所有人都明白，此时的英特尔如同一只受困壁虎，唯有忍痛断尾才能自救，但让昔日的内存霸主就这样走下王座谈何容易。残酷的现实让英特尔明白继续挣扎已经没有意义了，在下定决心放弃内存产业后，它看到作为副业的处理器已悄然成为公司的中坚力量，并决定将处理器业务作为新的战略目标，“英特尔，处理器公司”由此涅槃重生。

图 9.10　英特尔企业 logo

传奇各有千秋，对于这些企业越了解，便越能感觉到其不同凡响之处。面对时机当机立断，面对未来精准预测，面对竞争打造壁垒，面对困境坚持不懈……研究过伟大，也许离成就伟大的“武功秘籍”就靠近了一点点。

所谓案例分析

还有很多有意思的企业在这门课程中被同学们一起讨论、分析，学生们通过不同的视角审视企业的发展，关注一个企业的沉浮起落，潜移默化中也影响着自己对于事物的决断。“电子信息商业案例分析”这门课，核心落在学生对于一个企业发展史上最重要片段的个性探究上。这些片段有着深厚的价值，多维度的诠释都能引发全新的认识。

创业者得先能从创业成功的企业中学会分析其成功之道。这种案例分析的模式，使得专业类学生能够跳出技术范围，以身边或者媒体上热门讨论的话题入手，从产品设计师、企业高管等角色来审视电子信息系统，关注人性需求、用户体验、成本控制、知识产权、商业模式、营销策划、技术标准、创业与创新精神等，从而获得将工程技术、创业管理与人文艺术结合的能力。于是乎，参加完课程的学生有直接创业拿到天使轮投资的，有加入其他创业公司成为主要合伙人的，这些都好像是顺理成章的事情呢。

9.3.3 高技术创业管理

同学们对于老师课堂上带来的产品非常感兴趣，VR 眼镜、智能音响、无人机……其中有一些甚至还处在概念性未生产的阶段。那些只能在最新的发布会上听闻，在最顶尖的展览会上见到的产品，现在真实地出现在同学们的眼前，可以用手触摸，可以使用体验，可以清清楚楚地观摩制作工艺，感受科技魅力。

“你们说，如果这个部分我们把它改造成这个样子，性能会不会更好？”“我觉得可以把这两个功能做一个结合，这样用户用起来会更加便利。”……七嘴八舌的讨论从见到这些有趣的产品时就没有停过，同学们显得兴奋异常。从小习惯了数理基础学习、理论研究的学生，大部分时候都有一种纸上谈兵的感觉，对于自己学到的知识感觉没有落地，对于自己的想法创意不知道是否可实现，虽然一直在保持输入，内心的不稳定感却越来越高，他们渴望输出，渴望看到自己与这个世界接轨的可能性。

“高技术创业管理”这门课就给了同学们这样的机会。中国软件行业协会嵌入式系统分会副理事长何小庆老师作为课程的主要授课人，给同学们带来了别出心裁的体验。何老师是著名的嵌入式系统专家，国内最早涉足嵌入式 OS 者之一，他 1995 年创办了北京麦克泰软件技术有限公司，有 30 多年嵌入式技术和市场经验，同时热衷于教育行业，希望培养出更多优秀的人才。这门以高技术创业为主的课程，围绕技术核心，搭建出了一个具体详细的创业管理框架，包含了技术创业会涉及的多方面知识。每节课一个主题，“创业机会的辨识与把握”“创业风险的评估”“新创企业的知识产权管理”“营销及危机管理”……既切合工科学生特色，又带来了学生没有接触过的全新概念，让人颇为好奇。

M 同学就对这门课程情有独钟。喜欢做科技竞赛的他一直在想自己的成果有没有机会走入市场。请记住他现在对创业一无所知的小白模样，看看课程结束时他会变成什么样。

在课程“创业的商业计划”这一讲中，M 对于商业计划的认知被彻底颠覆。当然他之前的认知也就是创业比赛中撰写过的一份青涩报告，甚至分析方法只知道 SWOT。“创业的商业计划，是创业者对于所筹划的创业活动系统的文字性归纳和描述。”在给出商业计划的定义后，老师用详尽的 PPT 为学生普及了商业计划从开始拟定到最终成文的全流程。“创业计划是创业者深入调查、理性分析、认真研究的结果，而不是‘编’的结果。”老师在阐明撰写创业计划目的的第一句，就直击 M 的痛点，遥记得，为了编写当年创业比赛的报告，M 从网上下载了一份模板之后，就开始了自己信笔涂鸦，肆意想象公司“辉煌巅峰”的盛景。跟随着老师的讲述，M 了解到了许多从未想过的观点，例如创业计划针对不同的争取目标需要包含不同的内容，争取创业投资股权投入的创业计划、争取产业资本股权投入的创业计划、争取他人合伙的创业计划与争取政府支持的创业计划，彼此之间强调的重点完全不同。又如“糟糕的”创业计划有 5 大“弊病”：含混不清、过分乐观，出现与产业标准、常规经验相距甚远的数据，仅仅面向一种产品，忽视竞争，创业者力图进入一个“过分拥挤的市场”。这 5 大“弊病”对于 M 这类初出茅庐的年轻人来说，简直一踩一个准，毕竟这门课开始之前，他就是希望能依靠一个科技成果运营一家成功企业。

“知识产权管理”这一讲让 M 意识到了“知识”的管理需求以及科学方法。虽然对于专利权、著作权这些名词并不陌生，但若真的遭到了侵害，如何正确维护却还是模棱两可。老师从一连串的问题入手，将学生带入了知识产权的领域。何谓知识产权？何谓共有产权？新创企业为什么必须重视知识产权管理？新创企业知识产权管理主要有哪些内容？怎样测算知识产权成果的交易价格？为什么说“知识产权成果的交易价格最终是由供求双方的博弈决定的”，循着这些问题，一步一步揭开知识产权的面纱，也引起了 M 对自己科技成果的重视和对他人成果的合理借用。

“高技术创业管理”这门课总体上虽然以老师讲授为主，但“老师”的种类却是丰富多样的。M 没有想到，那些大企业的管理高层会直接出现在他的眼前，给他们讲企业内部员工管理和激励政策设定原则，分享一些职场故事和管理中的小技巧。一位工商管理部门的人员亲身传授申办企业的程序和需要注意的问题，包括如何与各部门进行沟通，如何做好时间的统筹工作等，并配以生动的反面案例让课堂充满乐趣。一位有跨国公司长期工作经验、热衷于分享工程经验的企业高级管理人才，给学生带来了关于沟通表达方面的分享。理工科的学生容易把眼光放在技术产品本身，却忽略了自己时刻身处社会，所以从产品研发到市场推广，凡涉及文档写作、会议沟通、组织协调的任务，那位管理人才都耐心地一一分享经验之道。本以为都是高高在上遥不可攀的人物，M 以为一辈子可能都不一定能接触到的人物，竟然在这个三尺讲台上，以最平易近人的方式，向学生们讲述着他们的职业经历。“总裁”级别的待遇让 M 受宠若惊，老师们的睿智博学、倾囊相授，学生们的认真勤奋、虚心求教，相互促进，让这门课的教学效果达到了最大化。

老师们还会通过现场辩论、实战演练等各种方式，将企业管理中时常出现的场景和不容易发现的坑向学生娓娓道来，辅助学生完成商业计划的撰写，来进一步巩固加深课堂内容……学生们会对着实物头脑风暴，把自己的创意凝结在最新的科技前沿上；他们会仔细聆听创业者的宝贵经历，哪怕是失败的经历，都因其切实发生过而让学生感触良多；他们还喜欢情景模拟，扮演企业经营中各种可能的对话场景，互相出难题考验同伴的灵活应变能力……当学生真正爱上一个课堂，课堂会因为学生而绽光彩。

课程技术之后，M 交出了一份几万字的商业计划书，条理清晰，数据翔实。而且他开始自我充电，课余时间爱窝在图书馆寻找创业管理类的书籍阅读，创业小白早已一去不复返。

9.4　创业实践

经过课程体系的全面熏陶，心中创业的火苗是否被点燃？在开启你的创业道路之前，让我们先从身边触手可及的例子中，去挖掘一些共性可参考的规律。

9.4.1　技术孵化

通过“科技作品孵化创业公司”，是很大一部分理工科院校在校学生创业的第一选择。学校、学院采取措施，要求并鼓励专业教师加强对学生参加课外科技创新实践活动的指导。对于参加科技创新和科技竞赛的学生，学院会有组织地提供竞赛培训、实验场地，并配备指导教师。

北航电子信息工程学院 2014 级的一名本科生，就通过自己的科创项目“Multiflyer 飞行机器人”（见图 9.11），一路从学校的“冯如杯”科技制作项目，到中国“互联网+”创新创业北京赛区一等奖，再到“创青春”全国创业大赛金奖，最终时机成熟，开启了自己创业的历程。Multiflyer 飞行机器人可以自由改变旋翼的方向，随时组合旋翼的推力，用户通过团队自主开发的手机 App 上选择相应模式，就能实现飞行器在空中飞行模式、地面驾驶模式、墙面爬行模式之间的灵活切换。在飞行模式下，飞行器还可以随时附着在墙壁上，并再次起飞。这款飞行机器人填补了目前市场上无人机应用的一大块空白，多模式切换的功能让这款飞行机器人的应用场景迅速扩充，在监控、侦察、安防、基础设施检测、抢险救灾等方面都有极大的商业价值。

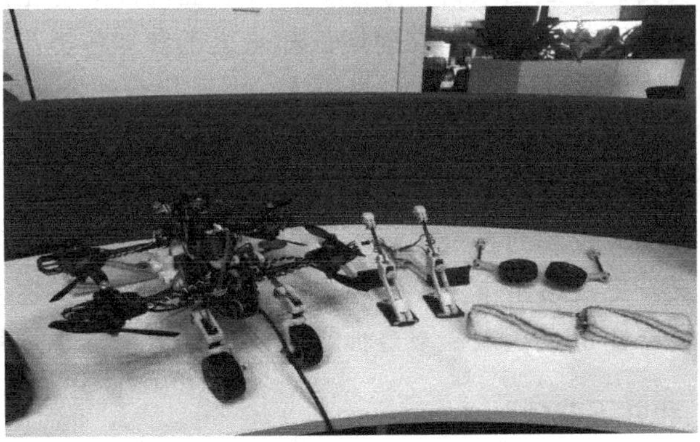

图 9.11　Multiflyer 飞行机器人第一代

抛开宣传式的夸赞，尝试解构他成功的背后逻辑，倒是有很多值得深思的点。

“我每时每刻都在思考”

在他的表述中，无论吃饭睡觉，他的思维都不会停止对于项目的思考。算法的优化，架构的改进，细节的完善……脑海中的蓝图不断完善，给予实际产品合理导向。完美没有尽头，而他所能做的就是利用好所有可利用的时间，让项目距离完美更近一点点。这种心无旁骛的投入，这种废寝忘食的痴迷，让他短短一年内，靠自学掌握了控制、机械、通信协议等多领域的知识，也让他在整个团队中始终掌握技术核心，掌舵项目发展方向。

而他所说的这句话，就是对于高校创业教育最大的认可。教育的最终目的，便是希望通过课程的培育、教师的指引、各种“调料”的相互搭配，让学生成为能够独立思考的人。

“我想创业，他们不想，但他们还在帮我”

不是想象当中一群志同道合的热血青年一拍即合的创业故事，而是更为真实的生活经历。不是创业就代表成功，不创业就代表失败。真正的成熟和理性来源于经历过后的慎重选择。尽管当时一起做项目的同伴，并没有能成为后来公司的合伙人，但是那些共同奋斗的岁月，那个日趋成熟的成果，让这份友谊深厚而鲜活。他们可以选择就业或者深造，公司可以寻找新的合伙人，但如果需要，朋友一直都在。产品遇到技术难关了，最初的那帮弟兄，帮你一起克服。

这样的真实，反而是创业教育希望达到的一种真实。不是为了去成为一个创业者，而是在了解过、体验过之后，明白了自己究竟适不适合走上创业这条路。

“热衷参加比赛，是为了认识更多潜在的合作者”

最开始，作为一个科创项目，它需要各类比赛作为项目推进的时间动力，需要各类比赛作为项目优化的肯定，需要奖金作为作品迭代的资金，所以需要参加一定量的比赛去证实自己的实力。但是当项目趋于成熟，开始面向商业化生产时，参与竞赛似乎并不是必要的一环。而他在公司建立前期，却热衷于参加各类高质量竞赛，因为，他有更长远的眼光，他想通过比赛去认识投资人、去寻找合作者、去挖掘更多的资源。创业者必备的本领，是对于机会的敏感度、对于资源的嗅觉能力。透过比赛的表面，挖掘出一般人挖掘不到的价值，是创业者独有的能力。

创业教育在安排商业技能的教授中，不仅仅是简单地告诉学生公司运营的基本规则、市场的基本要义，更是希望学生能够将之融会贯通地运用到生活中去，主动地为自我的未来添砖加瓦，知识点从来都不是孤立的，贯穿运用，才是精华。

“创业这件事，我并不着急”

他说，他想创立一家百年企业。所以，面对络绎而至的意向投资，他没有盲目接受，而是选择了先将作品升级到商业标准；拒绝资本的盲目扩张，而是踏踏实实构建技术壁垒，放弃了市场诱人的大饼和巨大的利润空间，而是先将团队打磨到心意相通。没有这个阶段年轻人的急躁冒进，取而代之的是成年人的深思熟虑，没有盲目与其他初创公司的比较，而是根植于自己的价值追求。也许，产品的大规模投入市场还需要不短的时间，也许，距离大企业还需要很多年的努力，5 年、10 年、20 年……但是，稳扎稳打，紧握的是自信，安定的是内心。

能够认识到时间的力量，对于当下正值青春年少的人们来说并不容易，这也是创业教育在努力希望达到的教育目的之一。长远的目光和明确的自我追求，能够让人摆脱肤浅的比较和慌乱的心态，扎实于整幅蓝图的绘制。

9.4.2　直接创业

当然，在看到有机会时直接选择创业，是更多一部分人的选择。相对于等待科技作品的慢慢孵化，直接创业节省了相当的时间成本，更能把握最合适的时机。马云对于机会有过如下的评价：很多人看不见，看见后又看不起，看得起后又看不懂，看懂后却来不及。识别和把握机会的能力，一定程度上决定了创业的成功与否。

在 2015 年的创业政策风口，北京航空航天大学 2014 级的一批研究生，就义无反顾地选择了抓住看到的机会，开始第一步的尝试，“北京浩恒征途航空科技有限公司”应运而生。同样出于对无人机市场应用的考量，他们瞄准了农业灌溉领域的空间，致力于研发大载重、长航时的农用无人机（见图 9.12）。在 2015 年获得天使机构“创新工场”投资 400 万元，并成功入驻北航科技园，2016 年获 1600 万元投资。其以先进的理念和技术打造工业级飞行平台，结合深度数据服务为多行业用户提供智能化、信息化的系统解决方案，并能够给提供无人机相关应用技术服务。作为科技创业企业代表，经航天科工集团推荐，通过层层筛选进入国家发改委、科技部主办的 2016 年全国“大众创业、万众创新”活动周深圳主会场的核心展区，这也是唯一入选核心展区的学生创业企业。

图 9.12　浩恒征途标志性无人机之一

快速的发展，巨大的成功，时机刚刚好的时候，心有多大，舞台真的就能有多大。短短两年时间，公司完成了两轮融资，产品也从无人机领域浸润到了无人车领域。我们同样好奇，这段经历中，他们的收获有哪些呢？

“我们想通过创业，去发现生命的可能性”

最初，只是4个普通的研究生，想在毕业走入社会之前，在按部就班之前，看看生命还能不能折腾出更多的花火。于是，秉着无畏，趁着东风，他们拿着一纸稚嫩的商业策划，敲开了投资人的门。吃过闭门羹，也得到过鼓励和赞许，慢慢学会了优质的商业计划怎么写，知道了如何与投资人进行沟通，也拿到了第一笔投资。4 个人，从共同撰写一份策划书，到你管财务、他管技术，无形中形成的分工，暗藏着每个人的独特优势，也让他们对自己日后能胜任的职业角色，有了更清晰的认知。

创业教育中那些课程实践环节的预热，那些事先做过的一点点创业训练，在学生真正走入创业之时，帮助其有迹可循，不至于走到迷途。这一段特殊的经历，也让他们找到了自我的存在价值，不至囿于专业的局限，惶惶然不知自己能力何在。

“团队管理，是必修课”

4 个人的时候，他们沟通交流协商，观点便能达成一致。但是当队伍扩充成十几人、二十几人时，沟通交流的成本急剧增长，而且还未必有效。每个人都会根据自己的憧憬与希望设计公司的未来，根据自己的行为意识操作公司的运营，虽然出发点都是善意的，奈何众口难调。发展愿景不一致的问题直接影响到公司的正常运营，他说接受投资扩充市场，他说守住技术研发保障竞争力，都对，却无法并行。这时，团队管理的重要性显露无遗。企业文化、设立决策层、分级管理制……科学的团队管理手段，能保证企业主动脉畅通。

这堂必修课，可以通过高校创业课程中的经营模拟提前感受，但真正人性的复杂和管理方法的奥妙，还得亲自试错、亲自归纳总结，才能有最真切的感受。

“得允许目标的调整”

相信大部分的创业者在有了一个想法，开始了创业的旅程后，最初一定是希望想法能落地，并结出最甜美的果实。为此，创业者们付出时间精力，甚至夜以继日、全年无休，精心呵护着自己视如儿女的企业慢慢成长。但对于“浩恒征途”的创业者们而言，允许目标的调整，恰恰是这次创业中学到的宝贵经验。一开始瞄准无人机在农药喷洒中的市场，投入大量的资金进行研发和生产，却在过程中，发现成本与收益无法实现匹配。高昂的成本无法让产品顺利实现量产，农业市场的大规模运用受到阻碍，商业运转限制了产品的进一步研发。是不顾一切埋头向前，用资本砸出市场的转机，还是暂时搁置，寻找其他可行的产品及市场？风险评估之后，他们理性地意识到转机的出现微乎其微，不是当时的公司所能负担的，于是转而研究无人车领域。正是这样的一个转变，让其之后获得了新的机遇。

坚持下去，总能见到彩虹，是我们对于传统价值观的赞扬，但适度的转弯，学会目标的调整，是对于社会的适应度训练。两者并不矛盾，而是需要“灵活”的大脑将之综合运用。创业教育区别于传统教育之处，便是因为贴近社会，而更能锻炼学生“灵活”的思维。

“不能忘了出发的地方，那是最有力的支撑”

2016 年北京浩恒征途航空科技有限公司与电子信息工程学院联合申请的工业和信息化部 2017 年改善基本办学条件专项本科实验教学条件建设项目“基于无人机的跨专业实验教学平台”已经获批，将采用创客式教育模式，学生创业团队与本科教学团队一起进行教学活动。无论走多远，学校永远是高校创业生们最坚实的支撑和最广阔的合作平台。

北京航空航天大学 2016 级硕士留学生，更是创造了直接创业的一段传奇。他的公司已经与众多财富 500 强企业包括微软、英特尔、腾讯等建立合作。合作领域包括无人机传感器研发、前沿时尚科技，以及数据挖掘和可视化技术。他曾与 CCTV 合作，将可穿戴技术登上 2017 年春晚舞台，采用实时手势识别技术使 165 位舞者达到变换效果同步。他被众多国内外知名媒体报道，包括中国国际广播电台、中央电视台、民族报、《福布斯》等。他在 2015 年 TEDx 北京见面会上做了主题为“创新并不难”的演讲。在 2016 年瑞士圣加仑研讨会上，他被提名为全球 200 位未来创新领袖之一。在 2017 年，他登上《福布斯》30 位 30 岁以下亚洲人物榜，被评为医疗与科学领域的技术创新者。

有想法，就去做吧，创业，早已不是不可碰触的高峰。

9.5 “成功”的创业

总结这一章，我们想传递的核心理念是，创业的定义不唯一，成功的定义也不唯一。

9.5.1 创业教育多元化

华为总裁任正非在阐述他的灰度管理法中曾说，“清晰的方向是在混沌中产生的。”创业教育在高校教师们的持续努力中，已经从传统教学的形式中慢慢发展出其特有的规模。相对于传统教学，它的实践性和综合性得到了大幅度提升，学生的获得感和感兴趣程度有明显加深。创业教育的开展也算是教育领域一次成功的创业了。

创业教育给教育的多元化做了很好的表率。我们必须明确一点，创业教育绝不是要求所有学生都成为社会创业者。哈佛大学推动创业教育的重要意图是希望学生能够从多学科交叉的体验式学习平台中培养学生观察、思考、应用的能力，帮助培养学生在社会课堂上的责任感和行动力。创业教育本身的目的就是多元化的，无论是创新精神、社会使命、实践能力、生活态度等，都是创业教育想要带给学生在价值观和人生观上面的引导，帮助长期处于单一价值评价体系中的学子感受到多元社会的兼容性。欧林工学院的理念认为，创业是通过一系列的冒险精神和创新活动来创造“财富”，其中“财富”包括了精神财富和精神力量，是指一种对社会价值的影响和引导。

还记得徐小洲教授所说的内创业吗？这个概念极大地改变了大众对创业的传统认知，把创业拉下神坛，走入了寻常人的心中。每个人在自己岗位上的奋斗都是在进行自我创业。徐教授曾说，“习总书记，我认为他就是中国最大的创业者。他用新理念和新路径解决了政治、社会、外交等问题。不仅想得到，还能做得到，才是真正优秀的创业者。”以创业的精神和能力推动事业的发展，在这样的体系下有了政治创业、经济创业、创业人生等，我们可以看到各行各业都有很多内创业有名的人。内创业的定义给予每个人发挥潜能和志向的方向，也是创业时代对世界的全力支持。

用发展的眼光看待创业教育，不局限于“企业家教育”这个狭窄的名字诠释中，寻找对于自我的发展契机，得到对于自我的进一步认知，是对正在经受或经受过创业教育的自己的一种尊重。

9.5.2 创新思维

创新是创业不可缺少的好伙伴，上文我们一直在说的创业，概念延伸的话，更多就是对创新的期待。思维上能达到创新的程度，也是创业的另类成功了。

创新思维是一种换个角度看问题的应变，是一种能根据当下情况合理判断调整的灵活。问题，反过来代表着优化进步的空间；绝境，反过来代表着开天辟地的开始。正是因为保有着这样的思维，尽管米聊惜败，但雷军用小米创造了新的辉煌。而创业的时机往往转瞬即逝，我们不能指望按部就班、谋定后动。乘着智能手机的东风，小米虽不比健全的 Apple 生态，但依然能寻到发展天地，抓住机遇，该行动时当机立断，并思考关注如何使事情做得持久、做出影响力，顺势而为是聪明人的成功法则。

榆木脑袋不开窍，对于创业这个没有固定逻辑方法，没有唯一成功范式的选择，创新思维几乎决定了创业能否成功，成为一种创业前必要的存在。张小龙发明微信，立足于科技思维的创新，却成就了一场改变社交的创业浪潮。中山大学王竹立教授在出版的《你没听过的创新思维课》中，别开生面地向大众介绍了创新思维的各种形态，激发创造力的“三板斧”：创设创新情境，转变思维方向，多用软性思维，并以写诗为例，介绍了这三板斧的运用。想要学会创作一首诗吗？那不妨去翻看一下王教授的这本书。

创业过程中，创新思维是必不可少的。在俞敏洪的心目中，做生意是一种布局、一种战略、一种热爱、一种拼命，一定要断了自己的后路。而一刻都没有停止运转的思维，在背后为他提供了最为强大的支撑。“成本、资金、风险、模式、营销”等词汇是基本能力，不断思考、琢磨、弄明白、能运用，才能站在创业的起点；“商机、企业文化、团队、胆识”等词汇是进阶要求，需要悟性、研究、深化、凝练自成一体，企业才有持久运行的能力。创业的道路，就像是思维的挑战赛，从基础关卡开始，你不仅需要通过已有的固定关，还需要发掘隐藏关甚至自己创造障碍，来磨炼思维的生存能力。创新思维，能够帮助我们在技术革新周期不断缩短的现状中，保持活跃。尤其在电子信息领域，产品的创新层出不穷，知识的总量爆炸式增加，大学生毕业后势必面临更为复杂的产业环境和大量不确定因素，那么一个善于摸索研究的自主学习者，一个善于面对变化创新突破的终身进步者，将会有着更大的希望在前沿领域做出突破。

不过，创业毕竟只是社会运作的很小一部分，甚至，它归根结底，只是万千“职业”中的一种选择而已，也许明天你就会想换一个职业了。但拥有了创新思维和相关训练的人，无论想法如何改变，其自身获取的视野，会给予他更多剖析自我、追求理想的勇气。

思 考 题

1. 你认为什么是创业思维？这是每个人的必备思维吗？
2. 结合自己的经历，请你谈谈“内创业”的重要性。
3. 你了解目前大学生进行创业的途径哪些？尽可能搜集整理一下。
4. 你认为欧林工学院“融合性课程教学”有哪些优点？
5. 通过“ERP 沙盘模拟”课程，你感受到哪些商业思维？
6. 通过“电子信息商业案例分析”课程，你对创业管理有哪些新的认识？

拓 展 思 考

1. 如果让你选择，你会选择技术创业还是直接创业？
2. 根据“高技术创业管理”课程，选择一项创新技术，写一份创业计划书。
3. 请你分析一下张一鸣与字节跳动公司，有哪些商业上的创新点？
4. 关于高校创业教育的实施，其难度和意义在哪儿？
5. 请分析一下欧林工学院广义工程教育的理念与教学实践经验。
6. 请分析一下李泽湘教授对创新创业教育的理念与实践经验。

参考文献

[1] [美]理查德·多尔夫，等. 创业的轨迹：从创意到一个企业的真正诞生[M]. 刘丽君，等，译. 北京：中国人民大学出版社，2011.

[2] [美]凯文·凯利. 技术元素[M]. 张行舟，等，译. 北京：电子工业出版社，2012.

[3] [美]小亚当斯·斯皮内利，等. 创业第一课[M]. 浦汉淞，译. 北京：中国人民大学，2017.

[4] 周留征. 华为创新[M]. 北京：机械工业出版社，2017.

[5] 赵先超. 阿里巴巴与四十大道[M]. 北京：电子工业出版社，2018.

[6] [美] 沃尔特·艾萨克森. 史蒂夫·乔布斯传（修订版）[M]. 管延圻，等，译. 北京：中信出版社，2020.

[7] 张有光，等. 电子信息商业案例分析课程的思考与实践[J]. 高等工程教育研究，2013，3：163-167.

[8] 李伟铭. 我国高校创业教育十年:演进、问题与体系建设[J]. 教育研究，2013，6：42-51.

[9] 徐小洲，等. 创业教育与工程教育的融合[J]. 高等工程教育研究，2014，1.

[10] 徐小洲. 创业教育要培养的不仅是企业家[N]. 解放日报，2015-07-26.

[11] 徐小洲. 社会创业教育：哈佛大学的经验与启示[J]. 教育研究，2016，1：143-149.

[12] 徐小洲. 创业教育国际发展趋势与我国创业教育观念转型[J]. 中国高教研究，2017，4：92-97.

[13] 李泽湘. 大湾区科创的机遇与挑战：衔接学术与产业的桥梁[J]. 软件和集成电路，2019，12：34-35.

[14] 冯凌. 剑桥现象：人才创业创新与区域经济发展的成功典范[C]. 海峡两岸与区域人才合作发展论坛暨2010年科研年会，2010.

第10章

那些未解答的谜

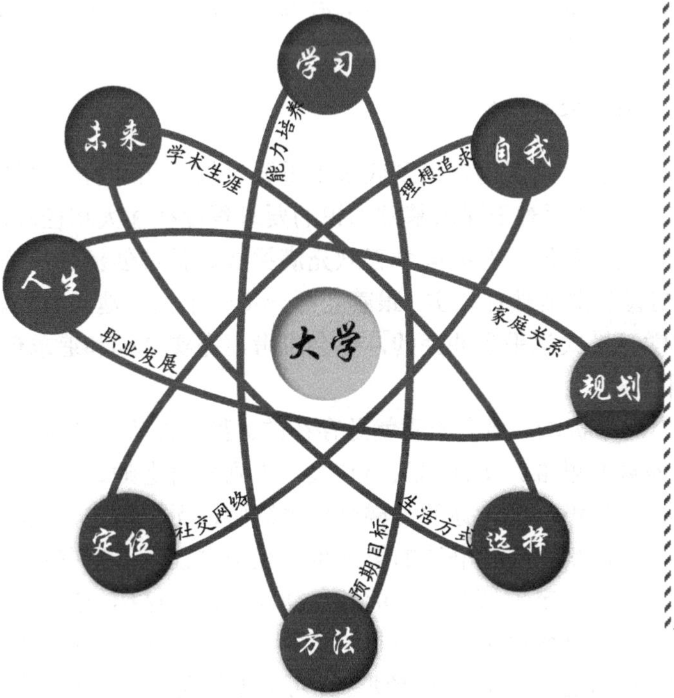

就像行星围绕着太阳运转一样，围绕着“大学”这个关键词，其实还有许许多多的问题我们没有穷尽，也无法穷尽。

但这不正是大学的精彩之处吗？一千个人心中有一千种大学的样子，我们可以向不同人汲取经验，但属于自己的大学究竟是什么模样，只有走下去才知道。

还记得本书的名字吗？《大学怎么读——以电子信息类专业为例》。尽管前 9 章林林总总说了大学生活中可能会涉及的多个方面，但“大学”二字本来就意蕴无穷，每个人都能有不同的解读。在这一章，我们尝试揣摩大学生的心理，列举出了 12 个你在大学生活中可能会遇到的问题，给出我们的理解，这些想法不一定能成为你大学路上的指路明灯，但或许可以稍稍拂去些你眼前的灰霾。

10.1 百家争鸣论学习

要问哪件事贯穿于你的生活中至今无法结束，相信“学习”一定是不二回答。随着终身学习不断被强调，众人 2 的观念也从紧扣教材，从书本出发的学习观念，开始向思考“学什么，怎么学”延伸。众口之言，乍一看甚至互相矛盾，但细细品味又都觉得颇有道理。若能从这些想法中形成你自己对于学习的态度和观点，便是我们最大的期望。

问题之一：基础与创新，一山不容二虎？

上了大学之后，你可能常常会思索，课内知识到底重不重要？倘若此时的你已经学过几门课程，你可能会发现，各个老师对于课内基础知识的要求程度往往大相径庭，而同学们对于课程安排的评价也大不相同，有些同学喜欢充满挑战、强调创新想法的研究型课程模式，而有些同学则喜欢把基础打扎实，跟着老师一步一个脚印地向前走。在时间有限的情况下，这两种学习模式似乎是冲突的，你会思考，夯实基础和追求创新到底有没有矛盾呢？

对于这个命题，如果你走向两个极端，那么矛盾就是存在的。我们先从基础谈起。强调基础，是我们一直以来被灌输的思维。或许你从小到大，听到来自老师、家长最多的话就是，学习就像盖高楼，基础没打好，你的大楼会摇摇欲坠，无法承受住风吹雨打。这个听起来是非常有道理的，华罗庚读书法的第一步，是把书读厚，把书本内容都“啃”成自己的知识，每个概念、定理都要追根溯源、彻底弄懂。这样一来，一本较薄的书，由于增加了不少内容，就变厚了。然而到了大学，你会发现，无论是知识的数量还是难度，都是曾经的百倍，基础不再像曾经那样，可以通过看书一点点“啃”下来，想要一次性打好基础，在当代情况下确实面临着现实不可解决的困境。现如今，学习不再是盖大楼，倒更像是挖井，你不知道甘甜的井水什么时候会涌出，你也不知道学多少才算足够，不断向下试探性“挖掘”的过程，就是知识不断丰富、见解不断深入的过程。面对一个科研课题，你发现了一个有趣的方向但却缺乏理论可行性的支撑，此时有针对性地去补习这一块知识，你补习的知识马上就可以活学活用，效果也会非常好。若固守把基础知识都学透了再前进的想法，学不完不说，还极有可能错过新领域的最佳发展时机，甚至耽误了自己“想象力”的培养，困在浩如烟海的知识中找不到突破的角度。

不过挖井很可能会“一鼓作气，再而衰，三而竭”，若想在始终没有泉水的情况下稳定心神，坚持往下挖，则必须要有对地质判断的充分信心。对地质的了解，就是学习的“基础知识”，基础知识不牢固，成功的概率就会减小很多。

说过了基础，那么创新和基础，更应该倾向于哪个呢？创新是灵动的，跳跃的，是一个问题另辟蹊径的解决方法。有时，一个想法仿佛羽毛一般拂过你的心，你抓住了它，很有可能这就是一个伟大的创意。这种跳出框架，跳出方圆的思维是推动世界进步不可或缺的要素。创新、创造是人对于已有知识的最高级应用。人类社会的理论本就还不完备，固守经典力学，相对论可能就永远不能被发现；固守物理资源，云计算的世界可能还需要很久才能被构建……包容求新，才是对未知最为正确的探索态度，如果提出的想法能够解释原来解释不了的现象，能够扩展人类理论的边界，这是多么棒的事情。过度强调基础，你的思维可能会失去创新所需要的灵活性，除了迈向书呆子的行列，还可能会陷入“所知障”。有了先入为主的概念，同时满足于自己的知识，牢牢抓住不放，所以陷入了“障”，走上了“经验主义”的弯路，变成“刻舟求剑”的那个楚国人。或许有一个新鲜的想法曾经出现在你的心头，但你囿于已有的知识，囿于规范化的技巧，不敢去做那些“颠覆性”的尝试，那么机会很可能流失。过分重视曾经学过的知识和已有的经验，会让你以为自己看到了整个天空，但实际上只是井底之蛙，守着那一隅之地。在学习的阶段，切不可守着眼前书本，认为有了基础，今后的研究道路就会一帆风顺。你要睁眼看世界，时常保持“空杯心态”，杯子只有不断清空才可容纳新的水源。

创新听起来积极正向，新鲜刺激，但你也不要天真地去复制乔布斯、比尔·盖茨们的道路，以为无论什么天马行空、颠覆性的想法都能获得成功。他们确实颠覆了“基础扎实才能创新”的通论，但他们不是大学教育的产物，他们在少年时期就显现出了远超同龄人的天分以及比同龄人更扎实的基础。他们的成功是多方因素造就的，没有被“基础”框住思维确实是一个因素，但是我们难以证明这两点之间存在着充分必要关系。拥有了坚实的基础意味着你真正懂得了你必须掌握什么，意味着你对自己所做的有了更清晰的认识。若你将全部精力放在创新上，对于基础知识的学习囫囵吞枣、浅尝辄止的话，你所做的创新仍然是无根之萍。

基础和创新，本质上是学习思维的区别。作为知识的结论来学习还是从创新角度来学习，分别代表着人的严谨性思维和跳跃性思维。胡适先生在“五四”时期提出的治学方法“大胆假设，小心求证”就颇有两种思维优势互补的意味。在大胆假设阶段，治学人完全可以放开自己的想象力，对于新的东西，首先要从对的角度去考虑，包容不可能中的可能性；到了小心求证阶段，研究者就需要回到基础，从理论层面扎实推导，每一步都需要有理可依、有据可查，切不可有半点糊弄。从假设到求证，解决问题的完整回环被构建，创新想法才能有落地的一天。

《礼记·学记》中讲到，“时过然后学，则虽勤苦而难成”。人的时间和生命都是有限的，当你没有在合适的时光去做合适的事时，有时甚至无法弥补。此时的你，有着最充沛的精力和最旺盛的生命力，可以专注于你想做的事，若真要说基础和创新谁更好，我想两者相辅相成，才是让你开启成功之门的密钥。

问题之二：必须追求有用之事？

“有用无用”这个话题的争论一直没有停止，但始终没有固定的答案。你是否困惑于“我学习的是电子信息类专业，那学习‘机械工程引论’有用吗？”这类的话题？如果有，这个话题就值得你深思。

“人皆知有用之用，却不知无用之用也。”这句话出自《庄子·人间世》。本意是指被世人认为不成材的树木，反倒因它“无用之身”免于被砍伐的命运，得以长寿。老子亦云：“是以圣人处无为之事，行不言之教。”圣人用无为的观点对待世事，用不言的方式施行教化。道家的“无用”给了人们一种辩证的思路去看待身边的事物，告诉世人“无用”和“有用”可以在特定的环境下相互转化。所以，何为“有用”，何为“无用”是很难界定的，它们的不同有时源于观察维度的不同。

西方科学家们从科学研究方面对“有用无用”的问题进行了思考，这个问题主要针对科学研究是否要更加“专业”。20世纪30年代，美国普林斯顿大学校长亚伯拉罕·弗莱克纳斯教授曾以“无用知识的有用性”为题，发表过一篇在科学界颇有影响的文字，他强调了相对于物质这种“有用”之物外，人们应该重视精神生活这类“无用型活动”，重视科学研究和自由探索。也许若干年后，这些看来无用的探索发明，将会对人类生活产生十分有用的技术推动。同样，美国著名物理学家、美国物理学会第一任会长亨利·奥古斯特·罗兰在1883年美国科学促进会年会上做了题为“为纯科学呼吁”的演讲，他提出，过度追求科学的应用性会限制科学理论性系统的建立以及完善，因此呼吁大家重视纯科学研究。这两位学者倡导大家去研究那些“无用”的内容——即理论性较强，而实际应用性不明显的知识，因为这些知识可以对未来科学发展提供更好的助力。现在的你与从事科学研究还有一点距离，但是同样希望你能对“无用知识的有用性”进行思考，思考你的“专业”课和非“专业”课之间的关系。

基于同样的思想，现代教育不断提升对通识教育的关注度，想对通识教育有更多了解可以回顾一下本书的第5章。耶鲁大学前校长理查德·莱文曾在他的演讲集《大学的工作》中提到，本科教育的核心是通识，是培养学生批判性独立思考的能力，并为终身学习打下基础。看来对“成绩、找工作”完全“无用”的通识课程，却是他心中最为“有用”的大学教育。

乔布斯从里德大学辍学后，继续旁听美术字课程，进而影响到了Mac字体设计的故事，想必你已有所耳闻。这可以算作通识教育摆脱“无用”标签的有力证明，但通识教育的价值远不止于此。理查德·莱文校长曾做报告说，如果耶鲁大学培养出的毕业生居然拥有了某种很专业的知识和技能，那么耶鲁大学的教育是失败的。他认为，大学首先应该培养的是具有价值判断的人，而价值判断的基础，就在于这个人需要具备丰富多元的知识背景、宏观辩证的思维逻辑、健全正面的社会人格。这些，仅仅依靠专业课程是不够的。在经典阅读课上，你与古人对话，思考如果历史的轨迹稍稍偏离时可能引发的剧变；在人文社科课上，你思索着未来人类社会更美好的生活方式，努力去理解人性；在科技文明课上，你了解了现代科学的思想模式，掌握发明创造的思想方法。回想春秋时期的大学教育，先“小成”，再“大成”；先培养品德、学习知识，再求达到融会贯通、临事不惑。中国古代的大学，注重塑造健全的人格、培养“化民易俗”的君子。当然，在如今，我们也强调科学素养的提高。欧林工学院提出的“欧林三角”，就是为了防止学生割裂地学习工科，因为任何工程都离不开一定的商业、政治、文化和美学背景。哈佛大学这样解释其设置的核心课程，“其目的就是让学生们在开始研究树木之前，能够先看一眼森林。最好能够把这个森林地图印在大脑上，以后走到再细小的道路上，也不会迷路”。通识课给予了你成为更好的“人”的机会，或许你自身的感受不是那么的明显，但请相信，一个群体的“君子之风”、高科学素养，会给我们的社会发展带来极大的好处。“通识教育”的影响随着毕业时长，职业发展愈加凸显。

专业课程，也同样可以产生“无用之用”的效果。那些现在看似和你的专业不相关的其他专业的知识，在未来可能正是你急需的知识。你进入了大学，想必对于科技发展会多了一份关注，你可能也注意到，新兴科技往往都是多学科交叉的。我国率先提出的“新工科”就包含了学科交叉思想。生命科学，需要生物、医学、工科的结合；环境监测，需要生物、物理、化学和工科结合；人工智能，则需要几个工科学科以及心理等学科之间互相辅助。“跨界”如今是流行词，一些问题若想要得到解决必须要综合几个学科。这种趋势越来越强烈，即便你今后从事的不是工程领域，也需要你进行跨学科学习。华为的掌舵者任正非先生曾是学毛选标兵，并将学到的思想应用在了他的企业经营管理中；集成电路最大代工企业台积电董事长张忠谋自述自己除了要懂工程，还要去学习管理、经济、大国政治……而这些知识，在大学时代有着最充分的时间和最充沛的精力去广泛涉猎。“上一些无用的课，做一点无用的事，让自己成长起来，成长为一个有思想、有引导力、能够为国家担当的人”，这是北京大学光华管理学院徐信忠教授对学生们的告诫。

“有用与无用”本身就是个辩证问题，没有时间的定义，眼前无用可能未来有用；没有领域的定义，所学专业无用可能综合交叉有用；没有对象的定义，对自己无用可能对他人有用……寒武纪公司的人工智能芯片领跑全球智能芯片市场，塑造了 AI 芯片里程碑，可他的创始人陈天石当时在选择博士研究方向的时候，却没有人看好人工智能。就这样他坚持了十数年默默无闻地研究，多次遭遇申请不到项目资金的窘境，然而在人工智能浪潮袭来的那一刻，一切看似“无用的研究”都成了最宝贵的财富，帮助他迅速占领人工智能领域的先机。所以，希望你不要轻易地去给一件事的有用性下结论，进而对所谓“无用”的事情采取忽视态度。认知有时会陷入短视和狭隘，有些知识是“显性”的，目之所及，你可以看到它的广泛应用，而有些知识是“隐性”的，它对你的帮助是在未来。决定你未来高度的可能并不是现在看起来有用的课程，在我们的建议中，分辨有用无用不应是最终目的，提升对世界的接纳度，挖掘无用事物背后的有用之处，在时间精力允许的情况下，让自己摆脱自身的局限，汲取到世界更多的养分，或许更有意义。

回到最开始的问题来，就在人们每天使用的智能手机中，麦克风的制作、镜头光圈的收缩、基站天线的俯仰角等都需要满足基本的机械原理。电子工程师们一筹莫展的问题，在机械工程师那里轻松解决。你说，电子信息类专业的学生，学习“机械工程引论”有用吗？

问题之三：怎样与互联网打交道？

在国际教育技术领域，有一个颇为著名的问题，叫“乔布斯之问”。乔布斯与比尔•盖茨会面讨论关于教育和未来学校问题时提出一个疑问：“为什么计算机改变了几乎所有领域，却唯独对学校教育的影响小得令人吃惊？”

这句话的重点并不在展现乔布斯要进攻教育市场的雄心。他只是提出了在教育领域，信息化的进程似乎没有那么顺利。作为教育系统服务的对象，学生在教育信息化的过程中应该怎么适应呢？手机和计算机，是当代人学习必备的辅助工具。但围绕着它们的争论，却从未停止过。有些人说它们有助于学生拓宽知识渠道，帮助学习；有些人却认为它们耽误学习，让学生沉迷娱乐。这些争论背后，是人们对于设备背后的互联网爱恨纠缠的态度。

进入信息化时代是不可避免的，安安心心读纸质书，彼此交流靠书信的岁月早就一去不复返了。现代人就必须得学习和互联网打交道。

我们得感谢互联网的出现，点点鼠标，网络上的海量信息便向你涌来；你所疑惑的问题，各种论坛的网友可以给你解答；你所需要的知识，搜索引擎会按相关程度为你排序；甚至若你想体验全球的大学课堂，在互联网上也可以找到授课视频。三维全景技术让你足不出户可以细致深入参观各种大型展览，四处旅游体验世界各地风情；社交软件让你和家人、朋友沟通跨越时间空间，零距离、零成本；外卖快递的涌现，让你一部手机搞定一切生活……在万物互联的时代，一切都太方便了！

但互联网就像是吗啡，亦正亦邪。它虽然有那么多的优点，但它也扎扎实实地让很大一批人染上了“毒瘾”。每日不断刷屏的信息让你埋头手机，时不时跳出的微信消息让你心神不定，日渐火爆的短视频平台也让你流连忘返。更有甚者，全然不顾光阴正从手心一寸寸地流逝，反而为把虚度时日的愧疚抛开，长期躲到游戏中去杀个痛快……日复一日，直到成绩单上全线飘红，起航的大学梦无奈夭折，呜呼哀哉。可以理解，大学承载着成长的阵痛，为了填补现实与梦想的落差，为了确定自己究竟是谁或者将成为谁，你不断地走走停停，其间免不了碰壁、失望与迷惘。这些负面情绪囤积起来，便需要找一个出口宣泄。游戏是一个出口，做虚拟世界中的英雄，在杀戮敌人的同时发泄不满，重构久违的成就感；熬夜看剧刷手机是另一个出口，白天过得不好，便想在夜晚找到补偿。还有很多的方式，却都不离伤害自己的本质。

设置家长控制模式、设置软件打开时长、使用手机种树 App，不带手机去自习等，成了人们尝试摆脱手机、计算机的最后的倔强。但这些，总有点治标不治本。

内生动力的缺乏是根本，引入外部激励只能说是暂时性手段，如果你同样有上述的情况，应该思考的是如何提升自我约束能力，请自制力为你保驾护航。告别报复性熬夜，告别沉迷游戏，你可以寻求一种方式取代互联网来释放压力，比如与恰当的对象一吐为快、打场篮球甚至大哭一场，然后向着目标继续前行，直到现实被你掌控。当坚强、自信与充实与你同在，互联网的鬼魅自然不攻自破。

若将互联网比作一个你接收到的原始信号，那么这个信号里有我们需要的信息，也有无数的干扰。你需要来为互联网定制滤波器，斟酌它的各项指标，将百无一用的信息全部剔除，把有价值的资源一网打尽，收获便会如期而至。譬如，在学校购买的数据库里，有求必应的图书、期刊与论文正在随时待命，如果充分加以利用，不仅可以为你提供权威参考，更有助于你去触及科技前沿，到多元文化的舞台上翩翩起舞。再如，将碎片化时间充分利用，手机 App 和公众号可以让你在排队时间、等车时间完成英语的每日一练、小诗的每日一读或者名画的每日一赏。而曾经的“危险品”——游戏，也可以只单纯制造快乐，招之即来，挥之即去，偶尔帮你轻松一下又何妨呢。

在滤波器的净化下，互联网是解决问题的助手，是指导你撰写学术论文的老师，是带领你发现生活乐趣的朋友，它让大学又添加了几分色彩。

10.2 “自我”如何寻找，如何坚持

对于大学的学习态度有了自我的理解后，我们将眼光放得更开阔一些。大学，因其丰富广博的资源，自由宽松的氛围，多元包容的思想而令人心驰神往。怀揣着憧憬，走入大学，你是否也曾想象着那个走出校园时不一样的、更优秀的“自己”。然而所谓的“优秀”究竟应该是什么样的呢？学习必须优异？社会工作必须丰富？科技成果必须出彩？只能这样吗？

问题之四：停下来去享受美丽——真的是“不优秀”吗？

对于能考上大学的你而言，一定接受过来自亲朋好友的赞美，高考成绩把你送入了“优秀”的行列，所有人都对你赞不绝口。在他们的印象里，你聪明、不用家长操心，毕业后能找个好工作，前途一片光明。

这样的赞美依旧，你对此的疑惑却随着大学生活的展开而不断扩大。大学里的第一次考试已经过去，看着不再如高中时熠熠闪光的成绩，你可能开始思索，自己还优秀吗？对于从高考中脱颖而出的你来说，十年来手不释卷、只争朝夕、追求卓越恐怕早已成为本能。

这或许只是前兆，成绩不好可以调整学习方法慢慢努力，最大的挣扎来源于和同龄人的比较。你或许会看到，身边的同学积极参与科技竞赛，科技成果满天飞，拿奖

拿到手软；热衷各类社会工作，走到哪儿都有人打招呼，“主席”“部长”的名头堆了一个又一个；早早进入实验室，跟着老师操作着高端仪器，论文一篇接一篇……亚里士多德说过：“优秀是一种习惯。”那什么叫作“优秀”？

或许你会回答，年级排名前十，评上“三好学生”，获得保送研究生的资格……这样回答无可厚非，因为你自幼受到的教育就是如此，表彰会上宣读的、光荣榜上张贴的，以及师长啧啧称赞的，全部是这类学生的名字，你被叮咛着向他们看齐。这个时候，慌张猝不及防地涌来，天呐，怎么身边的人都那么优秀，自我怀疑就这样开始了。

你不是没有尝试过，也报名过一些科技竞赛，却只是帮助你深刻地了解了“兴趣是最好的老师”这句话，没有动力的你只有在比赛临近的时候想着努把力拼一拼，苦思冥想了几个晚上也没有惊艳卓绝的创意，折腾了几周学了乱七八糟的知识却还是一头雾水；也尝试找实验室的老师谈一谈，论文放在手边，但只要有其他事你就不愿意打开这“天书”嚼一嚼，早出晚归埋头实验室的枯燥生活让你无比想念和伙伴们畅聊的日子。你很痛苦，也有一丝明白，当下的自己似乎并不适合这些“优秀”学生的生活模式，你只是害怕，如果自己不这样，和大部队脱节了，不再是大家认为的优秀生了，该怎么办？

亚马逊的 CEO 杰夫 • 贝佐斯在普林斯顿毕业典礼上说道，“一个人静静对内心诉说人生故事时，其中最为充实、最有意义的那段故事，会是大家做出的一系列选择”。他强调的是选择塑造人生，如果在“大众优秀”这条路上你走得很辛苦，为什么不能换一种选择呢？不优秀就是人生的绝境吗？

你或许喜欢阅读，闲暇的时光，你就爱在图书馆找一个角落，翻阅着文史哲各类的书籍，和古往今来的大师们对话。纸张翻阅溢出来的书香让你内心平静，用笔记录书写的过程让你持续思考存在的意义。于是，你选择了停下来，放弃了在优秀路上的焦虑和挣扎，享受着时间沉淀的余味。大学 4 年，你的图书馆借书量达到了近千本。这样，也很令人羡慕不是吗？你或许喜欢体验生活，业余时间就爱走出校园尝试各类兼职，在旁人眼里看起来这似乎有点“不务正业”。但你享受努力之后获得回报的感觉，也在这个过程中知晓了社会生存的艰辛，学会了体谅和关怀他人，你逐渐明晰了自己未来的职业发展，知道了自己适合什么不适合什么，当听说你 4 年没有花过家里一分钱的时候，所有人都对你投去了敬佩的眼神。

德鲁克在其著作《21 世纪的管理挑战》中强调：“只有当所有工作都从本人长处着眼时，你才能真正地做到卓尔不群。”你眼前看到的都只是大众评价体系中的“显性”优秀，但它的对立面却不是不优秀，而是“隐性”优秀。不去迎合别人的定义，在筋疲力尽的竞争途中停下脚步，去欣赏属于自己的那份美丽。当符合社会要求的“优秀”和你内心真正认可的“优秀”无法完全一致时，你可能需要停下来想一想，自己最想要什么。就像刚刚的例子，你坚持阅读，看似放弃了成为科研大佬、社会工作达人等的机会，但 4 年之后，却被大部分人艳羡着。优秀没有必然的路径，千万种人生，如果你习惯于追寻和模仿，可能穷尽一生都无法找到自己在哪里。只有认真倾听自己内在的声音，评估一下自己的天赋能力，选择当前你最想经历的生活，在过程中的快乐与满足感，才能得到自己对自己的真正认可。

车尔尼雪夫斯基曾写道，“历史的道路不是涅瓦大街上的人行道，它完全在田野中前进，有时穿过尘埃，有时逾越泥泞，有时横渡沼泽，有时行经丛林。”由此可见，真理往往掌握在少数人手中，你不需要恐惧特立独行，更不必过分介意别人的看法。如果你被你不认同的优秀绑架，那将可能造成一生的痛苦。优秀不是一时的，是一辈子的，你拼尽全力或许能追求到一时的优秀，但一生的维持，若没有兴趣爱好、自我意识的支撑，会难如登天。

最后强调一点，坦然面对“不优秀”的评价并不是鼓励你恃才傲物抑或裹足不前，而是希望你在发现自己偏离外界标准之际不要妄自菲薄甚至丧失自我。在成长过程中，你的内心可能是复杂而曲折的，纠结在否定、批评和认可中。随着年龄的增长，在与师长和同龄人的交流中，你的想法也会潜移默化地被修正。如果你能尊重心底最真实的感受，如果你能带上一颗平常心去看待周边事物，包容一切而又不被一切左右，坚持自己却也能够遵从本心做出调整，此时，如果你能欣赏自己，那么你就是最优秀的。

问题之五：超人 VS 优秀的普通人

上一个问题，其实是从优秀的维度在谈论“是否做自己”这个话题，寻求的是遵循自我兴趣爱好，哪怕是在独辟蹊径的前提下得到内心的坦然。这样的讨论遗留了一个问题，如果你已经顺应并习惯当前固有的评价体系，在这种传统优秀的模式下，该如何生存？

大二学年后的每个秋季学期都是评奖评优的时间，少部分人一下被推上浪潮之巅，为众人所知。他们可能一下子能拿所有的奖，他们可能学习、竞赛、学生工作、生活全不误，他们可能完美得就不像个普通人……

不知道这个时候，你的内心有没有惶惑，假设你已经很努力在多方面发展了，但离他们总好像有着十万八千里的距离，他们头上的光环闪耀得让你睁不开眼睛。清华大学本科生特等奖答辩的时候有人说过一句，“实际上，在一门课程中取得高分，并不是一件困难的事情”，你瞬间像是被鱼刺卡住了喉，发不出任何声音。

当然，如果可以，希望大家都能成为“超人”。

超人，确实不是普通人，“真正的能人会有前瞻性的眼光，会选择具有潜力的领域，然后能动地去寻求资源给自己助力”，他们在短短几年间完成了很多同龄人甚至前辈们都做不到的事。他们创业可以融资数千万，科研可以发十几篇 SCI，竞赛可以拿奖拿到手软……他们可以进优秀的团队跟随大牛老师，他们可以拿各种资金支持自己的研究……他们干的，是一般的普通人想干但基本无从下手的事。

“有想法”是这些人的标志，“聪明”是这些人的共性，“目标长远”是这些人的亮点，“持之以恒”是这些人的可贵，“资源丰富”是这些人的契机，“卓越不凡”是这些人的必然。或许这就叫“天之骄子”吧。

如果可以，这个“如果”，需要你确实有智商，“人与人的智商差别是需要被理性承认的”；需要你有一定的资源或者是获取资源的能力，“在站得更高才能看得更远的逻辑里，‘拼爹’和站在巨人的肩膀上一样并不可耻，关键在运用方式”；需要你扎扎实实埋头静心，“我们只能关注到成功者，但容易选择性忽略成功之前的漫长黑暗和需要付出的代价”……希望你别放弃能成为“超人”的机会。

否则的话，酌情选择是否要做“优秀的普通人”。

优秀的普通人，虽然同样优秀，但还是有迹可循。“学习、竞赛、科研、学生工作、志愿服务……”在可以被明目列出来的领域中，他们都有所涉及并且做得都不赖。简历里参与工作能列一长串，获得奖励能列一长串，“全能”是对于他们最大的夸赞，“高效”是对他们时间利用的完美评价。尤其是大一大二，在精力可分配的情况下，这样多方面发展的学生其实还不在少数，能够被推举出来的，只能说是相同条件下，学习相对更好或者某一方面更突出。

“酌情选择”这个词蕴含着大智慧。并不是所有人都适合拼尽全力去成为这样“优秀的普通人”，尤其在大二以后。有的学生看别人在博文中写“做科研不加班绝对做不到高水平”，便夜以继日地埋头苦干，只为让自己心安，丝毫不顾打疲劳战是否适合自己。但事实上，为所谓的硬性标准强迫自己摆出样子，如此“优秀”不仅有名无实，也会使你饱受煎熬，因为你不是在苦中作乐，而是自找苦吃。时时刻刻以外在“参考系”要求自己，只会让你挣扎在条条框框中，始终无法解脱。虽然评价体系可能会倾向于这样的优秀，可是这样的优秀，只是优秀的一种。回顾上一个问题，坚持阅读的人很优秀，坚持不依靠父母的人很优秀，成功坚持跨专业考研的人很优秀，本科潜心打基础、研究生顺利上手的人很优秀，4 年筹备找到理想工作的人很优秀，安安心心准备出国的人很优秀，外出认真支教几年的人很优秀，敢于应征入伍的人很优秀，所有细节不出差错的人很优秀……这些都应该被定义为优秀。

如果你真的喜欢多面尝试，或者你此刻暂时没有奋斗的目标，那这样“全能的优秀”是值得你追求的，如果你明明有想着力的方向却因为不被认可而动摇，那希望你能坚守住自己。人的理想不能建立在受外力和偶然性干扰太大的事情上，这样的事情充其量只能当一个梦想。最正确的路应该是最适合自己的路，迎合大环境的评价和取向只是很小的一方面，个性化的发展才是最重要的。

这一个问题，其实是从优秀的维度在谈论“怎样做自己”这个话题。生活是自己的，这是 18 岁后最现实也最感人的交代。

问题之六：蚌病成珠——重重险阻 or 一帆风顺

“祝你们拥有苦难和不幸”，美国联邦最高法院第 17 任首席大法官，同时也是美国两个世纪以来最年轻的首席大法官，约翰• 罗伯茨在他 16 岁儿子的毕业典礼上“语出惊人”地给孩子们送上了这样的祝福。围绕着“苦难”二字，这位父亲的良苦用心让人动容。

近年来大学生有心理问题的人数呈现了迅速增长的态势，新闻中各式各样的报道，总在强调这样一个问题，中国孩子的成长生活围绕着学习展开，较为单一，使得他们耐挫能力差，尤其是那些一直表现优秀的孩子，更容易因为成人世界眼中的一些小事而走上极端。若亲身和那些学生聊一聊，你会发现困扰他们的无外乎是“学习不好，怕对不起家长、老师的期望”“找不到朋友，觉得孤独痛苦”“亲人离世，突然感受到生活的残酷”……并不是说这些问题不严重，只是挫折教育的缺失，让这些从小一帆风顺的孩子们没有掌握有效处理苦难的方法，心理防线遇到一点打击便全面崩溃，成人眼中的“小事”，在孩子眼中，成了“天大的事”。

挫折教育需要被重视，引导学生主动勇敢地面对人生风雨是教育很重要的课题之一。

大学生最先遭遇到的多半是学习上的风雨。若你在学习基础课，你可能会发现，掌握一个知识点已经没有那么容易；若你已经进入专业学习，你或许会对自己产生怀疑——在专业学习中毫无头绪的自己用什么在未来养活自己？你痛苦于无法掌握学习的窍门，失落于成绩的下滑，甚至拿到了“挂科”这张大学必备体验卡。你极度怀念高中学习那种得心应手的状态，却完全不知现在该如何是好，焦虑、紧张、迷茫、痛苦，所有消极情绪奔涌而来，让你感觉整个人生都是灰暗的。这个时候，希望你挺住！要学会积极看待这种情况的出现，只有知道自己的不足，才能发现自己的进步空间不是吗？其实，学习从来都不容易。有人将学习的过程比作西游，试想，你为了取得大乘佛法，这一路上，你要过八百里黄风岭、八百里流沙河、八百里通天河、八百里火焰山、八百里荆棘岭、八百里狮驼岭；要遇上一系列妖魔鬼怪，金角大王、银角大王、蜘蛛精、蝎子精、蜈蚣精、牛魔王一家；还要会识别假冒伪劣，假如来、假观音、假唐僧、假八戒。经历了九九八十一难，你才能真正完成目标。而过去所有的轻而易举，只是取经路的刚刚开始，这一路上有痛苦，有血泪，但走过以后，学习这件事，还有什么可怕的？当你能够从容面对学习这件事，无论成绩的好坏，都能找准自己对学习的定位与目标，不骄不躁时，你离强大便近了很多步。

科技竞赛与科研大概是最为困顿的过程，一帆风顺的研究成果想必早已被前人摘得，你要做的是开辟一条新思路，或者研究一种新方法。此时的你，就是踏入了一个无人区，独你一人置身其中。你可能迷茫，可能疲惫，但却无从求助；你可能踏遍了整个地方，却无所收获，只得铩羽而归。在研究的过程中，你会无数次想要放弃，甚至失去从头开始的勇气。造物主的安排总是让万物都要经历一番磨难，细细体味蚌病成珠、树伤结香，是那砂砾让你深夜辗转反侧，那斧斤造成的伤口让你痛苦不堪，于是你才能成珠、结香。在科研上，你的成果就是那闪烁着光泽的珍珠，那散发清幽香气的沉香。朱光潜先生在文章里写道，“一个人的生命之强弱，以能否朝抵抗力最大的路径走为准。”他将困难比作抵抗力，朝抵抗力最大的方向前行才是对自己最好的锻炼。因此，不要躲避那抵抗力最大的方向，或许你会收获意想不到的结果。

除了硬核的学习科研，在心最柔软的角落里，“朋友”这一关，同样困扰着很多人。总觉得高中时期的朋友好像更贴心，大学认识的人多为点头之交，不知道如何深入接触。漫漫长夜中，你时常会感觉到孤单，你想念家乡，想念过去的伙伴，但这些想念的情绪却找不到人倾诉交流，孤独的感觉愈加剧烈。你好像走不出自己的心，也走不进他们的心。你感到手足无措，学习有着成熟的方法可以尝试，人与人的交流却毫无章法可循，你想认识更多的人，却把生活过得越来越闭塞，在宿舍一宅就是一天。久而久之，你对大学生活产生了失望乃至绝望。这个时候，希望你挺住！大学生远远没到性格的定型期，还可以去做积极的尝试和改变。你可以抓住已有的交际圈，从宿舍、班级出发，主动和室友聊天，分享生活，主动参与班级事务，通过服务和帮助的方式尽快地认识班上的同学，也让他们对你留有印象。有了认识的基础，方才能有进一步熟识的可能。你也可以主动去拓宽自己的交际圈，社团、学生组织都是你认识新伙伴的好选择，因热情相遇，凭兴趣相处，共同为了一个活动而努力，在这个过程中酿造友谊的纯酿。当然还会有其他的方法，万变不离其宗的是你得主动打开你自己，当你发出“我想与你交朋友”的信号时，一定有频率相契的人接收到你的诚意，给予正面的反馈，实现信号的完整传递。的确，与人交往本就是终身的课题，随着环境的变化，年龄的增长，我们无可避免会发现沟通成本在增加，朋友在疏远，心灵在寂寞。然而，事在人为不是吗？若你我都期待相识，那么横亘在你我之间的交流屏障，或许就薄如蝉翼，一掀即开。如果说人类和人类真的很容易失散，那会不会，人类和人类也真的很容易重逢。

“明月之珠，蚌之病而我之利”，莹润珍珠的收获不是那么容易。上述大学生涯里的种种磨难，都是你的珍宝，它们将你从刚刚踏入校门的懵懂新生磨砺成可以足够应对未来风雨的成熟青年。在大学里，你会真正受到挫折教育，你有机会去不断尝试，在一次次尝试中，对失败有了更深刻的理解。正如黄武雄教授说的，学校所要做的事情是去让学生把主体经验与不同时空下人们探索世界所留下的创造经验相联结。你在大学里学会的，恰恰就是这些。尝试与失败中，你上下而求索，结合他人经验与你的切身体会，一步一步，脱离父母的羽翼，从象牙塔中走出，真正地与社会、世界联结。在陈佩斯先生主演的电影《少爷的磨难》里，从集中营幸存下来的奥地利心理学家维克多·弗兰克尔在集中营中对躺在床上的狱友们说，“人的生命都不会没有意义，而生命的无限意义就包含着苦难、剥夺和死亡。”我们的生命中本就包含着挫折、苦难，生命的价值也就在迎难而上中熠熠生辉。

“祝你们拥有苦难和不幸，以更好获取幸福”，这是罗伯茨对孩子们的期盼。否极泰来，经受过苦难的洗练，遇见小风小雨便能一往无前，苦难摇身一变，反可以成为人生的垫脚石。罗伯茨最深切的希望就是孩子们去经历不公、背叛、孤独、痛苦，因为这样，孩子们可以学会珍惜，学会坚强，学会善待他人。不知冷，何知暖？不知苦，何知甜？

10.3 最纠结的选择

谈论了大学过程中的生活方式，接下来我们谈一谈对结果的取舍。走过高考和择校的十字路口，本以为此生再也不用经受那么难以抉择的时刻，却没发现，大学，才是直面人生选择的“重大”时刻。保研还是考研？出国还是国内？读硕还是读博？这些选择因为其不尽相同的人生走向，漫长的时间跨度而越加令人“选择困难”。

问题之七：失之东隅收之桑榆——保研 or 考研

研究生，越来越多地成为学历的必需项。在条件许可的情况下，“研究生还是要读的”成了大部分亲戚朋友的首要推荐。那么，围绕研究生，自然而然就会产生一个疑问：争取“保研”还是全力“考研”？

对于这个问题，站在大学不同的时间节点上，思考的角度或许略有不同。

倘若你现在刚刚进入大学，很幸运地早早就有了规划未来的意识。我或许会建议你以“保研”为目标。

当然不是说保研一定优于考研，但大一的时候，若能尽早给自己立下一个需要付出努力的目标，对于尽快适应大学并激发学习动力是大有裨益的。你想一想，保研看的是三年的综合实力，这就意味着学习、社会工作、科技实践、文艺体育……各方面你都需要在这三年中培养自己的核心竞争力。也许你今后三年的生活都将会是后高中时代：

在教室第一排，总有你专心致志的身影；在图书馆的占座大军中，你左手教材右手早餐，睡眼惺忪但却毫不懈怠；在自习室的角落里，你直到锁门才恋恋不舍地合上书本。你或许会对考试分数诚惶诚恐，对竞赛名次患得患失，生怕一着不慎满盘皆输，你或许会强迫自己去担任学生工作，参与社会活动，希望把两碗水端平全方位提升自己。那些忙到爆炸只能熬夜的日子里，你艳羡过室友能打游戏、睡懒觉，甚至不停怀疑自己为什么要选择拼命三年而不是拼命半年，反正最后的结果可能都一样啊？但相信我，将来的你，一定会感谢现在拼命努力的自己。“不经一番寒彻骨，哪得梅花扑鼻香”，你从三年努力中练就的学习习惯、思维方式，都将超出同龄人，哪怕最后是上了同一个学校的研究生，但这些隐形的财富将成为你未来工作生活的最大倚仗。大一的时候，选择保研更多像是在选择一种积极乐观、奋斗进取的生活态度，时刻保持自己的精神状态，良好的开头总是很重要的。

倘若你现在处于大二，保研不晚，考研不早，我或许会建议你根据自己的性格特点进行选择。

经历过一年的大学生活，无论学得是好是坏，你也一定程度上明白了自己的某些特点，比如是适合细水长流式学习还是瞬时学习效率更高，是享受学习为伴的平淡生活还是喜欢去旅游运动兼职丰富生命。不得不承认，时间与精力都是有限的，如果想要保研，你或许不得不在学习、竞赛、科研等方面投入几乎全部的精力，为了明确的目标寻找成功的途径，和身边想要保研的同伴时刻竞争，甚至可能失去“自我”的独特标签。而如果你选择考研，选择把大二大三的时间留给自己，那么你可以在这段时间中，将大学最大限度地玩出“花”来。那些对于大学最美好的想象，阳光正好，咖啡书香，都有着足够的时间去实践；或发展兴趣学一学街舞吉他，练一练攀岩骑行；又或者专业之外找到其他领域的知识，研读品味；甚至你可以提前准备考研相关的周边材料，辅助着专业内容一起理解消化，两者能起到正向迭代，相得益彰的作用。掌握了时间主动权的你，就掌握了生命的画笔，可以随心勾勒你心中大学的模样。必须强调一下，选择考研并不意味着大二大三的完全自由，这些都需要建立在基本成绩得以保证的情况下。大学生对于学习必须要有基本平均线的敬畏，且不上升到规则意识或价值构建，就考研面试也还是会考察基础知识的扎实性，若大二大三脱了节，靠几个月补两年的内容就太难了。

当然你必须意识到，如果选择考研，一旦时间进入大三下，你就得进入朝八晚十一的复习阶段，再次回到“宿舍—食堂—图书馆”三点一线的生活，忍受着考研的枯燥和压力。众所周知，继高考的全民参与之后，研究生入学考试的硝烟正在四下弥漫，2021 年全国硕士研究生报考人数已达 377 万人，大有第二次高考的风范。时值备考阶段，你宛若回到了中学时代，席天卷地的教材、参考书与试卷让你做梦都在想着怎样解题，然后看着保研的同学们在大四上迎来解放，不用朝八晚十一地占座学习，每天可以根据自己的节奏进行科研和生活，一切都显得悠然自得。

“对爱情的渴望，对知识的追求，对人类苦难不可遏制的同情心，这三种纯洁而无比强烈的激情支配着我的一生。这三种激情，就像飓风一样，在深深的苦海上，肆意地把我吹来吹去，吹到濒临绝望的边缘。”这是英国哲学家罗素在《我为什么活着》中写的。在这里提到这段话，是希望你能够想明白一个问题，你为什么而活着？为什么而学习？大二的时候，眼前的机会和选择会变得很多，而且每一条路都能预见坚持下去的美好。每个人所需求的东西不同，上大学的目的就会不同，可以是为了有一块好的敲门砖进入一个你欣赏的企业，也可以是为了丰富自己的阅历、让自己的人生更精彩，也可以是为了在科研道路上闯出自己的天地，目的不同，选择自然不同，保研还是考研其实都可以，需要做的，大概就是在这些眼花缭乱的机会中找寻到自己最想要的生活。

倘若你一不小心已经走到了大三的中后段，已经大致能估算出推免资格的排名了，我只能建议你面对现实，理性“考研”。

时间走到大三，你也可以算是大学里面的老人了，大道理听的都不少。若在此刻，你已经几乎没有保研的可能了，那么考研，就这样猝不及防地砸来，都不用再纠结。不用为此太过自卑，考研这一经历或许会为你带来与众不同的收获，让你有机会与保送或求职的学生一决高下，所以即使辛苦也很值得。第一，复习可以学而又思，为各个学科找准位置的基础上串联起完整的体系，使你在理解上高了一级台阶，例如一年级时，数学分析可能只是数学分析，等到四年级时，数学分析是电磁场中的麦克斯韦方程组，是晶体管的小信号模型，是信号频谱上的傅里叶变换。第二，备战考试能够磨砺心智，让你在攻克难关的过程中增强自信，在抗击压力的同时收获坚强，在抵御玩乐的时候锻炼意志，看到别人松懈下来，你应该为自己骄傲。第三，鉴于难以兼顾多元评价标准，保送研究生的制度并非十全十美，而你也不必为规则所累，大可乘着禅心将其超越。回忆大学的前三年时光，你是否从学习里拨出精力并付诸实践，从科技实践与生活实践当中获益匪浅？如果答案是肯定的，那么不妨通过备考补回学习上缺失的一课，如此一来，你在未来又将省去多少考验的折磨呢？况且部分保送的同学在保送之后，或许会淡忘之前所学，忽视实践能力甚至平添几分保送的优越感，全然不知备考研究生的其他人正快马奔驰在超越的大道上。甚至，有的保研同学一朝达成所愿之后，会陷入失去目标的迷茫乃至研究生阶段也没有了动力。

所以，保送的同学千万别让这段空当白白溜走，可以到企业去实地演练，参与实验室的研究项目，在提升能力的同时为研究生阶段做好准备，考研的学生也要看到他们保送前的种种付出，天下没有免费的午餐，在这废寝忘食的半年中为了自己的人生奋力一搏。

行文至此，你可以发现将“考”与“保”做比较，不过是这山望着那山高罢了，因为不论走上哪条道路，不论沿途风光怎样，只要不抛弃、不放弃，你都能够到达目的地“罗马”。

问题之八：海阔凭鱼跃——国外 or 国内

上一个问题讨论的是国内升学，但随着人们对于教育的重视和生活水平的提升，曾经看上去特别困难、含金量极高的出国留学，也已经放下了它的身段，走入了寻常百姓的生活中。出国在升学选择中的比重正逐年提升。

不过，出国与否可不是一拍脑门就能决定的事，它尤其需要你和家人的深思熟虑。不说其他的，仅仅是其相对国内升学高昂的费用，就让一部分家庭只能望洋兴叹。在没有申请到全额奖学金的情况下，你必须要考虑你的花费会给你的家庭造成什么影响，然后再做下成年人的决定。

那么出国能给你带来什么呢？

视野的开拓是最直接的收获。行走在意大利的街道上，扑面而来的就是艺术的气息；穿梭在硅谷的企业中，科技的现代感令人沉醉神迷；澳大利亚的大草原带给人宁静……若你没有在当地居住过，即使媒体再怎么渲染，你也无法真正了解那里的人、那里的历史、那里的精神。当你感受过文化冲突，打破曾经因袭下来的成见后，想必你能以更广阔的胸襟和视野来看待人生和社会。

潜力的激发是额外加成。出国留学可不是出国旅游，对于异国他乡的疏离感，会一直伴随着你，孤独也会一直伴随着你。与你相隔着几个小时的时差，好友、父母能做的，也仅仅是当你的拉拉队。在孤独里潜心学习，在佳节里“倍思亲”。你要摆脱对父母家人的依赖，离开亲朋好友的帮扶，独自扛起并不轻松的课程压力……当你打破了这些时，你的能力也就真正地提高了。出国之后，你或许会看见自己的极限，或许也会打破自己的极限。

当然，还有“学科前沿”这道大餐。尽管国内各个学科的发展在不断增速，很多领域都在向国际领先昂头奋进，但我们也需要提防“一叶障目”的情况。外面的世界很广阔，国际舞台多姿多彩，多元化的思维在这里汇聚交流碰撞，听学术大牛的报告，接触最新的研究成果，而有了走出去的经历，我们才能把中国故事讲得更好，若固守国内一方土地，很有可能会错过这些精彩。

这并不是说在国内深造就一定不如国外，有时候国内深造会是更优的一种选择。首先，国内的教学科研水平已经大大提升，学术水平和氛围有了很大的提高，在国内学生同样可以获得顶尖的培养。细心的你可以数一数，在人工智能的众多顶会中，国内团队的投稿数量和质量一直在呈飞跃式增长。而且在一个熟悉的环境，更容易建立自己的学术圈，你有熟悉的导师、同学可以提供给你建议和帮助，同时许多高校也注重培养学生的国际视野，在国内也同样可以很好地进行国际交流。其次，如果你是为了找一份好的工作，那么在国内读书会更熟悉国内的就业环境、工作方式，更为了解如何衔接学校所学与社会所需，比出国的学生先一步占据机会。当然还有不得不考虑的费用问题，在国内读书确实能节约很大一笔开销，毕竟这笔开销还是需要你的父母来承担。

但不管怎么说，我们一定推荐有机会的话去国外走一走，看一看这万千的世界。

相对于纯粹的留学，出国也可以是多途径的。交换交流和联合培养都是不错的选择。本科生交换多半为一学期，在这一学期里，首先，你可以高强度训练和提升外语，再没有其他方式比到一个语言环境里去学习语言更好了。你也可以充分了解当地的风土人情，道听途说的动人描述都将化作触手可及的真实情景。在不同的教育风格中，你可以思索到底哪一种适合你；在不同的培养体系里，你可以调整自己未来的职业规划。短期出国不需要付出高昂的代价，在交换交流过程中，你会知道，国外的教育方式、研究模式是否适合你，或许通过这次交流会决定你的人生方向。“国外的课堂中学生的主动性会比我们高，在这样的氛围中我不知不觉也能够打开自己，主动去参与和表达。”“我真的很高兴，原来很多的外国人也非常羡慕我来自中国，他们都很想来中国看看，觉得中国很厉害。”交换回来的学生总能有更为真切的体会，与来自七大洲四大洋的同学们交流时，你会感受到思想的碰撞，不同文化之间可能会有奇妙的化学反应，启发你以前所未有的角度重新打量世界与自己。幸运的话你还可以收获真挚的友谊，拥有一个与自己文化背景完全不同的朋友。

当然，短期出国一般还是“体验式”为多，更类似于一个“深度游”。联合培养也是一个方向，一般在研究生阶段可以有这个选择。联合培养通常是结合你研究的项目，结合专业方向在国外的发展，中外导师共同制订联合培养方案。在这种契机下，你或许可以成为国内外沟通的一个桥梁，将国内的发展彰显于国际，也将国外的先进想法带回国内，而一年多的国外科研经历也稍稍弥补了研究生没能出国的遗憾，算得上是两全其美之举。

最后，无论出国与否，希望你的决定是经过深思熟虑后才做出的，带着寻求知识的渴望以及热情去走出国门。如果仅仅是跟风或者为了“镀一层金”，这些只会对你的学习之路有害无利。

问题之九：边界突破——硕士 or 博士

如果你上网搜索一下类似“画个圈圈告诉你本科、硕士、博士的区别！”的关键词句，你一定能轻松地找到这张图（见图 10.1）。倘若你决心在本科结束后继续攀登学术的高峰，你一定会认真思考未来的规划——读至硕士就去工作还是继续攻读博士学位？两者远不是你以为的攻读时间上的差别，思维方式、未来方向等多方面都会有很大的差别。

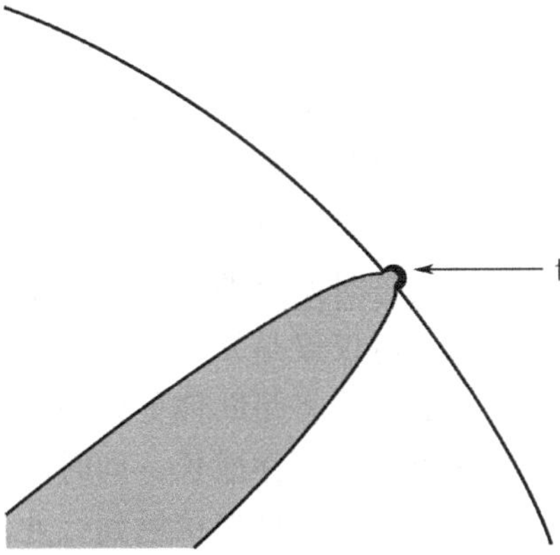

图 10.1　博士的边界突破

就像这张图，博士生就像是在做一场边界突破的斗争，当你终于成功突围，在“知识”这个边界上留下了自己的印记，你就成为了一名合格的博士。你可能已经接触过身边的硕士和博士学长学姐，也了解了为何身边的多数同学会选择攻读硕士学位。确实，硕士的比例在逐年提高，甚至有成为大众学历的可能，但读博的比例始终没有太大的波动。博士生涯的难度和时间相对硕士而言是陡升的，一路上会跌宕起伏。还有人说，硕士是强化版的本科，博士是缩水版的教授。这句话不一定完全准确，但是从中确实可以看出，攻读博士学位远不是一件容易的事。本科生和硕士生通常是针对一个课题给予“助攻”，更多像一个士兵的角色，而博士生则需要承担独立的工作，有时还需要带领师弟师妹一起攻克难关，更像是将军的角色。清华大学的施一公教授说过，“本科生以学习人类长期以来积累的知识为主，兼顾科学研究和技能训练；而博士生的本质是通过科学研究来发掘新的知识。”将你的科研生涯比作森林里打兔子，那么作为本科生，导师给你一把猎枪，告诉你在森林的东边有兔子，再让你自己琢磨下猎枪怎么用；作为硕士生，导师告诉你森林里有兔子，位置不清楚，但一定是有的，自己去选择方法，可以去买把猎枪或别的什么；作为博士生，导师告诉你森林里可能有兔子，也可能没有，导师也不能肯定，至于具体位置就更别说了，给你一些别的猎人的经验，剩下的都是你自己去完成。

可千万别被这难度给吓住了，读博虽然难，但也正因为其难，反而有着与众不同的魅力。不然“博士”这个物种，怎么能绵延至今还稳定存在呢。读博的一大魅力，就在于博士生们被“难”所逼出的潜能。读博的路很长，通常需要花费四五年的时间，身边的同学早早进入喧嚣的社会中打拼，有过成功失败，有过欢笑泪水。而你，很长一段时间内，却只能看着他们多彩的生活，然后叹一口气继续啃手中生涩的论文，日复一日看论文、写论文。但只要熬过这段痛苦，得来的必将是浴火重生。心智的成熟是首位，有人说，读硕是一个镀金的过程，而读博是将那层金狠狠敲下，不断敲凿锤炼，让你经历内心的折磨与煎熬，不断怀疑自己的能力，最终得到历练。以这样的成熟进入社会，你会直接表现出超越常人的强大心理素质和卓越的环境适应力，面对任何一个工作岗位，都能有足够的自信做到优秀，毕竟，你可是博士都已经毕业了！

读博的第二大魅力在于“更多的可能性”。本科和硕士的时间晃眼而过，大家都学着差不多的知识，对于专业的了解也只是初涉皮毛，要一下子决定未来几十年的人生方向，仍然具有很大的难度。博士就提供了这样一种缓冲的空间，你有更多的机会认真思考这个问题。这个机会可不仅仅是时间上的，更是质量上的。博士期间，导师的指导会更为深刻，导师传递给你的不再仅仅是知识或科研方法，更多的是导师由自己的科研生活经验总结而来的处世方法，这将帮助你更为清晰地照亮前路。在此之前，除了父母，没有人愿意如此毫无保留地引领你成长。同时，博士期间有着更为丰富的国际交流、交换机会，参与各类国际会议能直接接触到行业顶尖大牛，与他们进行直接的沟通，这很可能打破你之前对于生命所有的狭隘想象。还有，你看似只是在实验室完成自己的课题，但你一定会慢慢知晓实验室的运行模式，打磨团队合作的经验，这也是一种“工作模式”，这些经验对未来参与工作大有裨益。经历过更为审慎的考量后就是更为宽广的人生选择。硕士能干的工作，博士一定能干，最多不乐意干，但博士能干的工作，硕士可能干不了，大部分博士生毕业之后的工作还是与学术研究相关，在某一领域的一个小范围内进行深入探究。当然也可以选择不再从事学术研究，但读博时训练出来的原创性思维、强大的应变能力、成熟稳重的心态都是用人单位非常喜爱的特质，英特尔的 3 位创始人，谷歌的 2 位创始人，都是博士毕业。所以博士找工作往往不需要像硕士一样，在秋招、春招的大军里挤破脑袋，一般都会早早地被公司企业预定，或者在自己喜欢的科研领域一直简单地研究下去，工作对于博士而言，是水到渠成的结果。

硕士与博士，没有明确的高低好坏之分，他们是基于培养目的的不同而出现的两种人才培养模式。硕士培养的教育目的以工作技能居多，而博士培养目的是学术技能和思维方式。若你已经明确了解了两者的区别后，你需要结合你的专业方向、你的未来规划、你对科研的热情来判断你是否打算读博。不同的专业方向对博士的需求不同，可能有的专业硕士生的能力完全可以满足要求，所以需要结合你的专业综合考虑。若你未来打算专心学术，那么攻读博士是你的必经之路；若你意在职场，那么是否读博就需权衡。若你对科研与学术有着无限热情，那么恭喜你，你会在读博期间收获极大的喜悦以及成就感；若科研让你觉得疲累，那么也不必勉强自己。读博不一定适合所有人，“甲之砒霜，乙之蜜糖”这句话在此作比就十分贴切。

那些优秀的人，之所以走得远，不是因为走得快，而是一直在走。无论你选择读硕还是读博，将努力一直贯彻下去，你都会成为森林中优秀的猎手。

10.4 人生“迷”途

人生总会浮浮沉沉，二十多岁的年纪，需要适应的心情和场景开始变得复杂，有些话题，不得不提起，不得不思考。因为，时间不停，你们不可避免需要成为有担当的“大人”了。

问题之十：散不去的迷茫

迷茫，对于大学生来说是再常见不过的情绪。一句“谁的青春不迷茫”喊出了“90后”一代内心的痛苦。在曾经以高考作为生活重心的日子里，迷茫是你从考试与作业中闲暇下来时的小情绪，或许持续几天，或许下一秒就烟消云散。到了大学，你会发现迷茫还可以一直萦绕在你的心头。

迷茫的原因有很多，在大学尤甚。正如这幅图所展现的一样（见图 10.2），人生就像一个随机过程，每一个选择都成就了一个不同样本，彼此之间难以比较选择，在岔路口前，你有众多的选择，对于每个选择导致的不确定会是你迷茫的主要原因。入学伊始，你会纠结是否加入社团，是否加入学生会，一方面想要感受大学里的学生组织带来的与高中截然不同的氛围，想要认识更多的人、见识更广阔的天地；另一方面，你又担心这些活动占用太多的课内时间，害怕面对自己可能不能胜任的工作。当你选择专注课内后，你会羡慕学院里的“风云人物”；当你选择学生工作和社团后，课业负担导致成绩下降后可能你又会悔不当初。在你的大学生活步入正轨后，你开始思考是否要出国，是否要参加竞赛，是否要进入实验室，是否要参加研讨课程；毕业之前，你更会为选择什么样的职业，进入什么领域，拥有什么样的生活，成为什么样的人而困惑纠结。以上的问题在之前的内容也有所讨论，相信你心中也有了一定的打算。可是平衡所有的事情很难，总是很容易顾此失彼。比如进入了实验室或者参加了研讨课后，繁重的压力让你喘不过气；而不做这些又觉得自己的能力难以得到锻炼，之后便又引发了新的一轮迷茫。

迷茫的进阶是焦虑。当你不知作何选择，为自己的未来而迷茫时，看着同龄人坚定地向着自己的目标努力，看着同龄人已经取得了各种成就后，你可能会质疑自己，继而引发对自己的不认可。比如，当你在不知道选择进入哪一个方向的实验室进行学习时，发现有的同学在实验室的工作已经步入正轨；又或者当你完成了课内任务觉得筋疲力尽，发现有的同学却可以学习和学生工作两手抓，你觉得沮丧极了。甚至在面对种种挫折时，你还会思考自己之前的一切选择是否是对的，迷茫开始叠加。在这个循环中，最后迷茫会变成焦虑。压力、好胜心、行动力不足可能是焦虑的主要成因。还有一种可能是，你努力改变现状，却发现自己的努力没有得到预期的效果，情绪在一瞬间爆发，焦虑开始控制你，这种情绪可能会让你熬夜、沉迷上网、饮食不规律、缺乏锻炼，久而久之身体也就亮起了红灯。

图 10.2　人生的选择

关于如何应对迷茫，最好的方式是接纳、相伴，但一定不要被其控制。迷茫绝不是你个人的病态，它是人们生活的常态，你完全可以与它和平相处，甚至从中找寻到成长的能量。

迷茫，源于对选择的摇摆。

当 A 与 B 两种选择在你心中分不出上下，当你看到选 A 或选 B 的人发展得都很不错，当你发现自己看不清选 A 或 B 之后长期的利弊得失，你会迷茫，甚至长时间踌躇不前。这时候，希望你不要太过左顾右盼，遵从发自你内心的、认可的想法，如此你才不会在摇摆不定中迷失自己。当你发现对于一件事情纠结去做与否，而阻拦你的那一部分是懒惰与拖延时，希望你能快快克服它们，去做你认为的，在你精力最充沛的年华应该去做的事情。在做这件事的过程中，你能收获充实感，迷茫也会缓解。你要知道，作为成年人，不可以只做想做的事情。面对不想做的事情，与其敷衍了事，甚至消极怠工，不如试着全身心地投入，因为不论结果怎样，这一过程势必让你得到锻炼。先行动再选择，只要没有耽误学习和能力的培养，就不算浪费，就算当下选择的并不是最优解，但与其困在反复推演测算的逻辑中，倒不如将时间花费在研究如何让接下来的生命绽放光彩。彭明辉教授说，“生命是一种长期而持续的累积过程，绝不会因为单一事件而有剧烈起伏。”你的未来，不会因为你的一次选择而全然改变，不抛弃不放弃，持续的努力才是正途。

迷茫，大多是实力配不上梦想。

大学生的迷茫，说简单也简单。不知道自己现在会干什么，不知道自己未来能干什么。而产生这种迷茫的原因，多是在生活的行进中，自己既没能塑造出专业自信，又丢失了曾经的骄傲。“在你迷茫的时候，就去学习吧！”，这句看上去毫无道理的鸡汤式名言，却点出了大部分人迷茫的核心原因。站在山顶看到的风景与山脚一定大相径庭。自我衡量的天平永远把握在你的手中。至少，当你专业基础牢固的时候，你能满怀自信地在专业领域找到合适的工作，而不用忧心跨专业工作的自己是否竞争力全无；至少，当你能对某领域的发展如数家珍时，你能对自己形成认可，大不了从事这个行业我也能有一席之地。不管门户之见有多动荡，不论空穴来风有多猛烈，只要自己认可自己，便不会被失重困扰，胸中有丘壑，心中有山水，无论时局如何变化，我自不慌不忙，岿然不动。

迷茫，只是时机未到。

将人的一生比作爬山，二十多岁的人再怎么努力，也只能是在行进途中，离山顶的距离无法测算，无法知道多久才能到达终点。但四五十岁时，站在山顶看别人攀爬，他自然能给出到达山顶合理的预计时间。二十多岁，何须恐惧于承担三十多岁的一事无成，何须着急去拥有四十多岁的成熟稳重。从某种意义上来说，迷茫的本质是视野与见识不够。但这种不够可以有两种理解方式：一来，不要畏惧迷茫的出现，这是必经之途，随着历练的增加，总有拨开云雾的那天；二来，缩短迷茫的时间，让成长来得更快一点。读书或者远游，借助前人的智慧或者实际去考察体验，都是增加生命厚度的方式。日本作家渡边淳一 28 岁开始写作，虽然有很长一段时间入不敷出，没有未来可言，但是他凭借这股热爱与激情，最终实现了梦想，所有的迷茫在作品出世的那一刻烟消云散。

迷茫需要自悟，它的存在说明人的价值观出现了转变契机，新旧交替之间必然需要时间的缓冲，不要怕，去积极地迎接它。最后，希望你能成为一个坚定而乐观的人，手握这把“武器”，破开一切迷茫！

问题之十一：报喜不报忧？

中国人的血液中自然而然看重亲情血脉，珍视骨肉至亲。“儿行千里母担忧”“打在儿身，痛在娘心”，字里行间都是父母对子女的至真至爱。而随着你们外出求学，离家千里，第一次真正离开父母独自生活，你和父母之间的关系也在悄然发生着改变。

“老师您能不能先别告诉我父母，如果病情严重了我会和他们说的，我不想让父母担心。”当你生病时，是否也会有这样的想法？如果是，那么恭喜你，你开始成长为一名合格的子女了。你开始懂得站在父母的角度去体谅他们的不易，尝试用自己的努力去减轻父母的负担，这是好现象，是我们重新演绎父母与子女角色的第一步。

“重新演绎”这个词可能不准确，但家人之间关系的变化，确实是从大学开始发生的。最沉重却也最明显的改变来源于亲人的离世。那是最疼爱自己的爷爷，此刻却躺在那儿，不复笑容。再回校园的时候，这些学生明显一夜长大，接触生死带给他们的震撼超出了想象，却也帮助他们直面生命这个话题。亲人的离世，让他们深切地感受到了生命的短暂，无论之前如何的玩世不恭，此番回来一定变化颇大，懂得责任，学着爱人。

如果非要问这个世纪难题，对于家人，子女应该报喜还是报忧？那么建议你，好好思考一下报喜报忧的本质，分析一下家人的性格特征，再做全盘思量。

报喜不报忧，可能会是多数人的选择。这样的选择基于几种考量：告诉家人也远水救不了近火，反而徒增家人的担心；不断表达“我很好”，家人才能放下对我的忧虑认真过自己的生活；家人老了，我应该成为家里的顶梁柱扛住所有的事；家人无法理解我的处境，反而花费更多精力带来更多困扰……出发点一定是好的，弱小的双肩希望承担起更多对家人的责任，回报父母的养育之恩，不要因为自己的一点小事影响整个家庭。然而，看似构建了一个其乐融融的家庭，大多数父母却也永远不会告诉孩子：昨天外公外婆又住院检查了，这两天总是有点头晕吃不下多少饭，担心你学习压力太大累垮了身体……等你放假回家，才发现原来这个学期，家里发生过这么多的事。你报喜不报忧，父母也同样报喜不报忧，父母子女都用坚强快乐的外表，支撑着这个家的“其乐融融”，可这样的“互相欺骗”总令人觉得心酸。

那如果报喜也报忧呢？让他们知道你考试成绩不好，甚至挂科了；让他们知道你一个人在外其实每天都很孤单；让他们知道你半夜急性肠胃炎疼得翻来覆去；让他们知道你担心找不到工作彻夜难眠？天哪，自己经历这些的时候就已经痛苦万分，还要将这些痛苦传递给远在千里的家人身上，加重他们束手无策的无力感，想到此，你的内心肯定就满是拒绝。但换一个角度呢？父母并不笨，他们怎么会猜不到你的生活肯定有迷茫和焦虑，他们渴望的是了解一个有血有肉真实的你，你的脆弱有时候反而能让他们“安心”。他们可能什么都做不了，就是平添忧虑，但酸甜苦辣咸五味皆全才叫人生，只有知道你的喜和忧，他们才能感受到你和他们心灵相依，若只知道你的喜，这样一个“近乎完美”的子女人设，对他们来说却充满距离。当然，报忧一定比报喜难，核心就是沟通成本的增加。如果家人的接受度和理解力都比较强那还好，反之则会带来附加的时间精力消耗，让人疲惫。度的把握，又是难题。

生而为人，谁都是第一次做子女，第一次当父母。没有固定成功的家庭范式，只有不断摸索，互相体谅的关怀付出，把握着爱的原则，相信你总能找到合适的答案。

问题之十二：熬夜的快乐？

“报复性熬夜”这个词流行于网络，引起了众多“80后”“90后”乃至“00后”的共鸣。“白天被学习生活工作控制，只有晚上的时间才真正属于自己”，为了珍惜这短暂的自我的时间，年轻人们越熬越晚，哪怕仅仅是刷个手机看个剧，也不愿合上疲惫不堪的双眼。

与之相对的，“养生”这个词同样拥有了史无前例的曝光度，成了年度高频词。年轻人们一边熬夜一边喊着“我要养生”，黑眼圈在加重，发际线在后移，失眠头疼在加剧，健康问题在现实与理想的矛盾中越发突出，需要所有人的重视。

你或许想说我还年轻，能每天两三点睡觉，第二天眼不疼头不晕，这些事离你还远。如果真是这样，首先恭喜你，你确实还年轻，体力和精力总体值远超熬夜的消耗。

然而古语常说防患于未然，若是真想用年轻这个本钱来抗，一旦扛不住了，怕就是病来如山倒的局面。毕竟

中国每年猝死人口高达 55 万；

每 4 个人中就有 1 人肥胖；

近七成的白领有过劳死危险；

人均睡眠时长从 2013 年的 8.8 小时下降到 2018 年的 6.5 小时

……

本书的最后一个问题，就是想和你推心置腹，聊一聊身体，谈一谈健康。

进入大学起，除了学习，请一定把身体健康放在心上。想象一下这样的一天，清晨醒来阳光正好，伸个懒腰，翻开床头的英文小说翻看几页，正好把这章看完；起床洗漱收拾后，慢慢悠悠去食堂吃个早餐，点了喜欢吃的包子和油条，温热的豆浆让整个人暖和了起来；一看手表离第一节课还有半个小时，丝毫没有占位的压力，随意挑了一个座位，翻开书本预习一下这节课的内容；因为刚刚浏览过，整节课竟然能顺着老师的思路听下来，你对自己学习的信心又增加了几许；上课吃饭自习，接近傍晚的时候发现今天的学习任务好像完成得都差不多了，心满意足地准备去健身；健身房热热闹闹，遇见了几个熟悉的朋友，打了招呼后你开始跑步，大汗淋漓后冲了个澡，整个人神清气爽；时间刚过八点，你准备稍微放松一下，在图书馆逛了逛，挑了本喜欢的杂志，回想高中课上同学偷偷传杂志看的场景，不禁笑出了声；回到宿舍快十点了，简单洗漱一下便舒舒服服躺在了床上，和室友们有一搭没一搭地聊着天，回一回微信刷一刷今天的推文，看看娱乐圈体育圈又发生了什么大事；闹钟一响过 11 点，按下了锁屏键，便准备入睡了，想着明天早上英文小说会看到新的一章了，周末可以去逛一逛北京城的老胡同，就开心地进入了梦乡……

还是你会更想要这样的一天："都中午十二点了，上午的课又没去，老师会不会点名啊？""点个外卖好了，懒得下楼""怎么我刚打了几盘游戏就晚上了，算了算了明天再学习吧"，这种被意外突发，懊悔妥协充斥的生活，是你更青睐的吗？

如果你还是对熬夜的后遗症没有太过深刻的体验，建议你可以花上一天的时间，去距离最近的医院看一看。你会发现疾病离自己并没有那么遥远，医院排队花的时间远比健身的时间长，还不一定能排上号；ICU 病房的花销远是体检的几十倍；癌症、肠胃病、心血管、中风，听护士讲一讲才会知道这些疾病都和熬夜有关；身体发肤受之父母，自己的疾病却让亲人承受了巨大的痛苦。看看医院中时刻上演的生离死别，你会想要珍惜生命的，为自己，也为家人。熬夜不是励志，而是透支，我们每个人都有理由比以前更害怕疾病和死亡。别让"早睡早起"成为口号式的空喊，别让运动健身成为被迫打卡的压力，别让眼霜面膜成为拯救肌肤的唯一选择。年轻人，更要为了健康奋斗五十年而未雨绸缪，养成良好的习惯啊。

当然每个人有每个人的无奈，熬夜有时候也并非出于自愿。学习任务实在完不成了，学生工作催得急，宿舍环境无法入睡，等等。早睡只是一个建议，实际的实施还

是需要自己去做多方面的调节。分享给你一句喜欢的话，“早睡是理性在这个时代的最强大体现”。

行文至此，本书就要和大家告别了。抱歉只是抛出了问题，却没给出标准答案。世间百问，本也没有标准答案可言，“大学怎么读”是个说不尽的话题，有一半的答案需要你自己去探索发现，从而形成有效回答。若本书能够给你带来一点思考，一丝启迪，便是我们最大的荣幸。

参考文献

[1] 李开复. 做最好的自己[M]. 北京：人民出版社，2005.

[2] 林格. 教育是没有用的——回归教育的本质[M]. 北京：北京大学出版社，2009.

[3] [丹]克努兹·伊列雷斯. 我们如何学习：全视角学习理论[M]. 孙玫璐，译. 北京：教育科学出版社，2010.

[4] 彭明辉. 生命是长期而持续的累积：彭明辉谈困境与抉择[M]. 北京：光明日报出版社，2012.

[5] 彭明辉. 活出生命最好的可能[M]. 北京：光明日报出版社，2014.

[6] [美]戴夫·埃利斯. 优秀大学生成长手册[M]. 毛乐，等，译. 北京：科学出版社，2014.

[7] 郭瑞祥. 勇敢做唯一的自己[M]. 北京：商务印书馆，2015.

[8] [美]加尔·雷纳德. 演说之禅：幻灯片呈现与沟通的艺术（第 3 版）[M]. 北京：电子工业出版社，2020.

[9] 李晓榕. 科学网博客: http://blog. sciencenet. cn/home. php?mod=space&uid=687793.